论语
LUNYU XINBIAN YIZHU
新编译注

富金壁 ◎ 著

图书在版编目(CIP)数据

论语新编译注/富金壁著. —北京:北京大学出版社,2015.1
ISBN 978-7-301-24837-9

Ⅰ.①论… Ⅱ.①富… Ⅲ.①儒家②《论语》—译文③《论语》—注释 Ⅳ.①B222.2

中国版本图书馆 CIP 数据核字(2014)第 221278 号

书　　　　名：	论语新编译注
著作责任者：	富金壁　著
责 任 编 辑：	张弘泓
标 准 书 号：	ISBN 978-7-301-24837-9/G·3888
出 版 发 行：	北京大学出版社
地　　　　址：	北京市海淀区成府路 205 号　100871
网　　　　址：	http://www.pup.cn　新浪官方微博:@北京大学出版社
电 子 信 箱：	zpup@pup.pku.edu.cn
电　　　　话：	邮购部 62752015　发行部 62750672　出版部 62754962
	编辑部 62753374
印　刷　者：	北京大学印刷厂
经　销　者：	新华书店
	880 毫米×1230 毫米　A5　15.125 印张　277 千字
	2015 年 1 月第 1 版　2015 年 1 月第 1 次印刷
定　　　价：	39.00 元

未经许可,不得以任何方式复制或抄袭本书之部分或全部内容。
版权所有,侵权必究
举报电话:010—62752024　电子信箱: fd@pup.pku.edu.cn

目 录

前言 …………………………………………………… 1

为人篇第一（62章）………………………………… 1
君子篇第二（51章）………………………………… 54
为政篇第三（49章）………………………………… 95
赏誉篇第四（47章）………………………………… 151
讥评篇第五（47章）………………………………… 190
尚仁篇第六（31章）………………………………… 233
师道篇第七（27章）………………………………… 261
明理篇第八（24章）………………………………… 286
品藻篇第九（21章）………………………………… 307
礼乐篇第十（21章）………………………………… 331
劝学篇第十一（16章）……………………………… 350
孝道篇第十二（16章）……………………………… 364
修身篇第十三（14章）……………………………… 378
崇德篇第十四（12章）……………………………… 387

言行篇第十五(12章) …………………………………… 400

重道篇第十六(11章) …………………………………… 410

君臣篇第十七(10章) …………………………………… 420

贵士篇第十八(9章) …………………………………… 430

怀古篇第十九(9章) …………………………………… 437

志趣篇第二十(5章) …………………………………… 446

中庸篇第二十一(5章) ………………………………… 457

友道篇第二十二(5章) ………………………………… 461

伤逝篇第二十三(5章) ………………………………… 465

祭祀篇第二十四(3章) ………………………………… 469

后记 …………………………………………………… 473

前　　言

《论语》是记载孔子与孔门弟子言论与行事的书。作者是孔子弟子及其再传弟子。这可以解释书中为何不仅称孔子为子,某些章节也称曾参或闵损、有若为子的现象。该书作者非一,看来是不同弟子将所记汇集而成,所以书中多有条目内容重复或仅详略不同而分载于不同篇内的现象。

《论语》的最后纂定者,学者一般认为是曾参的学生,时间约在春秋末期。传世的《论语》全书分二十篇,是西汉末的张禹依据《鲁论语》(汉初还有《齐论语》与《古文论语》两种本子)定的。

杨伯峻先生的《论语译注》,对他所采用的《论语》本文,在总结历代学者校勘成果的基础上,作了较为恰当的取舍。我们这个本子的分章与文字,就依杨先生《论语译注》为准。对原文的解释,多参考杨先生及宋朱熹《论语集注》、清刘宝楠《论语正义》、近人程树德《论语集释》,今人孙钦善《论语注译》、赵宗乙《论语札记》的意见,而亦时有作者本人的浅见与心得。

孔子是我国春秋时期的大思想家、政治家与教育家。他所阐述的社会理想、政治主张与道德规范,构成了儒家的思想体系,对中国历代的政治,对中华民族的文化、道德、民族心理,都产生了极大的影响。他开创了私人办学的风气,提出了许多有益的教育理论和主张。他那睿智与极富哲理性的语言,很多至今也还在中华民族的书面语或口语中流传,成了成语与格言。所以,要了解中华民族的历史文化、道德伦理,要了解儒家思想以及中国的知识分子,不研究《论语》是不行的。只有深入钻研,才能分清《论语》一书的精华与糟粕;才能明白,为什么历代志士、仁人多从《论语》中汲取营养,而历代封建统治者也总是把孔子抬到吓人的高度,给他加上了那么多的政治光环;也才能明白,新文化运动为何要"打倒孔家店",而如今,当人们对诸多的理想、文化道德观念重新冷静地反省之后,为什么又不约而同地开始重新审视孔子及其学说,从中寻绎可贵的东方道德与人文价值。

这并不奇怪。公元前以柏拉图、亚里士多德为代表的古希腊哲学,成为现代西方哲学的始祖。中国春秋时期的重要思想家老子、军事家孙子等,他们的智慧,仍然有后人难以企及之处。一千多年前的盛唐,其诗歌繁荣程度及艺术水平,后人恐怕永远无法达到了。孔子也属于这种特例,他为中国文化立下的丰功伟绩,大概是空前绝后的。现在世界各地都在大建"孔子学院",孔子成了中国古代文化的象征。试问,除了孔子,谁还能当此殊荣呢?

作为中国的学者,我们有义务向中国乃至世界人民真实地介绍孔子,为其提供可靠的《论语》注译本。不言而喻,我们研究孔子、研究《论语》,应该实事求是地从文本出发,即要把《论语》原文弄明白,忠实地讲给大众。这就要有个认真的态度。对于学者来说,这自不待言。像杨伯峻先生这样的古文大家,在《论语译注导言》中尚且表示,"要实事求是地探讨原文本意,这样,才能替孔子作一公正的总结,才能给孔子以正确的评价,才能是真正的继承了中国的优秀文化遗产。著者自愧目前还缺乏修养。"态度如此之认真、谦恭、谨慎。如果有人既不具备基本的古义与古文化修养,又无实事求是的科学态度,却因无知而无畏,而敢于信口开河,妄加评说,那只能是差之毫厘、谬以千里;空能哗众取宠,实则糟蹋了优秀的文化遗产,歪曲了先贤美意。结果只能谬种流传,误国误民,而于"国学"毫无关涉。

有戒于此,本书努力忠于《论语》原文,发明阐示其本旨。先贤、时贤之说,择善而从,而不专主一家;亦有径述浅见者。如6.12章"何事于仁"、7.10章"中道而废"、7.14章"自行束修以上"、10.16章"先进于礼乐""后进于礼乐"13.8章:"法语之言"与15.7章"言之不怍"等多处,本书与杨伯峻先生《论语译注》的解释不同;6.6章"富与贵,是人之所欲也"与6.17章"子罕言利",本书与杨书点断、解释皆不同。又如20.5章"子路、曾皙、冉有公西华侍坐",本书谓曾皙志在做教师,此为他书所未揭出者。凡此之类,学者留心可也。

《论语》二十篇,每篇若干章。各篇内容虽然也稍有侧重,但总的说来并不集中;通观全书,也须细心总结,方能大略抽绎出书中反映的各项内容。因此初学者对掌握其内容梗概,稍感不便。笔者不揣冒昧,仿《世说新语》体例,将《论语》原书20篇共512章之原顺序打乱,依内容分为《为人》《君子》《为政》《赏誉》《讥评》《尚仁》《师道》《明理》《品藻》《礼乐》《劝学》《孝道》《修身》《崇德》《言行》《重道》《君臣》《贵士》《怀古》《志趣》《中庸》《友道》《伤逝》《祭祀》等

24篇(依每篇所含章数多少次序排列)，以便读者较易了解并掌握《论语》全书的要义，而义近或重出之条目亦一目了然矣。因某些章牵涉几方面内容，而一章又只能归属于某一篇，故本书中某些章的归属或有牵强之病：此亦无可奈何，唯祈不至有伤大雅。为便查找、核对，仍按杨伯峻先生《论语译注》所分，在每章后标上原篇名及章之原序号。

本书于每篇之前，以数语概括该篇要旨；每章原文后，设"说解"与"译文"。"说解"主要解释疑难词义或句义，于某些含义隐微或众说分歧之处，略加申说，但不做繁琐引证；文义显豁则"说解"阙如。"译文"则力求准确、简洁。

本书适用于《论语》初学者，也或许能为《论语》教学与研究者提供某些参考。

学识浅薄，谬误不当之处，敬祈读者教正。

黑龙江外国语学院　富金壁

2010年1月29日初稿

2012年3月29日审定

为人篇第一（62章）

孔子是一位正直、坦诚而博学的知识分子。他举止闲雅，说话谨慎，行为举止都有严格的规范，甚至穿着饮食也有一定的规矩。他严于律己，待人宽厚；谦逊而不乏自信，自谓受天命而有道与文——实际是以历史和社会赋予自己道义和人文方面的责任自许，鞠躬尽瘁，死而后已。他恭谨、认真、尊老、爱幼，是一位温和而严厉的师长。他有原则性而坚毅，但并不执拗。他敬重鬼神，但并不笃信。他发奋学习、工作，服务于社会，常忘了吃饭，忘了忧愁，甚至忘了年老，是公而忘私的典范。但他又有自己的弱点：如其政治思想偏于保守、强调忠君，主张为尊者讳，不愿承认君、父的毛病，甚至曲为回护，而造成了自己学说体系的内部矛盾；又讲究繁文缛礼。这些当然是影响不好的。

容止（20）

1.1 子之燕居，申申如也，夭夭如也。〔述而篇第七，4〕

【说解】燕通宴。宴，安。燕居，退朝而处，平时在家。申申，整齐貌。夭夭，舒和貌。如，然。

【译文】孔子在家闲居，整整齐齐的，舒舒和和的。

1.2 子所雅言，《诗》、《书》、执礼，皆雅言也。〔述而篇第七，18〕

【说解】雅言，中国（中原一带）所通行的标准语，如后来所谓"官话"。

【译文】孔子用雅言的场合，讲读《诗》《书》，执掌礼仪，都用雅言。

1.3 子钓而不纲，弋不射宿。〔述而篇第七，27〕

【说解】纲，大绳。古人常用拴一排鱼钩的大绳横悬于河中来钓鱼。弋（yì），用拴丝线的箭射鸟（以易找到猎获物）。何晏《集解》引孔安国说："钓者，一竿钓也。纲者，为大纲以横绝流，以缴（zhuó，生丝绳）系钓，罗属著纲也。弋，缴射也。宿，宿鸟也。"

贪婪者为多取而易得，往往"纲而渔、弋射宿"（鸟多夜盲，故夜宿后，不飞不动，易于获取）。而孔子则反其道而行，这反映了对大自然资源取之有时、有度、有节的科学的环境保护观念。这种观念经古代有识有德之执政者的提倡，在先秦就已形成了礼制,如《周礼·地官·迹人》:"凡田猎者受令焉,禁麛(mí,捕猎幼兽)卵者与其毒矢射者。"《礼记·王制》也规定:"无事而不田曰不敬,田不以礼曰暴天物。天子不合围,诸侯不掩群……獭祭鱼,然后虞人入泽梁;豺祭兽,然后田猎;鸠化为鹰,然后设罻罗;草木零落,然后入山林;昆虫未蛰,不以火田。不麛、不卵、不杀胎、不殀夭、不覆巢。"经政令教化,形成了社会公德。

【译文】孔子钓鱼,不用拴一排鱼钩的大绳;不弋射归宿过夜的鸟。

1.4 子温而厉,威而不猛,恭而安。〔述而篇第七,38〕

【说解】这是几种对立而又统一的感觉,2.49章:"子夏曰:'君子有三变:望之俨然,即之也温,听其言也厉。'"可以与此章相发明:其仪态庄重,故威严;其为人仁慈诚恳,故温而不猛;其人有原则性而又严肃明察,故听其言也厉;其人彬彬有礼又自然而得体,故给人感觉是"恭而安"。只有道德修养极高的人方能给人以这种感觉。《尚书·皋陶谟》载皋陶所论九德"宽而栗,柔而立,愿而恭,乱而敬,扰而毅,直而温,简而廉,刚而塞,强而义",与此类似。

【译文】孔子温和而严厉,威严而不凶猛,恭敬而安详。

1.5 孔子于乡党,恂恂如也,似不能言者。其在宗庙朝廷,便便,言唯谨尔。〔乡党篇第十,1〕

【说解】乡党,古代五百家为党,一万二千五百家为乡。恂恂

(xúnxún),温恭貌。恂恂如,恂恂然。宗庙,古代帝王、诸侯祭祀祖宗的房舍。便便(piánpián),闲雅貌。谨尔,谨然。

一般以"便便言"为句。俞樾《群经平议》说,《诗·小雅·采菽》"平平左右",陆德明释文引《韩诗》作"便便",闲雅之貌。是"便便"以貌言,正与上文"恂恂,温恭之貌"义为一律,仅省"如也"两字。言唯谨尔,正与上文"似不能言者"相对。盖此章两节,皆上句说孔子之容,下句说孔子之言。其说可从。

【译文】孔子在乡里之间,温和而恭顺,好像不善于说话似的。他在宗庙、朝廷,闲雅大方,说话很谨慎。

1.6 朝,与下大夫言,侃侃如也;与上大夫言,訚訚如也。君在,踧踖如也,与与如也。〔乡党篇第十,2〕

【说解】侃侃,和乐貌。訚訚(yínyín),和悦而正直貌。踧踖(cùjí),恭敬不安貌。与与(yùyù),行步安舒貌。《说文·走部》:"趨,安行也,从走與声。"

【译文】上朝的时候,与下大夫说话,温和而快乐;与上大夫说话,和悦而正直。君主在,恭敬而不安,行步安详。

1.7 君召使摈,色勃如也,足躩如也。揖所与立,左右手,衣前后,襜如也。趋进,翼如也。宾退,必复命曰:"宾不顾矣。"〔乡党篇第十,3〕

【说解】摈(bìn),为主人迎宾者。这里用如动词。勃如,矜庄貌。

躩(jué),脚步快。左右手,俞樾《群经平议》说,君召孔子使摈,当是敬重孔子,使作上摈。孔子作上摈,其所与立者,必皆在孔子之左,而无在孔子之右者。"揖所与立,左右手",是"左其右手",身体亦必摇动,所以"衣前后,襜如也"。襜(chān),衣服整齐貌。趋,小步快走,表示恭敬。翼如,俞樾说翼非鸟翼,字当作趯(yì)。《说文·走部》:"趯,趋进趯如也,从走翼声。"为趋进之貌。

【译文】鲁君召孔子接待来宾,面色矜持庄重,脚步很快。向站在一起的人作揖,就向左拱右手,衣襟一前一后地晃动,很整齐。快步向前走,很迅速。来宾辞别后,一定向君主回报说:"客人已经不回头了。"

1.8 入公门,鞠躬如也,如不容。立不中门,行不履阈。过位,色勃如也,足躩如也,其言似不足者。摄齐升堂,鞠躬如也,屏气似不息者。出,降一等,逞颜色,怡怡如也。没阶,趋进,翼如也。复其位,踧踖如也。〔乡党篇第十,4〕

【说解】入公门,诸侯之宫室,有库门、雉门、路门。鞠躬,恭敬谨慎貌。阈(yù),门槛。《礼记·玉藻》:"宾入不中门,不履阈。"君主从门中央入门,卑者"不中门,不履阈",是为避开尊者之迹。位,国君的座位。指进入雉门后,于治朝之庭,君揖群臣之位。君视朝揖群臣毕,退适路寝,此位已虚。臣有须议政者,随君入路门,入路寝之庭。过位,即过治朝时经君揖群臣之位。齐

（zī），衣下摆。翼如，见1.7章。踧踖，见1.6章。

【译文】孔子走进国君宫门，恭恭敬敬地，好像无地自容。站立不在门中间，走路也不踩门槛。经过国君的位置，面色便矜庄起来，脚步也快起来，言语也好像中气不足。提起衣襟登堂，恭恭敬敬地，屏住气，好像不呼吸一般。走出来，下台阶一级，便放松严肃的面色，和和乐乐的。下完了台阶，快步走，很迅速。回到自己的位置，恭敬而不安似的。

1.9 执圭，鞠躬如也，如不胜；上如揖，下如授。勃如战色，足蹜蹜如有循。享礼，有容色。私觌，愉愉如也。〔乡党篇第十，5〕

【说解】圭，上尖或圆而下方的玉器，行礼时君臣所执。鞠躬，见1.8章。战色，严肃的面色。《礼记·玉藻》："君子之容……色容庄。"郑玄注："勃如战色。"蹜蹜（sùsù），小步走貌。这是根据古礼，据《礼记·曲礼下》"凡执主器，执轻如不克……执主器，操币圭璧，则尚左手。行不举足，车轮曳踵"及《玉藻》"执龟玉，举前曳踵，蹜蹜如也"可知，凡是臣执持君器及币玉，即使很轻，也必须如持重物，后脚紧跟前脚，小步徐趋；持圭则左手在上，右手在下，以戒失落。朱熹《论语集注》的解释也如此："上如揖，下如授，谓执圭平衡，手与心齐，高不过揖，卑不过授也。"享礼，宾献礼品。私觌（dí），私见。

【译文】孔子持圭时，恭恭敬敬地，好像举不起来；在上的左手好像作揖那么高，在下的右手好像交付物品那么高；面色矜庄严肃，脚步紧凑,好像在沿着什么走。献礼物的时候,面色怡然。以私人身份与外国君臣会见,就很轻松愉快。

1.10　君子不以绀緅饰,红紫不以为亵服。当暑,袗絺绤,必表而出之。缁衣,羔裘;素衣,麑裘;黄衣,狐裘。亵裘长,短右袂。必有寝衣,长一身有半。狐貉之厚以居。去丧,无所不佩。非帷裳,必杀之。羔裘玄冠不以吊。吉月,必朝服而朝。〔乡党篇第十,6〕

【说解】绀(gàn),青中透红,即人青色。緅(zōu),青赤色。饰,镶领、袖的边。红紫不以为亵服,古代以青、赤、黄、白、黑为正色,与其相对的是间色(绿、红、骝黄、碧、紫)——古人以为是不正之色。红紫既属间色,朱熹《论语集注》以为"不正且近于妇人女子之服也",因此"不以为亵服"。亵(xiè)服,平时家居的衣服。红紫既不可以为亵服,当然也就不可以为朝祭之服了。

　　袗(zhěn),单衣,此作动词。絺(chī),细葛布。绤(xì),粗葛布。表,加外衣。皇侃疏:"在家无别加衣,若出行接宾,皆加上衣。当暑絺绤可单,出则不可单,皆加上衣。"《礼记·曲礼下》:"袗絺绤不入公门。"郑玄注:"为其形亵。"俞樾《群经平议》说,"出之"连文,即出往他所。

　　缁衣,穿在羔裘外的黑色帛衣。缁衣羔裘是诸侯朝服,也是卿、大夫、十祭于君之服。羔裘即黑色羊皮(后所谓紫羔),必以缁衣为外衣,古称裼衣。下文"素衣,麑裘;黄衣,狐裘"也如此,是说裘与其裼衣颜色当一致。麑(ní),小鹿。

亵(xiè)裘,家居穿的皮袍。袂,衣袖。寝衣,被。居,平时家居。帷裳,礼服,祭服或朝服,以整幅布做,不剪裁,多馀的布折叠,古称襞积。杀(shài),剪裁。玄冠,黑礼帽。丧事尚白,故不以玄冠吊。

吉月,正月初一。唐韩愈、李翱《论语笔解》说:"《周礼》云,正月之吉,又云月吉。"按,《周礼·地官·大司徒》:"正月之吉,始和,布治于邦国都鄙。"郑玄注:"正月,周之正月,吉谓朔日。"朝服而朝,指诸侯与群臣缁衣素裳而朝。《礼记·玉藻》:"孔子曰:'朝服而朝。'卒朔,然后服之。"注:"谓诸侯与群臣也。"孔颖达正义:"朝服,缁衣素裳而朝,谓每日朝君。卒朔然后服之者,卒朔,谓卒告朔之时服皮弁,告朔礼终,脱去皮弁,而后服朝服也。"按,皮弁服,古代天子视朝、诸侯告朔所著之衣,以白缯为之。也称"缟衣"。

【译文】君子不用天青色和青赤色作领、袖的镶边,浅红色和紫色不用来作居家穿的衣服。暑天,穿细或粗的葛布单衣,但出门时一定套上外衣。黑衣配紫羔皮裘,白衣配麑裘,黄衣配狐裘。居家的皮裘较长,右边的袖子要卷短些。睡觉一定有被,长度是本人身长的一倍半。穿狐或貉的厚皮裘家居。丧服期满以后,什么东西都可以佩带。不是礼服,一定剪裁。不穿紫羔裘、戴黑色礼帽去吊丧。正月初一,一定穿着朝服去朝贺。

1.11 齐,必有明衣,布。齐必变食,居必迁坐。
〔乡党篇第十,7〕

【说解】齐,斋的古字。古人在祭祀或典礼及重要事情前清心寡欲,净身洁食,包括不饮酒食肉、不吃荤菜(有辛辣气味的,如韭、葱、蒜等)、不和妻妾同房。明衣,俞樾《群经平议》引《仪礼·士昏礼》"姆加景"郑玄注:"景之制盖如明衣,加之以为行道御尘,令衣鲜明也。景亦明也。"郑玄之意,明衣是加于外者,不是亲身之衣。《士丧礼》虽有"明衣裳用布"之说,那是死者所用,非斋之明衣。

布与帛不同,麻、苎、葛等植物纤维织物叫布,丝织物叫帛。《说文·巾部》:"布,枲织也。"《小尔雅·广服》:"麻、苎、葛曰布,布,通名也。"赵翼《陔馀丛考》说:"古时未有棉布,凡布皆麻为之。《记》曰:'治其丝麻,以为布帛'是也。"按,《礼记·礼运》作"治其麻丝,以为布帛",是治其麻以为布、治其丝以为帛。

斋戒期间不和妻妾同房,即"迁坐"。古代贵族、高官平时和妻室居于燕寝;斋戒之时则独居于外寝(也叫正寝)。杨伯峻先生说,唐朝的法律还规定举行大祭,在斋戒之时官吏不宿于正寝的,每一晚打五十竹板,或者犹是古代风俗的残馀。今按,《红楼梦》第二十一回,写凤姐之女大姐病了,凤姐便打扫房屋供奉痘疹娘娘,命平儿打点铺盖衣服与贾琏隔房,贾琏只得搬出外书房来斋戒。可见此风俗清代犹存。

【译文】斋戒的时候,一定要有外衣,用布做。斋戒,一定要改变饮食、迁移住处。

1.12　食不厌精,脍不厌细。食饐而餲,鱼馁而肉败,不食。色恶,不食。臭恶,不食。失饪,不食。不时,不食。割不正,不食。不得其酱,不食。肉虽多,不使胜食气。唯酒无量,不及乱。沽酒市脯不食。不撤姜食,不多食。〔乡党篇第十,8〕

【说解】食不厌精,脍不厌细,"厌"字为"嫌弃,厌烦"义。皇侃疏:"食若粗则误人生疾,故调和不厌精洁也。"朱熹集注:"食精则能养人,脍粗则能害人。不厌,言以是为善,非谓必欲如是也。"宋陈祥道《论语全解》卷五:"饮食所以存生,亦所以害生;所以养形,亦所以累形。为其有以累形,故不耻恶衣恶食,为其有以害生,故食不厌精。"朱熹《论语精义》卷五下引尹氏曰:"食欲精,脍欲细,非穷口腹之欲。盖养气体当如此也。"邢昺疏:"此一节论齐祭饮食居处之事也。"赵宗乙《论语札记》谓此孔子从养生学角度论,与其平时诲人"食无求饱""君子谋道不谋食"无关。按,此说是。脍,细切的生肉或生鱼,以佐料拌食。因以切生鱼为普遍,故字又作鲙。《礼记·内则》:"牛与羊、鱼之腥,聂而切之为脍。"郑玄注:"聂之言牒也。先藿叶切之,复报切之则成脍。"按,腥,通"胜"(xīng,生肉);聂、牒(zhě)皆薄肉片,复报即反复。

饐(yì),食物变质。餲(ài),发臭。馁,鱼腐败。臭恶,与色恶相对,臭(xiù),气味。不时,五谷不成、果实未熟之类,或以温室育养、不顺季节所强生之物,古人以为无益于人而足以伤人,故不食。割不正,杨伯峻先生引王夫之《四书稗疏》说,古人宰杀牲畜,有一定的分解方法,不依成法的,就是"割不正"。不得其酱,不食,是说食肉当有适合的酱,如吃鱼脍必佐以芥酱。除芥酱外,还有各种醢(hǎi),即肉酱。肉酱以干肉屑加盐、曲、酒酿制而成。

食气,即食饩(sìxì),饭食。脯(fǔ),干肉。姜,虽辛而无辣气,所以不算荤菜,斋戒时不去掉。

【译文】粮食不嫌舂得精,脍不嫌切得细。饭食变质发臭,鱼和肉腐败,都不吃。食物颜色难看,不吃。气味难闻,不吃。烹调不当,不吃。非当季节所生的,不吃。不是按一定规矩砍割的肉,不吃。没有适合的酱,不吃。肉食虽然多,吃的量也不超过主食。只有酒不限量,但不至于醉。买的酒和肉干不吃。斋戒时也不撤除姜,但不多吃。

1.13 祭于公,不宿肉。祭肉不出三日。出三日,不食之矣。〔乡党篇第十,9〕

【说解】祭于公,助祭于公。《礼记·曲礼上》:"凡祭于公者,必自彻其俎。"疏:"此谓士助君祭也。"是说大夫或士为君助祭,自带祭肉。助祭完毕,所带肉归助祭者,同时又可分到一份君赐的祭肉。但天子诸侯于祭祀次日,仍须祭祀,称为绎祭,则祭肉必然至少要经历两天,才能到臣下家中,故不宜再过宿。宿,隔夜。祭肉过三日,既易变质,又是对鬼神恩惠的轻慢。

【译文】参与国君的祭祀,不把祭肉留过夜。一般的祭肉留存不超过三天。过了三天,便不吃了。

1.14　食不语，寝不言。〔乡党篇第十，10〕

【说解】语、言变文，非必有别。

【译文】吃饭、睡觉的时候不说话。

1.15　席不正，不坐。〔乡党篇第十，12〕

【说解】古人席地而坐，先挨地铺筵，筵上再铺席。席子有多种，以蒲草、芦苇、蒯草、竹篾、禾穰以至布帛为质料。正规的坐是跪坐。盖用席有三种情况，一为家居憩息，即《礼记·曲礼上》所谓"请席何乡，请衽何趾"，郑玄注："顺尊者所安也。衽，卧席也。坐问乡，卧问趾，因于阴阳。"所谓"何乡（通"向"）"，即南向北向，或东向西向。人坐卧于北墙下（阴），必南向，以西方为上（上，指席端，也指尊位）；人坐卧于南牖下（阳），必北向，也以西方为上。若人坐卧于东墙下（阳），必西向，则以南方为上；若人坐卧于西墙下（阴），必东向，也以南方为上。也即下文所谓"席南乡北乡，以西方为上；东乡西乡，以南方为上"。二为饮食之客，《仪礼·乡饮酒礼》"乃席宾、主人、介"，郑玄注："席，敷席也。……宾席牖前，南面；主人席阼阶上，西面；介席西阶上，东面。"三为讲问之客，《礼记·曲礼上》："若非饮食之客，则布席，席间函丈。"这三种情况，席的位置、方向不对，甚至层数不合规定，皆为"不正"。故《礼记·曲礼上》接着说："主人跪正席，客跪，抚席而辞。"邢昺《论语》疏："此明坐席及饮酒之礼也。凡为席之礼，天子之席五重，诸侯之席三重，大夫再重。南乡北乡，以西方为上；东乡西乡，以南方为上。如此之类，是礼之正也。

若不正,则孔子不坐也。"

【译文】坐席摆得不合规定,不坐。

1.16　乡人饮酒,杖者出,斯出矣。〔乡党篇第十,13〕

【说解】乡人饮酒,《仪礼·乡饮酒礼》郑玄注:"诸侯之乡大夫三年大比,献贤者能者于其君,以礼宾之,与之饮酒。于五礼属嘉礼。"并可有州长习射、党正蜡(zhà)祭等仪式(《礼记·乡饮酒义》疏)。《礼记·乡饮酒义》还说:"乡饮酒之礼,六十者坐,五十者立侍,以听政役,所以明尊长也。六十者三豆(内置食物的高脚盘),七十者四豆,八十者五豆,九十者六豆,所以明养老也。"可见乡饮酒礼有一个重要目的,是提倡敬老尊长。《礼记·王制》有"五十杖于家,六十杖于乡,七十杖于国,八十杖于朝"的说法。斯,连词,相当于"则"。

【译文】行乡饮酒礼后,孔子等拄杖的老年人都出去了,才出去。

1.17　乡人傩,朝服而立于阼阶。〔乡党篇第十,14〕

【说解】傩(nuó),驱疫逐鬼的祭祀活动。阼(zuò)阶,堂的东阶。据说是驱除强鬼时,恐怕惊了祖先神灵,所以朝服而立于阼阶,神便依人而安。《礼记·郊特牲》"乡人禓,孔子朝服立于阼,存室神也",陆德明释文:"禓音伤,鬼名也。本又作傩。"孔颖达疏:"于时驱逐强鬼,恐己庙室之神时有惊恐,故著朝服立于庙之阼阶,存安庙室之神,使神依己而安也。所以朝服者,大夫朝服以祭,故用祭服以依神。"

【译文】本乡人驱疫逐鬼,孔子就穿着朝服站在东边的台阶上。

1.18 问人于他邦,再拜而送之。〔乡党篇第十,15〕

【说解】古人的拜,通常指先跪而拱手,手与心口齐,头俯至于手,叫做"空首"或"拜手";又有"稽首"(头贴至地)、顿首(叩头)等。《荀子·大略》:"平衡曰拜。"《礼记·曲礼下》"执天子之器则上衡"郑玄注:"谓高于心,弥敬也。此衡谓与心平。"

【译文】托人给在他国的亲友问好送礼,便向受托者拜两次送行。

1.19 寝不尸,居不客。〔乡党篇第十,24〕

【说解】不尸,指不仰卧挺直伸展手足如死尸,而应稍为屈体。皇侃疏:"眠当小欹,不得直脚申布似于死人者也。"居,踞的古字。有礼貌的踞,是跪坐,臀贴于足跟,主客相对当如此,而难于持久。故古人较为随便的踞,是伸开两腿坐,又称箕踞或箕股。《三国志·魏书·管宁传》注引《高士传》说:"管宁自越海及归,常坐一木榻,积五十馀年,未尝箕股,其榻上当膝处皆穿。"高士这样跪坐都难以坚持,可见一般人家居时是伸开两腿坐的。孔安国注即说:"为室家之敬难久。"

【译文】孔子睡觉,不像死尸似的;平日坐着,也不像接见客人或者自己做客时那样。

1.20　升车,必正立,执绥。车中不内顾,不疾言,不亲指。〔乡党篇第十,26〕

【说解】绥,登车攀援持握用的车上绳子。内顾,回头看。疾言,大声说话(疾,用力,强烈。《穀梁传·桓公十四年》:"听远音者,闻其疾而不闻其舒。"《荀子·劝学》"顺风而呼,声非加疾也,而闻者彰。"今有成语"疾言厉色")。亲指,指点近处(亲,近也)。《礼记·曲礼上》也有类似说法:"车上不广欬,不妄指,立视五巂(巂,通"规",轮转一周的长度),式视马尾,顾不过毂。"都是为避免干扰御者的注意力,也避免惊马。又说"登城不指,城上不呼",也是怕引起误会而惊动众人。

【译文】孔子上车,一定端正地站好,再握住绥。在车中,不向后看,不高声大气地说话,不用手指点近处。

谦逊(9)

1.21　子曰:"我非生而知之者,好古,敏以求之者也。"〔述而篇第七,20〕

【说解】孔子依知识状况把人分为四等:"生而知之者,上也;学而知之者,次也;困而学之,又其次也;困而不学,民斯为下矣。"(11.9)他认为自己属第二等。

敏,勤勉。何晏《集解》引郑玄注:"言此者,勉劝人于学也。"刘宝楠《正义》:"敏,勉也,言黾勉以求之也。"其说本于朱彬《经传考证》。按，敏，当读为忞(mín)，自强，勉力。《说文·心部》："忞，强也。"敏，古之韵明母上声字；忞，文韵明母平声字。故可相通。

【译文】孔子说："我不是生来就有知识的人，而是爱好古代文化，勤勉地探求知识的人。"

1.22 子曰："盖有不知而作之者，我无是也。多闻，择其善者而从之；多见而识之——知之次也。"〔述而篇第七，28〕

【说解】可与上章及"子曰：'多闻阙疑，慎言其馀，则寡尤；多见阙殆，慎行其馀，则寡悔'"(3.5)与"子曰：'由，诲女知之乎！知之为知之，不知为不知，是知也'"(7.6)互参。此"闻"不必理解为听，而是"知闻"。22.4章："友直，友谅，友多闻。"邢昺疏："多闻谓博学。"《汉书·楚元王传赞》"自孔子后，缀文之士众矣。唯孟轲、孙况、董仲舒、司马迁、刘向、扬雄，此数公者，皆博物洽闻，通达古今。"按，此即博闻强识之闻。识(zhì)，记忆。

【译文】孔子说："大概有不懂却凭空造作的人，我没有这种毛病。多学习，选择其中好的接受；多看，记在心里——这是次于'生而知之'的知。"

1.23 子曰:"文莫,吾犹人也;躬行君子,则吾未之有得。"〔述而篇第七,33〕

【说解】一般把"文莫"断开读,谓莫为疑词。刘宝楠《正义》据明杨慎《丹铅录》引晋栾肇《论语驳》曰:"燕、齐谓勉强(努力)为文莫。"此读"文"为"忞",强也;读"莫"为"慔",勉也。但如此句释为"努力与人同",又与孔子"十室之邑,必有忠信如丘者焉,不如丘之好学也"(11.4)之说不合。宋熊克《中兴小纪》卷二九:"韩世忠尝以问秦桧,桧曰:'飞子云与张宪书不明,其事体莫须有。'世忠曰:'相公言莫须有,此三字何以使人甘心?'"有读秦桧语为"其事休莫,须有",莫,通"嘛",表思忖不定语气,与此"文莫"类似。则"文莫"后断句,莫为疑词,其说似可信。

【译文】孔子说:"学识嘛,我如同别人;实践做一个君子,那我还没有成功。"

1.24 子曰:"若圣与仁,则吾岂敢。抑为之不厌,诲人不倦,则可谓云尔已矣。"公西华曰:"正唯弟子不能学也。"〔述而篇第七,34〕

【说解】圣与仁,是孔子心目中最高尚的人。6.12 章:"子贡曰:'如有博施于民而能济众,何如?可谓仁乎?'子曰:'何事于仁,必也圣乎!尧、舜其犹病诸!夫仁者,己欲立而立人,己欲达而达人。'"从这段话可知,孔子认为,能"博施于民而能济众"的,是圣人;能做到忠恕(己欲立而立人;己欲达而达人)的,是仁人。

抑，表轻微转折语气的连词，相当于"不过"。公西华，孔子弟子，姓公西，字华，名赤。比孔子小四十二岁。

刘宝楠《正义》引《孟子·公孙丑上》："子贡问于孔子曰：'夫子圣矣乎？'孔子曰：'圣则吾不能，我学不厌而教不倦也。'子贡曰：'学不厌，智也；教不倦，仁也。仁且智，夫子既圣矣。'"看来当时弟子已把孔子视为圣人。

【译文】孔子说："至于圣和仁，那我怎么敢当？不过是学习、实践与教导别人总不厌倦，也就可以说如此而已了。"公西华说："这正是学生不能学到的。"

1.25 达巷党人曰："大哉孔子！博学而无所成名。"子闻之，谓门弟子曰："吾何执？执御乎？执射乎？吾执御矣。"〔子罕篇第九，2〕

【说解】达巷，党名。古五百家为党。焦循《论语补疏》说，大哉孔子，即大哉尧之为君；博学而无所成名，即荡荡乎民无能名焉：以明孔子与尧同。博学而无所成名，唯有圣贤才能做到。常人则虽博学，而必有要所专主，所以必执一艺以成名。孔子闻达巷党人称赞自己，唯恐弟子为追求美誉，务为泛博而终无所成就，于是故意说要"执御"。孔子以六艺教学：礼乐书数射御。御是六艺中较卑者。

【译文】达巷党的一个人说："真伟大呀，孔子！学问广博，而不专攻一业以成名。"孔子听了这话，就对学生们说："我干什么呢？驾车呢，还是射箭呢？我驾车吧。"

1.26　太宰问于子贡曰:"夫子圣者与? 何其多能也?"子贡曰:"固天纵之将圣,又多能也。"子闻之,曰:"太宰知我乎? 吾少也贱,故多能鄙事。君子多乎哉? 不多也。"〔子罕篇第九,6〕

【说解】太宰,官名。《说苑·善说》篇有太宰嚭与子贡论夫子盛德之语,故郑玄说是吴太宰嚭。子贡,孔子弟子,姓端木,名赐,善言辞。比孔子小三十一岁。

这里的"君子",指与贫民相对的贵族。

【译文】太宰问子贡说:"先生是位圣人吧? 为什么这样多才多能呢?"子贡说:"本来上天就让他成为圣人,又使他多才多能。"孔子听到,便说:"太宰了解我吗? 我小时候贫贱,所以能做很多鄙贱的事。君子们会有这样多的才能吗? 不会有的。"

1.27　牢曰:"子云:'吾不试,故艺。'"〔子罕篇第九,7〕

【说解】郑玄说牢是孔子弟子,但《史记·仲尼弟子列传》无此人。王肃撰《孔子家语》说他姓琴,字子开,一字子张,王念孙《读书杂志》已斥其误。试,用。

【译文】牢说:"孔子说:'我未曾被任用,所以有才艺。'"

1.28　子曰："吾有知乎哉？无知也。有鄙夫问于我，空空如也。我叩其两端而竭焉。"〔子罕篇第九，8〕

【说解】鄙夫，农民。叩其两端而竭，从事物的正反两面考察推理。叩，问。古即有多方询问、探求推理之法，如《汉书·赵广汉传》："尤善为钩距，以得事情。钩距者，设欲知马贾，则先问狗，已问羊，又问牛，然后及马。参伍其贾，以类相准，则知马之贵贱，不失实矣。唯广汉至精能行之，它人效者，莫能及也。"

【译文】孔子说："我有知识吗？没有啊。有一个农民问我，我本是全然不晓得；我细问他那个问题的首尾两端，才透彻地了解了真相。"

1.29　子曰："君子道者三，我无能焉：仁者不忧，知者不惑，勇者不惧。"子贡曰："夫子自道也。"〔宪问篇第十四，28〕

【说解】2.17 章："子曰：'知者不惑，仁者不忧，勇者不惧。'"邢昺疏："知者明于事，故不惑乱；仁者知命，故无忧患；勇者果敢，故不恐惧。"当然仁者不忧，不仅因"知命"，还有其他原因。参看 2.18 章："司马牛问君子。子曰：'君子不忧不惧。'曰：'不忧不惧，斯谓之君子已乎？'子曰：'内省不疚，夫何忧何惧？'"

　　孔子严于律己，认为在这三方面自己还须自励。子贡见老师从不说别人不能，专自责自勉，故受感动（用黄生《义府》说）。

【译文】孔子说:"君子的特质有三个,我没能具备:仁义的人不忧愁,睿智的人不迷惑,勇敢的人不惧怕。"子贡说:"先生在反省自己啊。"

正直(8)

1.30　王孙贾问曰:"与其媚于奥,宁媚于灶,何谓也?"子曰:"不然。获罪于天,无所祷也。"〔八佾篇第三,13〕

【说解】王孙贾,卫大夫。3.39章:"王孙贾治军旅。"媚,亲顺。室西南隅为奥。今多用朱熹集注说,灶,诸侯五祀(户、灶、中霤、门、行)之一,夏天所祭。凡祭五祀,皆先设神主而祭于其所,然后迎尸而祭于奥。时俗之语,因以奥有常尊而非祭之主,灶虽卑贱而当时用事,比喻求好于君不如阿附权臣。但以祀神为媚奥媚灶,又分卑贱尊贵,似有不妥。不如俞樾《群经平议》说,媚奥媚灶皆媚人,非媚神也。古以奥为尊者所居,故《礼记·曲礼》说"为人子者居不主奥";而春秋时有"奥主"之称,《左传·昭公十三年》"国有奥主"即是。灶则执爨者之所在,所谓"厮养卒",主掌饮食之事,地位虽卑贱而有实惠,所以媚奥不如媚灶。《国语·周语》载人之言曰"佐饔者得尝焉",即是此意。王孙贾为卫之权臣,故以奥喻君(或以为喻南子),以灶自喻,以此讽孔子。天指天帝、天道,逆天道则获罪于天,媚于何人都不能祷而免罪。只能遵正道而行,而绝不当取媚于任何人。

【译文】王孙贾问道:"'与其讨好主人,宁可讨好做饭的',这是什么意思?"孔子说:"不对。若是得罪了上天,祈祷也没用。"

1.31　子曰:"二三子以我为隐乎?吾无隐乎尔。吾无行而不与二三子者,是丘也。"〔述而篇第七,24〕

【说解】对于孔子的博学多才,一般人感到惊奇而不知其所由来。他的学生也感到难以理解,因而也就可能认为孔子对他们有所隐瞒。如1.26章:"太宰问于子贡曰:'夫子圣者与?何其多能也?'子贡曰:'固天纵之将圣,又多能也。'"孔子解释:"吾少也贱,故多能鄙事。君子多乎哉?不多也。"另外,孔子有所不教,也可能导致弟子误解。如7.13章:"子曰:'中人以上,可以语上也;中人以下,不可以语上也。'"又7.15章:"子曰:'不愤不启,不悱不发。举一隅不以三隅反,则不复也。'"朱熹《论语集注》解释:"诸弟子以夫子之道高深,不可几及,故疑其有隐。而不知圣人作止语默,无非教也,故夫子以此言晓之。"

宋罗大经《鹤林玉露》卷三载祖心与黄庭坚探讨"吾无隐乎尔"之义的故事:

黄龙寺晦堂(按,宋高僧祖心之室名)老子尝问山谷(按,黄庭坚之号)以"吾无隐乎尔"之义,山谷诠释再三,晦堂终不然其说。时暑退凉生,秋香满院。晦堂因问曰:"闻木樨香乎?"山谷曰:"闻。"晦堂曰:"吾无隐乎尔。"山谷悟服。

从祖心语看,孔子确实如朱熹所云,有时不言,而欲使弟子自然感悟或受其影响,《老子》二章所谓"圣人……行不言之教",故弟子误以为有所隐。

与,承上而言,"与共行"之意。

【译文】孔子说:"你们以为我有所隐瞒吗?我对你们是没有隐瞒的。我没有什么行为不向你们公开,这就是我孔丘。"

1.32 子曰:"麻冕,礼也;今也纯,俭,吾从众。拜下,礼也;今拜乎上,泰也。虽违众,吾从下。"〔子罕篇第九,3〕

【说解】麻冕,宗庙祭礼所用的冠,以菒麻绩三十升布而成。一升布八十缕,三十升布则二千四百缕,用麻细密难成;纯,丝,细而易成。故孔子从俭。拜下,臣向君行礼,当于堂下拜,君推辞,臣才登堂拜。泰,骄慢。这表明孔子对礼并不一概保守:如新礼简约而有利,则弃旧而从众;如新礼简约而有害(此礼害于君臣之义),那么宁可违众而守旧。

【译文】孔子说:"礼帽用麻来织,这是合于礼的;今天用丝,俭省些,我服从大家。臣见君,先在堂下拜,然后升堂拜,是古礼。今天只升堂拜,这是倨傲。虽然违背众人,我仍然主张先在堂下拜。"

1.33　子疾病,子路使门人为臣。病间,曰:"久矣哉,由之行诈也!无臣而为有臣。吾谁欺,欺天乎!且予与其死于臣之手也,无宁死于二三子之手乎!且予纵不得大葬,予死于道路乎?"〔子罕篇第九,12〕

【说解】子路,孔子弟子,姓仲名由,字子路,比孔子小九岁,好勇。孔子当时已不任大夫,无家臣。子路欲以家臣治其丧,是为抬高其地位。而孔子以为自己仅是士,当恪守礼节,以士丧礼葬之;子路之举,是僭越。病间(jiàn),病愈。无臣而为有臣,为,读为"伪",假装。无宁,宁;"无"为语词,无义。《左传·隐公十一年》"无宁兹许公复奉其社稷"、《襄公二十四年》"毋宁使人谓子'子实生我'"、《襄公三十一年》"宾至如归,无宁灾患"、《昭公六年》"《书》曰:'圣作则。'无宁以善人为则",杜预皆注为:"无宁,宁也。"大葬,指以君臣之礼埋葬。二三子,对对方多人的尊称。

【译文】孔子病重,子路便让孔子的学生做家臣,准备丧事。孔子的病情好转,说:"仲由行诈太久了!我本来没有家臣,却一定要假扮作有家臣!我欺骗谁呢?欺骗上天吗?况且我与其死在家臣的手里,宁愿死在各位手里啊!况且我即使不能以君臣之礼埋葬,我会死在道路上吗?"

1.34 色斯举矣,翔而后集。曰:"山梁雌雉,时哉时哉!"子路共之,三嗅而作。〔乡党篇第十,27〕

【说解】色,作色。集,鸟儿落。时,善,美。共,拱的古字。嗅,古字作臭,当是狊(jú)的误字。《尔雅·释兽》:"鸟曰狊。"郭璞注:"张两翅。"《字汇·犬部》:"鸟张两翅曰狊。"朱熹集注:"鸟见人之颜色不善则飞去,回翔审视而后下止。人之见几而作,审择所处,亦当如此。然此上下必有阙文矣。"阙文倒未必,大概此章只写孔子与弟子见野鸡尚且能审时度势,趋利避害,因而有所感慨。《庄子·养生主》"泽雉十步一啄,百步一饮,不蕲畜乎樊中;神虽王,不善也",盖亦此意。

【译文】野鸡见人面色不善,便飞去,盘旋一阵,又落下来。孔子说:"山梁上的雌雉,美呀,美呀!"子路向它们拱手,它们张了几次翅膀,便飞去了。

1.35 颜渊死,颜路请子之车以为之椁。子曰:"才不才,亦各言其子也。鲤也死,有棺而无椁。吾不徒行以为之椁。以吾从大夫之后,不可徒行也。"〔先进篇第十一,8〕

【说解】颜渊,名回,孔子弟子,姓颜字子渊,《史记·仲尼弟子列传》说他比孔子小三十岁,据《孔子家语》,是小四十岁,年三十一岁死。颜路,颜渊父,名无繇,也是孔子弟子。

椁(guǒ),外层棺,与郭为外城道埋相似,椁、郭为同源字。

程树德《论语集释》引宦懋庸《论语稽》说,谓此"椁"乃以车为殡棺之椁,颜路请车为椁,盖欲殡时以孔子之车菆涂为椁,非葬时之椁。《礼记·檀弓上》:"天子之殡也,菆(cuán,堆聚)涂龙輴以椁,加斧于椁上,毕涂屋。"是说殡时用一辆车子载棺柩,四周聚木方如椁状,天子的殡柩车画辕为龙形,蒙上绣着斧形花纹的覆棺之布,再用泥涂之。又《礼记·王制》曰:"天子七日而殡,七月而葬。诸侯五日而殡,五月而葬。大夫、士、庶人,三日而殡,三月而葬。"是古代大夫以下的人,死后三日方殡,殡后三月方葬。颜路请孔子之车为殡时围棺之椁,当为向孔子借用此车以殡,以把颜回的丧事办得体面一点,三个月葬后再归还。

才不才,是说颜渊才而鲤不才。鲤,孔子长子,字伯鱼,据《史记·孔子世家》,伯鱼年五十,先孔子死。刘宝楠《正义》集诸家说,以为颜渊死,当鲁哀公十三年时,孔子年七十一;伯鱼死,当鲁哀公十一年时,孔子年六十九。孔子曾任鲁大司寇,虽已致仕多年,仍属大夫阶层。有车而不徒行,是大夫阶层的标志。从大夫之后,是谦逊语。

赵宗乙《论语札记》谓颜路请孔子车以为殡期围棺之椁,已为不情之求;而孔子拒绝,亦合其理:己之子死,尚未用己车为围棺之椁;更何况孔子尝为大夫,如有"君命召"之事,大夫"不可以徒行"。古礼,丧具称其家赀,而不以死伤生。故孔子此拒,唯不欲陷己与他人于非礼而已。金璧按,孔子以己子死有棺而无载车之椁解之,颜路亦必心服。

【译文】颜渊死了,颜路请求借孔子的车子来作为颜渊殡期围棺之椁。孔子说:"不管有才能或者没有才能,但总归是自己的儿子。我的儿子鲤死了,也只有棺,没有殡期围棺之椁。我不能没有车步行,来给他作殡期围棺之椁。因为我也曾做过大夫,不可以步行啊。"

1.36 微生亩谓孔子曰:"丘何为是栖栖者与?无乃为佞乎?"孔子曰:"非敢为佞也,疾固也。"〔宪问篇第十四,32〕

【说解】微生,姓,名亩。栖栖(qīqī),整饬貌。俞樾《群经平议》说,《毛诗·小雅·六月》:"六月栖栖。"毛传:"栖栖,简阅貌。"下句"戎车既饬"即承"六月栖栖"而言,是"栖栖"有整饬义。字亦通作萋,《毛诗·周颂·有客》:"有萋有且,敦琢其旅。"毛传:"萋且,敬慎貌。"郑玄笺:"其来,威仪萋萋且且。"微生亩见孔子修饬威仪,疑其以此求悦于人,故曰:"何为是栖栖者与?无乃为佞乎?"《史记·孔子世家》载晏婴之言"今孔子盛容饰,繁登降之礼、趋详之节",《晏子春秋·外篇下》载其言"今孔丘盛声乐以侈世,饰弦歌鼓舞以聚徒,繁登降之礼、趋翔之节以观众",此即微生亩之意。孔子答之曰:"非敢为佞也,疾固也。"固,谓固陋,疾固陋故栖栖,是可得栖栖之义矣。班固《答宾戏》说:"圣哲之治,栖栖皇皇;孔席不暖,墨突不黔。"已不得栖栖之义矣。

今按,栖栖,即"齐齐",整齐貌。《礼记·祭义》:"命妇相夫人,齐齐乎其敬也。"孔颖达疏:"齐齐谓整齐之貌。"亦华丽貌,整饬故华丽。潘岳《藉田赋》:"袭春服之萋萋兮,接游车之辚辚。"

佞(nìng),《说文·女部》释为"巧谄高材也"。引申为诈伪,伪善。《国语·晋语三》:"佞之见佞。"韦昭注:"伪善为佞。"此章说明当时即有人对孔子的行为多所误解,而孔子则信念坚定,态度明确。

【译文】微生亩对孔子说:"你为什么这样仪表堂堂的呢？恐怕要搞伪善吧？"孔子说:"我不敢搞伪善,而是厌憎鄙陋不化。"

1.37 孺悲欲见孔子,孔子辞以疾。将命者出户,取瑟而歌,使之闻之。〔阳货篇第十七,20〕

【说解】孺悲,鲁人,尝学《士丧礼》于孔子。《礼记·杂记下》:"恤由之丧,哀公使孺悲之孔子,学《士丧礼》,《士丧礼》于是乎书。"于是有人推测,此次"欲见",是初见之时。且《仪礼·士相见礼》"某也愿见,无由达,某子以命命某见",贾公彦疏说孔子不见孺悲的原因:"孺悲欲见孔子,不由绍介,故孔子辞以疾。"但这只是推测,从《论语》记述文字看来,孔子对孺悲已很有成见。也许此事发生于教孺悲《士丧礼》之后,孔子深知其人,则不屑见之。使之,"之"指孺悲。

《孟子·告子下》说:"教亦多术矣。予不屑之教诲也者,是亦教诲之而已矣。"看来,孔子之用意,正要给孺悲以刺激,使之深刻反省;同时也使他人引以为戒。

【译文】孺悲想要见孔子,孔子借口有病,拒绝接待。传命的人刚出房门,孔子便把瑟拿过来弹,唱起歌来,故意让孺悲听到。

自信 (7)

1.38 子曰:"天生德于予,桓魋其如予何?"〔述而篇第七,23〕

【说解】桓魋(huántuí),宋司马向魋,出于桓公,故又称桓氏魋。《史记·孔子世家》载:"去卫,过曹。是岁,鲁定公卒。孔子去曹适宋,与弟子习礼大树下。宋司马桓魋欲杀孔子,拔其树。孔子去。弟子曰:'可以速矣。'孔子曰:'天生德于予,桓魋其如予何!'"孔子是笃信天命的,但他所谓天,包括了自然和社会,他坚信自己是社会先进道德、文化的代表者与承载者。事实上,每个时代的先进人物都会自觉地感悟到并承担起时代、历史赋予自己的重任。所以每逢危难,孔子总是慨然以天命鼓舞弟子们坚定信念。1.39章,孔子畏于匡,也说了类似的话。

【译文】孔子说:"天把道德生在我身上,桓魋难道能把我怎么样?"

1.39 子畏于匡,曰:"文王既没,文不在兹乎?天之将丧斯文也,后死者不得与于斯文也;天之未丧斯文也,匡人其如予何?"〔子罕篇第九,5〕

【说解】子畏于匡,《史记·孔子世家》载,孔子离开卫,将适陈,过匡。颜刻做车夫,用马鞭指着说:"以前我进城,就是从那个缺口。"匡人听说,以为孔子是鲁国的阳虎。阳虎曾对匡人施暴,而孔子貌似阳虎,"匡人于是遂止孔子……拘焉五日"。孔子派随从的弟子做宁武子臣,然后得以离开。畏,赵宗乙《论语札记》谓当通"围",围困。包咸注"匡人误围夫子……故匡人以兵围之。"邢昺疏:"谓匡人以兵围孔子。"《汉书·儒林传》"畏匡厄陈"唐颜师古注、《文选·班昭〈东征赋〉》"乃困畏乎圣人"吕向注、《吕氏春秋·劝学》"孔子畏于匡"陈奇猷校释皆以"围"释"畏",或谓"畏乃'围'之假字"。且《淮南子·主术》"孔子围于匡"、汉桓宽《盐铁论·刑德》"遇围于匡,困于陈、蔡"、《庄子·秋水》"宋人围之数匝"、《韩诗外传》卷六"带甲以围孔子舍。……三终而围罢"、《孔子家语·困誓》"匡人简子以甲士围之",字皆易"畏"而作"围"。按,其说是。

《春秋·僖公十五年》:"遂次于匡。"杜预注:"匡,卫地,在陈留长垣县西南。"今河南省长垣县西南十五里有匡城,学者以为即此地。

文王,儒家认为他是周代礼乐文化的创始者,武王与周公继承并发展了其事业。斯文,即指这种礼乐文化。斯,指示代词,这。后死者,孔子自指。孔门弟子也认为孔子是周代礼乐文化的当然继承者。如 4.44 章:"子贡曰:'文武之道,未坠于地,在人。贤者识其大者,不贤者识其小者,莫不有文武之道焉。夫子焉不学,而亦何常师之有?'"《孟子·尽心下》:"孟子曰:'由尧舜至于汤五百有馀岁……由汤至于文王五百有馀岁……由文王至于孔子五百有馀岁。'"与(yù),参与,触及。这是孔子谦逊的说法。

【译文】孔子被匡地人拘禁,说:"周文王死后,文化遗产不在我这里吗?天若将灭绝这文化,那我就不会掌握这文化了;天若将不灭绝这文化,匡人难道能把我怎么样?"

1.40　子曰:"吾自卫反鲁,然后乐正,《雅》《颂》各得其所。"〔子罕篇第九,15〕

【说解】何晏《集解》引郑玄注:"反鲁,鲁哀公十一年冬也。是时道衰乐废,孔子来还,乃正之也。故曰《雅》《颂》各得其所也。"《史记·孔子世家》:"古者《诗》三千馀篇,及至孔子,去其重,取可施于礼义,上采契、后稷,中述殷、周之盛,至幽、厉之缺。始于衽席,故曰:'《关雎》之乱以为《风》始,《鹿鸣》为《小雅》始,《文王》为《大雅》始,《清庙》为《颂》始。三百五篇,孔子皆弦歌之,以求合《韶》《武》《雅》《颂》之音。礼乐自此可得而述,以备王道,成六艺。"

　　黄生《义府》且谓乐不正者,是郑卫之声扰乱之。因古乐冲淡,人不喜听,故乐工杂以淫声,取娱俗耳。夫子入卫,而亲闻桑间濮上之音,方灼然知先王之雅乐久为时俗之乐所乱,于是归鲁后得以正其不正者,去俗还雅,故曰"自卫反鲁,然后乐正"。

　　因《诗》与乐关系密切,孔子既正乐章,又整理《诗》,使其皆可入乐,并各得其宜。

【译文】孔子说:"我从卫国回到鲁国,此后乐章才整理好,《雅》《颂》各得其宜。"

1.41　子曰:"出则事公卿,入则事父兄,丧事不敢不勉,不为酒困,何有于我哉?"〔子罕篇第九,16〕

【说解】公卿,公指三公,周时指天子的太师、太保、太傅。卿,周时有六:天官冢宰、地官司徒、春官宗伯、夏官司马、秋官司寇、冬官司空。泛指高官。

父兄,孔子父早死,兄孟皮当时在否,不得而知。但此处似不必认真,"父兄"泛指长辈而已。勉,努力,尽力。何有,古人的"不难之辞",相当于今说"有什么呀"。

【译文】孔子说:"出外便服事公卿,入家门便服事父兄,有丧事不敢不尽力,不被酒所困扰,这些事对我来说有什么难的呢?"

1.42　子曰:"苟有用我者,期月而已可也,三年有成。"〔子路篇第十三,10〕

【说解】期(jī)月,或指一整月,或指一整年。此指后者。

【译文】孔子说:"假若有任用我治国的,一年就已经可以了,三年就会有成就。"

1.43　公山弗扰以费畔,召,子欲往。子路不说,曰:"末之也,已,何必公山氏之之也?"子曰:"夫召我者,而岂徒哉? 如有用我者,吾其为东周乎!"〔阳货篇第十七,5〕

【说解】公山弗扰,《左传》《史记》记为公山不狃,季氏宰,与阳虎共执季桓子据费邑以叛。《史记·孔子世家》记此事:"定公八年,公山不狃不得意于季氏,因阳虎为乱,欲废三桓之適,更立其庶孽,阳虎素所善者,遂执季桓子。桓子诈之,得脱。定公九年,阳虎不胜,奔于齐。是时孔子年五十。公山不狃以费畔季氏,使人召孔子。"

公山不狃畔,及下章佛肸召,为何孔子欲往,刘宝楠《正义》谓"时大夫叛诸侯,而陪臣以张公室为名也"。既然季氏僭鲁君、弱公室,而其家臣叛而张公室,孔子当时不得用,故以为可以一试,借以打击季氏,恢复公室势力。"其后定公以孔子为中都宰……由中都宰为司空,由司空为大司寇","定公十三年夏……使仲由为季氏宰,将堕三都……季氏将堕费,公山不狃、叔孙辄率费人袭鲁"(《史记·孔子世家》),孔子看到公山不狃之反已危及鲁公室,遂派人伐败公山不狃等。赵翼《陔馀丛考》、崔述《洙泗考信录》以《左传·定公十二年》仅载公山不狃畔、孔子伐败公山不狃事,未有公山不狃召孔子事,因而怀疑本章的真实性。实际上他们忽略了公山不狃初畔,在定公八年,召孔子,亦必在八年九年之间(《史记》记为定公九年),《左传》未载耳。为东周,兴周道于东方。

【译文】公山弗扰占据费邑而叛季氏,请孔子去,孔子准备去。子路不高兴,说:"没有地方去便算了,为什么一定要去公山氏那里呢?"孔子说:"那个召我去的人,难道是白白召我吗?假若有人用我,我将创建东方的周朝啊!"

1.44 佛肸召,子欲往。子路曰:"昔者由也闻诸夫子曰:'亲于其身为不善者,君子不入也。'佛肸以中牟畔,子之往也,如之何?"子曰:"然,有是言也。不曰坚乎,磨而不磷;不曰白乎,涅而不缁。吾岂匏瓜也哉?焉能系而不食?"〔阳货篇第十七,7〕

【说解】佛肸(bìxī),范中行氏中牟宰。中牟,原为晋大夫范中行氏邑,故址在今河北省邢台县,距河南的中牟六百馀里。《史记·孔子世家》:"赵简子攻范中行,伐中牟。佛肸畔,使人召孔子。"当时为哀公五年,孔子刚离开卫国。

磷(lìn),薄。涅,一种矿物,染皁之物。《淮南子·俶真》:"今以涅染缁,则黑于涅;以蓝染青,则青于蓝。"高诱注:"蓝,染草;涅,矾石也。"涅而不缁,言虽他人不善,不能污染自己。

匏(páo)瓜,瓠之一种,果实比葫芦大,苦而不可食。老熟后可剖制成器具,或作腰舟以渡水。王粲《登楼赋》:"惧匏瓜之徒悬兮,畏井渫之莫食。"是怕不被人所食。《国语·鲁语下》:"夫苦匏不材于人,共济而已。"韦昭注:"言不可食也。共济而已,佩匏可以渡水也。"

孔子欲往佛肸处,于公于私,皆有缘由。于公,陪臣以张公室,正可利用以实现尊公室、抑私门、使礼乐征伐自天子出的政治理想;于私,亦求为世所用,以体现自身价值。刘宝楠《正义》说:"盖圣人视斯人之徒,莫非吾与,而思有以治之,故于公山、佛肸,皆有欲往之意。且其时天下失政久矣,诸侯叛天子,大夫叛诸侯,少加长,下凌上,相沿成习,恬不为怪。若必欲弃之而不与易,则滔滔皆是,天下安得复治?故曰'天下有道,丘不与易也',明以无道之故而始欲仕也。且以仲弓、子路、冉有皆仕季氏,夫季氏非所谓窃国者乎?而何以异于叛乎?子路身仕季氏,而不欲夫子赴公山、佛肸之召,其谨守师训,则固以'亲于其身为不善,君子不入'二语而已。而岂知夫子用世之心与行道之义,固均未为失哉!"其语中肯。孔子以匏瓜系而不食自况,与《易·井》"九三,井渫不食,为我心恻。可用汲"的心情是一样的。

【译文】佛肸召请孔子,孔子想去。子路说:"从前我听先生说过:'亲身做坏事的人那里,君子不去。'如今佛肸占据中牟谋反,您却要去,怎么说呢?"孔子说:"是,有过这话呀。不是说坚固吗,磨也磨不薄;不是说皎洁吗,染也染不黑。我难道是苦葫芦吗?怎么能只被悬挂着而不让人吃呢?"

委曲(6)

1.45 子见南子,子路不说。夫子矢之曰:"予所否者,天厌之!天厌之!"〔雍也篇第六,28〕

【说解】南子,卫灵公之夫人,有淫行,而受到灵公宠爱。《史记·孔子世家》:"灵公夫人有南子者,使人谓孔子曰:'四方之君子不辱欲与寡君为兄弟者,必见寡小君。寡小君愿见。'孔子辞谢,不得已而见之。"矢,誓。所,假如。厌,"压"的古字。《论衡·问孔》:"南子,卫灵公夫人也。聘孔子,子路不说,谓孔子淫乱也。孔子解之曰:'我所为鄙陋者,天厌杀我!'"

关于孔子为何违心而为某事,《说苑·杂言》的一段话或可作为参考:"子夏问仲尼曰:'颜渊之为人也何若?'曰:'回之信贤于丘也。'曰:'子贡之为人也何若?'曰:'赐之敏贤于丘也。'曰:'子路之为人也何若?'曰:'由之勇贤于丘也。'曰:'子张之为人何若?'曰:'师之庄贤于丘也。'于是子夏避席而问曰:'然则四者何为事先生?'曰:'坐,吾语汝。回能信而不能反,赐能敏而不能屈,由能勇而不能怯,师能庄而不能同。兼此四子者,丘不为也。夫所谓至圣之士,必见进退之利、屈伸之用者也。'"即为达到根本目的,要能进能退、能伸能屈。

【译文】孔子去拜见南子,子路不高兴。孔子发誓说:"我假若非礼,天压死我!天压死我!"

1.46 陈司败问:"昭公知礼乎?"孔子曰:"知礼。"孔子退,揖巫马期而进之,曰:"吾闻君子不党,君子亦党乎?君取于吴为同姓,谓之吴孟子。君而知礼,孰不知礼?"巫马期以告。子曰:"丘也幸,苟有过,人必知之。"〔述而篇第七,31〕

【说解】陈,国名,妫(guī)姓。武王灭殷,封舜裔妫满于宛丘(今河南淮阳县),为陈。春秋末为楚所灭。司败,官名,即司寇(据孔安国注)。昭公,鲁君,名稠,习于礼仪,当时以为知礼。巫马期

（金璧按，期，当作旗），孔子弟子，姓巫马，名施，字期（旗）。党，孔安国注："相助匿非曰党。"吴，国名，姬姓，当时以姑苏（今苏州）为中心，据有今江苏省大部与安徽、浙江的一部分。鲁哀公时为越所灭。

《左传·僖公二十三年》："男女同姓，其生不蕃。"故古礼规定同姓不通婚。《国语·晋语四》："同姓不婚，恶不殖也。"鲁与吴皆姬姓，鲁为周公之后，吴为古公亶父之子太伯之后。古代女子命名，有多种方式。其一是所出国名加上母家姓，如齐国女称齐姜，宋国女称宋子，秦国女称秦嬴之类。鲁昭公娶于吴，本应称其为吴姬或孟姬；但这样就等于明告人为娶同姓，所以用另一种称呼方式，在所出国名后加上其排行，称为吴孟子。苟，如果，一旦。

孔子在巫马期（旗）转告陈司败意见之前，并非不知自己的话错。但因他必须"为尊者讳"，所以便违心地说"知礼"。虽然他也曾说，事君应"勿欺也，而犯之"（17.8），但于此事显然没能贯彻，这当然是其学说的缺欠与自相矛盾之处。这种行为，为多数儒者所效法，而当然也为他人所诟病。

孔子"为尊者讳"的理论，导致君主的神圣化，以致无论君王如何无道，臣下只能"文死谏，武死战"。幸而孟子提出了"矛盾性质转化"的观点：即君如残仁害义，如桀纣，则非为君，乃变为一夫；这时杀他，就不叫弑君了，叫诛一夫（《孟子·梁惠王上》）。但无论如何，"弑君"仍是非法的。为完善自己的理论，孟子又提出了"易位"说："王曰：'请问贵戚之卿。'曰：'君有大过，则谏。反复之而不听，则易位。'王勃然变乎色。"（《孟子·万章下》）

但孔子尊尊的思想,影响深远。如《史记·儒林列传》载景帝时博士辕固生与黄生的一场争论,黄生说汤武非受命,乃弑君。辕固生说,不对,桀纣暴虐,天下人心皆归汤武,汤武顺天下之心而诛桀纣,汤武不得已而立,不是受天命是什么呢?黄生说,帽子再破,也必然戴在头上;鞋子再新,也必定穿在脚上。这是上下地位决定的。桀纣虽然无道,也是君上;汤武虽然贤圣,也是臣下。君主有过失,臣下不能直言匡过,以尊崇天子,反而趁机诛杀,取而代立,不是弑君,是什么呢?辕固生被逼无奈,只好打出看家王牌,说,如你所说,咱们汉高帝代秦即天子之位,错了么?因事关君王身家性命,景帝明知于理辕固生对,也只好和稀泥,说:"食肉不食马肝,不为不知味;言学者无言汤武受命,不为愚。"以后学者谁也不敢再议论这类事。

【译文】陈司败问孔子:"昭公懂礼吗?"孔子说:"懂礼。"孔子出去了,陈司败便向巫马期作揖,请他走上前来,说:"我听说君子不偏袒,难道君子竟然也偏袒吗?鲁君从吴国娶了夫人,是同姓,叫她做吴孟子。鲁君若是懂得礼,谁不懂得礼呢?"巫马期把这话转告给孔子。孔子说:"我很幸运,如果有错误,别人一定知道。"

1.47 叶公语孔子曰:"吾党有直躬者,其父攘羊,而子证之。"孔子曰:"吾党之直者异于是:父为子隐,子为父隐——直在其中矣。"〔子路篇第十三,18〕

【说解】叶(shè),古地名,故城在今河南叶县南三十里古叶城。时楚叶县县尹沈诸梁，字子高，僭称公。直躬，何晏《集解》引孔安国曰："直躬，直身而行也。"陆德明释文："郑本作弓，云直人，名弓。"俞樾《群经平议》谓郑玄说是。躬弓古通用。如果以直躬为直身而行，那么孔子也当说"吾党之直躬者……"，而"直"下无"躬"字，知躬为人名。因其直而名之为直躬，如同狂而名之为狂接舆。大概楚语如此吧？

古汉语證、证是不同的字：证，本义为谏，今不用此义；證，本义为告发，引申为证明，今简化为证。本章字本作證，用本义。

儒家讲究尊尊、亲亲，父为子隐，子为父隐，是孔子维系亲情的一个重要原则，也是儒家最为人所诟病的理论之一。《礼记·孔子闲居》载："子云：'君子弛其亲之过而敬其美。'"郑玄注："弛犹弃忘也。孝子不藏记父母之过。"弃忘、不藏记父母之过，还说得过去；隐瞒其罪过，就不对了，又岂能为直？

孔子这种"为尊者讳"的思想，是以孝为根本的。孝道固然对社会道德的形成有积极作用，但无原则的孝则妨害社会公德。如本章直躬事，《韩非子·五蠹》说："楚之有直躬，其父窃羊而谒之吏。令尹曰：'杀之！'以为直于君而曲于父，报而罪之。以是观之，夫君之直臣，父之暴子也。鲁人从君战，三战三北。仲尼问其故，对曰：'吾有老父，身死莫之养也。'仲尼以为孝，举而上之。以是观之，夫父之孝子，君之背臣也。故令尹诛而楚奸不上闻，仲尼赏而鲁民易降北。"面对韩非子的批评，儒家恐怕很难自辩。《孟子·尽心上》甚至说，有人问，假如舜做天子，皋陶做管刑法的官，而舜的父亲瞽瞍杀了人，怎么办？孟子回答,让皋陶抓他就是了。问,那舜怎么办呢?孟子答,舜抛弃君位,偷偷地背着父亲,逃到天涯海角,快乐地忘掉天下。《史记·循吏列传》载,楚昭王相石奢,坚直廉正,无所阿避。一次巡行县道,发现有杀人者,追上一看,竟然是自己的父亲。于是他放走了父亲,拘禁了自己,派人报告楚王,说杀人者是自己的父亲,而对父亲执法,是不孝;废弃法律,放纵罪犯,又是不忠,该当死罪。于是自刎而死。历史上历来以此为忠孝两全的典范,实际上这种狭隘的孝,妨害社会公正,当然是不可取的。儒家基于"孝"而产生的"报仇"观念:"父之雠,弗与共戴天;兄弟之雠,不反兵(注:'恒执杀之备');交游之雠,不同国。"(《礼记·曲礼上》)也是既不讲原则,又不尊法制,而危害社会的。

【译文】叶公告诉孔子说:"我们乡党有个直率的人名叫躬,他父亲偷了羊,他便告发。"孔子说:"我们乡党直率的人与这不同:父亲替儿子隐瞒,儿子替父亲隐瞒——直率就在其中了。"

1.48 卫灵公问陈于孔子。孔子对曰:"俎豆之事,则尝闻之矣;军旅之事,未之学也。"明日遂行。〔卫灵公篇第十五,1〕

【说解】卫灵公,卫襄公子,名元。陈,阵的古字。宋曾公亮《武经总要》卷六引《军志》(古兵书,《左传》多次引其言)曰:"止则为营,行则为阵。"又引太公三才之天阵、地阵、人阵,又孙子之雁行、罘置、车轮及吴起之鹅鹳、卦阵、冲阵等,《左传》载郑之鱼丽(先偏后伍，伍承弥缝）、鲁之支离、楚之荆尸等。

俎，这里指祭祀时盛装祭肉的有脚方盘。豆，盛肉羹的容器，形似现代的高脚杯。俎豆之事，指礼仪。古代五百士兵为旅，一万二千五百士兵为军。

孔子并非不懂、不重视军旅之事，1.51章说："子之所慎：齐，战，疾。"3.36章："子曰：'善人教民七年，亦可以即戎矣。'"3.37章："子曰：'以不教民战，是谓弃之。'"战争、军事既为孔子所重，就肯定有所研究。而《史记·孔子世家》载其名言"有文事者必有武备，有武事者必有文备"与其在夹谷之会中指挥军队威慑齐人事，《左传·定公十二年》亦载其指挥军队打败公山不狃事。而此次孔子却拒绝卫灵公问军阵之请，其原因盖如何晏《集解》引郑玄说："军旅末事，本未立则不可教以末事也。"郑玄所说之本，即是行德政而取信于民。皇侃《义疏》："孔子至卫，欲行文教，而灵公不慕胜业，唯知问于军陈之事也。"

孔子对曰，杨伯峻先生《论语译注》说，《论语》的行文体例是，臣下对答君上的询问一定用"对曰"。验之《论语》，这说法是对的。

【译文】卫灵公向孔子问军阵之法。孔子答道："俎、豆之类的事情，我曾经听到过了；军队的事情，可没学习过。"第二天便上路了。

1.49 阳货欲见孔子,孔子不见,归孔子豚。孔子时其亡也,而往拜之。遇诸塗。谓孔子曰:"来!予与尔言。"曰:"怀其宝而迷其邦,可谓仁乎?"曰:"不可。好从事而亟失时,可谓知乎?"曰:"不可。日月逝矣,岁不我与。"孔子曰:"诺,吾将仕矣。"〔阳货篇第十七,1〕

【说解】阳货,季氏家臣,又名虎(货、虎音近),此人是颇具政治野心的人物。曾囚季桓子,又倚齐国之力而专鲁国政。定公八年,阳货欲尽杀三桓之嫡,而立其与己所善之庶子,为三桓所逐,先奔齐,欲借齐军攻鲁,被齐拘禁;又逃于晋,投奔赵简子。孔子曾评论说:"赵氏其世有乱乎!""阳虎亲富而不亲仁。"

阳货欲见孔子,大约正是"阳虎专季氏,季氏专鲁国"之时。他知孔子反对三桓僭越,故欲利用孔子以实现其夺权的野心。他欲使孔子来见己而孔子不往,便赠以礼物。依据礼节,如果大夫有赐于士,士不得受于其家,则应往大夫之门拜谢,故阳货趁孔子不在而馈之豚,欲使孔子来拜而得面见。孔子深知其为人,不屑为伍,但又不得不虚与委蛇。不料竟"遇诸塗",其言又堂而皇之,难以回绝,故姑且假意允诺,应付过去。欲见孔子,见(旧音 xiàn),使来见。归(kuì),通馈。时,趁其时。亡,外出。塗,途的古字。亟(qì),多次。

毛奇龄《论语稽求篇》引明人郝敬之说,前两个"曰、不可",都是阳货自为问答,以断为必然之理。如《史记·留侯世家》:

"今陛下能制项籍之死命乎?"曰:"未能也……今陛下能得项籍之头乎?"曰:"未能也……",都是张良的自为问答,至"汉王辍食吐哺"以下,才是高祖语。此章至"孔子曰"以下,才是孔子语,所以记者加"孔子曰"三字以区别。俞樾《古书疑义举例》卷二有"一人之辞而加曰字例",引说更详。

【译文】阳货想让孔子来拜见他,孔子不去见,他便送孔子一个小乳猪。孔子探听他不在家的时候去拜谢,却在路上碰着了他。他对孔子说:"来,我和你说话。"说:"怀有奇才,却听任国政迷乱,可以叫做仁吗?"又说:"不可以。喜欢做官,却屡次错过时机,可以叫做智吗?"又说:"不可以。光阴流逝,时不我待呀。"孔子说:"好吧,我要做官了。"

1.50 齐景公待孔子,曰:"若季氏,则吾不能。"以季、孟之间待之。曰:"吾老矣,不能用也。"孔子行。〔微子篇第十八,3〕

【说解】齐景公,名杵臼。《史记·孔子世家》载,鲁昭公末年,孔子适齐,景公曾问政于孔子。后闻晏婴说:"今孔子盛容饰,繁登降之礼、趋详之节,累世不能殚其学,当年不能究其礼。君欲用之,以移齐俗,非所以先细民也。"不欲用孔子。

季、孟之间,时鲁三卿,季氏为正卿,最贵;孟氏为下卿,不用事。等人家说"吾老矣,不能用也",然后才离开,似于争取从政而尽了最大的忍耐。

【译文】齐景公接待孔子,说:"像鲁君对待季氏那样,我不能。"用介于季氏与孟氏之间的规格来对待他。又说:"我老了,不能用你了。"孔子便离开了齐国。

戒慎(5)

1.51　子之所慎:齐,战,疾。〔述而篇第七,13〕

【说解】齐,古斋字。斋戒,古人以为交于神明之事,如非至诚,则神不飨;战则关乎众之死生、国之存亡(《孙子·计》:"兵者,国之大事,死生之地,存亡之道,不可不察也");疾病则关乎身之死生存亡:三者皆不可不慎。

孔子对战的重视,见于3.36章:"子曰:'善人教民七年,亦可以即戎矣。'"3.37章:"子曰:'以不教民战,是谓弃之。'"7.16章:"子曰:'暴虎冯河,死而无悔者,吾不与也。必也临事而惧,好谋而成者也。'"

对疾病的重视,如1.54章:"康子馈药,拜而受之。曰:'丘未达,不敢尝。'"

又,《礼记·礼器》:"孔子曰:'我战则克,祭则受福,盖得其道矣。'"所谓"得其道",当即慎战、慎斋也。

【译文】孔子所慎重对待的事:斋戒、战争、疾病。

1.52　子不语怪、力、乱、神。〔述而篇第七,21〕

【说解】赵宗乙《论语札记》谓"语"为答述,回答别人的问题,与"言"

(主动说起)有别。《说文》:"直言曰言,论难曰语。"《诗·大雅·公刘》:"于时言言,于时语语。"毛传:"直言曰言,论难曰语。"郑笺:"言其所当言,语其所当语。"《周礼·春官·宗伯》:"以乐语教国子,兴、道、讽、诵、言、语。"郑玄注引郑众曰:"发端曰言,答述曰语。""语"与"晤"同源,相见为"晤",对谈曰"语"。故此言"子不语怪、力、乱、神"者,是有人问及"怪、力、乱、神",夫子也不回答、不告诉的意思。按,此说是。

怪异、悖乱之事,不合正理。孔子重德而不重力,《吕氏春秋·慎大》载:"孔子之劲,举国门之关,而不肯以力闻。"14.8章:"子曰:'骥不称其力,称其德也!'"而敬事鬼神是当时的习俗,孔子亦难免俗,又难以说清楚,故"多闻阙疑","敬鬼神而远之"。

【译文】孔子不答对关于怪异、勇力、暴乱和鬼神的问题。

1.53 曾子有疾,召门弟子曰:"启予足! 启予手!《诗》云:'战战兢兢,如临深渊,如履薄冰。'而今而后,吾知免夫! 小子!"〔泰伯篇第八,3〕

【说解】曾子,孔子弟子,名参(shēn),字子舆。《史记·仲尼弟子列传》说他比孔子小四十六岁。孔子以为他能通孝道,故授之业。作《孝经》。

启,晵的借字。《说文·目部》:"晵,省视也。"

《孝经注·开宗明义》:"身体发肤,受之父母,不敢毁伤,孝之始也。"唐明皇注:"父母全而生之,己当全而归之,故不敢毁伤。"这是古人"孝"的基本观念:父母给予自己的身体,即使毫发也不可损伤，必须在善终之时，告慰九泉下的父母，才是孝。这有两方面的意思，一是从小便体察父母的爱子女的心：子女受伤，父母必然心痛，从而推而广之，不做使父母伤心的一切事。二是在残暴的专制社会中，稍有不慎，便会触犯法律而遭受刑戮，更不要说有不轨言行了。所以灌输这种观念，也是教育警戒子女小心翼翼，不要犯法受刑，以使父母蒙羞、伤心。曾子所言，偏向于后者。4.6章所谓"邦无道，免于刑戮"。"战战兢兢"三句，出于《诗·小雅·小旻》篇。

【译文】曾参病了，召集学生们来，说："看看我的脚！看看我的手！《诗》说：'战战兢兢地，好像面临深渊，好像脚踏薄冰。'从今以后，我才知道免于刑戮了！小子们！"

1.54 康子馈药，拜而受之。曰："丘未达，不敢尝。"〔乡党篇第十，16〕

【说解】康子，鲁大夫季孙氏，名肥，康是谥号。季桓子（名斯）之子，鲁哀公正卿。可参阅1.51章："子之所慎：齐，战，疾。"金王若虚《论语辨惑》引杨氏说："不敢尝，慎疾也。必告之，直也。予谓人以善意馈药，而径告之以疑不敢尝，凡人交际，皆知其不可，况孔子之于康子乎？且使馈药，无迫使面尝之理，何必以此语忤之？当是退而谓人之辞，记者简其文，故一曰字而足耳。"

【译文】季康子送给孔子药，孔子下拜而接受了。后来说："我不了解药性，不敢服用。"

1.55　子绝四:毋意,毋必,毋固,毋我。〔子罕篇第九,4〕

【说解】意,臆的古字。王引之《经义述闻·礼记》说,《少仪》"毋测未至"郑玄注:"测,意度也。"《论语》用"亿"字,2.30章:"不逆诈,不亿不信。"又,9.12章:"赐不受命,而货殖焉,亿则屡中。"必,偏执,坚持己见。何晏《集解》:"用之则行,舍之则藏,故无专必也。"固,死板,不灵活。何晏《集解》:"无可无不可,故无固。"这章表明了孔子的思想方法:实事求是,客观,全面,灵活而通权达变。

【译文】孔子杜绝四种毛病:不臆测,不偏执,不死板,不自以为是。

坚毅(5)

1.56　子曰:"譬如为山,未成一篑,止,吾止也;譬如平地,虽覆一篑,进,吾往也。"〔子罕篇第九,19〕

【说解】篑(kuì),土筐。一般解为"为山九仞,功亏一篑",如朱熹《论语集注》:"言山成而但少一篑,其止者,吾自止耳;平地而方覆一篑,其进者,吾自往耳。盖学者自强不息,则积少成多;中道而止,则前功尽弃。其止其往,皆在我而不在人也。"我们则以为,此章强调决断与毅力,当止,则不吝已成;当进,则不畏巨难。刘宝楠《正义》引《荀子·宥坐》说:"孔子曰:'如垤而进,吾与之;如丘而止,吾已矣。'"并认为是此章异文。窃以为这是荀子以己意叙述孔子之取舍观。清孙奇逢《四书近指》:"未成一篑,欲止即止,谁其沮之?虽覆一篑,欲进即进,谁其迫之?故有人功者无天事,全在吾当下自决。"可谓得孔子此言神旨。

【译文】孔子说:"好比堆土成山,只差一筐土而未成,如果必须停止,我就坚决停止;好比填平深渊,即使刚刚倒下一筐土,如果必须进行,我也勇往直前。"

1.57 子曰:"三军可夺帅也,匹夫不可夺志也。"〔子罕篇第九,26〕

【说解】三军,诸侯国一般有上中下三军。夺,《说文·奞部》:"奪,手持隹失之也。"本义为失去,引申为使失去或改易。此处"夺"义非抢夺,乃使失去或使放弃。"夺取"义字作敓,但常常借"夺"字为之。此句谓壮士之志难以用强力使放弃。

【译文】孔子说:"三军,可以使它丧失主帅;平民,却不能让他放弃志向。"

1.58 子曰:"岁寒,然后知松柏之后凋也!"〔子罕篇第九,28〕

【说解】凋,凋谢,形旁为仌(冰的古字),后演化为冫。

【译文】孔子说:"天寒,才知道松柏树最后落叶。"

1.59 子曰:"莫我知也夫!"子贡曰:"何为其莫知子也?"子曰:"不怨天,不尤人,下学而上达。知我者其天乎!"〔宪问篇第十四,35〕

【说解】首先应明确的是,当世人对孔子并非无人了解——他的学生就深刻了解他,高度评价他,如子贡、颜回等(参见 1.26、4.27、4.44、4.45、4.46 等章),其他人也有,如仪封人说,天将以夫子为木铎(4.4),他在各国都有知友,他在鲁国也做过大司寇。只不过他不为鲁及他国当权者所信任,未得到重用。

其次,孔子并未回答子贡的问题"何为其莫知子也"。至于为什么孔子不答,也许是因为这个问题太大,太复杂,一言难尽;也许是因为这个问题触及孔子心事、痛处,孔子不愿作答;也许是因为孔子欲弟子自己思索,去寻觅答案;也许是因为连孔子自己也没有想明白,无法回答。于是这便成了一桩公案,值得一代又一代学人探讨。

再次,子贡的问题"何为其莫知子也"(我们的理解是:为什么当时多数人不了解孔子),答案到底是什么?也成了一桩公案,值得一代又一代学人探讨。

也许他的学说有不健全、不完善之处(如为尊者讳、为亲复仇之说,见 1.46、1.47 章说解),繁琐、冗杂,不便学习掌握(如《礼记·曾子问》所记之丧葬服饰礼仪,《史记·孔子世家》载晏婴语"今孔子盛容饰,繁登降之礼、趋详之节,累世不能殚其学,当年不能究其礼");也许他的治国方略不够急功近利,不适于诸侯扩大疆界、杀伐征战的需要;也许他的政治见解趋于保守。

但是否也因为，有人的学说褊狭浮浅，过于急功近利，而有人的学说广博深沉，关注人的道德修养。唯其褊狭浮浅，急功近利，故很快便可德合一君、风靡一时；然而用之疾者弃之暴，如商鞅、李斯之类。唯其广博深沉，关注人的道德修养，便需时间与空间考验，需历代人咀嚼体味，而为全人类所公认所接受，可供流传于千秋万代；然而用之缓者利之久，如孔子、老子之流。且生命短暂之事物，往往易一鸣惊人，如流星之灿烂、昙花之一现；而生命长久之事物，往往久之方为人所重，而历久弥新，如日月之永恒、山海之长存。

满腹经纶而无人赏识，不得施展，孔子也和常人一样，发出沉痛的慨叹。但他却不怨天尤人，且为之而不倦，自谓掌握了社会、人事与自然的规律。他说"知我者其天乎"，实际是坚信自己终将被人类、历史所理解。下学而上达，何晏《集解》引孔安国说："下学人事，上知天命也。"

【译文】孔子叹息说："没有人知道我呀！"子贡说："为什么没有人知道您呢？"孔子说："不怨恨天，不责怪人，学习社会、人事知识，了解天命。知道我的，是天吧！"

1.60 公伯寮愬子路于季孙。子服景伯以告，曰："夫子固有惑志，于公伯寮，吾力犹能肆诸市朝。"子曰："道之将行也与，命也；道之将废也与，命也。公伯寮其如命何！"〔宪问篇第十四，36〕

【说解】公伯寮，鲁人，《史记·仲尼弟子列传》作公伯缭，说他字子周。愬,诉的异体字。子服景伯,子服氏,景是谥号,字伯,即鲁大夫子服何。夫子指季孙。

孙钦善《论语注译》说集解与《史记·仲尼弟子列传》皆于"志"下出注,证当于此断句,而不当从朱熹《集注》。按,其说是,《史记》集解本如此断。皇侃《义疏》"云公伯寮云云者……言若于他人,该有豪势者,则吾力势不能诛耳;若于伯寮者,则吾力势是能使季孙审子路之无罪,而杀伯寮于市朝也",也证"于公伯寮"当属下读。

肆诸市朝,肆,陈列,陈尸于集市或朝廷。《国语·鲁语上》:"大刑用甲兵,其次用斧钺,中刑用刀锯,其次用钻笮,薄刑用鞭朴,以威民也。大者陈之原野,小者致之市朝。"韦昭注:"其死刑,大夫以上尸诸朝,士以下尸诸市。"这里市、朝连言,实专指市,因公伯寮仅是士。市,指古代都城中朝廷后面的贸易场所,规模百步见方。《周礼·考工记·匠人》:"匠人营国,方九里,旁三门。国中九经九纬,经涂九轨,左祖右社,面朝后市,市朝一夫。"郑玄注:"方各百步。"

朱熹《四书或问》卷一四:"此堕三都、出藏甲之时也。"则此时孔子为鲁大司寇,子路为季氏宰。刘宝楠《正义》说,当时公伯寮必谓子路堕三都之举,是强公室、弱私家,将不利于季氏,故季氏有惑志。而子路堕三都,是夫子所使,愬子路即必废孔子,故孔子有道将行废之语。然而孔子也不愿用"肆诸市朝"这样的极端手段对付公伯寮,故将际遇归之于命运,用以慰子路而以平子服景伯之愤。

【译文】公伯寮向季孙说子路的坏话。子服景伯告诉了孔子,说:

"季孙先生确实对子路有疑心,可对于公伯寮呢,我的力量还能把他的尸首放在集市示众。"孔子说:"我的主张将实现呢,取决于命运;我的主张将被废弃呢,也取决于命运。公伯寮难道能把命运怎么样?"

好学力行(2)

1.61　子曰:"默而识之,学而不厌,诲人不倦,何有于我哉?"〔述而篇第七,2〕

【说解】识,何有,不难之辞。这章的意旨,可参阅1.24章:"子曰:'若圣与仁,则吾岂敢。抑为之不厌,诲人不倦,则可谓云尔已矣。'"又《孟子·公孙丑上》:"孔子曰:'圣则吾不能,我学不厌而教不倦也。'"亦此意。

【译文】孔子说:"默默地记住知识,学习而不满足,教人而不倦怠,这些对我说来有什么难的呢?"

1.62　叶公问孔子于子路,子路不对。子曰:"女奚不曰,其为人也,发愤忘食,乐以忘忧,不知老之将至云尔。"〔述而篇第七,19〕

【说解】叶公,见1.47章:"叶公语孔子曰:'吾党有直躬者……。'"《史记·孔子世家》载,哀公六年,"孔子自蔡如叶,叶公问政……他日,叶公问孔子于子路,子路不对。"此年孔子已六十三岁,故曰"不知老之将至"。

发愤,与"不愤不启,不悱不发"有关。皇侃疏云:"愤,谓学者之心思义未得,而愤愤然也。"朱熹注亦云:"愤者,心求通而未得之意。"故此"发愤"之"发"当与"不愤不启"之"启"同义,"发愤"犹言"启愤",谓深入探究郁结于胸而未得其解的知识或学问,使烦懑之心得以开启也。按,此说是。此乃孔子自述其求学、工作心得:思而不得则发愤忘食,学而得之、诲人不倦则乐以忘忧,二者循环往复,道德学术日益日精,弟子弥众而亲附,则乐亦无穷,以至"不知老之将至"。此为学问家、教育家肺腑之言,学者当心领而神会。

【译文】叶公向子路问孔子的为人,子路没回答。孔子说:"你为什么不说:他的为人是,深思学问便忘记吃饭,自得其乐便忘记忧愁,不自知衰老即将到来,如此而已。"

君子篇第二(51章)

《论语》中的"君子",有两个含义,一指有位者,即士大夫以上的官员,二指有德者。这里"君子"多指有德者,但有时也指有位者,因为在孔子看来,二者间有一定的联系。

赞赏并全面阐释君子的高尚伟大,讥评与之相对的小人的卑劣渺小,使此理深入人心,使人们尊重仰慕君子而唯恐不成为君子,鄙视憎恶小人而唯恐成为小人;从而在社会生活中形成一种风气,即使在因统治者堕落而导致社会道德沦丧之时,人们依然敬重君子而鄙视小人;这是孔子对中华民族传统道德建设的重要贡献。

从孔子之阐释中,可以把君子的品质概括为如下几方面:庄重威严,文质彬彬而不粗鲁,胸怀坦荡;知识能力全面,有深厚的修养,慎言笃行,安泰而不傲气;广博地团结人而不结党营私,一切以德义为准,博学于文而约己以礼,知过必改;坚毅诚信,能担大任,不怕牺牲,能见利思义,见危授命;有原则性与灵活性:国家有道就做官利民,国家无道就明哲保身;有仁义智勇信的品质,因而不忧不惧。孔子还特别强调,君子对上司"和而不同",即坚持原则以达到和谐,而不随声附和。这是君臣、上下级关系中,臣子或下级最可宝贵的品质。同时他对君子还提出了一个很高的但是具有根本性要求:修己以安人,进而安百姓。

孔子还主张君子要努力行仁,留美名于世。这激励了无数志士仁人为民族为国家建功立业,是孔子对中华民族道德建设的又一大贡献。

2.1 子曰:"学而时习之,不亦说乎?有朋自远方来,不亦乐乎?人不知,而不愠,不亦君子乎?"〔学而篇第一,1〕

【说解】赵宗乙《论语札记》云:此"学"字不同于今,其义域较宽。据7.2章"子夏曰:'贤贤易色;事父母,能竭其力,事君,能致其身;与朋友交,言而有信。虽曰未学,吾必谓之学矣'"、11.1章"子曰:'君子食无求饱,居无求安,敏于事而慎于言,就有道而正焉,可谓好学也已'"诸例,可知此"学"字当为《礼记·大学》所谓"大学之道,在明明德,在亲民,在止于至善"的君子之学、"圣与仁"之学,而所学者即"学道则爱人""谋道不谋食"之"道"。今语所谓学做人,做好人。通过"效"君子之人,"悟"君子之道,而"时习"不辍,从而达到"明明德""止于至善"之境界。"效"君子而"悟"其道,是学习者之目标追求,是实现"修身、齐家、治国、平天下"理想之动力。故学习伊始,学者就充满目标追求之迫切,并于目标追求之反复实践与逐步实现中,产生"不亦说乎"之心理感受。

按,其说是。《荀子·劝学》:"学不可以已。青,取之于蓝,而青于蓝;冰,水为之,而寒于水。……君子博学而日参省乎己,则知明而行无过矣。……学恶乎始,恶乎终?曰,其数则始乎诵经,终乎读礼。其义则始乎为士,终乎为圣人。真积力久则入学,至乎没而后止也。"其文正说明了学习的作用、目的,是要提高自己的道德、素养,成为有志之士,进而成为圣人;要终生积累学习成果,死而后已。

有朋,《白虎通·辟雍》引"朋友自远方来",郑玄注:"同门曰朋,同志曰友。"是有朋当作友朋(阮元《十三经注疏校勘记》)。古书"有"通"友"之例甚多。朱骏声《说文通训定声·颐部》:"有,假借为友。"《书·秦誓》:"番番良士,旅力既愆,我尚有之。"《诗·小雅·四月》:"尽瘁以仕,宁莫我有。"陈奂《传疏》:"有,相亲有也。"《左传·昭公二十年》:"寡君之下臣,君之牧圉也,若不获扞外役,是不有寡君也。"杜预注:"有,相亲有。"

又,此"有朋"当指学生。刘宝楠《正义》引宋翔凤《朴学斋札记》:"《史记·孔子世家》,定公五年,'鲁自大夫以下皆僭离于正道,故孔子不仕,退而修《诗》《书》、礼乐,弟子弥众,至自远方,莫不受业焉。''弟子至自远方',即'有朋自远方来'也。朋即指弟子。故《白虎通·辟雍》篇云:'师弟子之道有三,《论语》曰'朋友自远方来,朋友之道也。'又《孟子》子濯孺子曰'其取友必端矣',亦指友为弟子。"

按,师弟子之道,除朋友外,还有君臣、父子。《尚书大传·西伯戡黎传》:"散宜生、闳夭、南宫括三子者学于太公,太公见三子之为贤人,遂酌酒切脯,除为师,学之礼,约为朋友。"又:"孔子曰:'文王得四臣,吾亦得四友。自吾得回也,门人加亲,是非胥附耶?自吾得赐也,远方之士日至,是非奔奏耶?自吾得师也,前有光,后有辉,是非先后耶?自吾得繇也,恶言不至门,是非御侮耶?文王有四臣,以免虎口;丘亦有四友,以御侮。"称其四生为四友,证此说可取。

【译文】孔子说:"学习修身治国之道而随时实践它,不高兴吗?学生从远方来,不快乐吗?人家不了解我,我却不怨恨,不是君子吗?"

2.2 子曰:"君子不重,则不威;学则不固。主忠信。无友不如己者。过,则勿惮改。"〔学而篇第一,8〕

【说解】重,指学习、处事的态度庄重,而态度庄重又源于性格品质的敦厚与重慎。有基于敦厚与重慎的庄重态度,方能威严,也才能博学、审问、慎思、明辨、笃行,所学圣贤之道德方能巩固。

主忠信,何晏《集解》引郑玄说:"主,亲也。"那么"主忠信"就如同7.1章"子曰:'弟子入则孝,出则悌,谨而信,泛爱众,而亲仁'"的"亲仁",即"亲依忠信的人"。这样,也就与13.9章"子曰:'主忠信,毋友不如己者,过则勿惮改'"何晏《集解》"慎所主友"一致了。

为什么主、友分开说呢?人对年长者应亲依,对年相当者才交友,都是在交往中修德。所以说"亲仁""主忠信",又说"无友不如己者"。无友不如己者,是说交友要有原则,必须能在道德方面互相切磋,有益于自己品德、学问的修养,而绝不能盲目交友而受其坏影响。所谓"益者三友,损者三友。友直,友谅,友多闻,益矣。友便辟,友善柔,友便佞,损矣。"(22.4章)

《说文·心部》:"惮,忌难也。"常有人有过而不愿承认,讳疾忌医,甚至迁怒于人,回护遂过,当然就容易重犯错误。只有不忌惮改正,如颜回之"不迁怒",方能"不贰过"(4.14),而修养益深,道德益固。

【译文】孔子说:"君子,如果不庄重,就不威严;即使学习,也不会巩固。要亲近忠信之人。不要跟不如自己的人交朋友。错了,就不要怕改正。"

2.3 子曰:"君子不器。"〔为政篇第二,12〕

【说解】何晏《集解》引包咸曰:"器者各周其用,至于君子,无所不施。"朱熹说:"器者,各适其用,而不能相通。成德之士,体无不具,故用无不周,非特为一材一艺而已。"皆从用途上解释,容易视君子为"通才"。但"通才"也不过是"通器"而已。吾友赵宗乙《论语札记》引《易·系辞上》孔子语"形而上者谓之道,形而下者谓之器"及《礼记·学记》"大道不器",谓道本无形,器乃由道化育出之具体有形之物。故孔子所谓"道"与"器",当互为表里,相辅相成。"形而上"之道为体,"形而下"之"器"为用。孔子谓"君子不器",乃因君子为孔子理想中得道之人,不应为形而下之器,而要进入形而上之境界,化于"道"。因此,所谓"君子不器"不过是说君子要志存高远,要识大道、行大道,以天下为己任,最终达到"止于至善"而已。

按,此说是。《礼记·学记》"大道不器"(郑玄注:"谓圣人之道不如器,施于一物"),正与《论语》"君子不器"章义合。《礼记·儒行》:"儒有席上之珍以待聘,夙夜强学以待问,怀忠信以待举,力行以待取。其自立有如此者。"亦说君子修德强学以行道,而不为具体之器。

至于9.1章说子贡是器,是另一话题,说子贡乃出类拔萃之人才,与此义无关。

【译文】君子与"道"合一,而非如具体的器物。

2.4 子贡问君子。子曰:"先行其言,而后从之。"〔为政篇第二,13〕

【说解】孔子十分重视言与行之间的关系,他主张"君子耻其言而过其行"(2.29),"刚、毅、木、讷近仁"(6.26),"君子欲讷于言而敏于行"(15.1),"古者言之不出,耻躬之不逮也"(19.2),故孔子主张宁可先行而后言。《礼记·坊记》:"故君子约言,小人先言。"(郑玄注:"言人尚德不尚言也。约与先互言尔,君子约则小人多矣,小人先则君子后矣。")刘宝楠《正义》引《大戴礼记·曾子制言上》:"夫君子执仁立志,先行后言。"《曾子立事》:"微言而笃行之,行必先人,言必后人。"又《史记·儒林列传》载申公之言"为治者不在多言,顾力行何如耳",均可互参。

有以"先行"为一句者,朱熹不取。见于《朱子语类》卷二四:"大意只说,先行其所言,而后言其所行。读书须是看出处主意如何。此是子贡问君子,孔子为子贡多言,故以'先行其言,而后从之'答之,盖为子贡发也。"邢昺疏"君子先行其言,而后必行,行以副所言,是行从言也。若言而不行,则为辞费,君子所耻也",也如此读。

【译文】子贡问君子的特点。孔子说:"先把要说的话付诸实践,然后再说出来。"

2.5 子曰:"君子周而不比,小人比而不周。"〔为政篇第二,14〕

【说解】周,普遍团结。比,勾结。何晏《集解》引孔安国说:"忠信为周,阿党为比。"王引之《经义述闻·通说上》:"以义合者周也,以利合者比也。"

【译文】孔子说:"君子普遍团结而不私下勾结;小人私下勾结而不普遍团结。"

2.6 子曰:"君子无所争。必也射乎!揖让而升下、而饮,其争也君子。"〔八佾篇第三,7〕

【说解】古之射礼有四:一曰大射,天子会诸侯卿大夫于祭祀前举行,目的是选士。二曰宾射,为待宾客。三曰燕射,为宴会娱乐。四曰乡射,也为选士。此章指天子大射,各地诸侯进贡能士,多中者得与于祭,不中者不得与于祭;射中者为贤,不中者为不肖。且射中者之君得增其爵土,不中者之君须减其爵土。故君子射中与否,不仅关乎个人名誉前途,且关系其君之荣辱,故君子于射必有所争。

射于射堂上,参加射礼者两人一组,称为一耦,一般组成三耦(天子大射,可多至六耦)。每人射四箭,于耦内决出胜负,以算筹记所中箭数。堂上两楹间设丰(一种似豆而较矮的礼器),以置射爵,胜者之党(或弟子)取之,献不胜者使饮之,马融注所谓"多算饮少算,君子之所争也"。何晏《集解》引王肃说:"射于堂,升及下皆揖让,而相饮也。"皇侃《义疏》也说"云揖让而升下者,《射仪》云:礼,初,主人揖宾而进,交让而升堂;及射竟,胜负已决,下堂,犹揖让不忘礼。故云揖让而升下也。"又说:"云而饮者,谓射不如者而饮罚爵也。射胜者党酌酒,跪饮于不如者,云'敬养'。所以然者,君子敬让,不以己胜为能。"

【译文】孔子说:"君子没有什么可争的事情。如果有所争,一定是射箭吧!相互作揖而登堂、下堂、饮酒,那种竞争是君子式的。"

2.7 子曰:"君子之于天下也,无适也,无莫也,义之与比。"〔里仁篇第四,10〕

【说解】无适无莫,适,莫,郑玄解为"敌对,羡慕",陆德明释文解为"厚薄",韩愈《笔解》释为"可,不可",朱熹《集注》释为"专主,不肯"。今按,《古今韵会举要·锡韵》:"适,意所必从曰适。"莫,对"适"的否定。《资治通鉴·魏纪二·世祖文皇帝下》"其所选用文武将吏,各随能所任,心无适莫"胡三省注:"心之所主为适,心之所否为莫。"则无适无莫,即无意所必从,无必不从。也即9.20章所说"无可无不可"。比,旧音bì,靠近,亲依。《孟子·公孙丑上》所谓"可以仕则仕,可以止则止,可以久则久,可以速则速:孔子也"。可以,即合于义理。刘宝楠《正义》引《后汉书·刘梁传》所著《和同之论》:"夫事有违而得道,有顺而失义;有爱而为害,有恶而为美。其故何乎?盖明智之所得、暗伪之所失也。是以君子之于事也,无适无莫,必考之以义焉。"又《李固传》:"及其在位,廉方自守,所交皆舍短取长,好成人之美。时颍川荀爽、贾彪,虽俱知名而不相能。燮并交二子,情无适莫,世称其平正。"又引《白虎通义·谏诤》"君之于臣,无适无莫,义之与比。赏一善而众臣劝,罚一恶而众臣惧"及《风俗通义·十反》"盖人君者,辟门开窗,号咷博求,得贤而赏,闻善若惊:无适也,无莫也",皆可证"无适无莫,义之与比"即对事对人之取舍亲疏,无个人好恶,唯以是否合于义为准则。

【译文】孔子说:"君子对于天下事,不决意要干什么,也不决意不干什么,只要合于义,就干。"

2.8　子曰:"君子怀德,小人怀土;君子怀刑,小人怀惠。"〔里仁篇第四,11〕

【说解】《尔雅·释诂》:"怀,思也。"《管子·心术上》:"化育万物谓之德。"这里对比而言,君子小人所怀思者不同:君子(在位者)所思,为治国安民的大道要义,而小人(老百姓)想的是田地、恩惠。孔子不见得是褒君子贬小人,而不过具体分析实际情况罢了。此章可与下章连读。

【译文】孔子说:"君子怀念道德,小人怀念田土;君子关心法度,小人关心恩惠。"

2.9　子曰:"君子喻于义,小人喻于利。"〔里仁篇第四,16〕

【说解】君子为有位者,他们要明白道义,才能治国安民。小人为劳动者,他们以力谋生,无衣食之利则无法生存,当然只能"喻于利"。刘宝楠《正义》引包慎言《温故录》:"《诗·大雅·瞻卬》:'如贾三倍,君子是识。'笺云:'贾物而有三倍之利者,小人所宜知也。君子反知之,非其宜也。孔子曰:君子喻于义,小人喻于利。'按如郑氏说,则《论语》此章,盖为卿大夫专利者而发。"意思是卿大夫不能与民争利。这当然也有可能,历代有不少卿大夫不与民争利之事。观《汉书·杨恽传》:"董生不云乎,明明求仁义,常恐不能化民者,卿大夫之意也;明明求财利,常恐困乏者,庶人之事也。"是说明不同地位的社会成员思想特点不同,也是通人情之语。所以孔子此言,非必有意于褒贬,而可能是讲述实情,兼勉励君子崇尚义。

【译文】孔子说:"君子懂得义,小人懂得利。"

2.10 子华使于齐,冉子为其母请粟。子曰:"与之釜。"请益。曰:"与之庾。"冉子与之粟五秉。子曰:"赤之适齐也,乘肥马,衣轻裘。吾闻之也:君子周急不继富。"〔雍也篇第六,4〕

【说解】子华,孔子弟子,姓公西,名赤,字子华。使于齐,皇侃疏说:"不知时为鲁君之使,为孔子之使耳。"而邢昺疏说:"时仕鲁,为鲁使适于齐也。"刘宝楠《正义》又说:"夫子使之也。"

赵宗乙《论语札记》据《史记·仲尼弟子列传》:"公西赤,字子华,少孔子四十二岁。"《史记·孔子世家》载:"定公十四年,孔子年五十六,由大司寇行摄相事。"若子华为孔子使齐,时当在十多岁，实不可能。孔子后"遂适卫"，其后先后"过匡""过蒲""去曹适宋""适郑""至楚""反乎卫"，"凡十四岁而反乎鲁"。孔子在颠沛流离期间，"畏于匡"，"厄于陈、蔡"，在陈"绝粮七日，外无所通，藜羹不充，从者皆病"，子华必不得"为孔子使"，子华亦不得富至"乘肥马，衣轻裘"。故子华使齐，当在孔子"反乎鲁"之后。时孔子年且七十，未尝出仕主政，子华亦不大可能为其出使。史不见冉有为孔子宰之事；即使有，孔子亦必无如许多之粟任由冉有慷慨施予，而冉有亦无权在孔子的反对下随意处置孔子家粟。倘若子华"为鲁君之使"，冉有当为其向鲁君请粟，亦不能一意孤行而"与之粟五秉"。故其推测是子华为季氏所使，而时冉有正为季康子家宰，执掌其财政大权；子华为季氏使齐，正当由季氏支付奉养之粟。此言"冉子为其母请粟"，应是冉有向孔子请教处置方案。孔子斟酌子华生活实际，说"与之釜"，进而益之以"庾"，不过是建议而已。冉有不知，孔子在他"请益"后，建议"与之庾"，乃婉拒之意，而非要慷季家之慨，"与之粟五秉"。孔子当然无可奈何，又非他自家之粟，只好说"君子周急不继富"，委婉地批评一下了事。按此分析合乎情理，可从。

　　冉子，冉求。可能此条为冉求弟子所记。釜，六斗四升（古斗比今斗小）。庾，十六斗。按，庾，当即《说文·斗部》"斞，量也"之"斞"。秉，十六斛（一斛十斗）。周，后来写成赒。

　　君子周急不继富，看来是古语，内有深意：君子周急不继富，因君子同情急者、贫困者而无私心；小人继富不周急，因小人不同情急者、贫困者而有私心——救助贫者于己无益而巴结富者于己有利。俗语所谓"穷在街头无人问,富在深山有远亲",道尽世态炎凉。孔子反其道而行之,强调"君子周急不继富",在社会学、伦理学上有重大意义及深远影响。

【译文】公西华出使齐国,冉有替他母亲向孔子请求小米。孔子说:"给他一釜。"冉有请求增加些。孔子说:"给他一斛。"冉有却给了他五秉。孔子说:"公西赤到齐国去,乘着用肥马驾的车,穿着轻暖的皮袍。我听说过:君子只救济困穷者,不使富者更富。"

2.11 子曰:"质胜文则野,文胜质则史。文质彬彬,然后君子。"〔雍也篇第六,18〕

【说解】史,浮华不实。《仪礼·聘礼》:"辞多则史,少则不达。"何晏《集解》引包咸说:"文多而质少。"又:"彬彬,文质相半之貌。"此可与2.20章"文犹质也,质犹文也,虎豹之鞟犹犬羊之鞟"相参考。

【译文】孔子说:"朴实超过文采,就显得粗野;文采超过朴实,就显得虚浮。文采和朴实配合适当,才是个君子。"

2.12 子曰:"君子博学于文,约之以礼,亦可以弗畔矣夫!"〔雍也篇第六,27〕

【说解】博学于文,约之以礼,4.27章"夫子循循然善诱人,博我以文,约我以礼,欲罢不能。既竭吾才,如有所立卓尔,虽欲从之,末由也已",当与此同:"博我、约我"是从被动角度说,"博学、约之"是从主动角度说。"约之以礼"是"以礼约束自己",不必如杨伯峻先生引毛奇龄《论语稽求》所谓"以礼约文"。

顾炎武《日知录》卷七:"君子博学于文,自身而至于家、国、天下,制之为度数,发之为音容,莫非文也。……'观乎人文,以化成天下'。故曰:'文王既没,文不在兹乎!'而《谥法》'经纬天地曰文',与弟子之学《诗》《书》六艺之文,有深浅之不同矣。"他的意思,君子修身齐家治国平天下的知识道理,皆可谓之文;而弟子所学之《诗》《书》六艺,则为文之初步。

畔,郑玄注"弗畔,不违道",解作通"叛",指背离道。《后汉书·范升列传》引孔子语:"博学约之,弗叛矣夫。"又说:"夫学而不约,必叛道也。"刘宝楠《正义》谓博文即《大学》之致知格物,约礼即《大学》之诚意正心修身。且"徒事博文,而不约之以礼,则后世文人记诵之习,或有文无行,非君子所许也。"就是说学者当博学于文而以礼约束其身,履行其所学,方不至有文无德,而入歧途。《礼记·学记》:"一年视离经辨志,三年视敬业乐群,五年视博习亲师,七年视论学取友,谓之小成;九年知类通达,强立而不反,谓之大成。夫然后足以化民易俗,近者说服而远者怀之。此大学之道也。"郑玄注:"强立,临事不惑也;不反,不违失师道。"又:"夫然,故安其学而亲其师,乐其友而信其道,是以虽离师辅而不反也。"不反,也即"弗畔",即不背离师道。

【译文】孔子说:"君子广博地学习文献,再用礼来约束自己,也就可以不至于离经叛道了。"

2.13　子曰："君子坦荡荡,小人长戚戚。"〔述而篇第七,37〕

【说解】君子、小人在《论语》中有两组意义:有德者与无德者,有位者与无位者。此当指前者。坦荡荡,长戚戚,一般多依郑玄注:"坦荡荡,宽广貌。长戚戚,多忧惧。"俞樾《群经平议》说,戚戚,当读如蹙蹙(cùcù)。《诗·小雅·节南山》"蹙蹙靡所骋"毛传:"蹙蹙,缩小之貌。"小人长戚戚,为缩小之貌,与"君子坦荡荡"为宽广貌正相对。其说可从。

【译文】孔子说:"君子作风开朗豁达,小人却经常局促猥琐。"

2.14　曾子有疾,孟敬子问之。曾子言曰:"鸟之将死,其鸣也哀;人之将死,其言也善。君子所贵乎道者三:动容貌,斯远暴慢矣;正颜色,斯近信矣;出辞气,斯远鄙倍矣。笾豆之事,则有司存。"〔泰伯篇第八,4〕

【说解】孟敬子,鲁大夫,仲孙氏,名捷。

辞,言语;气,声气。鄙,凡陋。倍,本义为"反",后来多用"背"字,指背理。笾(biān),竹编的高脚杯形器皿,有盖,祭祀时盛粟稷果实等食品。豆,盛肉羹的高脚杯形器皿,有盖,用木或铜、陶制成。笾豆之事,指礼仪器物数量之类小事。有司,主管官员。

何晏《集解》引郑玄说:"此道谓礼也。动容貌,能济济跄跄,则人不敢暴慢之;正颜色,能矜庄严栗,则人不敢欺诞之;出辞气,能顺而说之,则无恶戾之言入于耳。"

此章可以与有子语"恭近于礼,远耻辱也"(14.1)、孔子语"君子不重,则不威"(2.2)与"君子求诸己,小人求诸人"(2.37)参阅。即说君子要严肃庄重,言语谨慎,方可避免被凌辱冒犯,也才能受到信任,此为最要紧者。

【译文】曾参病了,孟敬子探望他。曾子说:"鸟要死了,鸣声是悲哀的;人要死了,话语是慈善的。执政者对于礼仪举止,特别注重的有三项:严肃容貌,就可以避免别人的冒犯和怠慢了;端正脸色,就容易被信任了;斟酌言辞和语气,就可以避免他人鄙陋背理的对待了。至于礼仪的细节,自有主管人员在。"

2.15 曾子曰:"可以托六尺之孤,可以寄百里之命,临大节而不可夺也——君子人与?君子人也。"〔泰伯篇第八,6〕

【说解】六尺,战国尺长220毫米—240毫米。六尺为童子,托六尺之孤,指受先君之命辅佐幼小的国君。百里,指国家。寄百里之命,受托执掌国家政令。何晏《集解》:"大节,安国家,定社稷。"《吕氏春秋·忠廉》曾描述其人:"士议之不可辱者,大之也。大之,则尊于富贵也,利不足以虞其意矣;虽名为诸侯,实有万乘,不足以挺其心矣;诚辱,则无为乐生。若此人也,有势则必不自私矣;处官,则必不为污矣;将众,则必不挠北矣。忠臣亦然,苟便于主、利于国,无敢辞违,杀身出生以徇之。"也即

《孟子·滕文公下》所谓"富贵不能淫,贫贱不能移,威武不能屈,此之谓大丈夫"。历史人物如文天祥、于谦、张煌言、谭嗣同者,可谓其人矣。

【译文】曾子说:"可以把年幼的孤儿和国家的命运都托付给他,面临国家生死存亡,而不可使他动摇屈服——这种人是君子人吗?是君子人啊!"

2.16 子曰:"笃信好学,守死善道。危邦不入,乱邦不居。天下有道则见,无道则隐。邦有道,贫且贱焉,耻也;邦无道,富且贵焉,耻也。"〔泰伯篇第八,13〕

【说解】守死善道,俞樾《群经平议》以为"守之至死,而好道不厌也"。

孔子认为,邦有道,君子应该大展才华,治国利民;邦无道,应拒绝与统治者合作,同时要保护自己,免遭刑戮。表达类似内容,如4.6章:"子谓南容:'邦有道,不废;邦无道,免于刑戮。'"4.39章:"子曰:'直哉史鱼!邦有道如矢,邦无道如矢。君子哉蘧伯玉!邦有道则仕,邦无道则可卷而怀之。'"(值得注意的是,孔子只说史鱼直,而评蘧伯玉为君子)6.27章:"宪问耻。子曰:'邦有道,谷;邦无道,谷,耻也。'"15.6章:"子曰:'邦有道,危言危行;邦无道,危行言孙。'"这里的"邦",指周天子治下的华夏各诸侯国。

【译文】孔子说:"坚定地信仰道义,努力学习并至死保守它。危险的国家不进入,混乱的国家不居住。天下政治清明,就出来任职;不清明,就隐居。国家政治清明,自己贫贱,是耻辱;国家政治黑暗,自己富贵,也是耻辱。"

2.17 子曰:"知者不惑,仁者不忧,勇者不惧。"〔子罕篇第九,29〕

【说解】已见于1.29章。孔子说:"君子道者三,我无能焉……"所以彼条归入《为人》中的"谦逊"类。而"知者不惑,仁者不忧,勇者不惧"正是"君子道者三",故列于此。

2.18 司马牛问君子。子曰:"君子不忧不惧。"曰:"不忧不惧,斯谓之君子已乎?"子曰:"内省不疚,夫何忧何惧?"〔颜渊篇第十二,4〕

【说解】司马牛,孔子弟子,《史记·仲尼弟子列传》说他名耕。而孔安国说他名犁,为宋司马桓魋之弟。司马迁既未说他与司马桓魋有关,下文司马牛又说"人皆有兄弟,我独亡",可见此司马牛(名耕)非孔安国所说名犁的司马牛。斯,连词,相当于"则"。

【译文】司马牛问君子的特点。孔子说:"君子不忧愁,不恐惧。"司马牛说:"不忧愁,不恐惧,这样就叫做君子了吗?"孔子说:"问心无愧,那忧愁什么,恐惧什么呢?"

2.19　司马牛忧曰："人皆有兄弟,我独亡!"子夏曰："商闻之矣:死生有命,富贵在天。君子敬而无失,与人恭而有礼,四海之内,皆兄弟也——君子何患乎无兄弟也?"〔颜渊篇第十二,5〕

【说解】子夏,孔子弟子,姓卜名商,比孔子小四十四岁。习文学。

亡,通"无"。不失,张永言谓"失"(yì),通佚。佚有"放荡,放肆"意。俞樾《群经平议》:"失,当读为佚。《周官·大宗伯》'以防其淫失'释文曰:'失,本亦作佚。'是失与佚通,言君子敬而无敢佚乐也。"

四海,非指中国四境有海,乃指四方外族居住的荒晦绝远之地。《尔雅·释地》:"九夷、八狄、七戎、六蛮,谓之四海。"《荀子·王制》杨倞注:"海谓荒晦绝远之地,不必至海水也。"

【译文】司马牛很忧愁,说:"别人都有兄弟,我却没有!"子夏说:"我听说过:死生有命运,富贵在于天。君子对待职事严肃而不放荡,对人恭谨有礼,天下人人都是兄弟——君子何必愁没有兄弟呢?"

2.20　棘子成曰:"君子质而已矣,何以文为?"子贡曰:"惜乎,夫子之说君子也!驷不及舌。文犹质也,质犹文也,虎豹之鞟犹犬羊之鞟。"〔颜渊篇第十二,8〕

【说解】棘子成,卫大夫。一车驾四马为驷。文犹质也,质犹文也,等于说混同文质,以质代文,而可废弃文采。

《易·革》:"九五,大人虎变。"又:"上六,君子豹变。"变,读为"斑",花纹。虎豹之皮,喻君子有彪炳之文采,而斐然可观。皮去毛则为鞹(kuò),则与犬羊之鞹无异,而无华贵文采可言矣。

此条可与2.11章"子曰:'质胜文则野,文胜质则史。文质彬彬,然后君子'"互参。

【译文】棘子成说:"君子朴质就可以了,要文采干什么?"子贡说:"太可惜了,先生这样评论君子!一言既出,驷马难追。如果文采就犹如朴质,朴质也犹如文采,虎豹的皮革就如同犬羊的皮革了。"

2.21 子曰:"博学于文,约之以礼,亦可以弗畔矣夫!"〔颜渊篇第十二,15〕

【说解】与2.12章重出,唯无"君子"二字。

2.22 子曰:"君子成人之美,不成人之恶。小人反是。"〔颜渊篇第十二,16〕

【说解】刘宝楠《正义》引《穀梁传·隐公元年》:"《春秋》成人之美,不成人之恶。"《大戴礼记·曾子立事》:"君子己善,亦乐人之善也;己能,亦乐人之能也。君子不悦人之过,成人之美。存往者,在来者;朝有过,夕改则与之;夕有过,朝改则与之。"看来都是受孔子语的影响。

史事,《左传·隐公元年》载,颍考叔启发郑庄公迎回其母武姜,便是成人之美;而郑庄公有意纵容公叔段叛乱,则是成人之恶。以君臣、上下级关系言,臣谏君、下级劝上级使利国利民,如汉樊哙、张良谏刘邦不入居秦宫、张释之劝汉文帝薄葬、唐魏徵上《谏太宗十思疏》,便是成人之美;臣怂恿君、下级附和上级使害国害民,如秦相李斯劝始皇焚书苛法、赵高劝胡亥篡位并杀群臣公子,便是成人之恶。

【译文】君子助成别人的美好,不助成别人的丑恶。小人则与此相反。

2.23 子曰:"君子和而不同,小人同而不和。"〔子路篇第十三,23〕

【说解】和与同是古代的一对哲学观念。和(本字当作"盉",调味),如在羹内加调料,使其质变而味美;同,则如加其数量,仅使势盛。在人际关系上,和,如切磋琢磨,使更美好;同,如随声附和,无所助益而可能使更邪恶。

如《左传·昭公二十年》载齐侯与晏子谈论,齐侯说:"只有梁丘据与我和啊!"晏子说:"梁丘据只是同罢了,怎能为和?"景公问:"和与同不一样吗?"晏子回答:"不一样。和好比羹,用水、火、醯、醢、盐、梅来煮鱼肉,厨师用五味调和它,补其不足,去其异味与毒性。君子吃了,可以平和其心。君臣之间也是如此:君所谓可,而有否焉,臣献其否,以成其可。君所谓否,而有可焉,臣献其可,以去其否。因此政教平和,而不干扰百姓,人民没有争夺之心。所以《诗》说:'亦有和羹,既戒既平。'即说殷中宗能与贤臣和齐可否,其政教如同羹,敬戒且平和。言语声气也与调味一样。可是梁丘据不如此,君说可,他也说可,君说不可,他也说不可:好比把水添加到水里,这种羹谁能吃呢?又好比琴瑟,只奏一个音,谁能听它呢?同之所以不可行,就是这个道理。"晏子讲明了君臣关系方面和与同的区别,后人以其警句凝为成语:献可替否,又简作"献替"。

以历史言之,面对封建帝王之专制和淫威,高官中少有直言极谏者,而多随声附和与推波助澜者。即极少和而不同者,多同而不和者;极少献可替否者,多献媚害贤者。在极端专制之政治环境中,即使有少许忠贞于民、追求真理之和而不同者如海瑞、彭德怀,虽奋不顾身,又不啻以卵击石,徒酿悲剧而无助于遏制国家民族之灾难矣。

【译文】孔子说:"君子坚持原则以达到和谐,不随声附和。小人随声附和,而不能坚持原则以达到和谐。"

2.24 子曰:"君子易事而难说也:说之不以道,不说也;及其使人也,器之。小人难事而易说也:说之虽不以道,说也;及其使人也,求备焉。"〔子路篇第十三,25〕

【说解】说,悦的古字。君子对人宽厚,不求全责备,以忠恕之道待人,故易事;而有原则,故难以取悦;君子与人为善,使用人因材授事。小人则正相反。《说苑·杂言》记曾子语:"夫子见人之一善而忘其百非,是夫子之易事也。"《礼记·曲礼上》:"礼不妄说人。"即是从另一角度阐释这一道理的。郑玄注:"为近佞媚也。君子说之不以其道,则不说也。"

【译文】孔子说:"君子,人们容易在其手下做事,却难以讨他喜欢:不用正当的途径去讨他喜欢,他不会喜欢;当他使用人的时候,因才授事。小人,人们难以在其手下做事,却容易讨他喜欢:即使用不正当的途径去讨他的喜欢,他会喜欢;当他使用人的时候,求全责备。"

2.25　子曰:"君子泰而不骄,小人骄而不泰。"〔子路篇第十三,26〕

【说解】君子、小人,以德言。泰,安适,安舒,即"泰然自若"的"泰"。

【译文】孔子说:"君子安泰而不傲气,小人傲气而不安泰。"

2.26　子曰:"君子而不仁者有矣夫,未有小人而仁者也。"〔宪问篇第十四,6〕

【说解】君子、小人以在位不在位言。孔子大概以为,普通老百姓很难有仁德之心。因为他认为,"君子怀德,小人怀土;君子怀刑,小人怀惠"(2.8),"君子喻于义,小人喻于利"(2.9),"民可使由之,不可使知之"(3.11),"君子之德风,小人之德草"(3.22)。

【译文】孔子说:"君子却不仁的有啊,而没有小人却仁的。"

2.27　子路问成人。子曰:"若臧武仲之知,公绰之不欲,卞庄子之勇,冉求之艺,文之以礼乐,亦可以为成人矣。"曰:"今之成人者何必然?见利思义,见危授命,久要不忘平生之言,亦可以为成人矣。"〔宪问篇第十四,12〕

【说解】子路,孔子弟子,姓仲名由,比孔子小九岁。好勇力。成人,义近于君子、贤者、完人。

　　臧武仲,鲁大夫臧孙纥,名纥。孟孙恶臧孙,季孙爱他,而孟孙死,他哭之哀,人问其故,他说:"季孙之爱我,疾疢也;孟孙之恶我,药石也。美疢不如恶石,夫石犹生我,疢之美,其毒滋多。孟孙死,吾亡无日矣!"其语颇具辩证精神及预见性。出亡到齐,齐庄公欲与之田,他预计齐庄公将遭难,故意用言语激怒齐庄公,齐庄公于是未与之田。《左传·襄公二十三年》载仲尼语:"知之难也。有臧武仲之知,而不容于鲁国,抑有由也……"

　　孟公绰(chuò),鲁大夫。何晏《集解》引孔安国说:"公绰性寡欲。"《史记·仲尼弟子列传》载"孔子之所严事……于鲁孟公绰"。

　　卞庄子,鲁卞邑大夫。《荀子·大略》:"齐人欲伐鲁,忌卞庄子,不敢过卞。"刘向《新序·义勇》载他"好勇,养母,战而三北",受到他人非难与国君的侮辱。后来母死,他主动请战赴敌,杀敌甲首多人以塞三北,后终赴死。

　　冉求,孔子弟子,孔子曾说:"求也艺,于从政乎何有?"(9.6)

　　久要,要读为约,贫穷。

【译文】子路问怎样才是成人。孔子说:"像臧武仲那样聪慧,像孟公绰那样清心寡欲,像卞庄子那样勇敢,像冉求那样多才多艺,再用礼乐来涵养、文饰自己,也可以说是成人了。"又说:"现在的成人哪里必须这样?看见利益能想到该不该得,遇到危险能付出生命,长期穷困却不忘记素日的诺言,也就可以算是成人了。"

2.28　子曰:"君子上达,小人下达。"〔宪问篇第十四,23〕

【说解】上达,喻于义;下达,喻于利。这里主要是说劳心者与劳力者。参看2.9章"君子喻于义,小人喻于利"解。

【译文】孔子说:"君子通达于高尚的,小人通达于卑贱的。"

2.29　子曰:"君子耻其言而过其行。"〔宪问篇第十四,27〕

【说解】而,阮元《十三经注疏校勘记》说,皇侃《义疏》本、高丽本作"之","行"下有"也"字;王符《潜夫论·交际》"故孔子疾夫言之过其行者",亦作"之"字。邢昺疏:"君子言行相顾,若言过其行,谓有言而行不副,君子所耻也。"则邢本亦当与皇侃本同。今注疏本乃后人据朱熹本所改,非邢昺之旧矣。其说可从。

　　此章可与2.4章"子贡问君子,子曰:'先行其言,而后从之。'"互参。

　　君子耻其言之过其行,小人则言过其行,甚或行与言反;听其言则包公海瑞,为民父母,敬业勤民,清廉绝顶;察其行则城狐社鼠,巨蠹蟊贼,贪赃枉法,行同狗彘——言行如此不符而不以为耻,此为君子小人之别。

【译文】孔子说:"君子以言过其行为可耻。"

2.30 子曰:"不逆诈,不亿不信,抑亦先觉者,是贤乎!"〔宪问篇第十四,31〕

【说解】逆诈,预料欺诈。亿,通臆,臆测。不信,不诚实。抑,转折连词,不过,可是。君子以诚厚待人,一般不把人想得太坏;但又能事先觉察其奸,才算贤能。《大戴礼记·曾子立事》:"君子不先人以恶,不疑人以不信。""不逆诈,不亿不信"是仁,"先觉"是智;既仁且智,当然是贤了。

【译文】孔子说:"不预先怀疑别人的欺诈,不臆测别人的不诚实,而能及时发觉,这种人是贤人啊!"

2.31 子曰:"贤者辟世,其次辟地,其次辟色,其次辟言。"子曰:"作者七人矣。"〔宪问篇第十四,37〕

【说解】辟色,待己有不善的面色则离开。辟言,不愿听到恶言恶语而离开。

作者,为此行者。七人,说法不一。何晏《集解》引包咸说,有长沮、桀溺、荷蓧丈人、石门、荷蒉者、仪封人、楚狂接舆;王弼说,七人为伯夷、叔齐、虞仲、夷逸、朱张、柳下惠、少连。郑玄说,伯夷、叔齐、虞仲,辟世者;荷蓧丈人、长沮、桀溺,辟地者;柳下惠、少连,辟色者;荷蒉者、楚狂接舆,辟言者;七当为十字之误。未知孰是。

孔子虽然不赞成消极避世(如16.11章对长沮、桀溺之言"鸟兽不可与同群,吾非斯人之徒与而谁与?天下有道,丘不与易也"),但他毕竟认为这些人是贤者,而且他自己也有类似的言行。如6.27章,宪问耻,他说:"邦有道,谷;邦无道,谷,耻也。"实际就是在邦无道时不同统治者合作,与避世有相通处;说"危邦不入,乱邦不居"(2.16),就是避地;《史记·孔子世家》载卫灵公"与孔子语,见蜚雁,仰视之,色不在孔子,孔子遂行",就是避色;1.50章,齐景公以季孟之间待孔子,又说:"吾老矣,不能用也。"孔子遂行,就是避言。但他却一直在积极地寻觅机会,以实现自己的社会理想,直至他年老力衰,见"毋吾以也",才打算做教师,传道于弟子。这是孔子与以上贤者的不同之处。

【译文】孔子说:"贤人躲避黑暗社会而隐居,其次躲避乱地,再次避开不善的脸色,再次回避恶言。"又说:"这样做的人有七位了。"

2.32 子路问君子。子曰:"修己以敬。"曰:"如斯而已乎?"曰:"修己以安人。"曰:"如斯而已乎?"曰:"修己以安百姓。修己以安百姓,尧、舜其犹病诸!"〔宪问篇第十四,42〕

【说解】修己,完善自己。以,连词,来。敬,严肃认真。人,指他人。

其,表推测的语气词。犹,尚且。病诸,病之,为此感到困难。

修己,即修身;安人,是仁的境界;安百姓,则是圣的境界。即如6.12章:"子贡曰:'如有博施于民而能济众,何如?可谓仁乎?'子曰:'何事于仁,必也圣乎!尧、舜其犹病诸!夫仁者,己欲立而立人,己欲达而达人。'"修己以安人、安百姓,也即"刑于寡妻,至于兄弟,以御于家邦"(《诗·大雅·思齐》),是孔子的政治理想的最高境界,也即儒家所谓修身齐家治国平天下。

【译文】子路问怎样才能算是一个君子。孔子说:"通过修养,使自己严肃认真。"子路说:"这样就够了吗?"孔子说:"修养自己,使人们安乐。"子路说:"这样就够了吗?"孔子说:"修养自己,使老百姓安乐。修养自己来使老百姓安乐,尧舜大概还感到困难呢!"

2.33 在陈绝粮,从者病,莫能兴。子路愠见曰:"君子亦有穷乎?"子曰:"君子固穷,小人穷斯滥矣。"〔卫灵公篇第十五,2〕

【说解】在陈绝粮,据《史记·孔子世家》,鲁哀公四年,吴伐陈,楚救陈,驻军于城父。楚闻孔子在陈蔡之间,使人聘孔子,孔子将往拜礼。陈蔡大夫担心孔子为楚所用,将不利于自己,于是发兵围孔子于野,孔子不得行,绝粮。

兴,站起来。穷,走投无路。

君子、小人,以道德言。固穷、穷斯滥,何晏《集解》:"君子固亦有穷时,但不如小人穷则滥溢为非也。"君子不以其道得富贵，则不处；不以其道离贫贱，则安贫（见 6.6 章），固然有穷时。朱熹《论语集注》引程颐说："固穷者，固守其穷。"后人因释为"穷困时坚守节操"，实非孔子原义，今不取。

《荀子·宥坐》说此事较详："孔子南适楚，厄于陈蔡之间，七日不火食，藜羹不糁，弟子皆有饥色。子路进，问之曰：'由闻之：为善者天报之以福，为不善者天报之以祸。今夫子累德积义怀美，行之日久矣。奚居之隐也？'孔子曰："由不识，吾语汝。汝以知者为必用耶？王子比干不见剖心乎？汝以忠者为必用耶？关龙逄不见刑乎？汝以为谏者为必用耶？伍子胥不磔姑苏东门外乎？夫遇不遇者时也，贤不肖者材也。由是观之，君子博学深谋，不遇时者多矣，不遇世者众矣（"由是观之"，原在"不遇世者众矣"句前，依俞樾说改）！何独丘也哉？夫芷兰生于深林，非以无人而不芳；君子之学，非为通也，为穷而不困、忧而意不衰也，知祸福终始，而心不惑也。夫贤不肖者材也，为不为者人也，遇不遇者时也，死生者命也。今有其人，不遇其时，虽贤，其能行乎？苟遇其时，何难之有！故君子博学深谋，修身端行以俟其时。"

斯，则，就。滥，无所不为。

【译文】孔子在陈国断了口粮，跟随的人都饿坏了，站不起来。子路很生气地来见孔子，说："君子也有穷困无告的时候吗？"孔子说："君子固然有穷困之时，可小人一穷困便无所不为了。"

2.34　子曰:"君子义以为质,礼以行之,孙以出之,信以成之。君子哉!"〔卫灵公篇第十五,18〕

【说解】之,指代上文"义"。孙,逊的古字。何晏《集解》引郑玄说:"义以为质,谓操行也;逊以出之,谓言语也。"

【译文】孔子说:"君子以义为根本,依礼实行它,用谦逊的言语表述它,用诚实的态度完成它。是君子啊!"

2.35　子曰:"君子病无能焉,不病人之不己知也。"〔卫灵公篇第十五,19〕

【说解】病,惭愧,难过。此句可与2.37章"君子求诸己,小人求诸人"、13.2章"不患人之不己知,患不知人也"(当作"患不知也")、13.3章"不患无位,患所以立;不患莫己知,求为可知也"互参。

【译文】孔子说:"君子只因自己无能而惭愧,而不因别人不知道自己而惭愧。"

2.36　子曰:"君子疾没世而名不称焉。"〔卫灵公篇第十五,20〕

【说解】类似的话,见于《史记·孔子世家》:"子曰:'弗乎弗乎!君子病没世而名不称焉。吾道不行矣,吾何以自见于后世哉?'乃因史记作《春秋》。"《汉书·司马迁传》也说:"所以隐忍苟活,函粪土之中而不辞者,恨私心有所不尽,鄙没世而文采不表于后也。"说皆本于《论语》。

不甘默默无闻,乃人之常情,志士仁人尤其如此。疾、病,皆有难过、遗憾义。"君子疾没世而名不称",此为孔子所提出的最重要的人生观念之一。几千年来,它激励着有志男儿建功立业,青史留名。此名乃善名、美名,是实至名归之名。所谓雁过留声,人过留名,积德行善,为国为民御灾解难,方能名扬天下,乃不虚此生之意。辛弃疾、文天祥不云乎:"赢得生前身后名。""留取丹心照汗青。"故吾人于名不必忌讳,唯当不汲汲于争名求利、当不图虚名、耻于声闻过情而已。

【译文】孔子说:"君子痛心到死而名字不被世人称述。"

2.37 子曰:"君子求诸己,小人求诸人。"〔卫灵公篇第十五,21〕

【说解】孙钦善《论语注译》说,"求"有两层意思,既包括对己所无有、己所不能的要求或追求,又包括对自己失败原因的探求。

这是对的,今分述之。第一层意思,君子有所追求,则发愤自强,以勤补拙,矻矻不倦,以诚实的劳动取得成果;小人有所追求,则偷奸取巧,用货贿,走门路,通关节,但求不劳而获。第二层意思,君子有过,则反躬自省,自怨自艾,不迁怒于人,故能不贰过;小人有过,则开脱自己而迁怒于人,故屡过屡犯。孔子所谓"君子求诸己,小人求诸人",兼有这两层意思。

【译文】孔子说:"君子求之于自身,小人求之于别人。"

2.38 子曰:"君子矜而不争,群而不党。"〔卫灵公篇第十五,22〕

【说解】矜,当通"竞",争言,辩论。《诗·小雅·无羊》:"尔羊来思,矜矜兢兢,不骞不崩。"陈奂传疏:"矜兢双声……矜矜与兢兢同。"矜与兢同,即与竞同。《说文·誩部》:"竞,强语也。"《庄子·齐物论》:"有左有右,有伦有义,有分有辩,有竞有争,此之谓八德。"郭象注:"并逐曰竞,对辩曰争。"这样"矜"与"争"方形成疑似而有别之关系,与"群"与"党"疑似而有别同(用赵宗乙《论语札记》说),党,拉帮结伙。

【译文】孔子说:"君子辩论而不争强好胜,广泛团结群众而不拉帮结伙。"

2.39 子曰:"君子不以言举人,不以人废言。"〔卫灵公篇第十五,23〕

【说解】言善而人未必善,故不以言举人;人不善而言未必不善,故不以人废言。14.6章:"子曰:'有德者必有言,有言者不必有德。'"

【译文】孔子说:"君子不依凭言辞提拔人,也不因为其人不好而废弃他的有益之言。"

2.40　子曰:"君子不可小知而可大受也,小人不可大受而可小知也。"〔卫灵公篇第十五,34〕

【说解】小知,通过小事来了解。大受,委以重任。受是授的古字。

　　君子之胸怀深邃宏远,故不可小知,而可大受。小人之胸怀肤浅猥琐,故不可大受,而可小知。何晏《集解》说:"君子之道深远,不可以小了知,而可大受;小人之道浅近,可以小了知,而不可大受也。"

【译文】孔子说:"君子不可以通过小事来了解,却可以委以重任;小人不可以委以重任,却可以通过小事来了解。"

2.41　子曰:"君子贞而不谅。"〔卫灵公篇第十五,37〕

【说解】贞,贾谊《新书·道术》:"言行抱一谓之贞。"《释名·释言语》:"贞,定也,精定不动惑也。"

　　谅,朱熹集注:"小信。"但《说文·言部》:"谅,信也。"历来"谅"都释为信,独用于贬义则释为小信,这缺乏说服力。朱骏声《说文通训定声》说,这"谅"字假借为"勍"(qíng),犹固执也。勍有强义,引申为犟(即执拗,俗语所谓钻牛角尖儿)。9.19章"岂若匹夫匹妇之为谅也,自经于沟渎而莫之知也",谅,亦此意。

【译文】孔子说:"君子坚定,而不执拗。"

2.42 孔子曰:"君子有三戒:少之时,血气未定,戒之在色;及其壮也,血气方刚,戒之在斗;及其老也,血气既衰,戒之在得。"〔季氏篇第十六,7〕

【说解】血气未定,不易控制情欲。得,贪求。

为什么血气既衰,就易于贪得呢?大概人既衰老,觉得来日无多,在位日少,便易生贪心,欲及时利用权势多取财物,以为馀生及子孙计。刘宝楠《正义》说,翟灏《论语考异》谓《淮南·诠言》"凡人之性,少则猖狂,壮则暴强,老则好利",即本于《论语》。

【译文】孔子说:"君子有三件应该警戒的事:年轻的时候,血气未定,警戒在于女色;到了壮年,血气正旺盛,警戒在于争斗;到了年老,血气已经衰弱,警戒在于贪求。"

2.43 孔子曰:"君子有三畏:畏天命,畏大人,畏圣人之言。小人不知天命而不畏也,狎大人,侮圣人之言。"〔季氏篇第十六,8〕

【说解】天命,这里指上天的意旨,也指天帝所主宰的命运。这个概念,上古就有。《尚书·汤誓》:"非台小子,敢行称乱。有夏多罪,天命殛之。"又《盘庚上》:"先王有服,恪谨天命。"宋罗大经《鹤林玉露》卷六给天命下了定义:"且人之生也,贫富贵贱、夭寿贤愚、禀性赋分,各自有定,谓之天命,不可改也。"这当然是宿命论,是迷信,不足取。孔子生当科学尚不发达的春秋时代,未能免俗。但孔子所谓天命,也包括了自然、社会、人生的客观规律,这倒是应当敬畏的。

大人,这里指居高位者,郑玄注所谓"天子诸侯为政教者"。《周易·乾》:"九二,见龙在田,利见大人。"《老子》第十七章"太上下知有之"魏王弼注:"太上谓大人也。大人在上,故曰太上。大人在上,居无为之事,行不言之教。"《孟子·滕文公上》:"有大人之事,有小人之事。"孔子是封建君主制度的维护者,主张君君、臣臣,敬畏天子、诸侯及其他居高位者,也不足为怪。到了战国时代,封建贵族生活愈加奢侈腐化,孟子对孔子的畏大人说作了修正。《孟子·尽心下》说:"说大人,则藐之,勿视其巍巍然。堂高数仞,榱题数尺,我得志,弗为也。食前方丈,侍妾数百人,我得志,弗为也。"赵岐注:"大人谓当时之尊贵者也。"

圣人,道德、智慧极高的人,儒家指尧、舜、禹、汤、文王、武王、周公等。小人(指居下位者)未经学习,不懂历史,自然不知尊重圣人及圣人之言。孔子希望通过教育改变人们不畏天命、狎大人、侮圣人之言的状况,变小人为君子。这也是他——一个进步的封建贵族教育家的教育思想,须明辨其是非高下而无足苛责。

狎,亲近而不庄重,这里指轻慢。

【译文】孔子说:"君子有三种敬畏:敬畏天命,敬畏王公大人,敬畏圣人的言语。小人不懂得天命而不敬畏,轻视王公大人,侮辱圣人的言语。"

2.44　孔子曰:"君子有九思:视思明,听思聪,色思温,貌思恭,言思忠,事思敬,疑思问,忿思难,见得思义。"〔季氏篇第十六,10〕

【说解】思,想,念(即"念念不忘"的"念")。

视思明,听思聪,色思温,貌思恭,言思忠,《尚书·洪范》说成:"貌曰恭,言曰从,视曰明,听曰聪。"

事思敬,3.1章:"子曰:'道千乘之国,敬事而信。'"疑思问,《礼记·中庸》说:"审问之。"忿思难,难(nàn),祸患。14.5章:"一朝之忿,忘其身,以及其亲,非惑与?"见得思义,也见于18.9章:"子张曰:'士见危致命,见得思义。'"2.27章作"见利思义"。

【译文】孔子说:"君子有九种须想念不忘的事:看,要想着看明白;听,要想着听清楚;脸色,要想着温和;容貌,要想着谦恭;言语,要想着诚信;做事,要想着严肃认真;有疑难,要想着向人请教;愤怒了,要想着后患;看见可得的利益,要想着义。"

2.45　子路曰:"君子尚勇乎?"子曰:"君子义以为上。君子有勇而无义为乱,小人有勇而无义为盗。"〔阳货篇第十七,23〕

【说解】君子,小人,以地位言。《史记·仲尼弟子列传》:"子路性鄙,好勇力,志抗直,冠雄鸡,佩豭豚。"《集解》:"冠以雄鸡,佩以豭豚。二物皆勇,子路好勇,故冠带之。"孔子否定无礼义节制的勇。10.12章说"勇而无礼则乱",2.46章也说"恶勇而无礼者"，本章则说"君子有勇而无义为乱，小人有勇而无义为盗"。

【译文】子路问道："君子崇尚勇敢吗？"孔子说："君子以义为最高尚，君子有勇而没有义，就会犯上作乱；小人有勇而没有义，就会盗窃抢劫。"

2.46　子贡曰："君子亦有恶乎？"子曰："有恶：恶称人之恶者，恶居下流而讪上者，恶勇而无礼者，恶果敢而窒者。"曰："赐也亦有恶乎？""恶徼以为知者，恶不孙以为勇者，恶讦以为直者。"〔阳货篇第十七，24〕

【说解】有恶(wù)，有所厌恶。人之恶(è)，坏处，毛病。下流，清学者陈鳣说，《汉石经》此句作"恶居下而讪上者"，无流字。惠栋《九经古义》谓涉《子张》篇"是以君子恶居下流"句(8.24)而衍。下指下位。讪，诽谤。

果敢而窒，何晏《集解》引马融说"窒，窒塞也。"俞樾《群经平议》说："窒，当读为䢝(zhì)，《说文·至部》：'䢝，忿戾也。'……《周书》曰：'有夏氏民叨䢝。'"按，今《尚书·多方》作愤。果敢而窒，即果敢而忿戾也。《集韵·至韵》："愤，忿戾也。"字又作懥，《玉篇·心部》："懥，怒也，恨也。"《礼记·大学》："身有所忿懥，则不得其正。"愤、懥、䢝当为一字。

徼(一本作绞)，通绞，绞急，急切。《论语·阳货》："好直不好学，其蔽也绞。"(11.11)邢昺疏："绞，切也。……若好直不好学，则失于讥刺太切。"刘宝楠《正义》引汉徐幹《中论·核辩》：

"故孔子曰:'小人毁訾以为辩,绞急以为智,不逊以为勇。斯乃圣人所恶,而小人以为美。'""小人毁訾以为辩,绞急以为智,不逊以为勇"正说"徼以为知,不孙以为勇,讦以为直"。虽然徐幹误以此语为孔子语,但证明徼即绞急。何晏《集解》引孔安国说:"徼,抄也,抄人之意以为己有。"为杨伯峻先生《论语译注》所本。但徼与知、不孙(逊)与勇,讦与直,皆是相似的品格,故人们易于混淆。而抄袭别人以为己智是明显的恶行,不至于与智相混,所以我们不取这种意见。

不孙,即不逊。讦(jié),揭露别人的隐私。

【译文】子贡问道:"君子也有所憎恶吗?"孔子说:"有所憎恶:憎恶宣扬别人坏处的人,憎恶在居下位而毁谤长上的人,憎恶勇敢而无礼的人,憎恶果敢而恣戾的人。"孔子问:"赐,你也有所憎恶吗?""我憎恶把绞急当作聪明的人,憎恶不谦恭却自以为勇敢的人,憎恶揭露别人隐私却自以为直率的人。"

2.47 周公谓鲁公曰:"君子不施其亲,不使大臣怨乎不以;故旧无大故,则不弃也;无求备于一人。"〔微子篇第十八,10〕

【说解】周公,周武王的弟弟,名旦。鲁公,周公之子伯禽。刘宝楠《正义》说施,通弛(《经典释文》作不弛),由松懈、怠慢义而引申为弃忘。《礼记·坊记》"君子弛其亲之过而敬其美",郑玄注:"弛犹弃忘也。"以,任用。

【译文】周公对鲁公说:"君子不弃忘他的亲族,不让大臣抱怨没被信用；老交情老部下没有重大过失，就不抛弃他；不要对人求全责备。"

2.48 子夏曰："百工居肆以成其事，君子学以致其道。"〔子张篇第十九，7〕

【说解】肆，店铺，工场。此以百工居肆以成事喻君子学以致道。《礼记·大学》："大学之道，在明明德，在亲民，在止于至善。"止于至善，即致其道。

【译文】子夏说："各种工人在店铺里完成他们的工作，君子则用学习获得道。"

2.49 子夏曰："君子有三变：望之俨然，即之也温，听其言也厉。"〔子张篇第十九，9〕

【说解】三变，实际是望之、即之、听之者本人的不同感受，并非君子本人发生了变化。

俨然，矜庄貌。1.4章："子温而厉，威而不猛，恭而安。"2.2章："君子不重，则不威。"

听其言也厉，顾炎武《日知录》卷七议论说："君子之言，非有意于厉也，是曰是，非曰非。孔颖达《洪范》正义曰：'言之决断，若金之斩割。'居官则告谕可以当鞭朴，行师则誓戒可以当甲兵；此之谓听其言也厉。"

【译文】子夏说："君子给人以三种感受：远望着，觉得他很庄严；接近他,却觉得他很温和;听他的话,又觉得他很严厉。"

2.50 子贡曰:"君子之过也,如日月之食焉:过也,人皆见之;更也,人皆仰之。"〔子张篇第十九,21〕

【说解】8.3 章:"子曰:'人之过也,各于其党。观过,斯知仁(人)矣。'"君子之过,过在明处,绝无卑鄙龌龊;不同于小人之过,不可告人。所以"君子之过也,如日月之食焉:过也,人皆见之"。及其改正,如日月复明,所以"人皆仰之"。

【译文】子贡说:"君子犯错误,好像日蚀月蚀:错了,人人都看得见;改了,人人都敬仰他。"

2.51 孔子曰:"不知命,无以为君子也;不知礼,无以立也;不知言,无以知人也。"〔尧曰篇第二十,3〕

【说解】命,指天命,即天意,天帝为人命运的安排,也指天理。孔子是笃信天命的,这在《论语》中多有体现(如 11.2 章"五十而知天命")。《汉书·董仲舒传》:"天令之谓命……是故王者上谨于承天意,以顺命也。"当然,孔子所谓天命,也包括了自然、社会、人生的客观规律,所以这"天命"并不是纯唯心的,而是一种混合物,表现了上古哲人认识客观世界的蒙昧状态。

礼是立身行事之准则,故曰"不知礼,无以立"。

知言,即善于察言,可以知人善恶是非。《周易·系辞下》讲察言以知人之法:"将叛者其辞惭,中心疑者其辞枝,吉人之辞寡,躁人之辞多,诬善之人其辞游,失其守者其辞屈。"

【译文】孔子说:"不懂得天命,没有资格作君子;不懂得礼,没有本领立足;不懂得辨析言语,没有能力了解人。"

为政篇第三(49章)

"邦有道则仕",修己以安百姓,是孔子最高的政治理想。也就是说,孔子本人的最大愿望,是要做治国安民的官员。他曾一度实现了这个愿望,《史记·孔子世家》载,定公九年,孔子年五十,"以孔子为中都宰,一年,四方皆则之。由中都宰为司空,由司空为大司寇。"定公十四年,又摄行相事,实行了政治改革,内政外交都取得了明显的成绩:"与闻国政三月,粥羔豚者弗饰贾,男女行者别于涂,涂不拾遗。四方之客至乎邑者,不求有司,皆予之以归。"可很快鲁君就中了齐国的美人计,不热心政事,他就主动去职。周游各国后,他便主要从事文化教育及典籍整理的工作。

但他的文化教育工作,也主要是为社会培养治理人才,也就是培养从政的官员。像本书20.5章〔先进篇第十一,26〕曾皙要做教员、4.26章〔子路篇第十三,4〕樊迟请学稼、学圃,都是例外。所以关于为政,孔子论述得较多。

首先,孔子提倡德政,德政有如下几方面的内容:

一,统治者率先垂范,以庄临民,如北极星,居其所而众星拱之,己身正,别人不敢不正。

二，举拔正直有德者，使居于不肖无德者之上，也即"举善而教不能"。

三，爱民，使民以时，反对残暴多杀。这是将"仁"的观念贯彻于为政。

孔子德政思想还表现在外交方面，反对侵略战争，主张以德服远人以来之。

他提出的经世治国理论"不患贫，而患不均；不患寡，而患不安"，不使贫富悬殊，而要上下和谐，也产生了广泛的影响。

尤其值得称道的是，他提出了"自古皆有死，民无信不立"的理念，认为民众对政府的信任之重要性，超过了粮食与军队。这是对"政府公信力"及其重要意义的最早、最具说服力的阐述。千百年后读之，令人益生敬佩。

为协调人际关系，孔子提出了"君君、臣臣、父父、子子"的思想，即各遵其分。可是，在君主专制的情况下，君父至高无上的地位，决定了这个口号实际上往往只有"臣臣、子子"在起作用。而孔子对统治者的要求，本来是够严厉的。如季康子问政，他回答："政者，正也。子帅以正，孰敢不正？"以为民之不正由于统治者之不正。又问盗，他回答"苟子之不欲，虽赏之不窃"，明确指出盗窃等刑事案件多是统治者贪欲所致。这是极其尖锐的批评，也是很有启发性的。但这往往被历代统治者有意忽略而不予强调。

3.1 子曰:"道千乘之国,敬事而信,节用而爱人,使民以时。"〔学而篇第一,5〕

【说解】道,"导"(導)的古字,治理。何晏《集解》引马融说:"《司马法》,六尺为步,步百为亩,亩百为夫,夫三为屋,屋三为井,井十为通,通十为成,成出革车一乘。然则千乘之赋,其地千成,居地方三百一十六里有畸。"据《司马法》,每辆兵车,甲士三人,步卒七十二人,千乘则有七万五千人。所以千乘之国,兵力已不算小。但春秋时期,各国致力于发展军备,千乘之国只能算小国,子路所谓"千乘之国,摄乎大国之间"(20.5)。后经诸侯间战争兼并,到战国初期,只馀"万乘之国七,千乘之国五"(刘向《战国策序》)了。

敬,严肃认真。说"爱人,使民",可见人、民不同。人是泛指,包括了社会上层人士,民则是百姓,劳力者。"敬事而信,节用而爱人,使民以时",其核心是爱人(包括了民)。刘向《说苑·政理》:"武王问于太公曰:'治国之道若何?'太公对曰:'治国之道,爱民而已。'曰:'爱民若何?'曰:'利之而勿害,成之勿败,生之勿杀,与之勿夺,乐之勿苦,喜之勿怒:此治国之道,使民之谊也。爱之而已矣!'"以时,用农闲时。

【译文】孔子说:"治理拥有一千辆兵车的国家,要严肃认真地对待工作,有诚信,节约费用,要爱人,役使老百姓要在农闲季节。"

3.2 子禽问于子贡曰:"夫子至于是邦也,必闻其政。求之与?抑与之与?"子贡曰:"夫子温、良、恭、俭、让以得之。夫子之求之也,其诸异乎人之求之与!"〔学而篇第一,10〕

【说解】子禽,姓陈名亢(gāng)。据郑玄注,为孔子弟子,程树德《论语集释》引臧琳《拜经日记》说,《史记·仲尼弟子列传》有原亢籍,盖原亢籍即陈亢。因原氏出于陈,原陈同氏。《诗·陈风·东门之枌》:"南方之原。"毛传:"原,大夫氏。"《春秋·庄公二十七年》:"秋公子友如陈葬原仲。"杜预注:"原仲,陈大夫原氏。"《礼记·檀弓下》记载了陈子亢(即陈亢)谏殉葬事。

《说文》:"邦,国也。""国,邦也。"赵宗乙《论语札记》谓春秋之前"邦(国)"之概念与今"国家"之概念绝不相同。春秋之前的"邦(国)",乃周王朝分封制下的诸侯领地。只不过彼时之"邦(国)"拥有独立的政治、经济、军事等权力。《诗·小雅·北山》:"溥天之下,莫非王土;率土之滨,莫非王臣。"这里的"王土"才和我们今天所谓的"国家"义大致相当。故孔子去父母之邦而求仕他国不为叛国,屈原不忍去父母之邦而眷恋楚地则为爱国,时代变化导致词义内涵变化。按,此说是。《孟子·离娄上》:"孟子曰:'人有恒言,皆曰天下、国、家。天下之本在国,国之本在家。'"赵岐注:"天下谓天子之所主,国谓诸侯之国,家谓卿大夫之家也。"因此,只要拥戴周天子,遵行周道,士可以择君(诸侯)而仕。故孔子"遍干诸侯"而求"用我者",实属正常;唯于"父母之邦"(后称"祖国")怀有眷恋之情,亦在情理之中。只是在周王室衰亡之后,群龙无首,各诸侯国的"国家"意识才稍稍强烈一些。而传统观念又必然使他们重新"造"出一个新的天子来。

求之与,抑与之与,句末的"与"是语气词,表疑问。抑,选择连词,相当于"还是"。俭,古义是节制,约束,即谨言慎行,不放纵,而非今义俭省。其诸,杨伯峻先生《论语译注》引洪颐煊《读书丛录》说:"《公羊》桓六年传:'其诸以病桓与?'闵元年传:'其诸吾仲孙与?'僖二十四年传:'其诸此之谓与?'宣五年传:'其诸为其双双俱至者与?'十五年传:'其诸则宜于此焉变矣。'其诸是齐鲁间语。"其诸大致相当于"或者"或"大概"。

王充《论衡·知实篇》解释这段话:"温良恭俭让,尊行也。有尊行于人,人亲附之;人亲附之,则人告语之矣。"是说有此美德,执政者皆愿主动告诉他,与别人要求而得知不同。

【译文】子禽向子贡问道:"先生一到这个国家,必然听说这个国家的政事,求得的呢?还是别人主动告诉他的呢?"子贡说:"先生是靠温和、善良、恭敬、节制、谦让来取得的。先生求取的方式,大概不同于别人求取的方式吧!"

3.3 子曰:"为政以德,譬如北辰,居其所而众星共之。"〔为政篇第二,1〕

【说解】北辰,北极星。共,拱的古字,拱卫,环绕。

这段话讲了中国政治的一个传统观念:执政者必须行德政(当然,执政者本身也须有德),才能得到民众的拥护。孔子的比方是生动恰切的。

【译文】孔子说:"用道德来行国政,好比北极星,处在自己的位置上,群星都环绕着它。"

3.4 子曰:"道之以政,齐之以刑,民免而无耻;道之以德,齐之以礼,有耻且格。"〔为政篇第二,3〕

【说解】道,"导"(導)的古字,治理。政,政教,政令。齐,使整齐划一。免,免受罪罚。

格,通徦,来到。《方言》卷一:"假、徦、怀、摧、詹、戾、艐,至也。邠、唐、冀、兖之间曰假,或曰徦。"晋郭璞注:"古格字。"又卷二:"仪、徦,来也。陈颖之间曰仪,自关而东,周郑之郊、齐鲁之间或谓之徦,或曰怀。"这里指民心归向。《礼记·缁衣》:"子曰:'夫民,教之以德,齐之以礼,则民有格心。教之以政,齐之以刑,则民有遯心。"郑玄注:"格,来也;遯,逃也。"《礼记·缁衣》所载孔子语,是这章的异文,"格"与"遯(遁)"相对,可证格读为徦,为"归向、归来"义。

【译文】孔子说:"用政法来引导他们,用刑罚来整顿他们,人民免于罪罚,却没有廉耻心。如果用道德来引导他们,用礼教来整顿他们,人民不但有廉耻心,而且人心归服。"

3.5 子张学干禄。子曰:"多闻阙疑,慎言其馀,则寡尤;多见阙殆,慎行其馀,则寡悔。言寡尤,行寡悔,禄在其中矣。"〔为政篇第二,18〕

【说解】子张,孔子弟子,姓颛孙,名师。比孔子小四十八岁。

干，求。禄，俸禄。学干禄，即学政事、学为仕。孔子办学，主要目的就是为社会培养治世人才。3.14章："子路使子羔为费宰。子曰：'贼夫人之子。'子路曰：'有民人焉，有社稷焉，何必读书，然后为学？'"即是说子羔还没有学好，不能出仕；而子路认为可以边干边学。做了官，自然就有了禄，所以孔子说："学也，禄在其中矣。"（16.7）

阙疑，这里指有所疑惑则避而不说。尤，错误，罪过。阙殆，这里指有所迷惑则避而不做。王念孙《读书杂志·史记第五》说："殆，犹疑也。谓所见之事若可疑，则阙而不敢行也。"今杨伯峻先生《论语译注》取其说。但"殆"与"疑"对文，总不至完全同义。"殆"义为"迷惑"，口语所谓"胡涂"。如《为政》："学而不思则罔，思而不学则殆。"《庄子·养生主》："吾生也有涯，而知也无涯。以有涯随无涯，殆已！"又《秋水》："吾非至于子之门，则殆矣！"（《荀子·天论》"天有其时，地有其财，人有其治，夫是之谓能参。舍其所以参而愿其所参，则惑矣"、《盐铁论·周秦》"今不立严家之所以制下，而修慈母之所以败子，则惑矣"，"惑"意义、用法与"殆"完全相同）又《田子方》："今汝怵然有恂目之志，尔于中也殆矣夫！"《史记·仲尼弟子列传》："且夫无报人之志而令人疑之，拙也；有报人之意使人知之，殆也；事未发而先闻，危也。三者举事之大患。"又《扁鹊仓公列传》："良工取之，拙者疑殆。""殆"皆"惑"义。悔，比尤语义重，过失，灾祸。又，此章当作互文读。

孔子以为要避免言行过失，关键有三：一，增广见闻，二，阙疑殆（疑者惑者不说不做），三，慎言慎行其无疑殆者。

【译文】子张学习如何做官得俸禄。孔子说:"多听多看,有怀疑、迷惑之处,加以保留;其馀足以自信的部分,谨慎地去说、去做,就能减少失误、殃咎。言行的失误、殃咎少,俸禄就在其中了。"

3.6 哀公问曰:"何为则民服?"孔子对曰:"举直错诸枉,则民服;举枉错诸直,则民不服。"〔为政篇第二,19〕

【说解】哀公,鲁君,名将(《世本》作蒋),鲁定公之子。"哀"是谥号。何为(wéi),怎么做。

直,这里指品行正直的人。枉,本指物弯曲,这里指品行不端的人。错,通措,放置,这里指安排官员。诸,相当于"之于"。

此语大概是针对当时任人唯亲、不肖者居上位、贤者反居下位的情况而言。小人得志,贤良倒置,吏治荒乱,如《楚辞·卜居》所谓"蝉翼为重,千钧为轻;黄钟毁弃,瓦釜雷鸣;谗人高张,贤士无名",当然人民不服。诸葛亮《出师表》所谓"亲贤臣,远小人,此先汉所以兴隆也;亲小人,远贤臣,此后汉所以倾颓也"。

【译文】鲁哀公问道:"要怎样做才能使百姓心服呢?"孔子答道:"把正直的人提拔起来,放在邪曲的人之上,百姓就心服了;若是把邪曲的人提拔起来,放在正直的人之上,百姓就心不服。"

3.7 季康子问:"使民敬忠以劝,如之何?"子曰:"临之以庄,则敬;孝慈,则忠;举善而教不能,则劝。"〔为政篇第二,20〕

【说解】季康子,即季孙肥,见1.54章。

何晏《集解》引包咸说:"君临民以严,则民敬其上也。"

王引之《经义述闻》引《逸周书·谥法解》:"五宗安之曰孝。"说上爱利其民也叫孝慈,《礼记·表记》:"威庄而安,孝慈而敬,使民有父之尊,有母之亲如此,而后可以为民父母矣。"《淮南子·修务》:"尧立孝慈仁爱,使民如子弟。"《魏书·甄琛传》:"谓宜依谥法'慈惠爱民曰孝',宜谥曰孝。"按,善事父母,是孝的本义。引申之,祭祀祖先,也叫孝(《诗·周颂·载见》:"以孝以享,以介眉寿")。统治者能慈惠爱民,便能保其禄位,使祖先享其祭祀,世代血食,所谓"五宗安之",因此上爱利其民也叫孝,是远引申义。

劝,与勉、勤义近,皆为努力意。

此章强调了官员以德治国的表率作用。

【译文】季康子问道:"要使人民敬上、忠诚并奋发努力,应该怎么办呢?"孔子说:"以庄重严肃的态度治民,他们就会敬上;慈爱百姓,他们就会对你忠诚;你提拔好人,教育能力差的人,他们就会奋发努力。"

3.8 或谓孔子曰:"子奚不为政?"子曰:"《书》云:'孝乎!惟孝,友于兄弟,施于有政。'是亦为政,奚其为为政?"〔为政篇第二,21〕

【说解】奚,何,为什么。"孝乎惟孝,友于兄弟,施于有政"是《周书·君陈》篇中的话(今《周书·君陈》为《古文尚书》,作"克施有政")。善事父母为孝,善待兄弟为友。惟,语气词。施(yì),延及。孔子以为,君子宣扬并实践孝友,从而影响执政者,这也便是行政了。

刘宝楠《正义》引包慎言《论语温故录》,谓《后汉书·郅恽列传》:"虽不从政,施之有政,是亦为政也。"即孔子之言。包氏又引《白虎通义·德论下·五经》:"孔子所以定五经者何?以为孔子居周之末世,王道凌迟,礼义废坏,强陵弱,众暴寡,天子不敢诛,方伯不敢伐。闵道德之不行,故周流应聘,冀行其圣德。自卫反鲁,自知不用,故追定五经,以行其道。故孔子曰:'《书》曰:孝乎惟孝,友于兄弟,施于有政。是亦为政'也。"依《白虎通》,则孔子此说,当在鲁哀公十一年后。

【译文】有人对孔子说:"你为什么不从政呢?"孔子说:"《尚书》上说,'孝啊,孝顺父母,友爱兄弟,以这种风气影响执政者。'这也就是从政了,什么算是从政呢?"

3.9　子使漆雕开仕。对曰："吾斯之未能信。"子说。〔公冶长篇第五,6〕

【说解】漆雕开,孔子弟子,字子开,名启。刘宝楠《正义》引阎若璩《四书释地》,说《史记·仲尼弟子列传》"漆雕开字子开",上开字本作启,汉人避景帝刘启讳而改,引《汉书·艺文志》"孔子弟子漆雕启"证之。刘宝楠并谓《汉书·古今人名表》也作漆雕启。则姓漆雕名启字子开,正合理。按《汉书·艺文志》列儒家著作有"《漆雕子》十三篇(孔子弟子漆雕启后)",《韩非子·显学》谓儒学八儒中"有漆雕氏之儒",可见漆雕启后已成其家学。

斯,此,是"未能信"的宾语。

谨言慎行,向来为孔子所赞赏。此条可与7.16章"子曰:'暴虎冯河,死而无悔者,吾不与也。必也临事而惧,好谋而成者也'"条互参。

【译文】孔子叫漆雕开去做官。他答道:"我对这个没有信心。"孔子很高兴。

3.10　仲弓问子桑伯子。子曰:"可也,简。"仲弓曰:"居敬而行简,以临其民,不亦可乎？居简而行简,无乃大简乎?"子曰:"雍之言然。"〔雍也篇第六,2〕

【说解】仲弓,即仲雍,孔子弟子,姓冉,字仲弓。孔子对他评价很高,说他"可使南面",即作天子或诸侯(4.13)。

子桑伯子，有人怀疑即庄周所称子桑户，与孟子反、子琴张为友者。但子桑户是不拘礼法的人，而这里说"临民"，故杨伯峻先生以为不可靠。且以为既称伯子，则可能是卿大夫。仲弓向孔子问子桑伯子，可见此人还不坏。

可，表示肯定但不尽美。居，居心。大，太的古字。

《说苑·修文》记孔子与子桑伯子交往事，可供参考："孔子曰：'可也，简。'简者，易野也。易野者，无礼文也。孔子见子桑伯子，子桑伯子不衣冠而处。弟子曰：'夫子何为见此人乎？'曰：'其质美而无文，吾欲说而文之。'孔子去，子桑伯子门人不说，曰：'何为见孔子乎！'曰：'其质美而文繁，吾欲说而去其文。'故曰，文质修者谓之君子，有质而无文谓之易野。子桑伯子易野，欲同人道于牛马，故仲弓曰'太简'。"

【译文】仲弓问到子桑伯子，孔子说："可以，只是简单些。"仲弓说："如果存心严肃认真，而实行简单之法，来治理百姓，不是可以吗？若存心就简单，又实行简单之法，不是太简单了吗？"孔子说："你的话对。"

3.11 子曰："民可使由之，不可使知之。"〔泰伯篇第八，9〕

【说解】之，据《孟子·尽心上》"行之而不著焉，习矣而不察焉，终身由之而不知其道者，众也"，是指"道"，即儒家治国安邦、礼仪教化的宗旨与政令。

在生活水平低下、人民不可能普遍受到教育的古代，普通民众目光短浅、认识能力低下,是十分正常而合理的;有见识卓绝之士,如《左传·庄公十年》的曹刿,称"肉食者鄙,未能远谋",毕竟是个别情况。再说曹刿也一定是个受过良好教育的士(知识分子)。统治阶级垄断知识与受教育的权利,因而他们可能目光较为远大,认识能力强。《史记·滑稽列传》载西门豹惩治巫婆与县中恶霸骗民为河伯娶妇的行径之后,"即发民凿十二渠,引河水灌民田,田皆溉。当其时,民治渠少烦苦,不欲也。豹曰:'民可以乐成,不可与虑始。今父老子弟虽患苦我,然百岁后期令父老子孙思我言。'至今皆得水利,民人以给足富。"便足以说明,当时百姓何等愚昧:受骗而不觉悟,西门豹为其兴利除害,发民凿渠灌田,少有烦苦,便不欲再干。西门豹当时肯定做了不少动员工作以说服民众,以他的智慧与口才,道理必定会讲得十分透彻,可父老子弟仍患苦埋怨西门豹,因为开渠不可能很快见效,而他们最迫切的欲望,是解决眼前的温饱。大概西门豹主要用政令迫使民开渠。察西门豹之语,可见他用心之良苦。《史记·司马相如列传》:"盖世必有非常之人,然后有非常之事;有非常之事,然后有非常之功。非常者,固常人之所异也。故曰:'非常之原,黎民惧焉;及臻厥成,天下晏然也。'"其后四句,也即西门豹语"民可以乐成,不可与虑始"及孔子所谓"民可使由之,不可使知之"之意。

孔子还说过:"中人以上,可以语上也;中人以下,不可以语上也。"(7.13)我们不必据此谴责孔子"反动",正如不能否认西门豹、司马相如语一样,因为这是他们据实情而得出的相对合理的结论。当然我们也大可不必曲为孔子回护,如读此句为

"民可,使由之;不可,使知之"之类。孔子的话是有道理的。实际上在任何时代,都有少数先知先觉者与多数相对愚昧者对立的情况。至如口说"天视自我民视,天听自我民听",实则蔑视、愚弄民众,大言欺人者,则不足为训。

【译文】孔子说:"老百姓,可以使他们照着我们的话做,而不可以使他们知道缘由。"

3.12 子曰:"不在其位,不谋其政。"〔泰伯篇第八,14〕

【说解】不在其位,有几种情况,一是未从政,当然不谋其政,甚至"危邦不入,乱邦不居"(2.16)。二是已从政,在上位者谋划下位的政务,便是越官;在下位者谋划上位的政务,便是僭越。皆不利于为政。3.40章除引此两句外,又引曾子曰:"君子思不出其位。"解见彼条。

【译文】孔子说:"不处于那个职位,便不考虑它的政务。"

3.13 子贡曰:"有美玉于斯,韫椟而藏诸?求善贾而沽诸?"子曰:"沽之哉!沽之哉!我待贾者也。"〔子罕篇第九,13〕

【说解】韫(yùn),《广雅·释诂四》:"韫,裹也。"何晏《集解》引马融曰:"韫,藏也。"椟,木匣。诸,相当于"之乎"。韫本义当为皮袋,"韫椟而藏诸"犹《庄子·秋水》"巾笥而藏之"。

善贾(gǔ),慧眼识珍的商人。刘宝楠《正义》引物茂卿《论语征》说,善贾者,贾人之善者也。《仪礼·聘礼》:"贾人西面坐。启椟取圭。"注:"贾人,在官知物价者。"古人重玉,凡用玉必经贾人,况鬻之乎?《左传·昭公十六年》:"宣子有环,其一在郑商……韩子买诸贾人,既成贾矣。"此沽玉必经贾人之证。

按,《左传》"既成贾矣"句,后"商人曰:'必告君大夫!'"此贾人为官贾之证。今取"贾"为商人说。

本章是比喻,7.16章,子谓颜渊"用之则行,舍之则藏",则清楚地表明了孔子积极用世的态度。

【译文】子贡说:"有美玉在这儿,用皮袋裹好放在匣子里藏着它呢,还是找识货的商人卖掉它呢?"孔子说:"卖掉吧,卖掉吧!我是等待识货者的人哪。"

3.14 子路使子羔为费宰。子曰:"贼夫人之子!"子路曰:"有民人焉,有社稷焉,何必读书,然后为学?"子曰:"是故恶夫佞者。"〔先进篇第十一,25〕

【说解】使子羔为费宰,《史记·仲尼弟子列传》载,子路曾为季氏宰,当于此时举子羔为费宰。

子羔,孔子弟子高柴的字。比孔子小三十岁。长不满五尺,孔子以为愚。

两"夫"字皆指示代词,那,那些。

官吏无能则害民,故孔子主张"学而优则仕,仕而优则学",而不主张"在干中学"。这与《左传·襄公三十一年》郑子产劝子皮不要让年少的尹何为邑大夫之所见略同：子皮想让尹何"往而学焉"，说他将学会治邑。而子产说，把邑政交给他，"犹未能操刀而使割也，其伤实多"，又说，你如果有块美锦，不会让人用它学裁制衣服吧？孔子说"贼夫人之子"，即"未能操刀而使割，其伤实多"之意。不过子产此句说是会伤害尹何自己，孔子此句说是会伤害百姓。而子路不服，还要狡辩，故孔子斥责"是故恶夫佞者"。

【译文】子路叫子羔去做费县县宰。孔子说："这是害了那些人的子弟！"子路说："那地方有老百姓，有祭后土和谷神的社稷，何必读书才叫做学习呢？"孔子说："所以我讨厌那快嘴利舌的人。"

3.15 子贡问政。子曰："足食，足兵，民信之矣。"子贡曰："必不得已而去，于斯三者何先？"曰："去兵。"子贡曰："必不得已而去，于斯二者何先？"曰："去食。自古皆有死，民无信不立。"〔颜渊篇第十二，7〕

【说解】"足食，足兵，民信之矣"，三者应该是并列的，皆从执政者角度言之。兵，以理解为军备为好，但军备就包括了军队，当然也包括了车马甲楯兵器。《汉书·刑法志》："有税有赋，税以足食，赋以足兵。""民信之"是人民信任政府，"民无信"是民失去对政府的信任。死，并不指民死；立，也并不指民立。其意为：宁可无兵，甚至无食而死，也不能没有人民对政府的信任；只要有信任政府的人民在，国家仍可保持。金王若虚《论语辨惑》：

"夫民信之者,为民所信也。民无信者,不为民信也。为政而至于不为民信,则号令日轻,纪纲日弛,赏不足劝,而罚不可惩,委靡颓堕,每事不能立矣。故宁去食而不可失信。"

孔门教学,学术民主,教学常于师徒讨论、问答辩难中进行:学生则寻根究底、锲而不舍,而毫无顾忌;教师则如响应声、因问而答,而不以为忤。《礼记·学记》说:"善问者如攻坚木,先其易者,后其节目(按,树木盘根错节之处)。……善待问者如撞钟,叩之以小者则小鸣,叩之以大者则大鸣;待其从容(按,重叩),然后尽其声。"此章则生动体现了孔门的这种教学特点。朱熹《论语集注》引程颐评论说:"孔门弟子善问,直穷到底。如此章者,非子贡不能问,非圣人不能答也。"

【译文】子贡问政治的事。孔子说:"搞足粮食,搞足军备,使人民信任国家。"子贡说:"如果迫不得已,要去掉一项,在这三者之中先去掉什么?"孔子说:"去掉军备。"子贡说:"如果迫不得已,再去掉一项,在这馀下的两者之中先去掉什么?"孔子说:"去掉粮食。自古以来人都有一死,但如果人民对国家失去信任,国家是不能立住的。"

3.16 哀公问于有若曰:"年饥,用不足,如之何?"有若对曰:"盍彻乎?"曰:"二,吾犹不足,如之何其彻也?"对曰:"百姓足,君孰与不足? 百姓不足,君孰与足?"〔颜渊篇第十二,9〕

【说解】有若,孔子弟子,亦称有子,说明某些章节可能是他的弟子记的。他比孔子小四十三岁,在孔门弟子中威望很高。《礼记·檀弓上》载子游评论:"甚哉,有子之言似夫子也。"《史记·仲尼弟子列传》说:"孔子既没,弟子思慕。有若状似孔子,弟子相与共立为师,师之如夫子时也。"

饥,本作饑,灾荒,饑荒。与饥饿的飢在古代是不同的字。盍(hé),同曷,何不。

依《诗·小雅·甫田》"倬彼甫田,岁取十千",孔颖达疏:"周制,畿内用夏之贡法,税夫无公田;邦国用殷之助法,制公田不税夫。"即有贡、助两种税法,贡是一农夫受田百亩,十农夫而贡一夫之谷。助是借民之力,以治公田。大率民得其九,公取其一,为天下通行之法,故名为彻,彻是通达之意。据朱熹说,鲁自宣公初税亩,又每亩十取其一,则当时已经是十中取二了。

孰与、何以:"孰"相当于"何","与"相当于"以"。

【译文】鲁哀公问有若:"年成坏,国家用度不够,怎么办?"有若答道:"为什么不实行十分抽一的税法呢?"哀公说:"十分抽二,我还不够,怎么能十分抽一呢?"答道:"如果百姓够,您怎么能不够? 如果百姓不够,您又怎么能够?"

3.17 齐景公问政于孔子。孔子对曰:"君君臣臣、父父子子。"公曰:"善哉! 信如君不君、臣不臣、父不父、子不子,虽有粟,吾得而食诸?"〔颜渊篇第十二,11〕

【说解】齐景公,名杵臼,齐庄公异母弟。庄公为崔杼所弑,他继立。

鲁昭公末年,孔子适齐,受到景公礼遇。

粟,泛指谷类,也特指小米。

为什么孔子以此语回答景公之问政,朱熹《论语集注》说:"是时景公失政,而大夫陈氏厚施于国,景公又多内嬖,而不立太子。其君臣父子之间皆失其道,故夫子告之以此。"但这仅是一种揣测,实际上完全可能因为"此人道之大经,政事之根本也"(朱熹语)。

君君臣臣、父父子子,这就是孔子为社会所有成员制定的行为规范。孔子把君君(君行君道)放在第一位,可见其重视之程度。可是,在君主专制的情况下,君王有至高无上的权力,君如果"不君",谁能奈他何! 臣下也只能"文死谏,武死战"了。况且,君王又是天下之父,臣民稍有不敬,便是大逆不道。于是天下臣民百姓便只剩下"臣臣""子子"的本分了。难怪齐景公听了此话大加赞赏,这可以保证他锦衣玉食了。君不君、父不父,臣子无如之何;臣不臣、子不子,可关系到君的切身利害。于是所有的君王,皆奉孔老夫子此言为金科玉律,那些开明的有道之君,当然笃信"君君臣臣、父父子子"而不疑,并躬行君道;而那些昏庸甚至残暴的无道之君,也无一不把孔老夫子此言作为护身符与挡箭牌,这却是孔老夫子所始料不及的。孔子竭力维护君主制度,竭力维护社会稳定,希望通过正直爱民的君主实现其以仁德治天下的政治主张,这在当时是进步的,于民有利。但其学说的局限性与守旧倾向,却被历代封建统治者所利用,甚至片面夸大,以至于孔子成了维护君主制度的招牌。这就不难理解,为何历代封建统治者要把孔子抬到吓人的高度;也就不难理解,为何要除掉旧制度的革命者,总难免把理论批判的矛头指向孔子了。

【译文】齐景公向孔子问政治。孔子答道:"君行君道,臣行臣道,父行父道,子行子道。"景公说:"好啊!假如君不行君道,臣不行臣道,父不行父道,子不行子道,即使有粮食,我能吃得着吗?"

3.18 子曰:"听讼,吾犹人也,必也使无讼乎!"〔颜渊篇第十二,13〕

【说解】讼,争执,打官司。《史记·孔子世家》载鲁定公时,孔子由中都宰为司空,由司空为大司寇(主管刑法的官员);又有"孔子在位听讼"的话。

　　无讼,是孔子对治国理民提出的一个最高理想、终极境界,为历代政治家奉为圭臬。刑事犯罪率、发案率多少,是社会治理好坏、社会是否稳定以及国民道德水平高低的重要标志。《史记·陈丞相世家》载,汉文帝问右丞相周勃"天下一岁决狱几何",即是关注国家的刑事犯罪率、发案率。《汉书·文帝纪》记汉文帝节俭爱民,全国"断狱数百,几致刑措",即是高度赞扬文帝治绩。历史上有"文景之治"的说法,狱讼少是重要依据之一。唐独孤及《州都防御观察处置使平原郡开国公张公遗爱碑颂》便说张镐"哀敬明庶,期于无讼"。古代官员审理案件,除强调公正无私外,还讲究通过审案、判决,引经据典,对当事者、旁听者与民众进行道德、法制教育(所谓"教化"),以期减少犯罪率及诉讼,即是受孔子此语的影响。参看 3.30 章,子曰"'善人为邦百年,亦可以胜残去杀矣。'诚哉是言也"与 3.31 章,子曰"如有王者,必世而后仁"两章说解。

【译文】孔子说:"审理诉讼,我同别人一样,一定要使社会没有诉讼啊!"

3.19 子张问政。子曰:"居之无倦,行之以忠。"〔颜渊篇第十二,14〕

【说解】《尚书·益稷》载禹的话:"予思日孜孜。"孜孜即不倦。《诗·大雅·假乐》:"不解于位,民之攸墍。"是说官员任职不懈息,则民得以憩息。此章可与 3.24 章"子路问政,子曰:'先之劳之。'请益,曰:'无倦。'"互参。

【译文】子张问政治。孔子说:"居官任职不要疲倦懈怠,履行职责要尽心竭力。"

3.20 季康子问政于孔子。孔子对曰:"政者,正也。子帅以正,孰敢不正?"〔颜渊篇第十二,17〕

【说解】季康子,见 1.54 章。

孔子以正释政,极其巧妙恰切:从文字学角度说,政是由正衍生出来的同源字,"使人正"的意思。孔子特别强调统治者本身的示范、榜样作用,故官员形象历来在中华民众心目中十分重要,秦丞相李斯甚至提出"以吏为师"的主张。官员正直有德,则民心和谐向化;官员贪墨腐败,则民心涣散委琐。举世如此,中国尤甚,只因此乃天理人情,又因孔子此语太深入中国人心。

【译文】季康子向孔子问政治。孔子答道:"'政'字的意思就是端正。您自己带头端正,谁敢不端正呢?"

3.21 季康子患盗,问于孔子。孔子对曰:"苟子之不欲,虽赏之不窃。"〔颜渊篇第十二,18〕

【说解】苟,表假设的连词。孔子之意,盖本于《老子》第三章"不贵难得之货,使民不为盗"(河上公注:"上化清净,下无贪人")。此语说得极不客气:他认为百姓偷盗抢劫,全由统治者贪欲所致。假如统治者清正廉洁,不巧取豪夺而使百姓衣食无着,不贪赃枉法以败坏社会风气,则百姓一无冻馁之虞,二无不平之怨,谁还冒着刑罪的危险去偷盗呢!你就是重赏,他也不干啊!这是孔子对民众被压迫、被剥削命运的深切同情,对道貌岸然实则卑鄙龌龊的统治者的尖锐揭露与猛烈挞伐。其深刻辛辣,比于庄子"窃钩者诛,窃国者为诸侯"之语有过之而无不及。而此乃孔子当面对鲁权臣季康子所言,则孔子之骨鲠与刚直,可见一斑。研究孔子,忽略此类"金刚怒目"式愤世嫉俗情绪,是极大之缺陷。

【译文】季康子忧虑盗贼,向孔子咨询。孔子答道:"假若您不贪欲,就是奖励他们,他们也不会偷盗的。"

3.22　季康子问政于孔子曰:"如杀无道,以就有道,何如?"孔子对曰:"子为政,焉用杀? 子欲善而民善矣。君子之德风,小人之德草,草上之风,必偃。"〔颜渊篇第十二,19〕

【说解】德,性质,本质。偃(yǎn),仰面倒下。

　　孔子反对以杀戮行政,而提倡以德政化民。此句可与下文"子曰:'善人为邦百年,亦可以胜残去杀矣。'诚哉是言也"(3.30)互参。《韩诗外传》卷三记一事:"鲁有父子讼者,康子欲杀之。孔子曰:'未可杀也。夫民父子讼之,为不义久矣,是则上失其道。上有道,是人亡矣。'讼者闻之,请无讼。康子曰:'治民以孝,杀一不义以僇不孝,不亦可乎?'孔子曰:'否。不教而听其狱,杀不辜也;三军大败,不可诛也;狱讞不治,不可刑也。上陈之教,而先服之,则百姓从风矣。邪行不从,然后俟之以刑,则民知罪矣。"《论语》此句大概也是写此事的。

　　子欲善而民善矣,这话也锋芒毕露:等于说"今民之不善,由子之不欲善"。

　　《说苑·君道》:"夫上之化下,犹风靡草:东风则草靡而西,西风则草靡而东,在风所由,而草为之靡。是故人君之动,不可不慎也。夫树曲木者,恶得直景(影)?"即本于孔子"草上之风,必偃"。孔子之意,使民从善甚易,只要执政者本身愿意从善即可。民如草,随风倒。执政者刮什么风,民就向哪边倒。等于说,民之善恶,皆由于统治者。统治者自身贪欲,使民效尤而犯法,统治者又欲绳之以法,甚至杀之。孔子能挺身为民辩护,谴责统治者,正是孔子人民性的表现。有德有智有勇,善哉斯言!

【译文】季康子向孔子请教政治,说:"假若杀掉坏人,以使人变好,怎么样?"孔子答道:"您执政,为什么要用杀戮?您想好,百姓就会好。执政者的性质好比风,老百姓的性质好比草,草上若来了风,草必定歪倒。"

3.23　樊迟问仁,子曰:"爱人。"问知,子曰:"知人。"樊迟未达。子曰:"举直错诸枉,能使枉者直。"樊迟退,见子夏,曰:"乡也吾见于夫子而问知,子曰:'举直错诸枉,能使枉者直。'何谓也?"子夏曰:"富哉言乎!舜有天下,选于众,举皋陶,不仁者远矣。汤有天下,选于众,举伊尹,不仁者远矣。"〔颜渊篇第十二,22〕

【说解】樊迟,孔子弟子,名须。比孔子小四十六岁。《史记·仲尼弟子列传》作少三十六岁,《孔子家语》作少四十六岁。以《左传·哀公十一年》樊迟事考之,《史记》的"三"可能是"亖"(古四字)之误。

问知,知是智的古字。

"举直错诸枉,能使枉者直"句,解已见3.6章。

乡(鄉,即"嚮"),后来写作向,以前。

皋陶,舜的臣,佐舜治天下。《尚书》有《皋陶谟》,记他的言论。汤,殷商的开国君主,《尚书》有《汤誓》,记他伐灭夏桀。伊尹,汤的贤相,佐汤治天下。汤殁,又辅佐汤孙太甲,《尚书》有《伊训》,记其事。

爱人与知人,是孔子行政理论中的两个重要理念。爱人是仁,知人是智。爱人是行政的根本,知人是行政的关键。能知人,方能用人,所谓"举直错诸枉",以激扬正气,"使枉者直",才能建设公平公正的社会。

【译文】樊迟问什么是仁,孔子说:"爱人。"又问什么是智,孔子说:"善于鉴别人。"樊迟不明白。孔子说:"把正直的人提拔起来,置于邪曲的人之上,能够使邪曲的人变正直。"樊迟退出来,去见子夏,说:"刚才我去见先生,向他问智,他说'把正直的人提拔起来,置于邪曲的人之上,能够使邪曲的人变正直',是说什么意思啊?"子夏说:"这话含义多么丰富呀!舜有了天下,在众人之中挑选,把皋陶提拔出来,不仁的人就退缩了。汤有了天下,在众人之中挑选,把伊尹提拔出来,不仁的人就退缩了。"

3.24 子路问政。子曰:"先之劳之。"请益,曰:"无倦。"〔子路篇第十三,1〕

【说解】先之,以身作则,也即下章的"先有司"。刘宝楠《正义》引《大戴礼记·子张问入官》:"欲政之速行也者,莫若以身先之也。欲民之速服也者,莫若以道御之也。故不先以身,虽行必邋矣。"3.27章所谓"其身正,不令而行"。

劳之,历来有两种解释:一是孔安国讲作使民劳,《国语·鲁语下》载公父文伯之母说:"昔圣王之处民也,择瘠土而处之,劳其民而用之,故长王天下。夫民劳则思,思则善心生。逸则淫,淫则忘善,忘善则恶心生。沃土之民不材,淫也;瘠土之民莫不向义,劳也。"二是郑玄讲作慰勉,即《孟子·滕文公上》"放勋曰:'劳之来之,匡之直之,辅之翼之'"的"劳之"。两说虽皆可通,但考虑下文"无倦",皆就上层执政者而言,"劳民无倦、劳有司无倦"义皆似未安,那么"劳之"解为慰勉为佳。刘宝楠《正义》:"劳之者,劝勉民使率教,不用刑趋势迫也。"3.19章:"子张问政。子曰:'居之无倦,行之以忠。'"正可与本章互参。

请益,请求解释得再明白些。《礼记·曲礼上》:"请业则起,请益则起。"郑玄注:"益谓受说不了,欲师更明说之。"

【译文】子路问政治,孔子说:"先给下属做榜样,然后勉励他们循道而行。"子路请求再讲明白些,孔子说:"不要懈怠。"

3.25　仲弓为季氏宰,问政。子曰:"先有司,赦小过,举贤才。"曰:"焉知贤才而举之?"曰:"举尔所知;尔所不知,人其舍诸?"〔子路篇第十三,2〕

【说解】仲弓,冉雍,解见3.10章。

宰,总管众官的臣。先有司,即上章的"先之"。

赦小过,也应就对待众有司说。主管官员对下级宽厚,赦其小过而用其所长,则人人思尽力而心情愉快。下级有小过而不赦,则人人自危,裹足不前,则政废而不兴,主管官员必劳而无功,或事倍功半。且人无全人,水至清则无鱼,久之必为孤家寡人。

主管官员秉心公正,举其所知贤才,他人则必投其所好,各举所知矣。《周易·乾·文言》所谓"同声相应,同气相求,水流湿,火就燥,云从龙,风从虎,圣人作而万物睹。本乎天者亲上,本乎地者亲下,则各从其类也"。

【译文】仲弓做季氏的总管,向孔子问政治。孔子说:"给下属做榜样,宽恕其小过失,提拔优秀人才。"仲弓说:"怎样去识别优秀人才而提拔他们呢?"孔子说:"提拔你所知道的;那些你所不知道的,人们难道会舍弃他们吗?"

3.26　子路曰:"卫君待子而为政,子将奚先?"子曰:"必也正名乎!"子路曰:"有是哉,子之迂也!奚其正?"子曰:"野哉,由也!君子于其所不知,盖阙如也。名不正,则言不顺;言不顺,则事不成;事不成,则礼乐不兴;礼乐不兴,则刑罚不中;刑罚不中,则民无所错手足。故君子名之必可言也,言之必可行也。君子于其言,无所苟而已矣。"〔子路篇第十三,3〕

【说解】卫君,卫出公辄。据《史记·卫康叔世家》《孔子世家》,当时为鲁哀公六年,孔子自楚反于卫,时年六十三岁。

　　一般认为这段话与下述事实有关:卫太子蒯聩与卫灵公夫人南子有恶,欲杀南子,事败,灵公怒,太子蒯聩出奔。灵公死,夫人以蒯聩之子辄为君,太子蒯聩则利用晋卿的援助欲返国夺权,卫大夫又发兵距太子蒯聩。诸侯多支持蒯聩而谴责卫君辄。当时孔子弟子多仕于卫,卫君欲得孔子为政,而孔子也以为卫君不以其父为父,而于其父庙(祢)供其祖,父居其外,子居其内,名实紊乱,莫此为甚。故孔子"必也正名乎"是欲正卫君臣父子之名。

而赵宗乙《论语札记》以为是说可疑:若孔子将要"正"卫出公辄之名分,为与夺卫君之位的卫世子蒯聩张目,则孔子以羁旅之臣,谋及颠覆卫出公,出公岂能用其为政?若欲"正世子之名",卫世子蒯聩亦为不臣之子,孔子将如何对其"正名"?若以卫出公得国为"名不正",则《春秋》弑君三十六,亡国五十二,皆为不正,孔子又将奈何?

故其谓"必也正名乎",当参读《荀子·正名篇》。其文详论正名之原因、原则、方法,其所正之"名",大致相当于今语言中之"词",或逻辑中之"概念"。"名"关涉政治,欲治必先"正名"。《荀子·正名篇》即为完善孔子"必也正名也"之重大命题。荀子以为,当孔子之时,"圣王没,名守慢,奇辞起,名实乱,是非之形不明","异形离心交喻,异物名实玄纽,贵贱不明,同异不别",概念之内涵与外延发生混乱,是非不清。事物之"名""实"关系深隐纷结,"志必有不喻之患,而事必有困废之祸",即孔子本章所谓"名不正,则言不顺;言不顺,则事不成;事不成,则礼乐不兴;礼乐不兴,则刑罚不中;刑罚不中,则民无所错手足"。荀子所谓"君子之言,涉然而精,俛然而类,差差然而齐,当其辞,而务白其志意者也",也即孔子所说"故君子名之必可言也,言之必可行也。君子于其言,无所苟而已矣"。

又,细察《论语》,即可见孔子处处在"正名"。比如"仁""义""礼""智""信"之为名;君子、小人对言:"君子周而不比,小人比而不周""君子和而不同,小人同而不和"之类。又如《韩诗外传》卷五:"孔子侍坐于季孙,季孙之宰通曰:'君使人假马,其与之乎？'孔子曰：'吾闻君取于臣谓之取，不曰假。'季孙悟，告宰通曰：'今以往，君有取谓之取，无曰假。'孔子曰：'正假马之言，而君臣之义定矣。'"可以认为，孔子"正名"，就是要确定有关礼制与政事中相关词的名、实关系，以明确礼制规定的等级制度，澄清礼法与政治生活中的混乱思想，为政治服务。故邢昺疏引马融注，以"正名"为"正百事之名"；皇侃疏"所以先须正名者，为时语昏礼乱，言语翻杂，名物失其本号，故为政必以正名为先也"，皆不误。皇侃疏引郑玄注"正名，谓正书字也。古者曰名，今世曰字"，"字"即今语之"词"，其说亦不误。因孔子视"正名"为为政之第一要务，似乎与"为政"相隔悬远，为子路所不能理解，故子路有"子之迂也"之讥，夫子亦有"野哉，由也"之斥，进而又有对"正名"要义之申说，及"君子于其言，无所苟而已矣"之诫。

今按，读《荀子·正名篇》，则可谓赵氏此说，为不刊之论。且《韩诗外传》卷五于孔子"正假马之言，而君臣之义定矣"之后，即说："《论语》曰：'必也，正名乎！'《诗》曰：'君子无易由言。'"又，从《论语》中所反映的事实，即可知当时人于"名"的混乱认识，如18.3章："子张问：'士何如斯可谓之达矣？'子曰：'何哉，尔所谓达者？'子张对曰：'在邦必闻，在家必闻。'子曰：'是闻也，非达也。夫达也者，质直而好义，察言而观色，虑以下人。在邦必达，在家必达。夫闻也者，色取仁而行违，居之不疑。在邦必闻，在家必闻。'"就是孔子学生子张误以"闻"为"达"，而孔子为之"正名"的范例。《史记·仲尼弟子列传》："原宪亡在草泽中。子贡相卫，而结驷连骑，排藜藿，入穷阎，过谢原宪。宪摄敝衣冠见子贡,子贡耻之,曰:'夫子岂病乎?'原宪曰:'吾闻之:无财者谓之贫,学道而不能行者谓之病。若宪,贫也,非病也。"是弟子原宪效法孔子,为"贫、病"正名。又,汉儒董仲舒《春秋繁露·深察名号》"治天下之端,在审辨大;辨大之端,在深察名号。名者,大理之首章也",亦当为祖述孔子、荀卿"正名"之说。

又,刘宝楠《正义》引夏炘《卫出公辄论》,云"卫灵公薨时,辄至长亦年十馀岁,以十馀岁童子即位,则拒蒯聩者非辄也。蒯聩有杀母之罪,斯时南子在堂,其不使之入,明矣。辄不得自专也。及辄渐长,而君位之定已久,势不可为矣。考蒯聩以灵公四十二年入居于戚,及至出公十四年,始与浑良夫谋入,凡在戚者十五年。此十五年中,绝无动静,则辄之以国养可知。"既然"及辄渐长,而君位之定已久,势不可为矣",孔子必定也认可这种现状,虽不赞同辄与其父蒯聩争国,却也无可奈何。观其于鲁哀公六年到卫,十一年方返鲁,其间六年之多,为卫公养之士,亦绝非主推翻卫出公者。故以赵宗乙说为是。

【译文】子路对孔子说:"卫君等着您去主掌国政,您准备先干什么?"孔子说:"一定纠正名分的紊乱哪!"子路说:"您竟然迂腐到如此地步啊!这何必纠正?"孔子说:"由,你太粗鄙了!君子对于他所不懂的,一般避而不谈。名分不正,言语就不能合理;言语不合理,事情就办不成;事情办不成,礼乐制度就举办不起来;礼乐制度举办不起来,刑罚也就不会得当;刑罚不得当,百姓就会手足无措。所以君子称事物的名,一定有理据可说;而说出的道理也一定可以行得通。君子对于自己的话,要没有一点轻率随便才好。"

3.27 子曰:"其身正,不令而行;其身不正,虽令不从。"〔子路篇第十三,6〕

【说解】《汉书·公孙弘传》,正说此意:"上古尧舜之时,不贵爵赏而民劝善,不重刑罚而民不犯,躬率以正,而遇民信也。末世贵爵厚赏而民不劝,深刑重罚而奸不止,其上不正,遇民不信也。"参看3.20章:"政者,正也。子帅以正,孰敢不正?"3.32章:"苟正其身矣,于从政乎何有?不能正其身,如正人何?"3.15章:"子贡问政,子曰:'足食,足兵,民信之矣。'子贡曰:'必不得已而去,于斯二者何先?'曰:'去兵。'子贡曰:'必不得已而去,于斯二者何先?'曰:'去食。自古皆有死,民无信不立。'"

【译文】孔子说:"执政者本身品行端正,不发命令,事情也行得通;本身品行不端正,即使发布命令,百姓也不会信从。"

3.28 子曰:"鲁、卫之政,兄弟也。"〔子路篇第十三,7〕

【说解】鲁,周公之后;卫,康叔之后。周公、康叔皆周武王弟,鲁、卫本兄弟之国,而政亦相似。刘宝楠《正义》说,夫子尝言"鲁一变至于道",而五至卫国,则有"三年有成"之语。又论子贱,以鲁为多君子,与季札称卫多君子,辞若一辙。又《汉书·冯奉世传》:"(上郡)吏民嘉美野王、立相代为太守,歌之曰:'大冯君,小冯君,兄弟继踵相因循。聪明贤知惠吏民,政如鲁卫德化钧,周公康叔犹二君。'"知此语汉代尚脍炙人口。按,下章即称赞卫国"庶矣哉",又说当"富之""教之",所谓"鲁一变至于道"。

【译文】孔子说:"鲁国的政治和卫国的政治,像兄弟一般。"

3.29　子适卫,冉有仆。子曰:"庶矣哉!"冉有曰:"既庶矣,又何加焉?"曰:"富之。"曰:"既富矣,又何加焉?"曰:"教之。"〔子路篇第十三,9〕

【说解】冉有,孔子弟子,名求,比孔子小二十九岁,长于政事。仆,马车夫。《毛诗·周南·卷耳》:"我马瘏矣,我仆痡矣。"这里作动词。

　　先富民再教民,此说合理。《管子·牧民》所谓"仓廪实则知礼节,衣食足则知荣辱",《孟子·梁惠王上》也说:"乐岁终身苦,凶年不免于死亡。此惟救死而恐不赡,奚暇治礼义哉?"又,《滕文公上》:"人之有道也,饱食暖衣,逸居而无教,则近于禽兽。"

　　此章冉有问政,与3.15章子贡问政类似。参看彼章说解。

【译文】孔子到卫国,冉有替他驾车。孔子说:"人口众多啊!"冉有说:"人口已经众多了,又该做什么呢?"孔子说:"使他们富裕。"冉有说:"已经富裕了,又该做什么呢?"孔子说:"教育他们。"

3.30　子曰："'善人为邦百年,亦可以胜残去杀矣。'诚哉是言也!"〔子路篇第十三,11〕

【说解】善人,对下章"王者"而言,强调仁、贤。孔子论善人,义近于"圣人"。

俞樾《群经平议》说,胜残去杀,是一事,胜残去杀即胜残去虐。《尚书·吕刑》"惟作五虐之刑曰法",《墨子·尚同中》作"唯作五杀之刑曰法";《左传·宣公十五年》"酆舒为政而杀之",王符《潜夫论·志氏姓》作"酆舒为政而虐之"。言善人为邦百年,则残虐之事可以胜而去之也。今按,《旧五代史·晋书·安重荣列传》:"其如天道人心,至务胜残去虐。"

残虐之事,历代而有。嗜杀人者为邦,邦必乱而残虐之事必多,桀纣秦皇是矣;不嗜杀人者为邦,邦必治而残虐之事必少,汤武汉文是矣。若以秦皇杀人尚少、汉文不足为法者,其为邦必乱,残虐之事必多矣。

诚哉是言也,何晏《集解》引孔安国说:"古有此言,故孔子信也。"

【译文】孔子说:"'善人治理国家一百年,也可以克服并去除残害虐杀之事了。'这句话真对呀!"

3.31　子曰:"如有王者,必世而后仁。"〔子路篇第十三,12〕

【说解】王(wàng)者,谓以王道治天下之君主。世,三十年。古代贤君,先致力于富民,后兴教化。《汉书·食货志》:"先王制土处民,富而教之。民三年耕,则馀一年之畜。衣食足而知荣辱,廉让生而争讼息,故三载考绩。孔子曰:'苟有用我者,期月而已可也,三年有成。'成此功也。三考黜陟,馀三年食。进业曰登,再登曰平,馀六年食。三登曰泰平,二十七岁遗九年食,然后王德流洽,礼乐成焉。故曰:'如有王者,必世而后仁。'"

这里的"仁",指社会道德水平达到"仁"的境界。

"百年胜残去杀"与"世而后仁",已经成了历代志士仁人及开明君主的社会理想。然而成功者寥寥无几,即使偶有,亦不过昙花一现。历史上有所谓唐虞、成康,时代渺远;文景、贞观,略有可述(《汉书·刑法志》记文帝时:"风流笃厚,禁罔疏阔……刑罚大省。至于断狱四百,有刑错之风。"《新唐书·刑法志》载,太宗四年,天下断死罪二十九人)。自斯以来,可称盛世者,凤毛麟角。而以"胜残去杀""仁"为标准,为目标,非仅关注经济、财富,乃是有仁德修养、有远见的政治家与一般执政者的重要区别。参看 3.18 章:"子曰:'听讼,吾犹人也,必也,使无讼乎!'"

【译文】孔子说:"假如有王者,一定要三十年以后才能成就仁。"

3.32　子曰:"苟正其身矣,于从政乎何有?不能正其身,如正人何?"〔子路篇第十三,13〕

【说解】何有,不难。如正人何,如何正人。

此句可与 3.20 章"政者,正也。子帅以正,孰敢不正"3.27

章"其身正,不令而行;其身不正,虽令不从"互参。

【译文】孔子说:"假如端正了自身,治理国政有什么困难呢?不能端正自身,怎么端正别人呢?"

3.33 冉子退朝。子曰:"何晏也?"对曰:"有政。"子曰:"其事也。如有政,虽不吾以,吾其与闻之。"〔子路篇第十三,14〕

【说解】冉子,冉有。退朝,时冉有为季氏宰。朝,季氏私朝。晏,晚。刘宝楠《正义》引方氏《观旭偶记》,谓臣当先视私朝,然后朝君。

《左传·哀公十一年》载季氏以田赋"使冉有访诸仲尼,仲尼曰:'丘不识也。'三发,卒曰:'子为国老,待子而行,若之何子之不言也?'仲尼不对。"可证如果有政,孔子必与闻之。郑玄注此句为:"君之教令为政,臣之教令为事。"参见3.2章:"子禽问于子贡曰:'夫子至于是邦也,必闻其政。求之与?抑与之与?'子贡曰:'夫子温、良、恭、俭、让以得之。夫子之求之也,其诸异乎人之求之与!'"

【译文】冉有从季氏私朝上回来,孔子说:"为什么这样晚呢?"答道:"有政务。"孔子说:"是事务吧。如果有政务,虽然不用我了,我也会知道的。"

3.34 叶公问政。子曰:"近者说,远者来。"〔子路篇第十三,16〕

【说解】说,悦的古字。远者来,即《国语·越语上》勾践所谓"古之贤君,四方之民归之,若水之归下也",也即《孟子·梁惠王上》所谓"使天下仕者皆欲立于王之朝,耕者皆欲耕于王之野,商贾皆欲藏于王之市,行旅皆欲出于王之涂,天下之欲疾其君者皆欲赴诉于王"。

【译文】叶公问政治。孔子说:"境内的人高兴,境外的人来归附。"

3.35 子夏为莒父宰,问政。子曰:"无欲速,无见小利。欲速则不达,见小利则大事不成。"〔子路篇第十三,17〕

【说解】莒(jǔ)父,鲁国城邑,在今山东莒县境。

【译文】子夏做了莒父的县宰,问政治。孔子说:"不要图快,不要顾小利。图快,反而不能达到目的;顾小利,大事就办不成。"

3.36 子曰:"善人教民七年,亦可以即戎矣。"〔子路篇第十三,29〕

【说解】即,就。戎,军事,战争。

教民,一般理解为教之攻战。而刘宝楠《论语正义》引宋翔凤辑本郑《论语》注:"郑谓教民以礼义,不谓教民习战也。"赵宗乙《论语札记》并引宋钱时《融堂四书管见》云，善人教民，必不教之战。此"七年"之教，与前"善人为邦百年，亦可以胜残去杀矣"，皆是善人之事。古代兵农不分，伍两军师之法，车徒射御之术，乃通过四时射猎演习，定期检阅以训练，贵族子弟则于学校教育中获得军事训练，皆不待善人之教。善人所教，乃如朱熹《论语精义》引侯仲良曰："教其孝悌忠信尔，非特战阵也。"赵氏又引《论语·卫灵公》篇："灵公问陈于孔子。孔子对曰：'俎豆之事，则尝闻之矣；军旅之事，未之学也。'明日遂行。"郑玄注："军旅末事，本未立则不可教以末事也。"以证孔子不以攻战即"军旅末事"教人。又引《左传·僖公二十七年》："晋侯始入而教其民，二年，欲用之。子犯曰：'民未知义，未安其居。'于是乎出定襄土，入务利民，民怀生矣，将用之。子犯曰：'民未知信，未宣其用。'于是乎伐原以示之信。民易资者，不求丰焉，明徵其辞。公曰：'可矣乎？'子犯曰：'民未知礼，未生其共。'于是乎大蒐以示之礼，作执秩以正其官，民听不惑，而后用之。出穀戍，释宋围，一战而霸，文之教也。"以证"善人教民""以仁为本，以义治之""使民知礼义与信""知亲其上，死其长"。

按，此说近是。教，主要教民礼义，而辅以军事。春秋勾践为报吴国，尚且"十年生聚，十年教训"，励精图治，抚恤其民，"摩厉之于义"；战前动员，也"不欲匹夫之勇也，欲其旅进旅退"（《国语·越语》）。至于军事训练，乃为政之常。结果一战而胜。

【译文】孔子说："善人教导人民七年，就可以作战了。"

3.37 子曰:"以不教民战,是谓弃之。"〔子路篇第十三,30〕

【说解】此章可与上章参读。"教民"首先当以"礼义",再辅以军事训练,如20.5章子路所谓"可使有勇,且知方也"。民知礼义,方能在正义的战争中旅进旅退,"知亲其上、死其长"。刘宝楠《论语正义》谓"古人教战,未始不教以礼义。观子犯对晋文语,虽霸国棘用其民,亦必示之以义信与礼,而后用之。故《白虎通·三教》篇云:'教者,效也。上为之,下效之。'故《孝经》曰:'先王见教之可以化民也。'《论语》曰:'不教民战,是谓弃之。'则言'教',而二者已赅之矣。"如果人民不经教诲,不明道义,不晓军令、知兵阵、通战法、习武器,则为乌合之众,必败无疑。而士卒殒命,如弃之与敌。《周礼·大司马》讲练兵教士之法:"中春教振旅。司马以旗致民,平列陈,如战之陈。"郑玄注:"因搜狩而习之。凡师,出曰治兵,入曰振旅,皆习战也,四时各教民以其一焉。"是说通过狩猎练兵。

【译文】孔子说:"用未经教育、未受过训练的人民作战,这叫作抛弃他们。"

3.38 子曰:"为命,裨谌草创之,世叔讨论之,行人子羽修饰之,东里子产润色之。"〔宪问篇第十四,8〕

【说解】命,指与他国交涉应答之辞。

裨谌(chén)等四人都是郑国大夫。世叔,《左传》称子大叔,名游吉。讨论,探究研讨。行人,掌外交出使的官员。子羽,公孙挥的字。修饰指增损。东里,地名,子产居所。子产,郑大夫公孙侨,郑穆公之孙,子国之子,谥成。《晋语》称其为公孙成子,杰出的政治家,恭谨爱民。润色,增加文采。

郑国是小国,夹在互相敌对、关系错综复杂的晋楚秦等大国之间,所以外交辞令极其重要,必经这四位贤大夫之手,详审精密,各尽所长,所以应对诸侯,鲜有败事,子产实际起了最重要的作用。孔子很赞赏这种严密谨慎的行政作风。《左传·襄公三十一年》说:"郑国将有诸侯之事,子产乃问四国之为于子羽,且使多为辞令,与裨谌乘以适野,使谋可否,而告冯简子使断之。事成,乃授子大叔使行之,以应对宾客,是以鲜有败事。"所记略有不同。

【译文】孔子说:"制定外交辞令,裨谌拟初稿,世叔探究研讨,外交官子羽修改,东里子产作文词上的加工。"

3.39　子言卫灵公之无道也,康子曰:"夫如是,奚而不丧?"孔子曰:"仲叔圉治宾客,祝鮀治宗庙,王孙贾治军旅——夫如是,奚其丧?"〔宪问篇第十四,19〕

【说解】卫灵公,名元,卫献公之孙,昏乱,宠夫人南子。

奚,何。而,状语与谓语之间的连词。丧(sàng),灭亡。

仲叔圉(yǔ),即卫大夫孔文子。祝鮀(tuó),卫大夫字子鱼,有口才。祝是宗庙之官。王孙贾（gǔ），卫大夫，曾于孔子有媚奥媚灶之问。

在君主专制的国家，君虽无道，而有能臣撑持，只要君不像纣那样乱杀贤臣，国家便不至灭亡。《孝经·广至德章》便说："昔者天子有争臣七人，虽无道，不失其天下。诸侯有争臣五人，虽无道，不失其国。大夫有争臣三人，虽无道，不失其家。"《韩诗外传》也说："大夫有争臣三人，虽无道，不失其家。季氏为无道，僭天子，舞八佾，旅泰山，以《雍》彻。孔子曰：'是可忍也，孰不可忍也！'然不亡者，以冉有、季路为宰臣也。故曰：'有谔谔争臣者其国昌，有默默谀臣者其国亡。'"

【译文】孔子谈到卫灵公昏乱，康子说："像这样，怎么不灭亡？"孔子说："仲叔圉接待宾客，祝鮀管理宗庙，王孙贾统率军队——像这样，怎么会灭亡？"

3.40 子曰："不在其位，不谋其政。"曾子曰："君子思不出其位。"〔宪问篇第十四，26〕

【说解】"不在其位，不谋其政"，解已见3.12章。君子思不出其位，见于《周易·艮》象辞。是说必须尽心于本职工作。《孟子·告子上》所谓"不专心致志，则不得也"。况且思出其位，又必然引发矛盾与混乱。

【译文】曾子说："君子所思虑的不超出自己的职权范围。"

3.41　颜渊问为邦。子曰:"行夏之时,乘殷之辂,服周之冕,乐则《韶》舞;放郑声,远佞人:郑声淫,佞人殆。"〔卫灵公篇第十五,11〕

【说解】古代以北斗七星斗柄运转所指作为确定季节的标准,斗柄指东,天下皆春;斗柄指南,天下皆夏;斗柄指西,天下皆秋;斗柄指北,天下皆冬。将十二地支与十二月相配,以记月。夏商周三代历法各有不同,夏以建寅之月正月为岁首,殷以建丑之月十二月为岁首,周以建子之月十一月为岁首,再分春夏秋冬四季。以正月为岁首的"夏之时",春夏秋冬四季更合自然物候,更便于掌握农时,利于农业生产。所以周时也有一些诸侯国采用夏历,孔子也主张用夏历。

殷之辂,殷代的车,更为俭朴。《左传·桓公二年》:"大路(辂)越席,昭其俭也。"

周之冕,形制比殷更为完备:前垂旒以蔽明(象征人君目有所不视),黈纩塞耳,用以掩聪(以绵为塞耳,下垂玉瑱,象征人君耳有所不听)。

《韶》舞,何晏《集解》:"韶,舜乐也。尽善尽美,故取之也。"《汉书·儒林传序》:"称乐则法《韶》舞。"颜师古注引《论语》此章,云:"韶,舜乐也。孔子叹其尽善尽美,故欲用之。"

赵宗乙《论语札记》谓《八佾》篇:"子谓《韶》:'尽美矣,又尽善也。'谓《武》:'尽美矣,未尽善也。'"说明孔子评价体现出以力服天下的《武》,要逊于体现出以德服天下的《韶》。《左传·襄公二十九年》载,吴公子季札聘鲁,请观周乐,见舞《象箾》《南籥》《大武》《韶濩》《大夏》者,皆泛泛赞美之;独于舞《韶箾》者,极口称赞:"德至矣哉!大矣!如天之无不帱也,如地之无不载也,虽甚盛德,其蔑以加于此矣。观止矣!若有他乐,吾不敢请已!"《韶箾》即《大韶》,亦即本章之《韶》舞。孔颖达疏且曰:"'箾'即'箫'也。《尚书》曰:'《箫韶》九成,凤皇来仪。'此云《韶箾》,即彼《箫韶》是也。"吴公子季札正与孔子看法一致。他又引《荀子·儒效》云:"武王之诛纣也……反而定三革,偃五兵,合天下,立声乐,于是《武》《象》起而《韶》《濩》废矣。"这应是当时鲁国的礼乐教化之现实,孔子在"周礼尽在鲁矣"的父母之邦,未尝得闻《韶》乐;而"在齐闻《韶》,三月不知肉味,曰:'不图为乐之至于斯也。'",可见他对《韶》乐即"《韶》舞"的推崇。

郑声,指郑卫之地的新乐,《史记·乐书》记魏文侯问子夏:"吾端冕而听古乐,则唯恐卧;听郑、卫之音,则不知倦。敢问古乐之如彼,何也?新乐之如此,何也?"子夏说完古乐之后,这样描述新乐:"今夫新乐,进俯退俯,奸声以淫,溺而不止,及优侏儒,獶杂子女,不知父子:乐终不可以语,不可以道古。此新乐之发也。"而历来解者多误以郑声为《郑风》,甚至说孔子明知《郑风》为淫诗而留之,是为警示后人;更有人以为《郑风》是后人羼入者。种种误解,皆因混淆郑声与《郑风》。

佞,用花言巧语谄媚人。朱熹《集注》:"佞人,卑谄辩给之人。"殆,迷惑。

【译文】颜渊问怎样去治理国家。孔子说:"用夏朝的历法,乘殷朝的车子,戴周朝的礼帽,音乐就用《韶》舞;抛弃郑地的乐曲,斥退巧言谄媚的人;郑地的乐曲淫秽,巧言谄媚的人迷惑人。"

3.42 季氏将伐颛臾。冉有、季路见于孔子曰："季氏将有事于颛臾。"孔子曰："求，无乃尔是过与？夫颛臾，昔者先王以为东蒙主，且在邦域之中矣，是社稷之臣也。何以伐为？"冉有曰："夫子欲之，吾二臣者皆不欲也。"孔子曰："求，周任有言曰：'陈力就列，不能者止。'危而不持，颠而不扶，则将焉用彼相矣？且尔言过矣，虎兕出于柙，龟玉毁于椟中，是谁之过与？"冉有曰："今夫颛臾，固而近于费。今不取，后世必为子孙忧。"孔子曰："求，君子疾夫舍曰欲之而必为之辞。丘也闻有国有家者，不患寡而患不均；不患贫而患不安。盖均无贫，和无寡，安无倾。夫如是，故远人不服，则修文德以来之。既来之，则安之。今由与求也，相夫子，远人不服，而不能来也；邦分崩离析，而不能守也；而谋动干戈于邦内。吾恐季孙之忧，不在颛臾，而在萧墙之内也。"〔季氏篇第十六，1〕

【说解】季氏，季康子，季孙肥，见1.54章。

见(旧读 xiàn)，拜见。尔是过，即过尔，"尔"是"过"(怪罪)的宾语。冉求曾"为季氏聚敛而附益之"，尤被重用，所以孔子单谴责他。

颛臾，鲁国境内的附庸。今山东省费县西北八十里有颛臾村，当是古颛臾国故地。东蒙主，东蒙山神的主祭人。东蒙，即今山东省蒙阴县南的蒙山。鲁先王曾封颛臾于此山之下，使颛臾主其祭，在鲁疆域之中。

社稷，古代立国，必立社以祭土神，立稷以祭谷神，社稷就代表国家。

当时四分鲁国，季孙取其二，孟孙、叔孙各有其一，仅附庸国尚为鲁公之臣，季氏又欲攻取以自益其地。

周任，古代的良史。《左传·隐公六年》《昭公六年》两次分别以"君子曰""仲尼曰"的形式引用其语。可见其在春秋士大夫心目中之地位。杜预注为"周大夫"。

相（xiàng），盲人的助手。兕（sì），犀牛的别称，一说即雌犀。龟玉，占卜用的龟板与行礼、祭祀、服饰用的玉器。《周礼·春官》有龟人、典瑞等官。费（bì），季氏的采邑，今山东省费县西南七十里有费城。

"不患寡，而患不均；不患贫，而患不安"，刘宝楠《正义》据董仲舒《春秋繁露·制度篇》与《魏书·张普惠传》所引，皆作"不患贫，而患不均；不患寡，而患不安"，贫就财产言，寡就人口数量言。所以下文说"盖均无贫，和无寡，安无倾"。

来（旧读为lài）之，招致，招之使来。分崩离析，指公室四分、家臣屡叛。干，盾；戈，戟的前身，平头，可春、啄、勾。

萧墙，国君宫门内当门的小墙，又叫做屏。"萧"有"肃"义，君臣相见，到此屏而更加肃敬，所以叫萧墙，也即4.10章"邦君树塞门，管氏亦树塞门"的塞门。邢昺疏："塞犹蔽也。《礼》，'天子外屏，诸侯内屏，大夫以帘，士以帷'是也。""吾恐季孙之忧不在颛臾,而在萧墙之内",是说季氏如此擅权动武,损公肥私,必遭鲁君忌恨,内变将作。其后哀公果然以越伐鲁而除去季氏。

本章提出的"不患贫,而患不均;不患寡,而患不安"的经世治国理论,对中国历代的政治改革家、世界某些政党,以及先进国家的社会学家、经济学家,都有重要的启发与影响。

【译文】季氏准备攻打颛臾。冉有、子路两人谒见孔子,说:"季氏准备对颛臾用兵。"孔子说:"冉求,难道不应该责怪你吗?颛臾,以前先代君王曾经授权为东蒙山神的主祭者,而且它在鲁国疆域之中,这是国家的臣属,为什么要去攻打它呢?"冉有说:"季孙夫子要这么干,我们两人都不愿意。"孔子说:"冉求!周任有句话说:'表现出能力再任职,如果不行,就该辞职。'譬如盲人遇到危险,不去扶持;摔倒了,不去搀扶,那又何必用助手呢?况且你的话错了:老虎、犀牛从笼里逃了出来,龟板、美玉在匣子里毁坏了,这是谁的过失呢?"冉有说:"那颛臾,城墙坚牢,而且接近于费地。如果不把它攻取,后世一定成为子孙的祸害。"孔子说:"冉求!君子就厌恶人不说自己要这么干,却一定编个借口。我听说过:诸侯、大夫不忧虑财富不多,而忧虑财富不均;不忧虑人民少,只忧虑社会不安。一般说来,财富平均,便无所谓贫穷;社会和睦,便不会人少;国家安定,便不会倾危。像这样,远方的人还不归服,便搞好仁政礼乐的教化以招致他们。招来了,就让他们安居。如今仲由和冉求两人辅佐季孙,远方之人不归服,而不能招致;国家支离破碎,却不能保全;反而想在国内使用兵力。我恐怕季孙的忧患不在颛臾,却在鲁君宫内呀。"

3.43 孔子曰:"天下有道,则礼乐征伐自天子出;天下无道,则礼乐征伐自诸侯出。自诸侯出,盖十世希不失矣;自大夫出,五世希不失矣;陪臣执国命,三世希不失矣。天下有道,则政不在大夫;天下有道,则庶人不议。"〔季氏篇第十六,2〕

【说解】《礼记·中庸》说:"非天子不议礼,不制度,不考文。"因为礼仪制度,是天下所共同通行遵守的,只有天子才能统一制定。《孟子·尽心下》:"征者,上伐下也,敌国不相征也。"礼乐征伐是天子特权,诸侯不得僭越,诸侯或大夫如擅自制定礼仪制度,征讨他国,就是天下无道,诸侯或大夫不久也要倒台。

希,后来作稀,少。

陪臣,陪,本义为重(chóng)土,因而有"重(chóng)"义。古代诸侯为天子之臣,大夫为诸侯之臣,大夫又有家臣。大夫即为天子之陪臣,家臣即为诸侯之陪臣。陪臣执国命,这里指大夫的家臣掌握国家权力。

自诸侯出,十世希不失,何晏注引孔安国说,周幽王被犬戎所杀,平王东迁,周始微弱。诸侯自作礼乐,专行征伐。自鲁隐公始,至鲁昭公十世,昭公失政,死于干侯。

自大夫出,五世希不失,鲁季文子初得政,至季桓子五世(文子、武子、悼子、平子、桓子),为家臣阳虎所囚。

陪臣执国命,三世希不失,阳虎之先为季氏家臣,至阳虎而出奔。《史记·鲁周公世家》详载此事:"定公五年,季平子卒。阳虎私怒,囚季桓子。与盟,乃舍之。七年,齐伐我,取郓以为鲁阳虎邑,以从政。八年,阳虎欲尽杀三桓适,而更立其所善庶子以代之;载季桓子,将杀之,桓子诈而得脱。三桓共攻阳虎,阳虎居阳关。九年,鲁伐阳虎,阳虎奔齐,已而奔晋。"《左传·定公六年》亦载"二月,公侵郑,取匡……往不假道于卫;及还,阳虎使季、孟自南门入,出自东门",以使鲁得罪于卫;"夏,季桓子如晋,献郑俘也。阳虎强使孟懿子往报夫人之币",杜预注:"虎欲困辱三桓,并求媚于晋。"又载晋献子谓简子之言:"鲁人患阳虎矣。"可见阳虎于鲁专擅国政而跋扈之甚。

礼乐征伐"自诸侯出、自大夫出",乃至"陪臣执国命",反映了自东周始,至春秋末期,天子、诸侯、大夫的权利迭相削弱、不可救止的礼崩乐坏局面。

天下有道,则庶人不议,指礼乐征伐自天子出,无"自诸侯出、自大夫出",乃至"陪臣执国命"的反常、悖乱情况,庶民自然无可非议。

这段话表明孔子为维持宗法制度、政治秩序,坚持西周确立并完善的中央集权及以天子、诸侯、大夫为分别的等级制度,坚决反对臣下的僭越行为;认为臣下僭越,于臣下本身也有害。孔子这种政治主张,有利于君主专制制度的国家统一,政治稳定,社会发展,也利于人民的和平生活。而客观上也有利于维持封建秩序,为历代封建统治者所欢迎。当然,当反对君主专制的革命风潮兴起时,孔子的这种保守的政治态度,也就必然成为革新者的众矢之的。

【译文】孔子说:"天下太平,礼乐以及征伐出于天子;天下昏乱,礼乐以及征伐出于诸侯。出于诸侯,大概这诸侯十代很少有不失位的;出于大夫,传到五代,这大夫很少有不失位的;若是大夫的家臣把持国家政权,传到三代,这家臣很少有不失位的。天下政治清平,国家权力就不会在大夫之手;天下政治清平,平民百姓就不会非议。"

3.44　孔子曰:"禄之去公室五世矣,政逮于大夫四世矣,故夫三桓之子孙微矣。"〔季氏篇第十六,3〕

【说解】禄,爵禄,指赐予爵禄的权力。禄去公室五世,据郑玄注,鲁自东门襄仲杀文公之子赤而立宣公,于是政在大夫,爵禄不从君出,历成公、襄公、昭公、至定公为五世。

政逮于大夫四世,指季氏专权至今,历经文子、武子、悼子、平子四世(据郑玄注)。

三桓,指鲁仲孙(仲孙改其氏称孟孙)、叔孙、季孙三卿,皆出自桓公,故称三桓。

这一章接着上一章,以鲁国大势证政权旁落,则国运陵夷,大夫衰微。

【译文】孔子说:"国家政权离开了鲁君,已经五代了;政权到了大夫之手,已经四代了,所以桓公的三房子孙现在也衰微了。"

3.45　子之武城,闻弦歌之声。夫子莞尔而笑,曰:"割鸡焉用牛刀?"子游对曰:"昔者偃也闻诸夫子曰:'君子学道则爱人,小人学道则易使也。'"子曰:"二三子！偃之言是也,前言戏之耳。"〔阳货篇第十七,4〕

【说解】武城,鲁邑。故城在今山东省费县西南。莞(wǎn)尔,微笑貌。"割鸡焉用牛刀",喻治小邑何必用礼乐,颇见孔子的幽默感。子游,孔子弟子,姓言名偃,吴人,比孔子小四十五岁。擅长文学。

　　从"君子学道则爱人,小人学道则易使也"这句话来看,君子、小人是以身份分,不是以道德分。道,指儒家的仁义礼智信学说。10.17章:"子曰:'上好礼,则民易使也。'""小人学道则易使",小人学了"君君臣臣父父子子"之道,自然恭顺易使。这当然也成了孔子为当权者出谋划策的罪证之一。实际上维护君主专制制度,在这个大框架中调整君臣君民关系,是孔子的政治主张,不足为怪。

【译文】孔子到了武城,听到了弹琴瑟唱诗歌的声音。孔子微微一笑,说:"宰鸡,何必用宰牛的刀?"子游回答说:"以前我听先生说过:'君子学了道就会爱人,小人学了道就容易使唤。'"孔子说:"学生们！言偃的话对,我刚才的话不过是开玩笑罢了。"

3.46　子夏曰:"君子信而后劳其民;未信,则以为厉己也。信而后谏;未信,则以为谤己也。"〔子张篇第十九,10〕

【说解】厉,病。这里是使痛苦、虐害的意思。《孟子·滕文公上》:"今也滕有仓廪府库,则是厉民而以自养也。"子夏讲君子应致力于被信任,否则不能使民,也不能事上。6.31 章:"孔子曰:'信则人任焉,……惠则足以使人。'"

【译文】子夏说:"君子受到信任以后才役使百姓;未受到信任就役使百姓,百姓就会以为是虐害他们。受到信任以后才进谏;未受到信任就进谏,君上就会以为是毁谤他。"

3.47　孟氏使阳肤为士师,问于曾子。曾子曰:"上失其道,民散久矣。如得其情,则哀矜而勿喜。"〔子张篇第十九,19〕

【说解】孟氏,刘宝楠《正义》谓郑玄注《论语》,庆父死,鲁人讳称其为孟氏。阳肤,曾子弟子。士师,执掌禁令刑狱的官员。

士师如审案得其实情,会欣然自喜,这是人之常情。曾子认为,人民犯法,是由于执政者无道所致,从根本上说并非民之过失;人民犯法,又多为生活所迫或官吏所逼,是人生悲剧。且刑法无情,一旦施加,则不可挽回。所以官员审得其实情,当哀矜之,而不当喜。曾子深知当时吏治黑暗,而同情民众,当得孔子思想之真传。《尚书大传·吕刑传》引孔子语说:"听讼者虽得其情,必哀矜之;死者不可复生,断者不可复续也。"

【译文】 孟氏任命阳肤做执掌禁令刑狱的官员,阳肤向曾子请教。曾子说:"执政者不行仁政,百姓离心离德很久了。如果审得罪犯的实情,便应该同情而怜悯他,而不要欣然自喜。"

3.48 尧曰:"咨!尔舜!天之历数在尔躬,允执其中。四海困穷,天禄永终。"舜亦以命禹。

曰:"予小子履,敢用玄牡,敢昭告于皇皇后帝:有罪不敢赦。帝臣不蔽,简在帝心。朕躬有罪,无以万方;万方有罪,罪在朕躬。"

周有大赉,善人是富。"虽有周亲,不如仁人。百姓有过,在予一人。"

谨权量,审法度,修废官,四方之政行焉;兴灭国,继绝世,举逸民,天下之民归心焉。

所重:民、食、丧、祭。

宽则得众,信则民任焉,敏则有功,公则说。
〔尧曰第二十,1〕

【说解】 这一章的文字前后无法连贯,历来解者都只能分段解释,姑依其旧。

第一段是尧禅帝位给舜时的训辞。

咨,嗟叹声。天之历数在尔躬,这几句在《古文尚书·大禹谟》中。历（曆）数，朱熹《论语集注》解为"帝王相继之次第"。古人以为帝位相承与天之历象次序相应。蔡邕《光武济阳宫碑》："历数在帝，践祚允宜。"《玉篇·儿部》："允，当也。"中，中正之道。这是孔子中庸思想的来源。《礼记·中庸》："子曰：'舜其大知也与！……执其两端，用其中于民。"郑玄注："两端，过与不及也。用其中于民，贤与不肖皆能行之也。"天禄，天赐的命运、地位。

第二段是殷王汤伐桀后告诸侯之辞，在《古文尚书·汤诰》中。

《国语·周语上》引《汤誓》："余一人有罪，无以万夫；万夫有罪，在余一人。"意思相似。《汤誓》即殷王汤伐桀之誓。今《汤誓》无此言，已散亡。

无以万方、无以万夫，"以"字读为"与"（yù），无与万方、无与万夫，即与万方、万夫无关。万方有罪，咎在自身，体现了开明君主以天下为己任的宏伟气魄。后代君王有时下"罪己诏"，引咎自责，盖源于此。不管是否出于真心，态度总是好的。

予小子，也称"余一人"，古天子、君王自称。履，传说是汤名。简，简的通假字。《说文·心部》："简，存也。"段玉裁注校为"简简，在也。……《论语》'简在帝心'，即简字之叚借。"人多从郑玄注"言天简阅其善恶也"，或解作选择，误。

第三段是周武王封诸臣有功者之辞。

赉（lài），赏赐，这里指封赏。《诗·周颂·赉》序："大封于庙也。赉，予也，言所以锡予善人也。"郑玄笺"大封，武王伐纣时封诸臣有功者"，正解释"周有大赉，善人是富"两句。

"虽有周亲"四句,在《古文尚书·泰誓中》篇。"虽有周亲,不如仁人",孔安国传:"周,至也。言纣至亲虽多,不如周家之少仁人。"《墨子·兼爱上》:"蛮夷丑貉,虽有周亲,不若仁人。万方有罪,维予一人。"

第四段以下是叙述治国方略与具体措施。

权,通铨。《说文·金部》:"铨,衡也。"段玉裁注校为:"铨,称也。"称即秤。权量,即度量衡。量,斗斛之类。法度,依朱熹说,指礼乐制度。修废官,刘宝楠《正义》引赵佑《四书温故录》说:"或有职而无其官,或有官而不举其职,皆曰废。"

兴灭国,继绝世,乃是因相信人死后有灵魂,祖先需享用后代子孙祭祀,故有天下者当施以仁德,使其得祀。如国灭世绝,其先祖于地下必为饿鬼。清秦蕙田《五礼通考》所谓"存人之国,大于救人之灾;立人之后,重于封人之墓"。黄帝尧舜之族,其先祖有功于民,固当封;夏商虽亡于桀纣,其先祖亦有功于民,夏商之后代也当封。兴灭国,继绝世,才体现执政者胸怀博大,溥施仁义,灭国绝世之后代方能感激涕零,心悦诚服。举逸民,提拔优秀人才。朱熹举例说:"谓释箕子之囚,复商容之位。"

重民,是孔子最重要的思想之一。《史记·郦生陆贾列传》:"王者以民人为天,而民人以食为天。"重民者必重食。重丧、祭者,"古人云,死生亦大矣"(《晋书·王羲之列传》),儒家亲亲,敬鬼神,且"慎终追远,民德归厚矣"(12.2)。

刘宝楠《正义》谓《汉石经》无"信则民任焉"句,皇本、足利本、高丽本亦无。《阳货》篇有"信则人任焉"(6.31),翟灏、阮元皆疑此句涉彼而误衍。敏,当读为忞(mín),自强,勉力。见1.21章。

【译文】尧说:"咨!你呀舜!上天规定的帝王相继次第轮到你身上了,恰当地把握那中正吧!假若天下百姓困苦艰难,上天给你的禄位也就永远地终止了。"舜后来也把这番话传命给禹。

汤说:"我小子履,胆敢献上黑色公牛,胆敢明白地告禀光明而伟大的天帝:有罪的人,我不敢赦免他。天帝之臣的善恶不可能掩盖,都存在于天帝心中。我自身如果有罪,与天下人无关;天下人如果有罪,罪都在我一人身上。"

周朝大封诸侯,使善人都富贵起来。"我虽然有至亲之人,却不如有仁德之人。天下人如果有罪过,只怪我一人。"

精确地制定度量衡,审定礼乐制度,恢复已废弃的机构,全国的政令就通行了;复兴灭亡了的国家,承续已断绝的世系,提拔被遗落的人才,天下的百姓就心向往之了。

所重视的:人民、粮食、丧礼、祭祀。

宽厚就会得到民众的拥护,诚信就会受到民众的信任,勤勉就会有功绩,公平就会使民众高兴。

3.49　子张问于孔子曰:"何如斯可以从政矣?"子曰:"尊五美,屏四恶,斯可以从政矣。"子张曰:"何谓五美?"子曰:"君子惠而不费,劳而不怨,欲而不贪,泰而不骄,威而不猛。"子张曰:"何谓惠而不费?"子曰:"因民之所利而利之,斯不亦惠而不费乎？择可劳而劳之，又谁怨？欲仁而得仁，又焉贪？君子无众寡，无小大，无敢慢，斯不亦泰而不骄乎？君子正其衣冠，尊其瞻视，俨然人望而畏之，斯不亦威而不猛乎？"子张曰："何谓四恶？"子曰："不教而杀谓之虐，不戒视成谓之暴，慢令致期谓之贼。犹之与人也，出纳之吝，谓之有司。"〔尧曰篇第二十，2〕

【说解】尊五美，俞樾《群经平议》说不得以"尊崇"解"尊"，当读为"遵"。《方言》卷一二："遵、遒，行也。"尊五美，即遵行五美。《后汉书·祭遵传》"先王崇政，尊美屏恶。"今按，《周书·艺术·黎景熙列传》："宜先遵五美，屏四恶。"宋华镇《谢及第启》："慕从政于子张，动遵五美。"可证俞说是。

屏，后来写作摒。惠而不费，施惠于人而无所耗费。俨然，严肃庄重的样子。慢令致期，朱熹释为"缓于前而急于后，以误其民而必刑之，是贼害之也"。犹之，相当于"同样"。出纳，偏义复词，义在出而不在纳。出纳之吝，谓之有司，像主管人员那样吝啬，而无执政者的慷慨大度，所施与虽多，人却不怀其恩惠。如《史记》记项羽使人有功，当封，印刻好后都磨损了，却舍不得出手，此为败亡的一个重要原因。

犹，王引之《经传释词》卷一："犹，犹'均'也。"即"同样"。

【译文】子张问孔子说："怎样就可以治理政事了？"孔子说："遵行五种美德，摒除四种恶政，这就可以治理政事了。"子张说："什么叫五种美德？"孔子说："君子施恩惠而不耗费；使役百姓而人不怨恨；有所欲而不为贪；安泰而不骄傲；威严而不凶猛。"子张问："什么是施恩惠而不耗费呢？"孔子说："就着人民的利益所在而使他们得利，这不是施恩惠而不耗费吗？选择可以使役百姓的时间、情况去使役他们，他们又怨恨谁呢？想要仁便得到了仁，又贪求什么呢？君子无论人多人少，无论地位高低，都不敢怠慢他们，这不是安泰而不骄傲吗？君子衣冠整齐，目光端正，庄严得使人望则敬畏，这不是威严而不凶猛吗？"子张说："什么是四种恶政呢？"孔子说："不教育便杀戮叫做虐；不申诫便要成果叫做暴；先松懈而后突然限期完成叫做贼；同是给人以财物，出手悭吝，叫做有司。"

赏誉篇第四（47章）

此章包括对人、事物的赞扬与肯定。

孔子赞扬得最多的人，是他的学生颜回，称赞的内容是好学等美德。其次是他的其他学生，公冶长、南容、宓子贱、冉雍、澹台灭明、闵损。再次是先代圣王尧、舜、禹、泰伯、文王、武王、周公等人，又次是前代或当代的各国诸君子：微子、箕子、比干、伯夷、叔齐、管仲、子产、晏婴、孔文子、孟之反、公子荆、公叔文子、史鱼、蘧伯玉等。

孔子的学生中，颜回与子贡赞美孔子为多，且子贡有几次是在别人攻击、贬低孔子的情况下竭诚为孔子辩护，赞扬孔子，真诚感人。

典籍之中，孔子盛赞《诗》。

4.1　子曰："《诗》三百，一言以蔽之，曰：'思无邪。'"〔为政篇第二，2〕

【说解】《诗》三百，这是指孔子删定后的《诗经》篇数，共三百零五篇，"三百"是举其成数。《史记·孔子世家》："古者《诗》三千馀篇。及至孔子，去其重，取可施于礼义……三百五篇，孔子皆弦歌之。"

"思无邪"取自《诗·鲁颂·駉》第四章结尾"思无邪，思马斯徂"。前三章为"思无疆，思马斯臧""思无期，思马斯才""思无斁，思马斯作"。思，程树德《论语集释》引俞樾《曲园杂纂》说，八"思"字皆语词。今按，俞说是。

无邪，当与"无疆""无期""无斁"相对。《駉》之诗全篇写马，无一字不关乎马：无疆、无期（期读如极，《广雅·释言》"期，卒也"王念孙疏证："期之言极也。《小雅·南山有台》篇：'万寿无期。'《鲁颂·駉》篇：'思无期'"），写马群广大无边；无斁，是无终止；无邪（邪，通"涯"），也是无边；即《诗·鄘风·定之方中》"骒牝三千"之景象。

至于孔子引此诗"思无邪"句，为典型的"引《诗》断章"，即"无邪曲"之义。

【译文】孔子说："《诗》三百篇，用一句话来概括它，就是'《诗》无邪曲'。"

4.2　子曰："吾与回言终日，不违，如愚。退而省其私，亦足以发——回也不愚。"〔为政篇第二，9〕

【说解】颜回是孔子最喜欢、评价最高的学生。说"其心三月不违仁"(4.16),子贡说:"赐也何敢望回? 回也闻一以知十,赐也闻一以知二。"孔子就说"弗如也。吾与女弗如也"(4.8),在道德与悟性两方面都称许有加。

朱熹说"私谓燕居独处,非进见请问之时",指"其日用动静语默之间"。刘宝楠《正义》引《逸周书·官人解》"省其居处,观其方(阙);省其丧哀,观其贞良;省其出入,观其交友;省其交友,观其任廉",说明省私也是观察人的方法。

孔子又曾说:"回也,非助我者也,于吾言无所不说。"(9.9)则颜渊于孔子之言,心悦诚服,笃信不疑,默而识之,拳拳服膺。方闻听之时,含英咀华,心领神会,赞赏嗟叹,兼反躬自省,唯恐不暇,自然不违如愚。而其举止言谈,皆能实践发明师说奥义,最为聪明颖悟。

【译文】孔子说:"我整天和颜回讲说,他从无异议,像很愚蠢。看他回去闲居独处,却也能有所发挥——颜回并不愚蠢啊。"

4.3 子曰:"《关雎》乐而不淫,哀而不伤。"〔八佾篇第三,20〕

【说解】淫,《说文·水部》:"浸淫随理也。……一曰久雨为淫。"由久雨,引申为过分。

《关雎》写诗人追求窈窕淑女,求得后,不过是"琴瑟友之,钟鼓乐之",是乐而不淫;求之不得,不过是"寤寐思服,悠哉悠哉,辗转反侧",是哀而不伤。

又,清刘台拱《论语骈枝》说此指乐章:"《诗》有《关雎》,《乐》亦有《关雎》,此章据《乐》言之。古之乐章皆三篇为一。……《仪礼》合乐,《周南》,《关雎》《葛覃》《卷耳》;《召南》,《鹊巢》《采蘩》《采蘋》。而孔子但言'《关雎》之乱',亦不及《葛覃》以下,此其例也。《乐》亡而《诗》存,说者遂徒执《关雎》一诗以求之,岂可通哉?乐而不淫者,《关雎》《葛覃》也;哀而不伤者,《卷耳》也。《关雎》,乐妃匹也;《葛覃》,乐得妇职也;《卷耳》,哀远人也。"其说可供参考。

【译文】孔子说:"《关雎》,快乐而不放荡,哀婉而不悲伤。"

4.4 仪封人请见,曰:"君子之至于斯也,吾未尝不得见也。"从者见之。出曰:"二三子何患于丧乎?天下之无道也久矣,天将以夫子为木铎。"〔八佾篇第三,24〕

【说解】仪,何晏《集解》引郑玄说,盖卫邑。而具体为何地,多有异议,今阙疑。详见刘宝楠《正义》。清宦懋庸《论语稽》说此当是孔子罢鲁司寇官而适卫,初入境之时,故仪封人得见。封人,掌封疆(边界)的官。《周礼·地官·封人》:"掌设王之社壝(wěi,矮墙),为畿封而树之。凡封国,设其社稷之壝,封其四疆。"见之,旧读 xiàn,接见之意。

丧(sàng),失位罢官,即《礼记·檀弓上》"丧欲速贫,死欲速朽"之丧。木铎,古代君主发号施令,便以铃召集民众,以正视听。铃舌用木制,叫木铎;以金属制,叫金铎。《尚书·胤征》:"每岁孟春,遒人以木铎徇于路。"孔安国传:"遒人,宣令之官。木铎,金铃木舌,所以振文教。"《礼记·明堂位》:"振木铎于朝,天子之政也。"郑玄注:"天子将发号令,必以木铎警众。"

这仪封人看来是位有见地的隐者,他相信以后孔子会掌握大权,其道将大行于天下。实际上他预测对了一大半。

【译文】仪这个地方的边境官员请求谒见孔子,说:"有道德学问的人到了这里,我从没有不得拜见的。"孔子的随行学生请孔子接见了他。他告辞出来,说:"你们这些人为什么愁没有官位呢?天下政治昏乱太久了,上天将用先生发号施令。"

4.5 子谓公冶长:"可妻也。虽在缧绁之中,非其罪也。"以其子妻之。〔公冶长篇第五,1〕

【说解】谓,评论。《说文·言部》:"谓,报也。"段玉裁注:"谓者,论人论事得其实也。"公冶长,孔子弟子。《史记·仲尼弟子列传》说是齐人,何晏《集解》引孔安国说是鲁人,姓公冶,名长。又引范宁说,名芝,字子长。

妻(qì),嫁给。缧绁(léixiè),捆绑犯人的绳索,这里代指监狱。

【译文】孔子评论公冶长:"可以把女儿嫁给他。虽然被关在监狱之中,但不是他的罪过。"把自己的女儿嫁给了他。

4.6　子谓南容:"邦有道,不废;邦无道,免于刑戮。"以其兄之子妻之。〔公冶长篇第五,2〕

【说解】南容,孔子弟子。何晏《集解》引王肃说,即南宫绦,字子容。《史记·仲尼弟子列传》说是南宫括,字子容。括,又作适(kuò)。孔子兄名孟皮。据《史记·孔子世家》索隐引《孔子家语》,叔梁纥娶鲁之施氏,生九女,其妾生孟皮。孟皮病足,乃求婚于颜氏征在,生孔子。由此看来,孟皮为孔子异母兄,早死,故孔子为其女主婚。

"邦有道,不废",说明南容是贤者;"邦无道,免于刑戮",又说明他是智者。孔子说"邦有道,危言危行;邦无道,危行言孙"(15.6),就是告诉贤人在邦无道时要善于保护自己。

【译文】孔子评论南容:"国家政治清明,不被废弃;国家政治黑暗,能避免刑罚。"于是把自己的侄女嫁给他。

4.7　子谓子贱:"君子哉若人!鲁无君子者,斯焉取斯?"〔公冶长篇第五,3〕

【说解】子贱,孔子弟子,姓宓(fú),名不齐,少孔子四十九岁。古籍中有不少关于他长于为政的故事。如《吕氏春秋·察贤》:"宓子贱治单父,弹鸣琴,身不下堂而单父治。巫马期以星出,以星入,日夜不居,以身亲之,而单父亦治。巫马期问其故于宓子,宓子曰:'我之谓任人,子之谓任力。任力者故劳,任人者故逸。'宓子则君子矣!"《说苑·政理》又载孔子问宓不齐治理单父的方法,宓不齐说:"此地民有贤于不齐者五人,不齐事之,皆教不齐所以治之术。"孔子夸他是继承了尧舜治理天下的道术。

若、斯,这里都是表近指的指示代词。

【译文】孔子评论宓子贱,说:"这人是君子呀! 假若鲁国没有君子,这种人从哪里取得这样的好品德呢?"

4.8 子谓子贡曰:"女与回也孰愈?"对曰:"赐也何敢望回? 回也闻一以知十,赐也闻一以知二。"子曰:"弗如也,吾与女弗如也。"〔公冶长篇第五,9〕

【说解】吾与女,"与"当为连词,古本"不如"前可能有俱字,且汉人一般都是这样理解的。明陈耀文《经典稽疑》说,《郑玄别传》:"从马融学,季长谓卢子干曰:'吾与女皆不如也。'"《论衡·问孔》作"吾与汝俱不如也"。

今按,《三国志·魏志》载,夏侯渊字妙才,曹公下令曰:"渊虎步关右,所向无前。仲尼有言:吾与尔俱不如也。"《后汉书·桥玄列传》曹操祭桥玄文:"仲尼称不如颜渊,李生厚叹贾复。"李贤注引《论语》:"吾与汝俱不如也。"又引何晏《集解》引包咸曰:"既然子贡不如,复云吾与女俱不如者,盖欲以慰子贡也。""慰子贡"倒未必,但这样说,真实地体现了孔子注意向学生学习的精神,表达了衷心钦服的情感,子贡听来也必然感到格外亲切。这就是孔子的胸怀与气度,当然我们从中也能体会到孔子的亲和力。

孔子是很重视学生的悟性与推理能力的。他说:"举一隅不以三隅反,则不复也。"(7.15)子贡回答老师"女与回也孰愈"

的问题,也是就这方面说的。

【译文】孔子对子贡说:"你和颜回谁强一些?"子贡答道:"我怎么敢和回相比?他听到一件事,能推知十件事;我听到一件事,只能推知两件事。"孔子说:"不如啊,我和你都不如他呀。"

4.9 子贡问曰:"孔文子何以谓之'文'也?"子曰:"敏而好学,不耻下问,是以谓之'文'也。"〔公冶长篇第五,15〕

【说解】孔文子,卫大夫孔圉(yǔ),又称仲叔圉,文是谥号。杨伯峻先生考其死于鲁哀公十五年,而孔子死于鲁哀公十六年四月,则此次谈话必在鲁哀公十五年到鲁哀公十六年初之间。

孙钦善《论语注译》谓《逸周书·谥法解》:"经纬天地曰文,道德博厚曰文,学勤好问曰文,慈惠爱民曰文,愍民惠礼曰文,锡民爵位曰文。"可能以"文"为谥多有歧义,故子路有疑而问。又,朱熹《论语集注》引苏辙《论语拾遗》曰:"孔文子使太叔疾出其妻而妻之,疾通于初妻之娣,文子怒,将攻之,访于仲尼。仲尼不对,命驾而行。疾奔宋,文子使疾弟遗室孔姞。其为人如此而谥曰文,此子贡之所以疑而问也。孔子不没其善,言能如此,亦足以为文矣,非经天纬地之文也。"可供参考。

敏,当读为忞(mín),自强,勉力。见1.21章。

【译文】子贡问道:"孔文子因为什么谥他为'文'?"孔子说:"他勤勉好学,又不耻于向比自己地位、年龄低的人请教,所以称他为'文'。"

4.10 子谓子产:"有君子之道四焉:其行己也恭,其事上也敬,其养民也惠,其使民也义。"〔公冶长篇第五,16〕

【说解】子产,见3.38章。关于子产治国事迹,《左传·襄公三十年》载,"子产使都鄙有章,上下有服;田有封洫,庐井有伍。大人之忠俭者,从而与之;泰侈者,因而毙之。"即整顿国家政治、经济、组织秩序。《昭公四年》载他"作丘赋",即按丘(十六井)出军马等军事装备。国人谤之,他却说:"苟利社稷,死生以之。且吾闻为善者不改其度,故能有济也。民不可逞,度不可改。《诗》曰:'礼义不愆,何恤于人言?'吾不迁矣。"《昭公六年》又铸刑书于鼎,以为国之常法,声言"以救世也"。他还在昭公十八年,领导郑人战胜了一次大火灾。他的行政,开始时不得民心,但很快受到民众欢迎。《襄公三十年》又云:"从政一年,舆人诵之,曰:'取我衣冠而褚之,取我田畴而伍之。孰杀子产,吾其与之。'及三年,又诵之,曰:'我有子弟,子产诲之;我有田畴,子产殖之。子产而死,谁其嗣之?'"又《史记·循吏列传》载,子产"治郑二十六年而死,丁壮号哭,老人儿啼,曰:'子产去我死乎,民将安归?'"《左传·昭公二十年》:"及子产卒,仲尼闻之,出涕曰:'古之遗爱也!'"

【译文】孔子评论子产,说:"他有四种行为合于君子的标准:他约束自己态度谦恭,他事奉君主尽心竭力,他爱养人民有恩惠,他役使人民合乎义。"

4.11　子曰:"晏平仲善与人交,久而敬之。"〔公冶长篇第五,17〕

【说解】晏平仲,齐贤大夫,名婴,字平仲。《晏子春秋》记了他的很多言论和事迹。

　　久而敬之,皇侃本作"久而人敬之",疏说:"云久而人敬之者,此善交之验也。凡人交易绝,而平仲交久而人愈敬之也。孙绰曰:'交有倾盖如旧,亦有白首如新。隆始者易,克终者难。敦厚不渝,其道可久,所以难也。故仲尼表焉。'"但学者多以为不当有人字,且当理解为久而敬人。但如果理解为久而敬人,则何时不当敬人?唯与人交往,初时相知较浅,人易敬己,久之彼此熟稔,则人易失敬。唯心地诚实善良,德养学养渊深,且善与人交,则愈久愈能博得人之敬重,颜子所谓仰之弥高,钻之弥深,是为难耳。宋张镃《仕学规范·行己》:"吴龙图遵路性夷雅谨重,寡言笑,善与人交,初若平淡,然风义久而弥著。"风义久而弥著,则人必愈敬之。

【译文】孔子说:"晏平仲善于和别人交友,相交越久,别人越发敬重他。"

4.12　子曰:"伯夷、叔齐不念旧恶,怨是用希。"〔公冶长篇第五,23〕

【说解】据《史记·伯夷列传》,伯夷、叔齐,孤竹君之二子。父欲立叔齐,及父卒,兄弟相让,皆逃去,国人立其中子。伯夷叔齐往归周文王,遇武王伐纣,伯夷叔齐叩马而谏,后不食周粟而死。后人尊为仁义的典范。故《大戴礼记·卫将军文子》引孔子语:"不克不忌,不念旧恶,盖伯夷叔齐之行也。"

恶,怨恨。是用,等于说"因此"。希,后作"稀"。至于"怨是用希",是谁之怨是用稀?有两种意见,一是伯夷、叔齐对他人之怨,一是他人对伯夷、叔齐之怨。主前说者,如皇侃疏:"念,犹识录也。旧恶,故憾也。希,少也。人若录于故憾,则怨恨更多。唯夷齐豁然忘怀,若有人犯己,己不怨录之。"又毛奇龄《四书改错》:"旧恶犹宿怨也。惟有宿怨而相忘而不之念,因之恩怨俱泯,故怨是用希。"主后说者,如邢昺疏:"此章美伯夷叔齐二人之行,不念旧时之恶而欲报复,故希为人所怨恨也。"又朱熹集注:"孟子称其'不立于恶人之朝,不与恶人言。'……然其所恶之人能改即止,故人亦不甚怨之也。"

今按,以 6.23 章"出门如见大宾,使民如承大祭。己所不欲,勿施于人。在邦无怨,在家无怨"例之,"怨"当指人对己之怨恨。

《史记·伯夷列传》载孔子语"伯夷叔齐不念旧恶,怨是用希""求仁得仁,又何怨乎",两"怨"字并非一事;而后句乃承 6.15 章"入,曰:'伯夷、叔齐何人也?'曰:'古之贤人也。'曰:'怨乎?'"句而言,非承"怨是用希"句而言。故其评论说:"由此观之,怨邪非邪?"将"怨"理解为伯夷、叔齐对他人之怨,是就"求仁得仁,又何怨乎"句说,而非指"怨是用希"之"怨"。

【译文】孔子说:"伯夷、叔齐不记往日的仇隙,别人对他们的怨恨因此就少。"

4.13　子曰:"雍也可使南面。"〔雍也篇第六,1〕

【说解】雍,姓冉,字仲弓。其人有德行,而其父为贱人。4.15章,孔子谓仲弓曰:"犁牛之子骍且角,虽欲勿用,山川其舍诸?"朱熹《论语集注》说:"南面者,人君听治之位。言仲弓宽洪简重,有人君之度。"朱熹所谓人君,应包括天子、诸侯、卿大夫。孔子之学说,即儒者所谓修身齐家治国平天下,此即天子诸侯卿大夫之事。《孟子·万章上》:"匹夫而有天下者,德必若舜禹,而又有天子荐之者,故仲尼不有天下。"《荀子·非十二子》:"是圣人之不得势者也,仲尼子弓是也。……圣人之得势者,舜禹是也。"皆是说仲尼、冉雍有资格做天子,只是未遇其时、未得其势。《说苑·修文》亦曰:"当孔子之时,上无明天子也。故言'雍也可使南面',南面者,天子也。"

【译文】孔子说:"冉雍啊,可以让他做君主。"

4.14　哀公问:"弟子孰为好学?"孔子对曰:"有颜回者好学,不迁怒,不贰过。不幸短命死矣。今也则亡,未闻好学者也。"〔雍也篇第六,3〕

【说解】短命,《史记·仲尼弟子列传》:"回年二十九,发尽白,蚤死。"据《孔子家语·七十二弟子解》,颜回"三十一,早死"。伯鱼五十,先颜回死,时孔子且七十;颜回死时,孔子年七十一。如按《史记·仲尼弟子列传》,颜回比孔子小三十岁,则颜回死时为四十一岁,与《孔子家语》不合。所以毛奇龄《论语稽求篇》

说《史记》"比孔子小三十岁,原是四十之误"。

读此条,须明三事:一,颜回好学,其重要表现,即"不迁怒,不贰过"。因"不迁怒,不贰过"是道德修养,而道德修养是古人学习的首要内容。子夏语"贤贤易色;事父母,能竭其力;事君,能致其身;与朋友交,言而有信。虽曰未学,吾必谓之学矣"(7.2)可证。二,不迁怒,是遇事反省自己,即反躬自责,而不迁怒于人,即"躬自厚而薄责于人"(13.12)。三,做到了"不迁怒",才能做到"不贰过"。遇事不迁怒于人,自怨自艾,深刻检查反省自己,汲取教训,才能不重犯错误。反之,有过则迁怒于人,必重蹈覆辙。

13.6章:"子曰:'已矣乎,吾未见能见其过而内自讼者也!'"看来也与本章慨叹颜回有关:内自讼,正是"不迁怒";说"未见",正说此类人极其难得,颜回死后,"今也则亡"。

【译文】鲁哀公问:"你的学生哪个好学?"孔子答道:"有一个叫颜回的好学,有过错,不迁怒于人;也不再犯同样的过失。不幸短命死了,现在再没有啦,再也没听说好学的人了。"

4.15 子谓仲弓曰:"犁牛之子骍且角,虽欲勿用,山川其舍诸?"〔雍也篇第六,6〕

【说解】犁牛,耕牛(亦有说"犁"通"骊",黄黑杂色)。用,杀牲(或杀人,或不杀而仅取其血)以祭神。其,义同岂。诸,在句末相当于"之乎"。骍,音 xīng,赤色。

据《周礼·地官·牧人》,凡阳祀(祭天于南郊及宗庙)用骍牲。至于"四时所常祀"(山川以下至四方百物),只要求用纯毛色牲。刘宝楠引《论语骈枝》说,"山川其舍诸"并非说祭山川用骍牲,而是说祭天及宗庙用的骍牲,难道山川之神反而会拒绝它吗?

祭祀的牺牲不用耕牛,而由公家专门饲养。这官即牧人,"牧人掌牧六牲而阜蕃其物,以共祭祀之牲牷。"(《周礼·地官·牧人》)《论语骈枝》说,但有时牺牲不足,仍可取自民间。《周礼·夏官·羊人》:"若牧人无牲,则受布于司马,使其贾买牲而共之。"孔子意为,如果耕牛生的犊符合祭祀牺牲的条件,必会为神所用。以喻仲弓虽出身微贱,也可以做人君。

角,旧注以为"角周正,中牺牲"。俞樾《群经平议》说,角,区别于童牛(无角牛,特指小牛)而言。作牺牲的牛,以角小为贵。《礼记·王制》:"祭天地之牛角茧栗,宗庙之牛角握。"郑玄注:"握谓长不出肤。"所以牺牲用犊,但不可用童牛,此说犁牛之子,既骍而又角小,则为合用之牺牲。

【译文】孔子评论冉雍,说:"耕牛的犊儿长着赤色的毛,角又小,虽然不想用它作牺牲来祭祀,山川之神难道会舍弃它吗?"

4.16 子曰:"回也,其心三月不违仁,其馀则日月至焉而已矣。"〔雍也篇第六,7〕

【说解】三月,表长时间;日月,表短时间。孔子既赞扬颜回,又不绝他人之望,说他们也时至仁的境界,不过短暂而已。有恒,则亦能如颜回。这章赞扬颜回长时间心不离仁,6.6章"君子无终食之间违仁,造次必于是,颠沛必于是",则强调君子之心无片刻离仁,角度各异,意思则同。

【译文】孔子说:"颜回呀,他的心久久地不离开仁德;别的学生呢,只是短时间达到仁的境界而已。"

4.17　子曰:"贤哉回也! 一箪食,一瓢饮,在陋巷;人不堪其忧,回也不改其乐。贤哉回也!"〔雍也篇第六,11〕

【说解】箪(dān),盛饭的圆形筐,方的叫筥。饮,水。20.3章:"子曰:'饭疏食,饮水,曲肱而枕之,乐亦在其中矣。'"可与印证。《左传·成公二年》:"丑父使公下,如华泉取饮。"饮即水。乐,即孔子所谓"饭疏食,饮水,曲肱而枕之,乐亦在其中矣"(20.3)、"发愤忘食,乐以忘忧,不知老之将至"(1.62)之"乐",皆是贤者为学修德所得到的愉悦与自我满足之感。

　　陋巷,狭小的房屋。王引之《经义述闻·通说上》引王念孙说:"古谓里中道为巷,亦谓所居之宅为巷。故《广雅》曰:'衖,㞐也。'㞐,今通作'居'……《论语·雍也》篇:'在陋巷。'陋巷,谓隘狭之居。《说文》:'陋,阨陕也。'今作'隘狭'。即《儒行》所云'一亩之宫,环堵之室'也。……曹植《谏取诸国士息表》曰:'蓬户茅牖,原宪之室也;陋巷箪瓢,颜子之居也。'"

【译文】孔子说:"贤良啊,颜回! 一竹筐饭,一葫芦瓢水,住在小破屋里;别人受不了那忧愁,颜回却不改变他的快乐。贤良啊,颜回!"

4.18 子游为武城宰。子曰："女得人焉耳乎?"曰："有澹台灭明者,行不由径;非公事,未尝至于偃之室也。"〔雍也篇第六,14〕

【说解】澹(tán)台灭明,孔子弟子。姓澹台,名灭明,《史记·仲尼弟子列传》:"澹台灭明,武城人,字子羽,少孔子三十九岁,状貌甚恶。欲事孔子,孔子以为材薄。既已受业而退,修行,行不由径,非公事不见卿大夫。南至江,从弟子三百人,设取予去就,名施乎诸侯。孔子闻之曰:'吾以言取人,失之宰予;以貌取人,失之子羽。'"杨伯峻先生说,子游与孔子谈论时,澹台灭明尚未成为孔子弟子。因为"有……者"是提到听者所不知之人的说法。

径,斜的便道。行不由径,与古代井田制度有关。明《焦氏笔乘·行不由径》说:"古井田之制,道路在沟洫之上方,直如棋枰,行必遵之,毋得斜冒取疾。《野庐氏》禁野之横行径逾者,《修闾氏》禁径逾者,皆其证也。晚周此禁虽存,人往往弃蔑不守。独澹台灭明不肯逾逸自便,则其平日趋操可知。"《汉书·五行志中之上》记成帝时歌谣:"邪径败良田,谗口乱善人。"现代农村亦反对行捷径践踏农田。周代严禁之,而衰世法禁松弛,道德陵夷,人遂少有严格自律者。又清惠士奇《礼说》谓径谓之蹊,《野庐氏》"禁野之横行径逾者",郑玄注:"皆为防奸也。横行,妄由田中,径逾射邪趋疾越堤渠也。"为防盗贼坏人,民不得由蹊径而行,而当时少有遵行者。独澹台灭明刻意自守,足见其风操可贵。

非公事而登长官之门,入其内室,非为纳贿,必为讨好。众目睽睽,千夫所指,天知神知,为人下属者所宜深戒。

【译文】子游做武城县县宰。孔子说:"你在那儿得到人才了吗?"他说:"有叫澹台灭明的人,走路不沿斜穿农田的小道;不是公事,从不到我屋里来。"

4.19　子曰:"孟之反不伐。奔而殿,将入门,策其马,曰:'非敢后也,马不进也。'"〔雍也篇第六,15〕

【说解】孟之反,鲁大夫,名侧。《左传·哀公十一年》记鲁齐之战:"师及齐师战于郊……右师奔,齐人从之……孟之侧后入以为殿,抽矢策其马,曰:'马不进也。'"何晏《集解》引马融说:"殿,在军后。前曰启,后曰殿。孟之反贤而有勇,军大奔,独在后为殿。人迎功之,不欲独有其名,曰:'我非敢在后拒敌,马不能前进。'"

【译文】孔子说:"孟之反不夸耀自己。军队溃退时,他留在最后,掩护全军,将进城门,便鞭打着马匹,说:'不是我敢于殿后,是马不肯快跑啊。'"

4.20　子曰:"泰伯,其可谓至德也已矣。三以天下让,民无得而称焉。"〔泰伯篇第八,1〕

【说解】泰伯,据《史记·吴太伯世家》,是周太王(古公亶父)的长子。他的次弟为仲雍,少弟为季历。季历贤,又生贤子昌(文王），太王预计昌必有天下，因此想把王位传给少子季历，以顺序传与昌。泰伯为实现父亲的愿望，便与弟仲雍逃到句吴，做了吴国的开国君主。由于他的谦让，君位终于传给了季历，又传到昌，终于使周兴盛，武王时遂灭纣而统一天下。

三以天下让，天下指周的君位（当时周仅是殷的诸侯）。刘宝楠《正义》引郑玄说："太王疾，泰伯因适吴越采药，太王殁而不返，季历为丧主，一让也。季历赴之不来奔丧，二让也。免丧之后，遂断发文身，三让也。"还有其他多种解释。三，也可能是指多次。民无得而称，与下文孔子称赞尧"民无能名焉"意近，皆极度褒美之辞。

顾炎武《日知录》卷七引太史公序《吴世家》"太伯避历，江蛮是适。文武攸兴，古公王迹"，谓为甚当之评。

【译文】孔子说："泰伯，那可以说是品德极崇高了。几次坚持把天下让给季历，百姓简直找不出恰当的词语来称赞他。"

4.21 曾子曰："以能问于不能，以多问于寡；有若无，实若虚；犯而不校——昔者吾友尝从事于斯矣。"〔泰伯篇第八，5〕

【说解】以能问于不能，以多问于寡，即不耻下问。"有若无，实若虚"是博学贤者的谦逊；与其相反的态度，是孔子批评过的"亡而为有，虚而为盈，约而为泰"（5.20）。校（jiào），计较，朱熹《集注》："校，计较也。"吾友，何晏《集解》引马融说："友谓颜渊。"

【译文】曾子说："有能力而向无能力的人请教，知识多却向知识少的人请教；有学问像没学问一样，满腹经纶像空无所有一样，被冒犯也不报复，从前我的朋友便曾这样做了。"

4.22　子曰："三年学，不至于谷，不易得也。"〔泰伯篇第八，12〕

【说解】谷，《尔雅·释言》："谷，禄也。"因古代官员俸禄以谷米支付。《孟子·滕文公上》："经界不正，井地不均，谷禄不平。"赵岐注："谷，所以为禄也。"即"邦有道，谷；邦无道，谷，耻也"（6.27）中的谷。刘宝楠《正义》引《隶释·博陵太守孔彪碑》："龙德而学，不至于谷，浮游尘埃之外。"正用《论语》句。

朱熹《论语集注》说："至，疑当作志，为学之久，而不求禄，如此之人不易得也。"而王先谦说，《荀子》书至、志通借。如《正论》："桀纣者其知虑至险也，其至意至闇也。""而是王者之至也。"杨倞注："至当为志。"其说可从。

【译文】孔子说："学习三年而不急于做官，很难得呀。"

4.23　子曰："巍巍乎，舜、禹之有天下也而不与焉！"〔泰伯篇第八，18〕

【说解】舜，传说中继尧而立的父系社会后期部落领袖。姚姓，有虞氏，名重华，史称虞舜。相传他摄位后，除去四凶，用禹治水，并选定他为继承人。一说舜为禹所放，死于苍梧。

禹，传说中古代部落联盟领袖。姒姓，史称大禹、夏禹、戎禹,一说名文命。原为夏后氏部落领袖,鲧之子。受舜命治理洪水,继舜为部落联盟领袖,其子启建立了中国历史上第一个奴隶制社会王朝,即夏朝。

4.38章"子曰:'无为而治者,其舜也与?夫何为哉?恭己正南面而已矣'"何晏《集解》:"言任官得其人,故无为而治。"正可作为"有天下而不与焉"一句的注脚。刘宝楠《正义》引毛奇龄《稽求篇》:"《汉王莽传》太后诏曰:'故选忠贤,立四辅,群下劝职。孔子曰:巍巍乎,舜禹之有天下而不与焉(颜师古注:言舜禹之治天下,委任贤臣以成其功,而不身亲其事也。与读曰豫)。'王充《论衡》:'舜承安继治,任贤使能,恭己无为而天下治。故孔子曰:巍巍乎,舜禹之有天下而不与焉!'晋刘实《崇德论》曰:'舜禹有天下不与,谓贤人让于朝,小人不争于野,以贤才化无事,至道兴矣。己仰其成,何与之有?'此直指任贤使能,为无为而治之本。"

刘宝楠又举《孟子·滕文公》篇:"尧以不得舜为己忧,舜以不得禹、皋陶为己忧。""为天下得仁者谓之仁。是故以天下与人易,为天下得人难。孔子曰:'大哉,尧之为君!惟天为大,惟尧则之。荡荡乎,民无能名焉!''君哉,舜也!巍巍乎,有天下而不与焉!'尧舜之治天下,岂无所用其心哉?亦不用于耕耳。"他说,《孟子》引此两节,皆以证尧舜得人,故又言"尧舜岂无所用其心",明用心于得人也。然则以"不与"为任贤使能,乃此文正诂。

按,《尚书大传·书序传》:"子曰:'参,女以明王为劳乎?昔者舜左禹而右皋陶,不下席而天下治。"亦此意。《说苑·政理》载,"宓子贱治单父,弹鸣琴,身不下堂而单父治",孔子让他总结经验,他说:"此地民有贤于不齐者五人,不齐事之,皆教不齐所以治之术。"孔子表示赞同,说:"昔者尧舜清微其身,以听观天下,务来贤人。夫举贤者,百福之宗也,而神明之主也。不齐之所治者小也,不齐所治者大,其与尧舜继矣!"也说尧舜治天下,利用贤人,而自己不参与其事。君主事必躬亲,非善之善者;有天下而不与,方为善之善者。

【译文】孔子说:"舜和禹真是崇高伟大呀!握有天下,自己却毫不干预具体事务。"

4.24 子曰:"大哉尧之为君也!巍巍乎!唯天为大,唯尧则之。荡荡乎,民无能名焉。巍巍乎其有成功也,焕乎其有文章!"〔泰伯篇第八,19〕

【说解】大哉尧之为君,"尧之为君"是主语。

尧,古帝陶唐氏之号,名放勋。传说中父系社会后期的部落领袖。晚年禅让于舜。一说晚年德衰,为舜所囚,位亦为舜所夺。

唯天为大,唯尧则之,古人以为天道无私、无为,"云行雨施,品物流形",日月运行,万物生焉。尧能法天,故无为而治。15.12章,子曰:"予欲无言。"子贡曰:"子如不言,则小子何述焉?"子曰:"天何言哉?四时行焉,百物生焉,天何言哉?"也是这个意思。《尚书·尧典》载尧"乃命羲和,钦若昊天,历象日月星辰,敬授人时",是说敬顺天象制订历法,使民有所依循。

文章，指他制订的礼仪制度。

【译文】孔子说："尧作君王，真伟大呀！真高尚呀！只有天最伟大，只有尧能够效法天。他的恩德浩荡，老百姓不知道怎样称赞他。他的功绩太崇高了，他的礼仪制度也文采绚丽！"

4.25 舜有臣五人而天下治。武王曰："予有乱臣十人。"孔子曰："才难，不其然乎？唐虞之际，于斯为盛。有妇人焉，九人而已。三分天下有其二，以服事殷。周之德，其可谓至德也已矣。"〔泰伯篇第八，20〕

【说解】何晏《集解》引孔安国说，舜五臣为禹、稷、契、皋陶、伯益。

乱臣，阮元《十三经注疏校勘记》说"臣"字是衍文，《论语》释文亦为"予有乱十人"，《左传·襄公二十八年》叔孙穆子说"武王有乱十人"，也没有臣字。《说文·乙部》："亂，治也。"治理为亂（乱）的本义。因另有一敵字，《说文·攴部》："敵，烦也。"与亂音同而义正相反，人们写烦敵字，就用治理义的亂（乱）代替，久而久之，就误以为烦敵是亂（乱）的本义，而不知"治理"为亂（乱）的本义。马融释："亂，治也。"正说其本义。乱十人，理官十人也。

十人，马融说是周公旦、召公奭、太公望、毕公、荣公、大颠、闳夭、散宜生、南宫适。其馀一人是文母（武王母，文王妻太姒。一说子无臣母之义，一人是邑姜，武王妻）。

唐虞之际，刘宝楠《正义》谓"际"有"下、后"义，举《淮南子·主术》:"汤之时,七年旱,以身祷于桑林之际。"《太平御览·皇王部》七、《礼仪部》八引作"桑林之下";《潜夫论·遏利》:"信立于千载之上,而名传乎百世之际。"如"际"解为"下",则"于斯为盛"包括了周。

三分天下有其二,《逸周书·程典》:"维三月,既生魄,文王合六州之侯,奉勤于商。"晋孔晁注:"三分天下有其二,以伏事殷也。"当时相传天下分九州。

【译文】舜有五位贤臣,而天下太平。武王也说过,"我有十位能治理天下的臣子。"孔子因此说:"'人才难得。'不是这样吗?唐尧和虞舜之后到周武王那时候,人才最兴盛。武王十位人才之中还有一位妇女,实际上是九人而已。周文王得到天下的三分之二,仍然臣服殷朝,周朝的道德,可以说是最高的道德了。"

4.26 子曰:"禹,吾无间然矣。菲饮食而致孝乎鬼神,恶衣服而致美乎黻冕,卑宫室而尽力乎沟洫。禹,吾无间然矣。"〔泰伯篇第八,21〕

【说解】无间(jiàn)然,无可非议。朱熹《论语集注》说:"间,罅隙也,谓指其罅隙而非议之。"

菲,薄。孝,祭祀祖先、鬼神也叫孝。致孝指享祀丰洁。黻,音fǔ。黻冕,祭祀的礼服礼帽。洫(xù),沟。

【译文】孔子说:"禹,我对他没有非议了。他自己吃菲薄的饮食,而用丰盛的祭品享祀鬼神;穿破旧衣服,却把祭服做得很华美;住得简陋,却把力量用于开挖沟渠。禹,我对他没有非议了。"

4.27 颜渊喟然叹曰:"仰之弥高,钻之弥坚;瞻之在前,忽焉在后。夫子循循然善诱人,博我以文,约我以礼,欲罢不能。既竭吾才,如有所立卓尔;虽欲从之,末由也已。"〔子罕篇第九,11〕

【说解】喟,音,叹息声。

博我以文,约我以礼,2.12 章,子曰:"君子博学于文,约之以礼。"

如有所立卓尔,何晏《集解》引孔安国说:"其有所立,则又卓然不可及。"朱熹《论语集注》也说:"所见益亲,而又无所用其力也。"是说颜渊见夫子有所立,不是颜渊有所立。

颜渊师从孔子,愈学愈发现其道德高尚,学问博大精深,无穷无尽。《庄子·田子方》也有一段记颜渊讲学习体会:"夫子步亦步,夫子趋亦趋,夫子驰亦驰。夫子奔逸绝尘,而回瞠若乎后矣!"只有大师,才会使学生有这样的体会与感受;只有高徒,才会对明师无上景仰。

【译文】颜渊感叹说:"先生之道,越仰视越觉得高,越钻研越觉得深;瞻望着,似乎在前面,忽然又到后面去了。先生善于有步骤地诱导人,用文献来丰富我的知识,用礼节来约束我的行为,我想停止学习都不可能。使我已经用尽才力,似乎前面有卓然特立的榜样;但即使想靠近它,也没有途径了。"

4.28 子曰:"语之而不惰者,其回也与!"〔子罕篇第九,20〕

【说解】之,指代颜回。也、与,语气词。唯好学者,方能语之而不惰。

【译文】孔子说:"告诉他道理,始终不懈怠的,怕只有颜回吧!"

4.29 子谓颜渊曰:"惜乎! 吾见其进也,未见其止也!"〔子罕篇第九,21〕

【译文】孔子评论颜渊,说:"可惜呀! 我只看见他进步,没看见他停步啊。"

4.30 子曰:"孝哉闵子骞! 人不间于其父母昆弟之言。"〔先进篇第十一,5〕

【说解】闵子骞,孔子弟子,名损,字子骞,比孔子小十五岁,鲁人。在孔门弟子中属德行优秀者。依文例,当为"孝哉,损也!"此处称其字,大概是闵损门人不经意所改。《聊斋志异·仙人岛》记秀才王勉向仙人炫其八股文冠军之作,题为《孝哉,闵子骞》二句,破题为"圣人赞大贤之孝……"少女绿云顾其父曰:"圣人无字门人者,'孝哉……'一句,即是人言。"王勉闻之,意兴索然。此即蒲松龄读《论语》之发现,而以仙女绿云之口出之。

不间,与上文"禹,吾无间然矣"(4.26)之"无间"同。赵宗乙《论语札记》谓"不"即"无",引《后汉书·范升传》范升奏记王邑曰："升闻子以人不间于其父母为孝,臣以下不非其君上为忠。"李贤注："《论语》曰:'孝哉,闵子骞!人不间于其父母昆弟之言。'子骞之孝,化其父母兄弟,言人无非之者。"按,此说是。其父母昆弟皆被子骞之德所感化,以至人对其父母昆弟之品行也无非间之言,此乃子骞之大孝。

【译文】孔子说："闵损真是孝顺呀,使别人对于他的父母兄弟都并可非议。"

4.31 南容三复白圭,孔子以其兄之子妻之。〔先进篇第十一,6〕

【说解】南容,见4.6章："子谓南容:'邦有道,不废;邦无道,免于刑戮。'"
白圭,出于《诗·大雅·抑》："慎尔出话,敬尔威仪,无不柔嘉。白圭之玷,尚可磨也;斯言之玷,不可为也。"意思是人君要谨言慎行,玉之瑕玷尚可磨去,人君出言不慎,政教一失,则不可挽回。南容"三复白圭",是对这几句诗深有所思。

【译文】南容把"白圭之玷,尚可磨也;斯言之玷,不可为也"的几句诗读了又读,孔子便把自己的侄女嫁给了他。

4.32 季康子问："弟子孰为好学?"孔子对曰："有颜回者好学,不幸短命死矣,今也则亡。"〔先进篇第十一,7〕

【说解】季康子,见1.54章。

4.14章，鲁哀公问："弟子孰为好学？"孔子所答还有"不迁怒，不贰过"等语。朱熹《论语集注》引范氏说："哀公、康子问同而对有详略者，臣之告君，不可不尽；若康子者，必待其能问乃告之：此教诲之道也。"亡，读为无。

【译文】季康子问道："您学生中谁好学？"孔子答道："有一个叫颜回的好学，不幸短命死了，现在就再没有好学的人了。"

4.33 鲁人为长府。闵子骞曰："仍旧贯，如之何？何必改作？"子曰："夫人不言，言必有中。"〔先进篇第十一，14〕

【说解】为，改建，重修，以下文"何必改作"可知。长府，《左传·昭公二十五年》："公居于长府。九月戊戌，伐季氏。杀公之于门，遂入之。"杜预注："长府，官府名。"刘宝楠《正义》说："意其与季氏家实近，公居焉，出不意而攻之。"翟灏《四书考异》以为长府是鲁君宫馆，略有蓄积，可备意外之处。昭公凭借离季氏家近的长府以伐季氏，失败。季氏恶公恃此长府伐己，故于事平之后，率鲁人卑其闬闳，以使后来之君，失所凭恃，其用心已昭然若揭。

闵子骞之言，实含讥讽：季氏权倾公室，必然会使鲁君嫉恨，仅靠改建长府，以图减少来自公室的威胁，并非根本之计。孔子见其见解深刻精确，言语含蓄，于是加以褒扬。

贯，习，后作"惯"，有"旧、原来"之意。《汉书·武帝纪》："《诗》云：'九变复贯，知言之选。'"颜师古注："《论语》曰：'仍旧贯。'此言文质不同，宽猛殊用，循环复旧，择善而从之。"可见"仍旧贯"即逸《诗》《复贯》，也即"复旧"。"旧贯"为一词。《汉书·元帝纪》元年，大水，九月诏："惟德浅薄，不足以充入旧贯之居。其令诸宫馆希御幸者勿缮治。"颜师古注引应劭曰："言己德浅薄，不足以充旧贯。旧贯者，常居也。"师古曰："《论语》称闵子骞云'仍旧贯'。帝自谦不足充入先帝之宫室，故引以为言。""勿缮治"即是"仍旧贯"。又叫"因循旧贯"，《段会宗传》："愿吾子因循旧贯，毋求奇功。"

【译文】鲁国改建叫长府的宫馆。闵子骞说："一仍其旧，怎么样？为什么一定要改建呢？"孔子说："这个人不说话，一说话一定中肯。"

4.34 子谓卫公子荆："善居室。始有，曰：'苟合矣。'少有，曰：'苟完矣。'富有，曰：'苟美矣。'"〔子路篇第十三，8〕

【说解】卫公子荆，《左传·襄公二十九年》载，季札适卫，"说（悦）蘧瑗、史狗、史䲡、公子荆、公叔发、公子朝，曰：'卫多君子，未有患也。'"是春秋贤者季札视卫公子荆为君子。

刘宝楠《正义》说："公子荆处卫富庶之时，知国奢当示之以俭，又深习骄盈之戒，故言苟合、苟完、苟美，言其意已足，无所复歉也。"苟，苟且，义犹"差不多"，满足之辞。

【译文】孔子评论卫国的公子荆，说："他善于居家过日子，刚有一些，就说：'几乎完全了。'稍微多些，又说：'几乎完备了。'富足了,便说:'几乎完美了。'"

4.35 子问公叔文子于公明贾曰:"信乎,夫子不言,不笑,不取乎?"公明贾对曰:"以告者过也。夫子时然后言,人不厌其言;乐然后笑,人不厌其笑;义然后取,人不厌其取。"子曰:"其然?岂其然乎?"〔宪问篇第十四,13〕

【说解】公叔文子,卫大夫公孙拔,《礼记·檀弓上》郑玄注说他是卫献公之孙。陆德明释文音蒲八反。朱熹《论语集注》作公孙枝,形近而误。其人之事,参见4.36章。

又,《礼记·檀弓下》记他死,其子请谥,卫灵公说:"昔者卫国凶饥,夫子为粥与国之饿者,是不亦惠乎? 昔者卫国有难,夫子以其死卫寡人,不亦贞乎? 夫子听卫国之政,修其班制,以与四邻交,卫国之社稷不辱,不亦文乎? 故谓夫子'贞惠文子'。"

以,近指代词,此。如《韩非子·爱臣》:"晋之分也,齐之夺也,皆以群臣之太富也。夫燕宋之所以弑其君者,皆以类也。"

公明,姓,贾(gǔ),名,卫人。夫子,这里指公叔文子。其,疑问副词。

【译文】孔子向公明贾打听公叔文子,说:"先生他不说,不笑,不取,是真的吗?"公明贾答道:"这是告诉你的人说错了。先生他该说话的时候才说话,人们不厌恶他说话;高兴了才笑,人们不厌恶他笑;合乎义的才取,人们不厌恶他取。"孔子说:"是这样吗? 难道真是这样吗?"

4.36 公叔文子之臣大夫僎，与文子同升诸公。子闻之，曰："可以为'文'矣！"〔宪问篇第十四，18〕

【说解】公叔文子，见 4.35 章〔说解〕。

有学者说"臣大夫"不可分，刘宝楠《正义》说《汉书·古今人表》作大夫选，不与臣连读；注曰"臣大夫僎"，是说僎（zhuàn）本为文子家臣，以文子荐之，同升于公为大夫，称大夫是追述之语。

孙钦善《论语注译》谓《逸周书·谥法解》谥为"文"之端有六，其六为"锡民爵位曰文"，与此相合。

【译文】公叔文子的家臣大夫僎，和文子一道做了国家的大臣。孔子听说这事，便说："这便可以谥为'文'了。"

4.37 蘧伯玉使人于孔子，孔子与之坐而问焉，曰："夫子何为？"对曰："夫子欲寡其过而未能也。"使者出，子曰："使乎！使乎！"〔宪问篇第十四，25〕

【说解】蘧（qú）伯玉，卫大夫，名瑗。季札适卫，说卫多君子，所悦者第一位便是蘧瑗。孔子游卫，便住他家。他是孔子衷心敬佩的几个同时代人之一（其他有史鱼、左丘明、子产等）。

刘宝楠《正义》两引古籍之文，以见其求上进并急于改过：《庄子·则阳》："蘧伯玉行年六十而六十化，未尝不始于是之而卒诎之以非也；未知今之所谓是之非五十九非也。"《淮南子·原道》："蘧伯玉年五十而知四十九年非。"大概很少有人这样认真反省自己。而其使者也深知其为人,故如此回答孔子。孔子深感其使者知人而善言,故连声赞叹。

【译文】蘧伯玉派人问候孔子。孔子与他同坐,而问道:"先生在干些什么?"使者答道:"先生想减少过错却还没能做到啊。"使者出去,孔子说:"使者啊,使者!"

4.38 子曰:"无为而治者,其舜也与?夫何为哉?恭己正南面而已矣。"〔卫灵公篇第十五,5〕

【说解】这句话正是对4.23章"子曰:'巍巍乎,舜、禹之有天下也而不与焉!'"的说明与阐发。领导者正其身,行德政,又善于用人,便"恭己正南面而已",即无为而治(此乃与道家"无为而治"之区别)。

《吕氏春秋·勿躬》列举古二十官后说:"此二十官者,圣人之所以治天下也。圣王不能二十官之事,然而使二十官尽其巧、毕其能,圣王在上故也。圣王之所不能也,所以能之也;所不知也,所以知之也。养其神、修其德而化矣,岂必劳形愁弊耳目哉?"

【译文】孔子说:"无所作为而使天下太平的人,大概只有舜吧?他干了什么呢?庄严端正地坐在朝廷上而已。"

4.39 子曰:"直哉史鱼!邦有道如矢,邦无道如矢。君子哉蘧伯玉!邦有道则仕,邦无道则可卷而怀之。"〔卫灵公篇第十五,7〕

【说解】史鱼,名鰌(鳅),字子鱼,又称史鰌(鳅),是卫灵公时的直臣。灵公宠小人弥子瑕，而疏贤臣蘧伯玉。史鱼劝谏，不听。史鱼死，以尸谏。《韩诗外传》卷七记其事："昔者卫大夫史鱼病且死，谓其子曰：'我数言蘧伯玉之贤，而不能进；弥子瑕不肖，而不能退。为人臣生不能进贤而退不肖，死不当治丧正堂，殡我于室足矣。'卫君问其故，子以父言闻。君造然召蘧伯玉而贵之，而退弥子瑕，从殡于正堂，成礼而后去。生以身谏，死以尸谏，可谓直矣！"

蘧伯玉，见 4.37 章。《左传·襄公十四年》与《襄公二十六年》记蘧伯玉正直与全身远害之事。

卷而怀之，阮元《十三经注疏校勘记》说，唐石经"之"作"也"，《后汉书·周黄徐姜申屠列传》："孔子称蘧伯玉，邦有道则仕，邦无道则可卷而怀也。"按，《文子·上仁》有"夫绳之为度也，可卷而怀也"语。《太平御览·人事部·品藻下》引梁袁准《袁子正书》："孔子称蘧伯玉，国无道可卷而怀也。"则作"也"是。

【译文】孔子说："刚直啊，史鱼！国家政治清明，像箭一样直；国家政治黑暗，也像箭一样直。君子啊，蘧伯玉！国家政治清明，就出来做官；政治黑暗就把抱负与才学收藏起来。"

4.40　子曰："吾之于人也，谁毁谁誉？如有所誉者，其有所试矣。斯民也，三代之所以直道而行也。"〔卫灵公篇第十五，25〕

【说解】试，用。《礼记·乐记》："兵革不试，五刑不用。"

斯民,斯人。指孔子所誉者。

《汉书·艺文志》引用孔子语:"如有所誉,其有所试。唐虞之隆,殷周之盛,仲尼之业,已试之效者也。"孔子意为,他所赞誉的人,都是经历实践的精英,为三代所用,三代因而兴盛。

【译文】孔子说:"我对于别人,诋毁了谁?称赞了谁?如果我有所称赞,必然是经过实践考验的。夏、商、周三代的人都是这样的,所以三代能凭借他们直道而行。"

4.41 孔子曰:"见善如不及,见不善如探汤——吾见其人矣,吾闻其语矣。隐居以求其志,行义以达其道——吾闻其语矣,未见其人也。"〔季氏篇第十六,11〕

【说解】《说文·水部》:"汤,热水也。"即金城汤池、赴汤蹈火之汤。

孔子之意,趋善避恶易,隐居求志、行义达道难。

又,孔子说"隐居以求其志",是说邦无道时,不得不隐居,但是为"求其志",而非消极避世。这是儒家与道家在隐居这一问题上的区别。至于何为其"志、道",当如 6.12 章子贡所谓"博施于民而能济众",也即孔子所谓"己欲立而立人,己欲达而达人"。宋张载发挥为"为天地立心,为生民立命,为往圣继绝学,为万世开太平"。

【译文】孔子说:"看见善良,好像怕赶不上;遇见邪恶,好像将伸手到沸水里——我见到过这样的人,也听到过这样的话。隐居以求实现他的意志,行义以贯彻他的主张——我听到过这样的话,却没见过这样的人。"

4.42 微子去之,箕子为之奴,比干谏而死。孔子曰:"殷有三仁焉。"〔微子篇第十八,1〕

【说解】据《史记·宋微子世家》,微子为殷帝乙首子,纣的庶兄(《吕氏春秋·仲冬纪》说,生微子时,其母为妾,及为妃而生纣。故微子为纣同母庶兄)。纣不明,淫乱,微子数谏,纣不听,微子逃亡。

箕子,纣的亲戚(集解引马融说,箕是国名,子是爵。索隐引司马彪说,箕子名胥馀。马融、王肃以箕子为纣的叔父,服虔、杜预以为纣的庶兄),乃披发佯狂为奴。

比干也是纣的亲戚,见箕子谏不听而为奴,则直言谏纣。纣怒,说:"吾闻圣人之心有七窍,信有诸乎?"杀王子比干,剖视其心。因臣下直言极谏而杀之,此并非特例。

【译文】微子离开了纣,箕子做了他的奴隶,比干劝谏而被杀。孔子说:"殷商有三位仁人。"

4.43 曾子曰:"堂堂乎张也,难与并为仁矣。"〔子张篇第十九,16〕

【说解】堂堂,形容志气宏大。《汉书·萧望之传赞》:"望之堂堂,折而不挠,身为儒宗,有辅佐之能,近古社稷臣也。"宋岳飞《题伏魔寺壁》诗:"胆气堂堂贯斗牛,誓将直节报君仇。"察《论语》全书,6.31章记子张向孔子问仁,8.13章记他向孔子问"崇德辨惑";15.8章记他向孔子问行,孔子告诉他以后,他"书诸绅":可见他重德好学而笃行。他的不足之处是偏激,孔子批评他"师也辟"(9.11)、"师也过……过犹不及"(21.4),但这批评可能使他刻苦自修,以完善自己,成为仁人。《孟子·公孙丑上》:"子夏、子游、子张皆有圣人之一体,冉牛、闵子、颜渊则具体而微。"王充《论衡·知实篇》:"六子(指孟子所述六人)在其世,皆有圣人之才,或颇有而不具,或备有而不明,然皆称圣人,圣人可勉成也。"《三国志·吴书·诸葛恪传》甚至说:"自孔氏门徒大数三千,其见异者七十二人。至于子张、子路、子贡等七十之徒,亚圣之德。"《大戴礼记·卫将军文子》:"业功不伐,贵位不善,不侮可侮,不佚可佚,不敖无告,是颛孙之行也。孔子言之曰:'其不伐则犹可能也,其不弊百姓者则仁也。《诗》云:恺悌君子,民之父母。'夫子以其仁为大也。"皆可证明他已达到仁的高度。至于子游说"吾友张也,为难能也,然而未仁"(9.21),是说己与子张交友为难能,而己未达到仁。说详见彼条。并为仁,即"并于仁",达到仁的境界。

【译文】曾子说:"子张志气宏伟,难以与他一起达到仁的境界。"

4.44 卫公孙朝问于子贡曰:"仲尼焉学?"子贡曰:"文武之道,未坠于地,在人。贤者识其大者,不贤者识其小者,莫不有文武之道焉。夫子焉不学?而亦何常师之有?"〔子张篇第十九,22〕

【说解】公孙朝,卫大夫。刘宝楠《正义》引班固《白虎通义·姓名》:

"诸侯之子称公子,公子之子称公孙。"

《礼记·中庸》:"仲尼祖述尧舜,宪章文武。"孔子说:"周监于二代,郁郁乎文哉!吾从周。"(10.4)反映其社会理想的《礼记·礼运》的"大同、小康"之说,莫不体现了孔子"祖述尧舜,宪章文武"。孔子在继承先代贤者的政治思想学说的基础上,有自己的重要发明创造,而其弟子一概归于"文武之道",有认识水平的原因,也有定一尊以重道的主观意愿。识(zhì),古作志,记。

【译文】卫国的公孙朝问子贡:"仲尼从哪里学的知识?"子贡说:"周文王、武王之道,并没有失传,散在人间。贤能的人便记住要领,不贤能的人便记住皮毛,无处不有文王、武王之道。先生什么不学?又哪里有固定的老师呢?"

4.45 叔孙武叔语大夫于朝曰:"子贡贤于仲尼。"子服景伯以告子贡。子贡曰:"譬之宫墙,赐之墙也及肩,窥见室家之好。夫子之墙数仞,不得其门而入,不见宗庙之美,百官之富。得其门者或寡矣。夫子之云,不亦宜乎!"〔子张篇第十九,23〕

【说解】叔孙武叔,鲁大夫叔孙州仇,武为谥号。

宫墙,围墙。宫有围绕义。《尔雅·释山》:"大山宫小山,霍。"郭璞注:"宫谓围绕之。《礼记》曰:'君为庐,宫之。'"(指《礼记·丧大记》。庐,指居丧住的棚屋。)

七尺为仞,一说八尺。

官,馆舍。《汉书·贾谊传》:"及太子少长,知妃色,则入于学。学者,所学之官也。"颜师古注"官谓官舍。"官即馆的古字。夫子,指武叔。

【译文】叔孙武叔在朝廷中对官员们说:"子贡胜过仲尼。"子服景伯把这话告诉了子贡。子贡说:"这好比围墙:我家的围墙只高到肩膀,可以看到房屋美好。先生的围墙有几丈高,找不到大门进去,就看不到那宗庙华美,房舍富丽。能够找着大门的人或许不多吧。那么,武叔夫子这样说,不是很正常吗?"

4.46 叔孙武叔毁仲尼。子贡曰:"无以为也!仲尼不可毁也。他人之贤者,丘陵也,犹可逾也;仲尼,日月也,无得而逾焉。人虽欲自绝,其何伤于日月乎?多见其不知量也。"〔子张篇第十九,24〕

【说解】以,此。见4.35章,"以告者过也",以即此。

土高叫丘,大阜叫陵。多,只,仅。范围副词。

【译文】叔孙武叔毁谤仲尼。子贡说:"不要这样做吧!仲尼是毁谤不了的。别的贤人,好比山丘,还可以超越过去;仲尼,像太阳和月亮,不可能超越。人们即使要自绝于太阳月亮,对太阳月亮有什么损害呢?只是表示他不自量力罢了。"

4.47　陈子禽谓子贡曰:"子为恭也,仲尼岂贤于子乎?"子贡曰:"君子一言以为知,一言以为不知,言不可不慎也!夫子之不可及也,犹天之不可阶而升也。夫子之得邦家者,所谓立之斯立,道之斯行,绥之斯来,动之斯和;其生也荣,其死也哀——如之何其可及也?"〔子张篇第十九,25〕

【说解】陈子禽,即陈亢。见3.2章,子禽问于子贡曰:"夫子至于是邦也,必闻其政。求之与?抑与之与?"

　　俞樾《群经平议》引《国语·晋语四》:"日吾来此也,非以翟为荣,可以成事也。"韦昭注:"荣,乐也。"说古以乐为荣。其生也荣,其死也哀,是说其生也民皆乐之,其死也民皆哀之。荣与哀相对,非荣显之荣。《荀子·解蔽》"生则天下歌,死则四海哭",与此语意相似。

　　子贡并非孔子最得意的门生,孔子从未称他仁,仅说他是宗庙之器瑚琏(9.1)。而从4.44、4.45、4.46这三章看,子贡却对孔子衷心敬仰,一往情深。孔子死,弟子服心丧三年,"门人治任将归,入揖于子贡,相向而哭,皆失声,然后归。子贡返,筑室于场,独居三年,然后归。"(《孟子·滕文公上》)这正是"善与人交,久而敬之"。足见孔子的人格魅力。古人说,知子莫如父,知臣莫如君。从颜渊与子贡衷心赞美孔子看(颜渊语见4.27章,颜渊喟然叹曰:"仰之弥高,钻之弥坚;瞻之在前,忽焉在后。夫子循循然善诱人,博我以文,约我以礼,欲罢不能。既竭吾才,如有所立卓尔;虽欲从之,末由也已。"),我们可以说,知师莫如弟子。有如此景仰自己的高足弟子,孔子亦可含笑于九泉矣!

【译文】陈子禽对子贡说:"您是谦恭吧,仲尼难道真比您强吗?"子贡说:"君子因为一句话表现他聪明,也因为一句话表现他愚昧,所以说话不可不谨慎啊!先生他不可企及,犹如青天不可以用阶梯爬上去。先生如果得国、家而为诸侯、大夫,那正如我们所说的,让百姓立足于世,百姓便能立足于世;引导百姓,百姓便能前行;安抚百姓,人民便会从远方来投靠;动员百姓,百姓便会同心协力。先生他活着,天下人高兴;死了,天下人悲伤——别人怎么可能赶得上呢?"

讥评篇第五 (47章)

孔子所讥评者,即所憎恶者,就社会现象来说,首先是大夫、诸侯的僭礼行为,如八佾舞于庭、季氏旅泰山、三家以《雍》彻之类。讥管仲之器小,也属此类。

其次是其他违礼行为,如"居上不宽,为礼不敬,临丧不哀"之类。他也反对为不义之君治民理财的人,如宰予为季氏聚敛,他说宰予"非吾徒也"。

再次,他鄙弃追求财利、奢侈(如宰予)、迷信等行为,批评在位者中窃位拒贤的人(如臧文仲),批评只会背书而无工作能力的人以及不踏实修养而急于求成的人(阙党童子),也鄙视不遵礼法、无所事事的人(如原壤)与饱食终日,无所用心的人。

就个人性格来说,他讨厌虚伪、谄媚、巧佞、欺罔、无恒、骄傲、吝啬、无信、文过饰非。

他还痛斥群居终日、言不及义的低级趣味群体以及患得患失、色厉内荏的小人、与恶俗同流合污的乡愿。他"恶紫之夺朱也,恶郑声之乱雅乐也,恶利口之覆邦家者",还认为小人与女子难养。

他的学生子张看不起那些"执德不弘,信道不笃"的人,认为他们无足轻重。

值得重视的是，孔子反对学生学农务农，认为这是小人的事，而非君子的事。孔子眼中的君子是从事治民工作的官员，同时也是胸怀大志、眼界开阔、情趣高尚的士，而小人则是从事体力劳动、无知无识、见解鄙陋、品德低下的普通人。这虽然在一定程度上反映了社会现实，但是把社会分工、社会地位与道德水平高下混为一谈，则为历代统治阶级鄙视劳动人民提供了借口。

5.1　子曰："巧言令色,鲜矣仁!"〔学而篇第一,3〕

【说解】鲜,本义是鱼,《老子》第六十章:"治大国若烹小鲜。"借以表少,读 xiǎn。后造尠、尟,但未通行。

巧言令色,为取悦于人,必定有不可告人的卑劣用心,所以"鲜矣仁"。孔子憎恶巧言令色,还说过:"巧言令色足恭,左丘明耻之,丘亦耻之。"(5.17)又说:"巧言乱德。"(8.19)《孟子·滕文公下》引曾子说:"胁肩谄笑,病于夏畦(耸起肩膀,谄媚地强笑,这比夏天在田垄间劳作还难受)。"

此言当为为人下属者戒。

【译文】孔子说:"花言巧语,故作笑脸,这种人,仁德是不会多的。"

5.2　子曰："非其鬼而祭之,谄也。见义不为,无勇也。"〔为政篇第二,24〕

【说解】何晏《集解》引郑玄说:"人神曰鬼。非其祖考而祭之者,是谄求福。"《左传·僖公十年》:"神不歆非类,民不祀非族。"毛奇龄《论语稽求篇》:"非类非族,正指人鬼之非祖考而犹祭者。则在春秋时,亦早有以人鬼受享。如汉祀栾公,吴祀蒋侯,蜀祀武安王类。故僖三十一年传,卫成公迁都帝丘,欲祀夏相。夏相者,夏后启之孙也。宁武子止之曰:'不可,杞、鄫何事?'言彼自有子孙杞、鄫是也,杞、鄫何事而我祭之? 若隐七年,郑伯请释泰山之祀而祀周公,此欲易许田而故请之:皆愿祀他鬼之证。"非其祖考,是非其鬼的一重意思。

另一重意思,是泛指不当祭的鬼。《礼记·祭法》:"夫圣王之制祭祀也,法施于民则祀之,以死勤事则祀之,以劳定国则祀之,能御大灾则祀之,能捍大患则祀之。"《礼记·曲礼下》:"非其所祭而祭之,名曰淫祀,淫祀无福。"郑玄注:"妄祭,神不飨。"

义(義),古字是谊,指合宜的话、合宜的事理。即正义、道义。孔子这章语录批评两事:一是不当为而为,一是当为而不为。后有成语见义勇为。

【译文】孔子说:"不应当祭的鬼,却去祭祀他,这是谄媚。见到正义的事情,却不做,这是没有勇气。"

5.3 孔子谓季氏:"八佾舞于庭,是可忍也,孰不可忍也?"〔八佾篇第三,1〕

【说解】季氏,魏何晏《集解》引马融说:"季桓子僭于其家庙舞之,故孔子讥之。"是马融以舞八佾者为季桓子。《左传·昭公二十五年》:"将禘于襄公,万者二八,其众万于季氏。"又《汉书·楚元王传》:"季氏八佾舞于庭,三家者以《雍》彻,并专国政,卒逐昭公。"是《左传》与《汉书》以季氏为季平子。《韩诗外传》卷一〇:"季氏为无道,僭天子,舞八佾,旅泰山,以《雍》彻。孔子曰'是可忍也,孰不可忍也?'然不亡者,以冉有季路为宰臣也。"是又以此季氏为季康子。如以《左传》与《汉书》为准,此季氏为季平子。然平子既僭,桓子亦不能免。

佾(yì),舞列,每佾八人。天子用八佾,诸侯六,卿大夫四,士二。八佾为六十四人。鲁祭周公得用天子礼乐,用八佾之舞,而祭群公自是六佾。程树德《论语集释》引毛士《春秋诸家解》说,鲁僭八佾始于隐公。《春秋·隐公五年》:"考仲子之宫,初献六羽。"《公羊传·隐公五年》:"初献六羽,何以书?讥。何讥尔?讥始僭诸公也。"仲子为隐公父之妾,以公礼祭父之妾,则祭祖考必加六为八。

忍,上古汉语义多为残忍、狠心,或硬着心肠、昧着良心。如贾谊《新书·道术》:"恻隐怜人谓之慈,反慈为忍。"杨伯峻先生分析,时孔子无力制止季氏僭越行为,故不宜释为忍耐。且理解为狠心,正可与"子曰:'弑父与君,亦不从也。'"(9.13)相应。

【译文】孔子评论季氏,说:"他用八佾在庭院中奏乐舞蹈,这种事都可以狠心做出来,什么事不可以狠心做出来呢?"

5.4 三家者以《雍》彻。子曰:"'相维辟公,天子穆穆',奚取于三家之堂?"〔八佾篇第三,2〕

【说解】三家,仲孙、叔孙、季孙。彻,通"撤"。古天子诸侯祭宗庙,以乐撤祭品。

《雍》(也作《雝》)是《诗·周颂》述武王祭文王:"有来雍雍,至止肃肃。相维辟公,天子穆穆。於荐广牡,相予肆祀。假哉皇考,绥予孝子。宣哲维人,文武维后。燕及皇天,克昌厥后。绥我眉寿,介以繁祉。既右烈考,亦右文母。"相维辟公,天子穆穆,是说助祭者是诸侯,天子雍容肃穆。刘宝楠《正义》说,仲孙、叔孙、季孙氏三家皆桓族,季氏为桓公嫡子,假别子为宗之义,立桓庙于家,而令孟孙叔孙宗之,此即三家之堂。按刘氏之说,即出于毛奇龄《四书剩言》。毛并说,此用大宗小宗之义可解,如周公出于文王,故于鲁设文王庙。祭文王必用天子礼仪,而鲁群公以下皆沿用之。而三家祭桓公时也僭用天子之礼,以《雍》彻,故孔子愤激:三家之堂上,哪儿来的诸侯、天子呢?

【译文】仲孙、叔孙、季孙三家祭祖时,唱着《雍》诗来撤除祭品。孔子说:"'助祭的是诸侯,天子严肃静穆。'哪一点能来自三家祭祖的大堂?"

5.5 子曰:"夷狄之有君,不如诸夏之亡也。"〔八佾篇第三,5〕

【说解】夷狄,泛指四方外族。《尔雅·释地》:"九夷、八狄、七戎、六蛮,谓之四海。"亡,通无。《说文·夊部》:"夏,中国之人也。"又《羊部》:"羌,西戎,羊种也。……南方蛮闽从虫(huǐ,蛇),北方狄从犬,东方貉从豸,西方羌从羊,……西南僰人、僬侥从人,……唯东夷从大,大,人也。"可见古"中国之人"对四夷的蔑视心理与偏见。当然,当时中国文化先进,四方外族相对落后,也是不争的事实,故孔子如是说。如邢昺疏:"夷狄虽有君长而无礼义,中国虽偶无君,若周召共和之年,而礼义不废。故曰'夷狄之有君,不如诸夏之亡也'。"其他说多不足取。

【译文】孔子说:"外族即使有君主,也不如中国没有君主。"

5.6 季氏旅于泰山。子谓冉有曰:"女弗能救与?"对曰:"不能。"子曰:"呜呼！曾谓泰山不如林放乎?"〔八佾篇第三,6〕

【说解】季氏,指季康子,见1.54章。旅,祭名。

天子祭名山大川,诸侯可祭山川在其封内者。《礼记·王制》:"天子祭天下名山大川,五岳视三公,四渎视诸侯。诸侯祭名山大川之在其地者。"郑玄注:"鲁人祭泰山,晋人祭河是也。"则鲁君可祭泰山。季氏仅为大夫,欲祭泰山,显然为非礼。冉有当时为季氏宰。

《说文·攴部》:"救,止也。"呜呼,叹辞。曾(zēng),竟然。

林放,鲁人。林放尚且知礼(10.2章,林放问礼之本。子曰:"大哉问！礼,与其奢也,宁俭；丧,与其易也,宁戚。"),难道泰山之神反而会不知礼节而接受季氏的非礼之祭吗？

【译文】季氏要去祭祀泰山。孔子对冉有说:"你不能阻止吗?"冉有答道:"不能。"孔子说:"哎呀！竟可以说泰山之神还不如林放知礼吗?"

5.7 子曰:"禘自既灌而往者,吾不欲观之矣。"〔八佾篇第三,10〕

【说解】禘(dì),天子大祭祖先之礼。灌,酌郁鬯酒灌于太祖以降神。为什么孔子不欲观,主要有二说。

一是何晏注引孔安国说,禘祫(xiá,合祭)之礼,为序祖先昭穆以祭。毁庙之主及群庙之主皆合食于太祖之庙。既灌之后，列尊卑，序昭穆。而鲁逆祀，跻僖公于闵公之上（僖公是闵公庶兄，但鲁臣因僖公功大，把他的神位升到闵公之上），乱了昭穆，非礼，故孔子不欲观。

二是朱熹引赵伯循说，禘是王者大祭，王者既立始祖之庙，又推始祖所自出之帝，祀之于始祖之庙，而以始祖配享。成王以周公有大勋劳，赐鲁重祭，故鲁君得以禘于周公之庙，以文王为所出之帝，而周公配之，然而非礼（因鲁乃诸侯，非王者）。灌是开始祭时，用郁鬯酒灌地以降神。鲁君臣当此时诚意未散，尚有可观；自灌以后，则愈加懈怠而不足观看了。因鲁禘祭非礼，孔子本不欲观；至此而失礼之至，孔子便不欲观看了。《礼记·礼运》便说："鲁之郊禘，非礼也。周公其衰矣。"

今按，《诗·鲁颂·閟宫》"皇皇后帝，皇祖后稷"郑玄笺："成王以周公功大，命鲁郊祭天，亦配之以君祖后稷。"马瑞辰谓此乃郑玄据《礼记·明堂位》"祀帝于郊"为成王特赐周公而言。而引江永《群经补议》曰："尝言鲁僭郊禘，自僖公始。僖郊为大恶，不可书，故《春秋》于僖三十一年卜郊不从始书之。"如确为鲁僖公始僭郊禘，则孔子必知，他不愿言禘，自既灌而往者不欲观，就不奇怪了。

【译文】孔子说："禘祭，从灌酒降神以后，我就不想看了。"

5.8 或问禘之说。子曰:"不知也。知其说者之于天下也,其如示诸斯乎!"指其掌。〔八佾篇第三,11〕

【说解】因孔子以鲁举行禘祭为非礼,又不愿明说,就只说"不知也",并说恐怕很难找到能说清楚此事的人,实际表现了对此事的反感。参看5.7章。

示,通"置"。

【译文】有人向孔子请教禘祭的道理。孔子说:"不知道。知道的人对于治天下,会像把它摆在这里一样容易吧!"指指手掌。

5.9 哀公问社于宰我。宰我对曰:"夏后氏以松,殷人以柏。周人以栗,曰使民战栗。"子闻之,曰:"成事不说,遂事不谏,既往不咎。"〔八佾篇第三,21〕

【说解】社,祭土神的庙,这里指社主,即神牌,为土神后土神灵所凭依。

程树德《论语集释》引李敦《群经识小》说,据《经典释文》及《尔雅》疏,古本原作"哀公问主于宰我",哀公四年六月亳社灾,复立其主,故问其所宜木也。

按,此说或是,《左传·文公二年》"作僖公主",孔颖达疏引《论语》作"哀公问主于宰我"。《周礼·地官·大司徒》:"设其社稷之壝而树之田主,各以其野之所宜木,遂以名其社与其野。"是社之主以所在田野所宜生长的树木制成，绝非如宰我所说。

宰我，孔子弟子，名予。孔子以宰我所回答，既非立社本意，又违背仁君爱民之道，但因其言已出，不可挽回，便言此以深责之，使其后出言谨慎。

程树德《论语集释》引方观旭《论语偶记》，谓胡安国作《春秋传》，用《韩非子·内储说上·七术》："鲁哀公问于仲尼曰：'《春秋》之记曰：冬十二月，陨霜不杀菽，何为记此？'仲尼对曰：'此言可以杀而不杀也。夫宜杀而不杀，桃李冬实。天失道，草木犹犯干之，而况于人君乎？'"元何犿注："人君失道，人臣凌之者宜。"意谓仲尼暗示当杀人臣凌君者。哀公欲去三桓，张公室，问社于宰我，宰我对曰"使民战栗"，盖劝之断。方观旭说，据《左传》，哀公十出亡之前，游于陵阪，遇武伯，问："余及死乎？"至于再三，其阢陧不安、欲去三桓之心已非一日，则社主之问，宰我之对，乃君臣密语，隐衷可以想见。孔子对以"成事不说，遂事不谏，既往不咎"，非指社主言，乃责其未及时决断以去三桓，盖夫子已知哀公必不没于鲁矣。按此说亦极具启发性，录以备考。

【译文】鲁哀公向宰我问，作社主用什么木。宰我答道："夏代用松木，殷代用柏木。周代用栗木，意思是使人民战栗。"孔子听到了这话，说："做了的事不再评说了，完成的事不再谏止了，已过去的事不再责怪了。"

5.10 子曰:"管仲之器小哉!"或曰:"管仲俭乎?"曰:"管仲有三归,官事不摄,焉得俭?""然则管仲知礼乎?"曰:"邦君树塞门,管氏亦树塞门;邦君为两君之好,有反坫:管氏亦有反坫:管氏而知礼,孰不知礼?"〔八佾篇第三,22〕

【说解】管仲,齐大夫,名夷吾。辅佐桓公称霸诸侯。惠栋《九经古义》引《管子·中匡》"管仲者,天下之贤人也,大器也。"盖当时有以管仲为大器者,故孔子辨之。

三归,旧时主要有如下解释:(甲)国君一取三女,管仲亦娶三国女为妇(《集解》引包咸说,皇侃《义疏》);(乙)三处家庭(俞樾《群经平议》);(丙)地名,管仲的采邑(梁玉绳《瞥记》);(丁)藏钱币的府库(武亿《群经义证》)。

杨伯峻先生引郭嵩焘《养知书屋文集》卷一《释三归》云:"此盖《管子》九府轻重之法,当就《管子》书求之。《山至数篇》曰:'则民之三有归于上矣。'三归之名,实本于此。是所谓三归者,市租之常例之归之公者也。桓公既霸,遂以赏管仲。《汉书·地理志》、《食货志》并云,桓公用管仲设轻重以富民,身在陪臣而取三归。其言较然明显。《韩非子》云:'使子有三归之家。'《说苑》作赏之市租。三归之为市租,汉世学者犹能明之,此一证也。《晏子春秋》辞三归之赏,而云厚受赏以伤国民之义,其取之民无疑也,此又一证也。"

按,《晏子春秋·内篇杂上》:"昔吾先君桓公有管仲,恤劳齐国,身老,赏之以三归,泽及子孙。今夫子亦相寡人,欲为夫子三归,泽至子孙,岂不可哉?"既身老方赏之,可以排除"娶二国女为妇"之说。《韩非子·难一》:"公曰:'使子有三归之家。'管仲曰:'臣富矣。'"一曰:"管仲父出,朱盖青衣,置鼓而归,庭有陈鼎,家有三归。"既说"庭有陈鼎"那一定已经到家了;又说"家有三归","三归"应另为一事,可以排除"三处家庭"之说;既说三归"伤国民之义",可以排除"采邑"说(此不伤国民之义)。既说"三归""泽至子孙",有三归则"富矣",国家"府库"不可能赏与个人,则可能如《说苑·尊贤》所谓"赏之市租"。然《说苑·善说》又谓"管仲故筑三归之台,以自伤于民",是否"三归之台"为贮市租之用呢? 就不能确知了。

　　塞门,君主在门内所立的屏,以隔蔽内外,也即 3.42 章的"萧墙"。邢昺疏:"塞犹蔽也。礼:天子外屏,诸侯内屏,大夫以帘,士以帷是也。"反坫,建在堂上两楹之间的土台,国君若与邻国君主会饮,行献酢之礼,宾主饮毕,皆将空爵返置于坫上。管仲是大夫,而树塞门,有反坫,是违礼的。

【译文】孔子说:"管仲的器量小哇!"有人问:"管仲节俭吗?"孔子说:"管仲有'三归'的财富,官府不兼职,怎么能说节俭?""那么,他懂礼么?"孔子说:"国君立塞门,管氏也立塞门;国君为两国君主宴会,有反坫,管氏也有反坫:管氏如果懂礼,那谁不懂礼呢?"

5.11　子曰:"居上不宽,为礼不敬,临丧不哀,吾何以观之哉?"〔八佾篇第三,26〕

【说解】执政者待民必须宽厚,是孔子为政主张中的重要部分,是君君的重要内容之一。3.48章,"宽则得众"。6.31章,"子张问仁于孔子。孔子曰:'能行五者于天下为仁矣。'请问之。曰:'恭、宽、信、敏、惠。'"可见孔子以宽为仁。

《说文·苟部》:"敬,肃也。"又《聿部》:"肃,持事振敬也。"古人极重视执礼之敬。《礼记·祭义》"孝子之祭可知也:其立之也敬以诎,其进之也敬以愉,其荐之也敬以欲,退而立如将受命。已彻而退,敬齐之色不绝于面。"

临(lìn),吊祭,哭吊。《礼记·曲礼上》:"临丧不笑。……临丧则必有哀色,执绋不笑。"临丧不哀,于己长辈为无孝心,于他人为无同情心,亦为无礼。

【译文】孔子说:"居于执政地位不宽宏大量,行礼不严肃认真,参加丧礼不悲哀,我怎么看得下去呀?"

5.12　子曰:"放于利而行,多怨。"〔里仁篇第四,12〕

【说解】放(fǎng),依,这里指追求。欲利于己,必为人所疾,故多怨。古往今来,以利贾祸者,难以列举。故此语可为一味逐利、见利忘义者戒。

【译文】孔子说:"追求己之利益而行事,会招致很多怨恨。"

5.13 宰予昼寝。子曰:"朽木不可雕也,粪土之墙不可杇也:于予与何诛?"子曰:"始吾于人也,听其言而信其行;今吾于人也,听其言而观其行:于予与改是。"〔公冶长篇第五,10〕

【说解】宰予,孔子弟子,名予,字子我,《史记·仲尼弟子列传》说他"利口辩辞",孔子还曾批评"予之不仁也"(12.13)。

粪,本义是扫除,引申指扫除的秽土。杇(wū),涂墙。诛,本义为求取,引申为谴责。于予与改是,"与"为句中语助词。

刘宝楠《正义》说韩李《笔解》谓"昼(昼)"旧文作"画"(画)字。引李匡乂《资暇录》说:"寝,梁武帝读为寝室之寝。昼作胡卦反,且云当为'画'字,言其绘画寝室。"又引周密《齐东野语》:"尝见侯白所注《论语》,谓'昼'作'画'字。侯白隋人,二读与旧文合。"又云:"李氏联琇《好云楼集》:'《汉书·扬雄传》:"非木摩而不雕,墙涂而不画。"此正雄所作《甘泉赋》,谏宫观奢泰之事,暗用《论语》。可证画寝之说汉儒已有之。'"刘氏案语云:"春秋时,大夫士多美其居,故土木胜而智氏亡,轮奂颂而文子惧。意宰予画寝,亦是其比,夫子以不可雕不可杇讥之,正指其事。此则旧文,于义亦得通也。"周密《齐东野语》文为:"宰予昼寝,夫子有朽木粪土之语。尝见侯白所注《论语》,谓昼(昼)字当作画(画)字。盖夫子恶其画寝之侈,是以有朽木粪墙之语。然侯白隋人,善滑稽,尝著《启颜录》,意必戏语也。及观昌黎《语解》,亦云昼(昼)寝当作画(画)寝,字之误也。宰予四科十哲,安得有昼寝之责? 假或偃息,亦未至深诛。"

今按,如作"画寝",则与《左传·宣公二年》"厚敛以雕墙"之"雕墙"为一类事。《汉书·贡禹传》作"墙涂而不琱,木摩而不刻。"颜师古注:"琱字与雕同。雕,画也。"

【译文】宰予涂画寝室。孔子说:"腐烂了的木头不能雕刻,秽土打的墙壁粉刷不得:对于宰予么,还责备什么?"又说:"开始,我对别人,听到他的话,便相信他的行为;今天,我对别人,听到他的话,却要考察他的行为;从宰予的事以后,我改变了这个态度。"

5.14 子曰:"吾未见刚者。"或对曰:"申枨。"子曰:"枨也欲,焉得刚?"〔公冶长篇第五,11〕

【说解】枨(chéng),《史记·仲尼弟子列传》有申党,字周。枨、党古音近,申枨即申党。

《说文·刀部》:"刚,强断也。"即强而不屈。《说文·欠部》:"欲,贪欲也。"无贪欲方能强而不屈,有贪欲则必邪曲而阿附权势,"焉得刚"?《孟子·尽心下》"养心莫善于寡欲。其为人也寡欲,虽有不存焉者寡矣;其为人也多欲,虽有存焉者寡矣"亦此意。

【译文】孔子说:"我没见过刚毅不屈的人。"有人答道:"申枨是这样的人。"孔子说:"申枨嘛,他多欲望,哪能刚毅不屈?"

5.15 子曰:"臧文仲居蔡,山节藻棁——何如其知也?"〔公冶长篇第五,18〕

【说解】臧文仲,鲁大夫臧孙辰。孔子说他是"窃位者"(5·34)。

居,藏。蔡,何晏《集解》引包咸说为大龟,出于蔡地,故名蔡。《汉书·食货志下》:"元龟为蔡,非四民所得居。"颜师古注引晋人瓒怀疑说:"蔡是大龟之名也。《书》曰:'九江纳锡大龟。'大龟又不出蔡国也。若龟出楚,不可名龟为楚也。"俞樾《群经平议·论语》也怀疑蔡当读为祟(suì)。《说文·又部》:"楚人谓卜问吉凶曰祟,从又持祟,祟亦声。读若赘,之芮切。"龟即用于卜问吉凶,因名之曰祟。祟盖楚语,龟本荆州所贡,故沿袭其语。清承培元《广说文答问疏证》说:"祟即冬赛报祠之赛。"果如此,则赛、蔡音近。又,俞樾谓孔广森《经学卮言》说"蔡蔡叔之蔡,即窜三苗之窜"(按窜 cuì,今《虞书》作"窜三苗"),则以蔡为祟,犹以蔡为窜。姑存其说,以待来者。

古用龟甲腹面板钻孔烧灼以占卜吉凶。天子庙堂有龟室,龟人(掌宝龟的官员)守之。《庄子·秋水》:"楚有神龟,死已三千岁矣,王巾笥而藏之庙堂之上。"

《礼记·明堂位》:"山节藻棁,复庙重檐……天子之庙饰也。"注:"山节,刻栌卢为山也。藻棁,画侏儒柱为藻文也。"节,即栌卢,也即斗拱,柱子上面承梁的木块。棁(zhuō),梁上短柱。臧文仲以大夫而藏蔡,且用山节藻棁这种天子之庙饰,是僭越的行为。

《左传·文公二年》引孔子语:"臧文仲,其不仁者三,不知者三。下展禽,废六关,妾织蒲,三不仁也。作虚器(杜预注:"谓居蔡山节藻棁也,有其器而无其位,故曰虚。"),纵逆祀(杜预注:"听夏父跻僖公。"),祀爰居(杜预注:"海鸟曰爰居。止于鲁东门外,文仲以为神,命国人祀之。"),三不知也。"

【译文】孔子说:"臧文仲藏称为蔡的大乌龟,房屋有雕刻着像山一样的斗栱和画着水藻的梁上短柱——这个人的聪明怎么样呢?"

5.16 子曰:"孰谓微生高直?或乞醯焉,乞诸其邻而与之。"〔公冶长篇第五,24〕

【说解】微生高,可能就是《战国策·燕一》的尾生:"信如尾生,期而不来,抱梁柱而死。"高诱注:"《史记》,信如尾生,与女子期于梁下,女子不来,水至不去,抱柱而死。"

醯(xī),醋。诸,在句中相当于"之于"。

微生高素有直名,本当实事求是,有即有,无即无,却乞诸其邻而与人,朱熹《论语集注》说:"夫子言此,讥其曲意徇物,掠美市恩,不得为直也。"曲意徇物,即是竭力讨好人;掠美市恩,即是慷他人之慨以买好。如果这微生高就是抱柱而死的尾生,那么此人的思维方式可能不甚正常。

【译文】孔子说:"谁说微生高直爽?有人向他讨要醋,他到邻人那里讨要些给人。"

5.17　子曰："巧言令色足恭,左丘明耻之,丘亦耻之;匿怨而友其人,左丘明耻之,丘亦耻之。"〔公冶长篇第五,25〕

【说解】参见5.1章,子曰："巧言令色,鲜矣仁!"

　　足恭,朱熹《论语集注》说:"足,过也。"过分恭敬,则为谄媚。1.4章说孔子"恭而安","恭而安"与"足恭",正是君子之"恭"与小人之"恭"的区别。

　　匿怨而友其人,何晏《集解》引孔安国说:"曰心内相怨而外诈亲也。"

　　左丘明,相传为鲁太史。因《史记·十二诸侯年表》说"鲁君子左丘明惧弟子人人异端,各安其意,失其真,故因孔子史记,具论其语,成《左氏春秋》",《汉书·司马迁传》又说"左丘失明,厥有《国语》",人们遂多以为《左传》、《国语》皆为左丘明所作。而杨伯峻先生《论语译注》因此句孔子引左丘明以自重,左丘明似长于孔子,故以为两书皆非左丘明所作。杨说固有其理,但我们以为《左传》、《国语》都是有名的巨著,失名或误传作者,可能性很小。司马迁为汉武帝时人,去古未远,其说当不为无凭。据《左传》,孔子死于鲁哀公十六年,《左传》终于鲁哀公二十七年,相差十一年。与孔子同时(或稍早)的左丘明完成《左传》,亦非断无可能。或后人续补,亦未可知。总之此事存疑可也,不必定论。

【译文】孔子说:"花言巧语,谄媚的脸色,十足的恭顺,左丘明认为这可耻,我也认为这可耻;内心藏着怨恨,表面上却同他友好,左丘明认为这可耻,我也认为这可耻。"

5.18 子曰:"不有祝鲍之佞,而有宋朝之美,难乎免于今之世矣。"〔雍也篇第六,16〕

【说解】祝,宗庙主祭祀之官,又称工祝,即男巫,主将神意传达给祭者。鲍(tuó),卫大夫,字子鱼,有口才。《左传·定公四年》:"卫子行,敬子言于灵公曰:'会同难,啧有烦言,莫之治也。其使祝佗从。'公曰:'善。'乃使子鱼。"

宋朝(zhāo),宋公子,有美色。后被召于卫,仕为大夫。《左传·定公十四年》:"卫侯为夫人南子召宋朝。"杜预注:"南子,宋女也。朝,宋公子,旧通于南子。"而《文公十八年》载宋公子朝卒;《襄公二十九年》载季札聘卫,悦公子朝;《昭公二十年》载卫公子朝通于襄夫人宣姜,因而作乱,遂奔晋,并于次年返卫救宋:皆非此宋朝。

而,有作连词"与"解者,如王引之《经传释词》:"而,犹与也,及也。《论语·雍也》篇……言有祝鲍之佞,与有宋朝之美也。"宋张栻《论语解》卷三:"必有祝鲍之巧言,与宋朝之令色,而后可以免于世。"朱熹《集注》:"言衰世好谀悦色,非此难免,盖伤之也。"也把"有祝鲍之佞"与"有宋朝之美"看作并列关系。然而如解"而"为连词"与",则"祝鲍之巧言,与宋朝之令色"二者必兼备,方能"免于今之世",于事理不合:明明祝鲍与宋朝皆各以其特长取悦于当世。则此"而"宜读为选择连词"如"、"若",作"或者"解,意为当世之人,若无祝鲍之佞或宋朝之美,则难免于今之世矣。二者有一则可,皆无则难。皇侃疏"言人若不有祝鮀佞,反宜有宋朝美。若二者并无,则难免今世之患难也",亦此意。

【译文】孔子说:"假使没有祝鮀的口才或宋朝的美貌,就很难在当代避免祸害了。"

5.19　子曰:"人之生也直,罔之生也幸而免。"〔雍也篇第六,19〕

【说解】罔,诬罔,欺骗。

何晏《集解》引马融与包咸的话解释说:"人所生于世而自终者,以其正直也。""诬罔正直之道而亦生者,是幸而免。"正直之人度过一生,好欺骗的人也同样可以度过一生,但两者的状况、质量肯定不同:正直者襟怀坦荡,而诬罔者全凭侥幸度日。谁更轻松幸福呢?

【译文】孔子说:"人的生存由于正直,好欺骗的人也生存,仅因侥幸而免于祸害。"

5.20　子曰:"圣人,吾不得而见之矣;得见君子者,斯可矣。"子曰:"善人,吾不得而见之矣;得见有恒者,斯可矣。亡而为有,虚而为盈,约而为泰,难乎有恒乎!"〔述而篇第七,26〕

【说解】圣人,道德修养达到最高境界的人。君子,有仁德者。《礼记·哀公问》:"孔子对曰:'君子也者,人之成名也。'"赵宗乙《论语札记》谓此"善人"盖《礼记·大学》篇"止于至善"之人,并引钱穆《论语新解》云:"两'子曰'以下所指稍异,或所言非出一时,而意则相足。"谓据钱说,则此"圣人"与"善人"、"君子"与"有恒者",各两两语意相足耳。韩愈《论语笔解》卷下云:"吾谓善人即圣人异名尔。"及朱熹注引张敬夫曰:"圣人、君子以学言;善人、有恒者以质言。"谓张敬夫未分"圣人"、"善人"有高下之别,则"有恒者"亦为"君子"之异名。按,此说是。

泰,与奢、侈义近,古书中常连文,如《史记·平津侯主父列传》:"昔者管仲相齐桓,霸诸侯,有九合一匡之功,而仲尼谓之不知礼,以其奢泰侈拟于君故也。"

亡而为有,虚而为盈,约而为泰,都是虚伪诓罔之行。虚伪诓罔,必利欲使然,利欲熏心者,必见利忘义,如何能有恒呢?

世乱而道德式微,孔子发出了"不得已而求其次"的慨叹。

【译文】孔子说:"圣人,我不能看见了;能看见君子,就可以了。"又说:"善人,我不能看见了,能看见有恒的人,就可以了。没有却装做有,空虚却装做充足,穷困却硬要装豪华,这就难于有恒了。"

5.21　子曰:"如有周公之才之美,使骄且吝,其馀不足观也已。"〔泰伯篇第八,11〕

【说解】周公,名旦,周武王弟。

《韩诗外传》卷三载周公不骄之事:"周公践天子之位七年,

布衣之士所贽而师者十人,所友见者十二人,穷巷白屋先见者四十九人,时进善百人,教士千人,宫朝者万人。"《史记·鲁周公世家》载周公戒伯禽勿骄之语:"我文王之子,武王之弟,成王之叔父,我于天下亦不贱矣。然我一沐三握发,一饭三吐哺,起以待士,犹恐失天下之贤人。子之鲁,慎无以国骄人。"

此章说,人即使有大才与长处,骄、吝也足以掩盖他的其他优点。

【译文】孔子说:"假如有周公的才能与美好,只要骄傲而吝啬,其馀方面就不值得一看了。"

5.22 子曰:"狂而不直,侗而不愿,悾悾而不信,吾不知之矣。"〔泰伯篇第八,16〕

【说解】侗(tóng),幼稚。《集韵·东韵》:"侗,倥侗,童蒙。"愿,谨善。《广雅·释言》:"愿,悫也。"与愿意之愿(本作願)原来不是一个字。悾悾,诚悫。

孔子这里批评了几种不合常理的性情与品质:狂而不直,侗而不愿,悾悾而不信。正常的性情与品质是"狂而直,侗而愿,悾悾而信",如何晏《集解》引马融与包咸所说:"狂者进取,宜直。侗,未成器之人,宜谨愿。""悾悾,悫也,宜可信。"可这些人与人之常情正相反。对这类扭曲了的人格,孔子说不知所以,实际上是表示明确的否定与尖锐的批评;而且孔子认为,比较古代,这是道德的倒退。参看 19.9 章,子曰:"古者民有三疾,今也或是之亡也。古之狂也肆,今之狂也荡;古之矜也廉,今之矜也忿戾;古之愚也直,今之愚也诈而已矣。"

【译文】孔子说:"狂妄而不直率,幼稚而不诚实,诚恳而不讲信用,我不知道这些人怎么回事。"

5.23　子曰:"吾未见好德如好色者也。"〔子罕篇第九,18〕

【说解】喜好美貌,是人的天性。如果人能如喜好美貌那样喜好美德,那就是发自性情,是真正好德了。然而这样的人太少了。《史记·孔子世家》载,孔子居卫,卫灵公与夫人同车,宦者雍渠参乘(雍渠当为美男),使孔子为次乘,招摇过市。孔子很觉耻辱,也很愤怒,说了这句话。参见7.2章"贤贤易色"说解。

【译文】孔子说:"我没有看见喜爱道德如同喜爱美貌的人。"

5.24　子曰:"由之瑟,奚为于丘之门?"门人不敬子路。子曰:"由也升堂矣,未入于室也。"〔先进篇第十一,15〕

【说解】瑟,古弦乐器,似琴,一柱一弦而无徽位。

何晏《集解》引马融说:"言子路鼓瑟不合《雅》《颂》也。"《说苑·修文》篇因而附会出一段故事,说子路鼓瑟有北鄙之声。朱熹《论语集注》且引《孔子家语》说,"子路鼓瑟有北鄙杀伐之声,盖其气质刚勇而不足于中和,故其发于声者如此。"但为何鼓瑟不佳,孔子便以为不当奏于己门,而至于门人不敬子路?

似乎小题大做。

《史记·仲尼弟子列传》载,子路性鄙,好勇力,志抗直,冠雄鸡,佩豭豚(公猪。雄鸡、豭豚,二物皆勇而好斗),陵暴孔子。成为弟子后,恐一时难改恶习——3.26章,子路问孔子:"卫君待子而为政,子将奚先?"孔子答:"必也正名乎!"子路竟然说:"有是哉,子之迂也!奚其正?"在孔门弟子中,尚无一人敢如此顶撞老师者。以致孔子不得不斥责他:"野哉,由也!"9.11章,孔子说他"由也喭"。故窃疑可能是孔子对其不满,故意如此说以刺激他反省自己:由有什么资格在我这儿学习(孔子以礼乐书数射御六艺教弟子,故以鼓瑟代指学习。参3.45章,"子之武城,闻弦歌之声")?闻孔子如此说,门人才不敬子路。而孔子亦自觉言重,便说"由也升堂矣,未入于室也",以稍慰藉子路,并"挽回影响"。

升堂入室,古居室,入院门,经庭,由阶登堂,再入内室。升堂入室,喻学问到家;升堂而未入室,喻境界未到。

【译文】孔子说:"仲由的瑟,为什么在我门内弹呢?"于是孔子的学生们不敬重子路。孔子说:"由嘛,登上堂了,还没进内室呢。"

5.25 季氏富于周公,而求也为之聚敛而附益之。子曰:"非吾徒也。小子鸣鼓而攻之,可也。"〔先进篇第十一,17〕

【说解】季氏,指季康子。见1.54章。周公,有两说,一说指周公旦,一说指周王室冢宰,如周公黑肩等。我们取后说,因季氏与之有可比性。季氏为诸侯之卿，而富过天子卿士，僭礼擅权，夺国自富。孔子深疾之而无奈之何，只能迁怒于为之"聚敛"以富之之学生冉求，声言不再认他作学生，并号召弟子们去诛责他。

求也为之聚敛而附益，何晏《集解》引孔安国说："冉求为季氏宰，为之急赋税也。"急赋税，即苛征暴敛。后人多沿其说。而俞樾《群经平议》说，这是"诬贤者"，冉求毕竟是孔门十圣之一。《尔雅·释诂》："敛，聚也。"聚、敛同义。《礼记·大学》："财聚则民散，财散则民聚。"冉求为季氏聚敛，是聚民而非聚财。大概冉求为季氏宰，必为之容民蓄众，使季氏私邑民人亲附，日益富庶。《礼记·乐记》说："竹声滥滥以立会，会以聚众。君子听竽笙箫管之声，则思畜聚之臣。"冉有可以称作畜聚之臣，所以孔子以为，"千室之邑，百乘之家，可使治其赋"（《史记·仲尼弟子列传》，本书9.2章作"可使为之宰"）如果冉有仅是"急赋税"而已，难道能叫"治其赋"吗？《孟子·离娄上》说："求也为季氏宰，无能改于其德，而赋粟倍他日。"应该是指人民日众，田野日辟，所以计算一年所收之粟，倍于以往。赵岐注为"为之多敛赋粟"，是错误的。冉求之罪，在于他不能辅佐不义之君为义，而为不义之君治民理财，正与孟子所谓"辟草莱、任土地"者同类。犹如《孟子·告子下》所谓"今之事君者，皆曰：'我能为君辟土地，充府库。'今之所谓良臣，古之所谓民贼也。君不乡（向）道，不志于仁，而求富之，是富桀也。"以"富桀"的罪名，加在冉有头上，是可以的；说他"急赋税"、"多敛赋粟"，则不对。古之所谓民贼，尚不至于此，何况冉子呢？其说中肯，今取之。

由此可知，14.4章，季氏使闵子骞为费宰。闵子骞曰："善为我辞焉！如有复我者，则吾必在汶上矣。"拒绝如此坚决，盖亦知季氏难以辅之为义。

【译文】季氏比周公还富，冉求又替他聚民理政，从而使他财富增加。孔子说："冉求不是我们的人，小子们可以击鼓攻击他。"

5.26 樊迟请学稼。子曰："吾不如老农。"请学为圃。曰："吾不如老圃。"樊迟出。子曰："小人哉，樊须也！上好礼，则民莫敢不敬；上好义，则民莫敢不服；上好信，则民莫敢不用情。夫如是，则四方之民襁负其子而至矣，焉用稼？"〔子路篇第十三，4〕

【说解】樊迟，孔子弟子，名须，比孔子小三十六岁。种植五谷叫稼，种植蔬菜叫圃。襁（qiǎng），背小孩儿的带子，缝有布兜。

孔子斥樊须为小人，这是与在位者（君子）相对的"细民"，也即子游所谓"君子学道则爱人，小人学道则易使也"的小人。《孟子·滕文公上》把这思想发挥为"有大人之事，有小人之事"，赵岐注："大人之事谓人君行教化也，小人之事谓农工商也。""或劳心，或劳力。劳心者治人，劳力者治于人。治于人者食人，治人者食于人：天下之通义也。"赵岐注："劳心，君也；劳力，民也。"

孔子办学，他培养的是大人君子，劳心者：人君、卿大夫、士,教他们仁义礼智信这些修身齐家治国平天下之道,也即治民之道,而绝不培养农工商这些劳力者(他认为那些小人不用培养),也就绝不教那些稼圃之类的"小人之事",他认为根本不必会这些"小人之事"。因为"上好礼,则民易使也"(10.17)。何况,"耕也,馁在其中矣;学也,禄在其中矣。"所以"君子谋道不谋食……忧道不忧贫"(16.7)。上述认识很正常:孔子虽然是个爱民的接近平民的知识分子,但他毕竟是个旧贵族知识分子。

【译文】樊迟请求学种庄稼。孔子说:"我不如老农民。"又请求学种菜。孔子说:"我不如老菜农。"樊迟退了出来。孔子说:"小人啊,樊迟!君上好礼,百姓就没有人敢不尊敬;君上好义,百姓就没有人敢不服从;君上好信,百姓就没有人敢不说真话、不干实事。像这样,四方的百姓都会背负着小孩儿来投奔,哪里还用自己种庄稼呢?"

5.27 子曰:"诵《诗》三百,授之以政,不达;使于四方,不能专对:虽多,亦奚以为?"〔子路篇第十三,5〕

【说解】《诗》,后称《诗经》。《诗经》共有三百零五篇,说三百,是举其成数。

《诗》可以说是上古社会的小百科全书。孔子对《诗》极其重视,他说:"不学《诗》,无以言。"(7.26)又说:"兴于《诗》。"(10.13)"小子何莫学夫《诗》?《诗》可以兴,可以观,可以群,可以怨;迩之事父,远之事君;多识于鸟兽草木之名。"(11.12)《诗》在古代政治生活中用途很大,讲论、聚会、宴饮、外交时常常赋《诗》明意,《左传》《国语》中尤多此类记载。所以"诵《诗》三百"是春秋时期士大夫的基本文化修养。

专对,使者依具体情况,随机应对。《公羊传·庄公十九年》:"聘礼,大夫受命不受辞。出竟,有可以安社稷利国家者,则专之可也。"

【译文】孔子说:"能背诵三百篇《诗》,交给他政务,却办不通;叫他出使外国,又不能独立地去谈判应对:即使背诵得多,又有什么用处呢?"

5.28 子曰:"南人有言曰:'人而无恒,不可以作巫医。'善夫!""不恒其德,或承之羞。"子曰:"不占而已矣。"〔子路篇第十三,22〕

【说解】巫医,为一词,古代集巫与医于一身,巫无不治病者,医亦无不借助于巫术治病者。医字古有两种写法:醫,毉。醫形旁是酉,即古酒字;毉形旁是巫。说明古医常用酒入药,本身即是巫。巫是为人治病的,古人认为人生病就是因为得罪或触犯了鬼神,所以需巫祷解治病。《公羊传·隐公四年》:"巫者事鬼神祷解以治病请福者也。男曰觋,女曰巫。"《说文·酉部》:"醫,治病工也。……古者巫彭初作医。"

俞樾《群经平议》引《楚辞·天问》"化而为黄熊,巫何活焉?"王逸注:"活,生也。鲧死后化为黄熊,入于羽渊,岂巫医所能复生活也？"证巫即巫医。而巫又兼卜筮之事，《礼记·缁衣》："子曰：'南人有言曰：'人而无恒，不可以为卜筮。'古之遗言。"彼说巫医，此说卜筮，是一回事。下文引《易》卦爻辞，又说"不占而已矣"，都是承接卜筮而言，与医无涉。

按，俞氏此说极具启发性。筮，即以巫为形旁，《说文·竹部》："筮，《易》卦用蓍也。从竹从巫。"不恒其德，或承之羞，是《周易·恒》九三爻辞，从反面强调恒的重要。

人而无恒，而，连词。这种格式，常有假设意味。

赵宗乙《论语札记》谓"巫"当时肩负传承本部族的历史文化之重任。夏商周三代，其特点是职业化、世袭化，职责由占卜扩大为参与政治管理。如《尚书·君奭》："我闻在昔，成汤既受命，时则有若伊尹，格于皇天。""在太戊时，则有若伊陟、臣扈，格于上帝，巫咸乂王家，在祖乙时，则有若巫贤。"《史记·殷本纪》："帝太戊立，伊陟为相……伊陟赞言于巫咸。巫咸治王家有成……帝祖乙立，殷复兴，巫贤任职。"殷时巫除沟通人神关系外，还掌官书以赞治，在甲骨文中称为"作册、史、尹"等，故后世"巫史"连言。《观堂集林·释史》："天子建天官，先六大：曰大宰、大宗、大史、大祝、大士、大卜。大史与大宰同掌天官，固当在卿位矣。""此官周初谓之作册，其长者谓之尹氏。"其活动主要有卜筮、祭祀、书史、星历、教育、医学等。据《郭店楚墓竹简》、马承源《上海博物馆藏楚竹书》所载《缁衣》篇，"南人有言"作"宋人有言"（李零《丧家狗〈我读论语〉》)，宋国在鲁之西南，故可谓"南人"。宋人为殷商的后裔，而殷人素尊神尚鬼而信"巫"。《礼记·表记》引孔子曰："殷人尊神，率民以事神，先鬼而后礼。"商汤亦尝因天下大旱而"以身为牺牲","祷于桑林",显示着王与巫师身份的相迭。陈梦家《殷墟卜辞综述》谓,甲骨文中"尹"义为巫师之长。故典籍载伊尹流放太甲于桐宫,甲骨文表明殷人生活几无事不卜,更表明巫者之尊崇,为社会之精英。故南人(宋人)谓"人而无恒,不可以作巫医"。

【译文】孔子说:"南方人有句话说,'人假若没有恒心,就不能做巫医。'说得好啊!""不长久保持道德,总会招致羞辱。"孔子说:"无恒心的人不能占卜罢了。"

5.29　子曰:"臧武仲以防求为后于鲁,虽曰不要君,吾不信也。"〔宪问篇第十四,14〕

【说解】臧武仲,就是孔子称赞了他的智的鲁国大夫臧孙纥(2.27)。《左传·襄公二十三年》载,他在鲁得罪出逃后,自邾给异母兄臧贾送来大蔡(大龟),让他将大蔡送给鲁公,并进驻自己的封邑防,据邑请求立自己的后人为"守宗祧"的继承人。臧贾让臧为去请求,结果臧为"遂自为也":请求立自己为臧氏先人的继承人。异母兄臧为得立以后,臧孙纥才交出防邑而奔齐,故孔子以为要君。要,音 yāo。

【译文】孔子说:"臧武仲凭借着防城请求立其兄嗣为鲁国卿大夫,虽然说他不是要挟国君,我不相信啊。"

5.30　子路宿于石门。晨门曰:"奚自?"子路曰:"自孔氏。"曰:"是知其不可而为之者与?"〔宪问篇第十四,38〕

【说解】刘宝楠《正义》谓《后汉书·张皓王龚传论》引郑玄《论语注》:"石门,鲁城外门也。晨,主守门,晨昏开闭也。"清秦蕙田《五礼通考·嘉礼·体国经野》载:"读《太平寰宇记》,古鲁城凡有七门,次南第二门名石门。"外门即郭门。守门者因晨昏启闭城门或郭门,即称为晨门。守门者如是说,证明孔子"知其不可而为之"的为人,当时已经声名远扬了。

　　知其不可而为之,并非全为贬义:它正体现了为实现社会理想而奋斗的锲而不舍的精神。即使其政治目的无法实现,然而其进步的人文精神却得以弘扬,作为君子、士的坚忍不拔的感人形象却得以树立,从而鼓舞并感召了一代又一代进步知识分子,形成了中国知识分子的传统性格。

　　秦蕙田又谈了自己的读书感悟,颇近情理:"因悟孔子辙环四方久,使子路归鲁视其家,甫抵城而门已阖,只得宿于外之郭门。次日晨兴,伺门入,掌启门者讶其太蚤,曰:'汝何从来乎?'若城门既大启后,往来如织,焉得尽执人而问之?此可想见一。'自孔氏',言自孔氏处来也。夫不曰孔某,而曰孔氏,以孔子为鲁城中人,举其氏辄可识,不如答长沮之问'为孔某'。此可想见二。'是知其不可而为之者与?'分明是孔子正栖栖皇皇,历聘于外。若已息驾乎洙泗之上,不必作是语。此可想见三——总从'鲁郭门'三字悟出情踪。谁谓地理不有助于经学与!"

【译文】子路在石门住了一宿。司门者问:"从哪儿来?"子路说:"从孔氏那儿。"司门者说:"就是那位知道做不到却硬要去做的人吗?"

5.31 原壤夷俟。子曰:"幼而不孙弟,长而无述焉,老而不死,是为贼。"以杖叩其胫。〔宪问篇第十四,43〕

【说解】原壤,孔子的老朋友。《礼记·檀弓下》载:"孔子之故人曰原壤,其母死,夫子助之沐椁(漆外棺。沐,当即"髤"字),原壤登木(棺材)曰:'久矣,予之不托于音也!'歌曰:'狸首之斑然,执女手之卷然。'夫子为(伪)弗闻也者而过之。从者曰:'子未可以已乎?'夫子曰:'丘闻之,亲者毋失其为亲也,故者毋失其为故也。'"母死而歌,与《庄子·刻意》"庄子妻死,惠子吊之,庄子则方箕踞鼓盆而歌"为一类事。原壤盖老庄之流,自放于礼法之外者。

夷,后作踞,箕踞。《广雅·释诂》:"跠,踞也。"王延寿《鲁灵光殿赋》:"却负戴而蹲跠。"蹲跠连文同义,即伸开双腿,足底着地,臀亦着地。俟,待。孙弟,逊悌的古字。贼,害人。胫,腿骨。以其箕踞无礼,故"以杖叩其胫"。

《说文·辵部》:"述,循也。"即 19.4 章"述而不作"之"述","称述"是其后起义。梁皇侃《义疏》:"言至于年长犹自放恣,无所效述也。""效述"即"循",正合其古义。而宋邢昺疏"故以此及长,无德行可称述",既用其后起义,不得贯通;故又不得不加

"无德行"数字,所谓"增字为训",不可从。朱熹《论语集注》说"述犹称也",乃沿邢昺疏而误。

【译文】原壤张开两腿坐在地上,等着孔子。孔子说:"你小时候不知礼让、不敬长上,长大了也无所依循,老了又不快死,这就是害人的家伙。"用拄杖敲他的小腿。

5.32　阙党童子将命。或问之曰:"益者与?"子曰:"吾见其居于位也,见其与先生并行也;非求益者也,欲速成者也。"〔宪问篇第十四,44〕

【说解】阙党,刘宝楠《正义》引《荀子·儒效》:"仲尼居于阙党。"又《汉书·梅福传》:"今仲尼之庙,不出阙里。"颜师古注:"阙里,孔子旧里也。"阙党即阙里。为何名阙党、阙里,杨伯峻先生引顾炎武《日知录》:"《史记·鲁世家》:'炀公筑茅阙门。'盖阙门之下,其里即名阙里,夫子之宅在焉。亦谓之阙党。"童子,未冠者之称。将命,传达宾主之言。这里指为其党将命,而非为孔子将命(俞樾《群经平议》说)。

居于位,刘宝楠《正义》引郑玄《论语注》:"《玉藻》:'童子……无事则立主人之北,南面。'"而不宜"居于位"。与先生并行,此"先生"指长辈,即12.7章"有事,弟子服其劳;有酒食,先生馔"之"先生"。《礼记·曲礼上》:"十年以长则兄事之,五年以长则肩随之(肩随,与之并行而稍后)。"与长者并行是不礼貌的。

【译文】阙党的一个少年来向孔子传达其党的意旨。有人问孔子说:"这是求上进的人吗?"孔子说:"我看见他坐在座位上,又看见他同长辈并肩而行:这不是个求上进的人,而是个急于求成的人。"

5.33 子曰:"已矣乎!吾未见好德如好色者也。"〔卫灵公篇第十五,13〕

【说解】已矣乎,算了吧。"吾未见好德如好色者也"与 5.23 章重出。

5.34 子曰:"臧文仲其窃位者与!知柳下惠之贤而不与立也。"〔卫灵公篇第十五,14〕

【说解】臧文仲,即"居蔡,山节藻梲"之鲁大夫臧孙辰(5.15)。

柳下惠,鲁贤者展获,字禽,食邑柳下。惠为谥号。据《列女传·柳下惠妻》:"柳下既死,门人将诔之。妻曰:'……夫子之谥,宜为惠兮。'门人从之。"是惠为私谥。

立,"位"的古字。古地方官员有举贤之职责,《周礼·地官·乡大夫》:"三年则大比,考其德行道艺,而兴贤者、能者。"郑玄注引郑司农云:"兴贤者谓若今举孝廉,兴能者谓若今举茂才。"所以孔子见臧孙辰不予贤者位,即斥其为窃位者。可见孔子爱贤疾邪,义形于色。

【译文】孔子说:"臧文仲是个尸位素餐的人吧!他明知柳下惠贤良,却不给他官位。"

5.35　子曰:"不曰'如之何,如之何'者,吾末如之何也已矣!"〔卫灵公篇第十五,16〕

【说解】刘宝楠《正义》引《荀子·大略》:"天子即位,上卿进曰:'如之何,忧之长也。'"忧之长,即忧之深。朱熹《论语集注》:"如之何如之何者,熟思而审处之辞也。"熟思而审处,即深思熟虑。遇事不深忧之而轻易妄行,谁也拿他没办法。此句可与3.9章"子使漆雕开仕。对曰:'吾斯之未能信。'子说。"与7.16章"子曰:'暴虎冯河,死而无悔者,吾不与也。必也临事而惧,好谋而成者也。'"互参。

【译文】孔子说:"不说'怎么办,怎么办'的人,我也拿他没办法了。"

5.36　子曰:"群居终日,言不及义,好行小慧,难矣哉!"〔卫灵公第十五,17〕

【说解】群居终日,言不及义,是孔子对某些低级趣味群体的批评。他赞同朋友之间要如同《诗·卫风·淇奥》所说"如切如磋,如琢如磨"(7.3),"朋友切切偲偲"(18.5)。曾子也说:"君子以文会友,以友辅仁。"(22.3)小慧,何晏《集解》引郑玄注:"小慧,谓小小之才知。"难,终无所成。

【译文】孔子说:"整天成群结伙,说话却无关道义,喜欢耍小聪明,这种人难以有出息啊!"

5.37 子曰:"色厉而内荏,譬诸小人,其犹穿窬之盗也与!"〔阳货篇第十七,12〕

【说解】荏(rěn),柔弱。

穿窬,同义连用,穿是挖,窬(yú),本义是小门洞。《汉书·胡建传》:"时监军御史为奸,穿北军垒垣以为贾区。……黄帝《李法》曰:'壁垒已定,穿窬不繇路,是谓奸人。奸人者杀。'"师古曰:"窬,小窦也,音逾。繇读与由同。"或谓窬通逾,为逾墙。今不取此说。

【译文】孔子说:"面色严厉,内心懦怯,比喻作小人,大概像个凿墙挖洞的小偷吧!"

5.38 子曰:"乡原,德之贼也。"〔阳货篇第十七,13〕

【说解】原,一本作愿。愿,谨厚貌。乡原(乡愿)指乡中貌似谨厚,而与坏人同流合污的伪善者。贼,害人者。

朱熹《论语集注》说:"乡原,乡人之愿者也。盖其同流合污,以媚于世,故在乡人之中独以愿称。夫子以其似德非德,而反乱乎德,故以为德之贼而深恶之。"《孟子·尽心下》这样形象地描述乡原:"何以是嘐嘐也?言不顾行,行不顾言,则曰:'古之人,古之人!行何为踽踽凉凉?生斯世也,为斯世也,善斯可矣。'阉然媚于世也者,是乡原也。……非之无举也,刺之无刺也,同乎流俗,合乎污世,居之似忠信,行之似廉洁。众皆悦之,自以为是,而不可与入尧舜之道;故曰德之贼也。"

【译文】孔子说:"乡愿是败坏道德的人。"

5.39 子曰:"道听而涂说,德之弃也。"〔阳货第十七,14〕

【说解】涂,途的古字。也即道路。

在道路上听到,旋即在道路上传说——求知识、得见闻之态度既非认真而可靠,又不经考察而遂轻率为人传说之,虚妄浮躁,必致以讹传讹,所以为有德者所弃。皇侃《义疏》:"若听之于道路,道路仍即为人传说,必多谬妄。"又:"记问之学不足以为人师。师人必当温故而知新,研精习久,然后乃可为人传说耳。"即说教师求知与教学不当如道听途说。

【译文】孔子说:"从道路上听来,就对人传说,是有德者所鄙弃的。"

5.40 子曰:"鄙夫可与事君也与哉?其未得之也,患得之;既得之,患失之;苟患失之,无所不至矣。"〔阳货篇第十七,15〕

【说解】可与,王引之《经传释词》卷一说,与犹以,可与即可以,其说可信。与即以,其例甚多:王举有《周易·系辞上》:"是故可与酬酢,可与佑神矣。"(按,魏王弼注:"可以应对万物之求,助成神化之功也。")《礼记·檀弓上》:"殷人殡于两楹之间,则与宾主夹之也。"又《玉藻》:"大夫有所往,必与公士为宾也。"(按,郑玄注："大聘使上大夫,小聘使下大夫、公士为宾。")《中庸》："知远之近,知风之自,知微之显,可与入德矣。"与皆以。颜师古《匡谬正俗》："孔子曰：'鄙夫可以事君也与哉？'"李善注《文选·东京赋》曰："论语曰：'鄙夫不可以事君。'"鄙夫可与事君也与哉,意即为"鄙夫不可以事君"。

其未得之也,患得之,有一种意见,认为"患得之"当作"患不得之",举王符《潜夫论·爱日》："孔子病夫未之得也,患不得之；既得之,患失之者。"《荀子·子道》："小人者,其未得也,则忧不得；既已得之,又恐失之。"谓《论语》古本当有不字。而臧琳《经义杂记》说："古人之言,多气急而文简。如《论语》：'未得之也,患得之。'以得为不得。犹《尚书》以可为不可。"焦循补疏："古人文法有急缓,不显,显也,此缓读也。《公羊传》'如无与而已矣',何休注曰：'如即不如也,齐人谚也。'此急读也。以得为不得,犹以如为不如。"

窃以为,"其未得之也,患得之","得之"上原不必有"不"字(凡上引有"不"字者,恐以意增之)。也不必释为语急,原句即可通：其未得之也,患得之,乃患如何方能得之,故心不得安。

【译文】孔子说："鄙夫可以事奉君主吗？他没有得到富贵的时候,愁怎么才能得到；已经得到了,又担忧失去。如果担忧失去,就无所不用其极了。"

5.41　子曰:"巧言令色,鲜矣仁。"〔阳货篇第十七,17〕

【说解】与 5.1 章重复。

5.42　子曰:"恶紫之夺朱也,恶郑声之乱雅乐也,恶利口之覆邦家者。"〔阳货篇第十七,18〕

【说解】古代以青赤黄白黑为正色,间色与其相对。《礼记·玉藻》:"衣正色,裳间色也。"孔颖达疏引皇侃云:"正谓青、赤、黄、白、黑五方正色也;不正谓五方间色也,绿、红、碧、紫、骝黄是也。"其中绿为青之间色,红为赤之间色,骝黄为黄之间色,碧为白之间色,紫为黑之间色。朱即赤,正色,紫间色。

宋王应麟《困学纪闻·仪礼》:"周衰,诸侯服紫。《玉藻》云:'冠紫緌,自鲁桓公始。'《管子》云:'齐桓公好服紫衣,齐人尚之,五素易一紫。'"说明春秋时,间色已经开始压过正色。难怪孔子表示愤慨。

郑声,指春秋时郑、卫一带的新兴音乐,与《诗·郑风》无关。《史记·乐书》:"魏文侯问于子夏曰:'吾端冕而听古乐则唯恐卧,听郑卫之音则不知倦。敢问古乐之如彼,何也?新乐之如此,何也?'"子夏解释:"今夫新乐,进俯退俯,奸声以淫,溺而不止,及优侏儒,獶杂子女,不知父子。"参见 3.41 章"放郑声,远佞人:郑声淫,佞人殆"。雅,正。利口,捷给,覆,倾败。

孔子之所恶，皆非关个人利害与好尚，乃关系社会风气、文化、国家安危的大患。

【译文】孔子说："憎恶紫色替代了赤色，憎恶郑国的乐曲破坏了典雅的音乐，憎恶利口巧言颠覆国家。"

5.43　子曰："饱食终日，无所用心，难矣哉！不有博弈者乎？为之，犹贤乎已。"〔阳货篇第十七，22〕

【说解】博，《说文·竹部》"簙，六箸十二棋也。"《列子·说符》："设乐陈酒，击博楼上。"唐殷敬顺释文："击，打也。如今双陆棋也。韦昭《博弈论》云'设木而击之'，是也。古《博经》曰：'博法，二人相对坐向局，局分为十二道，两头当中名为水。用棋十二，故法六白六黑。又用鱼二枚，置于水中。其掷采，以琼为之。琼畟方寸三分，长寸五分，锐其头，钻刻琼四面为眼，亦名为齿。二人互掷采行棋，棋行到处，即竖之，名为骁棋，即入水食鱼，亦名牵鱼。每牵一鱼，获二筹；翻一鱼，获三筹。若已牵两鱼而不胜者，名曰被翻双鱼，彼家获六筹，为大胜也。'"

弈，《说文·廾部》："弈，围棋也。"《文选·博弈论》"三百执与万人之将"李善注："邯郸淳《艺经》曰：'棋局从横，各十七道，合二百八十九道。白黑棋子各一百五十枚。'"

已，指示代词，此，如此。《史记·夏本纪》："敦序九族，众明高翼，近可远在已。"按，《书·皋陶谟》作"迩可远兹"。

金王若虚《论语辨惑》说："子以博弈贤于无所用心。晦庵载李氏之说曰：'非教人博弈也，以甚言无所用心之不可耳。'可谓能意逆志矣。"说孔子语意,不是教人去赌博下棋,只是极言不能无所用心。

【译文】孔子说:"整天吃饱了饭,对什么也不用心思,太不像话了!不是有掷采下棋的游戏吗?玩玩也比这样好。"

5.44　子曰:"唯女子与小人为难养也:近之则不孙,远之则怨。"〔阳货篇第十七,25〕

【说解】孙,逊的古字。

《左传·僖公二十四年》说:"女德无极,妇怨无终。"杜预注:"妇女之志,近之则不知止足,远之则忿怨无已。"杜注即本于孔子语。在以男子为中心的古代社会,妇女基本上没有受教育的权利与机会,又受旧礼法的约束,为生活环境所限,眼界、胸怀多不广,是不容避讳的客观事实。孔子、《左传》所说,恐亦难说尽为偏见。故现在多有人出于好心,为孔子或当时之妇女回护,而曲为之说,怪论迭出。其情可悯,实则大可不必,也必定不符孔子本意。又,既说"难养",则此"女子与小人"之社会地位可知。朱熹《论语集注》说:"此小人亦谓仆婢下人也。君子之于臣妾,庄以莅之,慈以畜之,则无二者之患矣。"比较合乎孔子语意。

【译文】孔子说:"只有女子和小人是难以蓄养的:亲近他们,就会无礼;疏远他们,就会怨恨。"

5.45 子曰:"年四十而见恶焉,其终也已。"〔阳货篇第十七,26〕

【说解】也已,句末语气词,无义。《论语》中这类"也已"还有好多。如"其馀不足观也已"(5.21)、"吾末如之何也已矣"(5.35)、"泰伯,其可谓至德也已矣"(4.20)、"虽欲从之,末由也已"(4.27)、"可谓仁之方也已"(6.12)、"攻乎异端,斯害也已"(7.5)、"四十、五十而无闻焉,斯亦不足畏也已"(8.6)、"浸润之谮,肤受之愬,不行焉,可谓明也已矣;浸润之谮,肤受之愬,不行焉,可谓远也已矣"(8.12)、"可谓好学也已"(11.1)、"说而不绎,从而不改,吾末如之何也已矣"(13.8)。

孔子认为修养行仁,自少年始,所谓"吾十有五而志于学,三十而立"。如年四十尚见恶,则此人青少年阶段必放荡无行,顽劣不堪,至成年而恶性亦成,不堪救药了。这与8.6章"四十、五十而无闻焉,斯亦不足畏也已"意思有关联而表述方式相类。

【译文】孔子说:"四十岁还被人厌恶,这一生也就完了。"

5.46 子张曰:"执德不弘,信道不笃,焉能为有?焉能为亡?"〔子张篇第十九,2〕

【说解】弘,杨伯峻先生依章炳麟《广论语骈枝》,谓此弘即强字。今按,此不必为强字,而有强义。首先,从上下文判断,此弘义当为强。其次,《说文·弓部》"弘,弓声也。"于省吾《甲骨文字释林》:"甲骨文在其弓背隆起处加一邪画以为标志,于六书为指事,而《说文》误认以为是形符。弓背隆起处是弓之强有力的部分,故弘之本义为高为大,高与大义相因。"既然弓背隆起处是弓之强有力的部分,又为指事符号之所在,其字本义当为强。高与大皆为引申义。典籍中引申义多见,而本义乃于"执德不弘"及18.2章"曾子曰:'士不可以不弘毅。'"中得见。道,指儒家的政治理想,姑以"道义"译之。

焉能为有,焉能为亡,即有之何益,无之何损。亦如《韩诗外传》卷六:"鸿鹄一举千里,所恃者六翮尔。背上之毛,腹下之毳,益一把飞不为加高,损一把飞不为加下。"又如扬雄《解嘲》:"譬若江湖之崖,渤澥之岛,乘雁集不为之多,双凫飞不为之少。"皆无足轻重之意。

【译文】子张说:"执守道德不坚强,信仰道义不坚定,这种人,怎能体现其生存的价值?怎能觉察其死亡的损失?"

5.47 子夏曰:"小人之过也,必文。"〔子张篇第十九,8〕

【说解】小人之过也,"小人"不是"过"的定语,乃是主语;"过"是谓语。但其间有"之",由于"之"作用,"小人之过也"语意未完,是半独立的句子。

【译文】子夏说:"小人犯了错误,一定加以文饰。"

尚仁篇第六(31章)

仁是古代一种含义极广的道德观念。其核心指人与人相互亲爱。《墨子·经说下》:"仁,仁爱也。"经孔子阐发、提倡,仁成为儒家最高的道德标准,这是孔子对儒家学说建设的巨大贡献,也是对中华民族道德观形成的重大贡献。今博爱已成为世界人民公认的美德的核心。西方往往利用宗教教义来宣扬博爱,如人人皆上帝之儿女,善人死后升天堂、依原罪说而行善赎罪之类;佛家讲因果报应,鼓吹修身成佛来提倡行善。而孔子通过对"仁"这种美德的赞扬与阐释,不假于宗教迷信,便使仁爱在中国深入人心,而令人们心向往之,不能说不是一个独创,一个奇迹。

孔子说:"夫仁者,己欲立而立人;己欲达而达人。能近取譬,可谓仁之方也已。"从爱己出发去爱人,就是"能近取譬"。人无不爱己,推爱己之心去爱人,并不算难,这就是恕(己所不欲,勿施于人)与忠(己欲立而立人,己欲达而达人)。这是古代东方智者的思辨成果,是孔子对普世的人文精神的独特贡献。

6.1　子曰:"人而不仁,如礼何？人而不仁,如乐何？"〔八佾篇第三,3〕

【说解】人而不仁,而,连词。这种格式,常有假设意味。

皇侃疏说:"此章亦为季氏出也。季氏僭滥王者礼乐,其既不仁,则奈此礼乐何乎？"《礼记·儒行》:"礼节者仁之貌也,……歌乐者仁之和也。"既然礼是仁的外在表现,乐是仁的和乐精神,没有以仁为内涵的礼乐必定虚伪浮华,非徒无益,且适得其反。如季氏八佾舞于庭、三家者以《雍》彻之类,礼富矣,乐美矣,然而三家骄奢不仁,僭天子礼,窃天子乐,只能暴露其野心与虚伪,遭人忌恨。

【译文】孔子说:"人若不仁,怎么来行礼仪呢？人若不仁,怎么来奏音乐呢？"

6.2　子曰:"里仁为美。择不处仁,焉得知？"〔里仁篇第四,1〕

【说解】古代五家为邻,五邻为里。这里"里"用如动词,居处。何晏《集解》引郑玄说:"里者,民之所居也。居于仁者之里,是为善也。"《文选·张衡〈西京赋〉》:"秦里其朔,寔为咸阳。"李善注:"里,居也。……秦地居其北,是曰咸阳。"

仁者之居必有仁厚的风俗,如勤劳纯朴、互谅互让,当然利于文明生活及儿童的教养,所以古来有孟母三迁的故事,有"百万买宅、千万买邻"的谚语,又有"卜邻"之说。《荀子·劝学》"故君子,居必择乡,游必就士,所以防邪僻而近中正也",即说此理。

皇侃《义疏》引沈居士说:"言所居之里,尚以仁地为美,况择身所处,而不处仁道,安得智乎?"这样理解,择就不是仅指择居,而是泛指,包括择邻、择业、择友。《孟子·公孙丑下》:"矢人岂不仁于函人(制甲工人)哉?矢人惟恐不伤人,函人惟恐伤人,巫、匠亦然。故术不可不慎也。孔子曰:'里仁为美,择不处仁,焉得智?'"便讲择业。沈居士之说也能讲得通。

【译文】孔子说:"住在仁人的里巷是美好的。选择处身之地,不顾仁德,怎么能是聪明呢?"

6.3 子曰:"不仁者不可以久处约,不可以长处乐。仁者安仁,知者利仁。"〔里仁篇第四,2〕

【说解】不可以久处约,孔安国说:"久困则为非。"不可以长处乐,孔安国说:"必骄佚。"

仁者安仁,是仁正合其本性;智者利仁,是聪明人知道仁对人有利。

【译文】孔子说:"不仁的人不可以长期处于穷困中,也不可以长期处于安乐中。有仁德的人安于仁,聪明人利用仁。"

6.4 子曰:"唯仁者能好人,能恶人。"〔里仁篇第四,3〕

【说解】仁者公正无私,故其所好必为善人,所恶必为恶人。不仁者怀私嫉妒,唯利是视,故其所好未必为善人,所恶未必为恶人。参看8.14章,子贡问曰:"乡人皆好之,何如?"子曰:"未可也。""乡人皆恶之,何如?"子曰:"未可也。不如乡人之善者好之,其不善者恶之。"

朱熹《论语集注》引游氏说:"好善而恶恶,天下之同情。然人每失其正者,心有所系,而不能自克也。惟仁者无私心,所以能好恶也。"

【译文】孔子说:"只有仁人才能够合理地喜爱某人,厌恶某人。"

6.5 子曰:"苟志于仁矣,无恶也。"〔里仁篇第四,4〕

【说解】可与6.29章"子曰:'民之于仁也,甚于水火。水火吾见蹈而死者矣,未见蹈仁而死者也!'"互参。

【译文】孔子说:"假如立志行仁德,总没有坏处。"

6.6 子曰:"富与贵,是人之所欲也;不以其道,得之不处也。贫与贱,是人之所恶也;不以其道,得之不去也。君子去仁,恶乎成名?君子无终食之间违仁,造次必于是,颠沛必于是。"〔里仁篇第四,5〕

【说解】欲,爱好,喜爱。所恶(wù),所厌憎。恶(wū)乎,等于说"于何",在哪里。恶,疑问代词。相当于"何""安"。乎,相当于

"于",介词,在。颠沛,困顿挫折。

传统的读法是"不以其道得之,不处也……不以其道得之,不去也"。东汉王充《论衡·问孔》认为,后一句应说成"贫与贱是人之所恶也,不以其道去之则不去也";应当说"去",不应说"得"。金王若虚《论语辨惑》说第二句"不以其道"的"不"字,非衍则误。杨伯峻先生也认为"得之"应改为"去之"。

笔者则以为,无烦改字,是这种读法错了。《吕氏春秋·有度》"贵富显严名利六者,悖意者也"高诱注:"孔子曰:'富与贵,人之所欲也。不以其道得之不居。'"毕沅校注:"古读皆以'不以其道'为句,此注亦当尔。""贫与贱是人之所恶也",隐含着"人皆欲去之"之意,第二个"不以其道"语义指向于"去"。"得之不去"的"得",义为"遭到"(这与"因祸而得福"和"求福反得祸"两"得"字义有小别一样)。类似的例子,如《管子·戒》:"鲍叔,君子也,千乘之国,不以其道,予之不受也。"尹知章注:"虽与千乘之国,不以其道,彼必不受。"孔子的意思是,君子并非乐于贫贱,但如果不能以正当的方式摆脱贫贱,那么宁可忍受贫贱。

君子去仁,恶乎成名,恶(wū),疑问代词,相当于"何"。乎,相当于"于"。孔子认为,君子欲成名,必行仁德,舍此别无他途。

有人以为"君子去仁"云云与上文义不相关,当别为一章。这是误解。君子是否当处富贵,是否当去贫贱,必"以其道",这道就是仁。所以说"君子去仁,恶乎成名"?"君子无终食之间违仁",是总结上文,说在任何情况下(无论富贵贫贱)都不当违仁。而贫穷困窘艰难竭蹶之时尤其不易持仁,所以孔子强调"造次必于是,颠沛必于是"。

　　察世之违法犯罪,多因见财起意。究其源,为一种共通之阴暗心理:他人既可不以其道得富贵、去贫贱,我何独不可不以其道得富贵、去贫贱?于是居位者贪赃枉法、巧取豪夺,无权者鼠窃狗偷、劫夺椎埋。风气习染,效尤纷起,国势民心,遂难以收拾。讵知孔子于二千四百年前,便已洞察世情人心,有"富与贵,是人之所欲也;不以其道,得之不处也。贫与贱,是人之所恶也;不以其道,得之不去也"之戒,千百年后读之,尤觉字字痛切。

【译文】孔子说:"富与贵是人所喜欢的,不用正当的方式取得富贵,即使得到了富贵,君子也不接受。贫与贱是人所厌恶的,不用正当的方式抛掉贫贱,即使遭到了贫贱,君子也不抛掉它。君子抛弃了仁德,怎么能成就他的声名呢?君子没有一顿饭时间离开仁德,仓卒匆忙的时候也一定和仁德同在,困顿挫折的时候也一定和仁德同在。"

6.7　子曰:"我未见好仁者、恶不仁者。好仁者,无以尚之;恶不仁者,其为仁矣,不使不仁者加乎其身。有能一日用其力于仁矣乎?我未见力不足者。盖有之矣,我未之见也。"〔里仁篇第四,6〕

【说解】尚,通上。力不足者,参看7.10章"冉求曰:'非不说子之道,力不足也。'子曰:'力不足者,中道而废,今女画。'"

孔子意为,好仁,最好;恶不仁,次之。但好仁者极少,因为行仁并非易于做到:能终日致力于仁,也很少见;尽力行仁,力竭而死,这种人寥若晨星。孔子之叹"盖有之矣,我未之见也",沉痛之情,溢于言表。

【译文】孔子说:"我未曾见到爱好仁德的人和厌恶不仁德的人。爱好仁德的人,那是再好也没有的了;厌恶不仁德的人,他行仁德,是不使不仁德的东西加在自己身上。有谁能一整天使用他的力量于仁德呢?我没见过力量不够的。大概有这样的人,我未曾见到罢了。"

6.8 原思为之宰,与之粟九百,辞。子曰:"毋!以与尔邻里乡党乎!"〔雍也篇第六,5〕

【说解】原思,孔子弟子,名宪,思是字。孔子为鲁司寇时以其为宰。《史记·仲尼弟子列传》:"孔子卒,原宪亡在草泽中。子贡相卫而结驷连骑,排藜藿(藿,王念孙校为藋 diào,草名,又名灰藋,似藜),入穷阎,过谢原宪。宪摄敝衣冠见子贡,子贡耻之,曰:'夫子岂病乎?'原宪曰:'吾闻之,无财者谓之贫,学道而不能行者谓之病。若宪,贫也,非病也。'子贡惭,不怿而去,终身耻其言之过也。"从《史记》所载,可知两事:一,原宪并未借为孔子宰之机,大捞一把,而贫困终生。二,他有自己的荣辱观。参见6.27章,宪问耻。子曰:"邦有道,谷;邦无道,谷,耻也。"

粟,宰的俸禄。九百,未说单位。但据《汉书·百官公卿表》,三公有长史,秩千石。时孔子为鲁大司寇,大致相当于三公;原思为之宰,位相当于长史。故禄当相近,当为九百斛,即九百石。

毋,表禁止的语词。五家为邻,二十五家为里,五百家为党,一万二千五百家为乡。古时邻里乡党有相周济的风习。《周礼·地官·大司徒》:"令五家为比,使之相保;五比为闾,使之相受;四闾为族,使之相葬;五族为党,使之相救;五党为州,使之相赒;五州为乡,使之相宾。"

【译文】原思任孔子家的总管,孔子给他小米九百,他推辞。孔子说:"别,把多的给你的邻里乡亲吧!"

6.9 樊迟问知。子曰:"务民之义,敬鬼神而远之,可谓知矣。"问仁。曰:"仁者先难而后获,可谓仁矣。"〔雍也篇第六,22〕

【说解】樊迟,见3.23章。

民,古代常指人。之,动词,往,到。义,古字是谊,即合宜之言、当为之事。《礼记·礼运》:"何谓人义?父慈,子孝,兄良,弟弟,夫义,妇听,长惠,幼顺,君仁,臣忠。"

《礼记·表记》:"子曰:'夏道尊命,事鬼敬神而远之,近人而忠焉……殷人尊神,率民以事神,先鬼而后礼……周人尊礼尚施,事鬼敬神而远之,近人而忠焉。'"从殷的"率民以事神,先鬼而后礼",到周的"事鬼敬神而远之,近人而忠焉",思想认识有了大的飞跃:从以鬼神为本到以人为本。其实古代早已出现了进步的神人观。《尚书·皋陶谟》:"天聪明自我民聪明。"《左传·庄公三十二年》:"史嚚曰:'虢其亡乎!吾闻之,国将兴,听于民。将亡,听于神。'"孔子对鬼神虽然还不甚了了,又难以免俗,但显然已经觉得鬼神不甚可信,于是采取了中庸的态度:既不"事鬼敬神而近之",也不"不敬鬼神而远之",而是"敬鬼神而远之",既顺应了多数人的迷信观念,又避免了迷信淫祀的弊病。在当时不失为一种聪明的主张。当有学生问鬼神之事,他往往不正面回答,而是竭力引导他们重人事、重现实。如 8.9 章,季路问事鬼神。子曰:"未能事人,焉能事鬼?"曰:"敢问死。"曰:"未知生,焉知死?"

先难而后获,犹云"先事后得"(14.5 章)。《尔雅·释诂下》"事,勤也。"又如《礼记·儒行》"先劳而后禄",郑玄注:"劳犹事也。"类似意思,又如"事君,敬其事而后其食"(17.9 章)。这是就仁者修身,当何所侧重而言。董仲舒《春秋繁露·仁义法》:"孔子谓冉子曰:'治民者,先富之而后加教。'语樊迟曰:'治身者,先难后获。'以此之谓治身之与治民所先后者不同焉矣。《诗》云:'饮之食之,教之诲之。'先饮食而后教诲,谓治人也。又曰:'坎坎伐辐。''彼君子兮,不素食兮。'先其事后其食,谓之治身也。"

孔子说"仁者先难而后获,可谓仁矣",乃孔子对某些重要概念某一方面的具体阐发,往往针对发问者的具体情况作答,即所谓"因人施教"。《论语》中此类情况甚多,如 6.24 章,司马牛问仁,子曰:"仁者,其言也讱。"6.25 章,樊迟问仁,子曰:"居处恭,执事敬,与人忠。虽之夷狄,不可弃也。"学者当举一反三,心领神会。

【译文】樊迟问怎样才算智。孔子说:"致力于使人民走向义,敬重鬼神,但远离它,可以说是智了。"又问怎样才叫仁。孔子说:"仁人先不畏艰难地做事,然后获得成果,可以说是仁了。"

6.10　子曰:"知者乐水,仁者乐山;知者动,仁者静;知者乐,仁者寿。"〔雍也篇第六,23〕

【说解】乐水、乐山,乐,旧音 yào,喜好。朱熹说:"知者达于事理而周流无滞,有似于水,故乐水。仁者安于义理而厚重不迁,有似于山,故乐山。"邢昺疏:"智者得运其识,故得从心而畅,故欢乐也。"董仲舒《春秋繁露·循天之道》:"故仁人之所以多寿者,外无贪而内清净,心平和而不失中正,取天地之美以养其身,是其且多且治。"

【译文】孔子说:"聪明人喜欢水,仁人喜欢山;聪明人灵动,仁人沉静;聪明人快乐,仁人长寿。"

6.11　宰我问曰:"仁者,虽告之曰'井有仁焉',其从之也?"子曰:"何为其然也?君子可逝也,不可陷也;可欺也,不可罔也。"〔雍也篇第六,26〕

【说解】朱熹《论语集注》引刘聘君说:"有仁之仁,当作人。"按,宋陈祥道《论语全解》解说此句,便说"宰我问:'井有人焉,其从之也?'"宋张九成《孟子传》卷二二亦曰:"若夫井有人焉,其可欺乎?"又,《太平广记·诙谐八》"司马都"条:"前进士司马都居于青邱,尝以钱二万托戎帅王师范下军将市丝,经年丝与金并为所没。都因月旦趋府谒王公,偶见此人,问之。其人貌状魁伟,胡颡凶顽,发怒,欲自投于井。都徐曰:'何至如此!足下咤一抱之髭须,色斯举矣;望千寻之玉甃,井有人焉。'王公知之,髡军将于枯木。"明刘宗周《论语学案》卷三:"失身以为人,是从井救人之说也。其事陷也,而其理则罔也。悬之以井有人焉之境,虽若是足以动仁人之心,往而救之,宜亦有是理然,若可受欺者,而不知终无可陷之理也。"是宋人多读作"井有人焉"。从情理说,仁,当作人。否则,仁人陷井当救,他人则不当救,于理不通。8.3章,子曰:"人之过也,各于其党。观过,斯知仁矣。"知仁,即知人。

　　罔,意思比欺重,即蒙蔽。《汉书·郊祀志下》:"明于天地之性,不可惑以神怪;知万物之情,不可罔以非类。"颜师古注:"罔,犹蔽。"《孟子·万章上》:"昔者有馈生鱼于郑子产,子产使校人畜之池。校人烹之,反命曰:'始舍之,圉圉焉,少则洋洋焉,攸然而逝。'子产曰:'得其所哉,得其所哉!'……故君子可欺以其方,难罔以非其道。"校人可编造放生故事欺骗子产,因他善良。假如校人胡诌,说鱼变化为龙,升腾而去,子产必定不会上当,因为他知事理。仁人听说有人落井,会出于善心去营救;但不会冒失地跳下去,因为那样做愚蠢而无益。这就是"君子可欺以其方,难罔以非其道"。如刘宝楠《正义》说:"盖可欺者仁也,不可罔者知也。"

【译文】宰我问道:"有仁德的人,就是告诉他'井里掉下一个人',他是不是会跳下去救呢?"孔子说:"为什么会那样呢?君子,你可以叫他去,却不可能使他跳下去;可以欺骗他,却不可能蒙蔽他。"

6.12　子贡曰:"如有博施于民而能济众,何如?可谓仁乎?"子曰:"何事于仁,必也圣乎!尧、舜其犹病诸!夫仁者,己欲立而立人,己欲达而达人。能近取譬,可谓仁之方也已。"〔雍也篇第六,30〕

【说解】何事当读为何啻,何事于仁,即何止于仁、岂止于仁。皇侃《义疏》即说:"既云前事不啻是仁,为圣所难。"邢昺疏说:"言君能博施济众,何止事于仁,谓不啻于仁,必也为圣人乎!"把"何事于仁"讲成"何止事于仁"是错的(或许"事"字为浅人所加),"谓不啻于仁"却是对的。朱熹《论语集注》也说:"言此何止于仁。"

　　病,古代病重、伤重、疲惫、困窘、惭愧、难过、感到困难都叫病,这里指感到困难。类似的话,2.32章,子路问君子。子曰:"修己以敬。"曰:"如斯而已乎?"曰:"修己以安人。"曰:"如斯而已乎?"曰:"修己以安百姓。修己以安百姓,尧、舜其犹病诸!"也是说能"修己以安百姓",也即"博施于民而能济众",就超过仁人君子的境界,犹入圣域了。应该说,"修己以安百姓",是孔子"仁"学之最高境界,是孔子世界观的核心,也是儒家人文精神的核心,为孔子政治思想中最重要、最可宝贵的部分。

　　近取譬,从忖度己心开始,可谓近矣。己欲立而立人;己欲达而达人,是恕(己所不欲,勿施于人)的必然发展,即己之所欲,施之于人。行仁始于爱己,切近而又自然,是行仁之道。

【译文】子贡说:"假若有人普遍地施恩惠给人民,又能救助民众,怎么样?可以说是仁人了吗?"孔子说:"哪里仅是仁人,一定是圣人了!尧舜恐怕都难以做到呢!仁,就是自己要立足,也使别人能立足;自己要得志,也使别人能得志。能够从切近处打比方,可以说是实践仁道的方法了。"

6.13 子食于有丧者之侧,未尝饱也。〔述而篇第七,9〕

【说解】有丧者哀戚,作为赴吊者、助葬者,食于有丧者之侧而饱,则是无恻隐之心。孔子爱人,已成情性,食于有丧者之侧未尝饱,非故意节食,实出于自然,心同情丧家,而不在饮食。

【译文】孔子在死了亲属的人旁边吃饭,不曾吃饱过。

6.14 子于是日哭,则不歌。〔述而篇第七,10〕

【说解】性情诚挚深沉的人,哭必发于哀痛之情,哀痛之情深,则当日难以复乐。而如果有人哭毕不久即能歌,则此人或者哭非发于真心,或为人浅薄,忧喜无常。孔子之哭,必发于诚挚深情,故当日无心再歌。《礼记·曲礼上》:"哭日不歌。"郑玄注:"哀未忘也。"《礼记·檀弓下》:"吊于人,是日不乐。"郑玄注:"君子哀乐不同日。子于是日哭,则不歌。"

【译文】孔子在这一天哭泣过,就不再唱歌。

6.15　冉有曰:"夫子为卫君乎?"子贡曰:"诺,吾将问之。"入,曰:"伯夷、叔齐何人也?"曰:"古之贤人也。"曰:"怨乎?"曰:"求仁而得仁,又何怨?"出,曰:"夫子不为也。"〔述而篇第七,15〕

【说解】为(wèi),赞成。刘淇《助字辨略》卷四:"为字,犹与也,凡心向其人曰为。"卫君,指卫出公辄。辄是卫灵公之孙,太子蒯聩之子。太子蒯聩得罪卫灵公夫人南子,出逃于晋。灵公死,立辄为君。晋卿赵简子率兵送蒯聩回国,居于戚。卫国石曼姑帅师围之,抵御晋兵及蒯聩,形成父子争国的局面。这与伯夷、叔齐兄弟让国,事正相反。因而子贡问伯夷、叔齐之为人,以试探孔子对出公辄的态度。孔子赞美伯夷、叔齐,自然就否定了出公辄。参看3.26、4.12章。

【译文】冉有说:"先生赞成卫君吗?"子贡说:"好,我去问问他。"子贡进屋,说:"伯夷、叔齐是什么样的人?"孔子说:"是古代的贤人。"子贡说:"他们两人怨恨吗?"孔子说:"他们追求仁德,便得到了仁德,又怨恨什么呢?"子贡出来,说:"先生不赞成卫君。"

6.16　子曰:"仁远乎哉?我欲仁,斯仁至矣。"〔述而篇第七,30〕

【说解】仁距人不远。上文说"能近取譬,可谓仁之方","己欲立而立人,己欲达而达人",即是仁。立人,距己欲立不远;达人,距己欲达不远。所以说,仁距己不远,"我欲仁,斯仁至矣。"也即

《孟子·告子上》"仁义礼智,非由外铄我也,我固有之也,弗思耳矣。故曰'求则得之,舍则失之'"。

【译文】孔子说:"仁远吗?我要仁,仁就到了。"

6.17　子罕言利,与命,与仁。〔子罕篇第九,1〕

【说解】这是古今学者聚讼纷纭的问题。金王若虚《论语辨惑》说:"'子罕言利'一章,说者虽多,皆牵强不通。予谓利者,圣人之所不言;仁者,圣人之所常言;所罕言者唯命耳。然而云尔者,予不解也,姑阙之。"这是很老实的态度,也最能启发后人深思。

杨伯峻先生《论语译注》在列举了王若虚说、清史绳祖《学斋占毕》"与,许也",黄式三《论语后案》"与读为轩,显也",杨树达《论语疏证》"罕言仁者,乃不轻许人以仁之意"诸说之后,说:"我则以为《论语》中讲仁虽然多,但是一方面多半是和别人问答之词,另一方面,仁又是孔门最高道德标准,正因为少谈,孔子偶一谈到,便有记载。不能以记载的多便推论孔子谈得也多。孔子平生所言,自然千万倍于《论语》所记载的,《论语》出现孔子论仁之处若用来和所有孔子平生之言相比,可能还是少的。"

按,此恐系曲说。因"仁"为孔门之思想精髓,孔子讲"仁"极多是正常的,也是《论语》一书所反映的不争的语言事实,绝不能说"罕言"。如"仁"也算"孔子罕言",那么就没有什么可以算是"圣人之所常言"的了。孔子平生所言固多,但思想精华已萃于《论语》一书，《论语》即是研究孔子思想的主要依据。孔子所言"仁、命、利"这类道德、哲学概念词语的次数不能同孔子平生所言总数相比，也不能同孔子说过的一般语词相比（那是不合理的），而只能与同类语词（如礼、义、信、怪、力、乱、神等）的次数相比。这样"与"就不可能理解为连词，只能如史绳祖《学斋占毕》所说，读为"子罕言利，与命，与仁"，与，许也，赞成之意。

不过王若虚说"利者，圣人之所不言"、"所罕言者唯命耳"，是不准确的。《论语》中"利"作财利讲的有五次，非"不言"，确为"罕言"。"罕言"并非仅指次数少，也指因厌恶、不赞成而不愿主动提起，即"子不语"之类。孔子几次提到"利"，如"君子喻于义，小人喻于利。"(2.9)"无欲速，无见小利。欲速则不达，见小利则大事不成。"(3.35)"放于利而行，多怨。"(5.12)，以不赞成态度居多。而作命运讲的"命"，孔子虽然谈及次数不多（包括"天命"，共十次），但都是主动提起，虔敬而笃信："道之将行也与，命也。道之将废也与，命也。公伯寮其如命何！"(1.60)"君子有三畏：畏天命，畏大人，畏圣人之言。小人不知天命而不畏也，狎大人，侮圣人之言。"(2.43)"不知命，无以为君子也。"(2.51)"五十而知天命。"(11.2)"伯牛有疾，子问之……曰：'亡之！命矣夫！'"(23.1)故王充《论衡·自纪》说"孔子称命，孟子言天"，才是灼见。

【译文】孔子很少谈到利，赞同命，赞同仁。

6.18 子见齐衰者、冕衣裳者与瞽者,见之,虽少,必作;过之,必趋。〔子罕篇第九,10〕

【说解】齐衰(zīcuī),古代丧服之一种。丧服依亲属关系亲疏分五种:斩衰(三年丧)、齐衰(三年以下)、大功(九个月)、小功(五个月)、缌麻(三个月)。斩衰是子为父,父为长子,妻为夫,臣为君,衣边不缝,以示哀重。齐衰是父卒为母、母为长子,三年;父在为母,夫为妻,一年;为祖父母等。衣边缝制。此说齐衰,当然也就包括了斩衰。古代丧服,用熟麻布制作,下边缝齐(区别于斩衰,斩衰用粗的生麻布,左右及下边不缝)。齐衰又有齐衰三年、齐衰期(一年)、齐衰五月、齐衰三月之别,依死者与己关系亲疏而定。冕衣裳,冕当是统的讹字(依钱大昕《潜研堂文集》说)。

统是初发丧时所服丧服,去冠,以白绢包裹发髻并裹额。即《周礼·春官宗伯·司服》"凡吊事,弁绖服"郑玄注:"弁绖者,如爵弁而素加环绖。"《左传·哀公二年》:"使大子统,八人衰绖。"杜预注:"统者,始发丧之服。统音问。"冕衣裳指轻的丧服;齐衰,指重的丧服。衣是上衣,裳(cháng)是下衣,相当于现代的裙。古代男子上衣下裳。

见之,"见"当读如 xiàn,接见,因下文有"必作",说明孔子当时正坐而其人来见(用俞樾《群经平议·论语》说)。

趋,疾行,以示敬意。齐衰者、冕(当为统)衣裳者与瞽者,当为一类人,皆为可哀可悯者,所以不取冕衣裳者为大夫的说法。

【译文】孔子看见穿丧服的人与盲人,如他们来见,虽然年轻,孔子也一定站起来;走过他们身边的时候,一定快走几步。

6.19 厩焚。子退朝,曰:"伤人乎?"不问马。〔乡党篇第十,17〕

【说解】陆德明释文:"'曰伤人乎'绝句,一读至'不'字绝句。"有人引扬雄《太仆箴》"厩焚问人,仲尼深醜",说若依《箴》言问人为醜,则不单问人,"问马"又作一读。按,此误读原文,又误解"醜"义。《扬子云集·太仆箴》作"仲尼厚醜",厚,重;醜(后简化为丑),类也。醜,指太仆一类人。仲尼重视仆夫,故厩焚问人而不问马。全文乃咏太仆任重及所当戒,正体现了重人而轻马的思想。《盐铁论·刑德》说:"鲁厩焚,孔子罢朝,问人不问马,贱畜而重人也。"

【译文】马棚失了火。孔子从朝廷回来,问:"伤了人吗?"不问马。

6.20 朋友死,无所归,曰:"于我殡。"〔乡党篇第十,22〕

【说解】殡,停柩待葬。往往置灵柩于西阶,以泥涂或以砖砌棺。《释名·释疾病》:"于西壁下涂之曰殡。殡,宾也,宾客遇之,言稍远也。涂曰欑,欑木于上而涂之也。"埋葬叫出殡。于我殡,殡这里当指一切丧葬事务。

【译文】朋友死亡,没有人收敛,孔子便说:"在我家殡葬。"

6.21 见齐衰者,虽狎,必变。见冕者与瞽者,虽亵,必以貌。凶服者式之,式负版者。有盛馔,必变色而作。迅雷风烈必变。〔乡党篇第十,25〕

【说解】此章与6.18章大致相同而略详,齐衰,解见彼处。此冕者,也即6.18章之"冕衣裳者"。凶服,丧服,孝衣。《周礼·春官·司服》:"其凶服,加以大功、小功。"郑玄注:"丧服,天子诸侯齐、斩而已,卿大夫加以大功、小功,士亦如之,又加缌焉。"

式,后来作轼,立乘时双手按轼以示敬意或关注。

负版,赵宗乙《论语札记》谓指孝子披在背上的粗麻片,为斩衰和齐衰丧服所用。"负版者"指斩衰、齐衰者。古代服丧,以亲疏为差等而分为五种丧服:斩衰、齐衰、大功、小功、缌麻。斩衰、齐衰为孝子之服,后有"负版"。《仪礼·丧服》:"衰长六寸,博四寸。"郑玄注:"广袤当心也。前有衰,后有负版,左右有辟领。孝子哀戚无所不在。"字或作"负板",元敖继公《仪礼集说》卷一一:"凡凶服、吊服,无不有此衰矣。其辟领亦当同之。若负板,则惟孝子乃有之。"亦名"负",唐贾公彦《仪礼》疏:"负在背者,荷负其悲哀在背也。"宋魏了翁《仪礼要义·丧服经传》:"(负)以一方布置于背上,上畔缝著领,下畔垂放之。以在背上,故得'负'名。"宋李如圭《仪礼集释》卷一九:"衰缀于外衿之上,表其哀摧之心;负言负其悲哀。"以"负版"异于其他凶服,为父母服丧之标志,故特言"式负版者",以表格外之恻隐伤悼之情。宋叶梦得《石林燕语》卷五:"古者丧服有负版,缀于领下垂放之。方尺有八寸。《服》传所谓'负广出于適寸'者也。郑氏言负在背上,適辟领也。盖丧服之制,前有衰,后有负版,左右有辟领。此礼不见于世久矣,自秦汉以来未之闻。翟内翰公巽尝言:《论语》'式负版'非板籍之版,乃丧服之版。以'子见齐衰者必式'为证。"元敖继公《仪礼集说》卷一一:"孔子式负版者,以其服最重故尔。"明陈士元《论语类考》卷一八:"凶服者式之,式负版者,谓斩衰、齐衰之服,后有负版,孔子式凶服,式其有负版者耳。"清王闿运《论语训》:"负版,衰之领也。《记》曰:负版出于適,適出于衰。三年丧,衰乃有之;卒哭,受齐衰则除矣。上言变齐衰,嫌式凶服者以下,故特言负版乃为凶服。"按,此说是。清夏炘《学礼管释·释適上》:"適之制,与衣殊材。前之衰,后之负版,皆系于適。"

盛馔,古不易得,故不轻易而设,必为重大节日、喜庆、祭祀、贵宾等方设;迅雷风烈,为自然力之爆发,可能伤害人众——故孔子表现出庄重、敬畏的神色。《礼记·玉藻》:"君子之后……若有疾风迅雷甚雨,则必变,虽夜必兴,衣服冠而坐。"郑玄注:"敬天之怒。"

【译文】 孔子看见穿齐衰孝服的人,就是极熟悉的,也一定改变面容。看见穿丧服的人和盲人,虽是极相熟的,也一定现出同情之貌。在车上看到穿丧服的人、尤其是丧服后缀有负版的,便手伏着车前的横木,把身体微微地向前一俯。有丰富的菜肴,一定神色变动,站立起来。遇见疾雷、暴风,一定改变面色。

6.22　颜渊问仁。子曰:"克己复礼为仁。一日克己复礼,天下归仁焉。为仁由己,而由人乎哉?"颜渊曰:"请问其目?"子曰:"非礼勿视,非礼勿听,非礼勿言,非礼勿动。"颜渊曰:"回虽不敏,请事斯语矣。"〔颜渊篇第十二,1〕

【说解】克己复礼,刘宝楠《正义》谓《左传·昭公十二年》,楚右尹子革诵《祈招》之诗以训楚灵王,"灵王不能自克,以及于难。仲尼曰:'古也有志:克己复礼,仁也。信善哉!'"则克己复礼为古成语。

　　礼是人言论、举止、行为的规范,用以约束、限制人的不良欲望、错误行为,使合于公共道德、社会秩序,才是仁。一切不良欲望、错误行为,都是背离礼的,只有克制自己的不良欲望、错误思想,才能重归于礼——《说文·彳部》:"复,往来也。"在礼崩乐坏的当时,孔子重提"克己复礼"的口号,当然主要是针对统治阶层而言,同时它也有普遍的适用性:无论何人,克己方能复礼,才能称为仁。

　　一日克己复礼,天下归仁,何晏《集解》引马融说:"一日犹见归,况终身乎?"见归,相当于"称之为"。朱熹《论语集注》"归,犹与也"(与,称许),也是这个意思。刘宝楠又引毛奇龄《论语稽求篇》卷五:"《礼记·哀公问》:'君子也者,人之成名也,百姓归之名,谓之君子之子。'则百姓之归,亦祇是名谓之义。此真善于释归字者。"又引其叔父刘台拱说:《后汉书·和殇帝纪》:"故太尉邓彪,元功之族,三让弥高,海内归仁。"又举

《汉书·王莽传赞》:"王莽始起外戚,折节力行,以要名誉,宗族称孝,师友归仁。"《后汉书·郎𫖮传》:"昔颜子十八,天下归仁。"今按,又《朱晖传》:"一日行善,天下归仁;终朝为恶,四海倾覆。"《汉书·五行志下之下》:"节用俭服以惠百姓,则诸侯怀德,士民归仁。"则"归"为"称"义,可以无疑。

【译文】颜渊问怎样才是仁人。孔子说:"克制自己,使言行合于礼,就是仁。一旦这样做到了,天下人都会称许你是仁人。行仁靠自己,能靠别人吗?"颜渊说:"请问其细节。"孔子说:"不合礼的不看,不合礼的不听,不合礼的不说,不合礼的不做。"颜渊说:"我虽然不聪明,也要践行您这些话。"

6.23 仲弓问仁。子曰:"出门如见大宾,使民如承大祭。己所不欲,勿施于人。在邦无怨,在家无怨。"仲弓曰:"雍虽不敏,请事斯语矣。"〔颜渊篇第十二,2〕

【说解】刘宝楠《正义》引《左传·僖公三十三年》:"臣闻之,出门如宾(杜预注:如见大宾),承事如祭(杜预注:常谨敬也),仁之则也。"则"出门如见大宾,使民如承大祭"是古语。

又翟灏《论语考异》引《管子》:"非其所欲,勿施于人,仁也。"则"己所不欲,勿施于人"二句也是古语。

刘宝楠又说:"在邦谓仕于诸侯之邦,在家谓仕于卿大夫之家也。"以 18.3 章"子张问:'士何如斯可谓之达矣?'……子曰:'在邦必达,在家必达'"可知。按,古汉语中家与邦、国相对,指卿大夫之采邑，不指家庭。

　　怨，是人怨己，还是己怨人？皇侃疏："既出门及使民皆敬，又恕己及物，三事并足，故为民人所怀，无复相怨者也。"邢昺疏："既敬且恕，若在邦为诸侯，必无人怨；在家为卿大夫，亦无怨也。"两说同，因仁人能"出门如见大宾，使民如承大祭。己所不欲，勿施于人"，故能"在邦无怨，在家无怨"，从而达到修身行政安民的高境界。

【译文】仲弓问怎样才是仁人。孔子说："出门，好像去接待贵宾；役使百姓，好像去承当大祭祀。自己所不喜欢的事物，也不施加于别人。在侯国、大夫采邑做事，没有人怨恨。"仲弓说："我虽然不聪明，也要践行您这些话。"

6.24　司马牛问仁。子曰："仁者，其言也讱。"曰："其言也讱，斯谓之仁已乎？"子曰："为之难，言之得无讱乎？"〔颜渊篇第十二，3〕

【说解】讱(rèn)，言语迟钝。《说文·言部》："讱，顿也。"段玉裁注："顿之言钝也。"

　　司马牛，即司马耕。据《史记·仲尼弟子列传》："牛多言而躁，问仁于孔子。孔子曰：'仁者其言也讱。'"可见孔子语是针对其"多言而躁"的缺点而言。孔子答问，常针对问者的具体情况，阐释概念的某一方面，学者不可断章取义。

【译文】司马牛问怎样才是仁人。孔子说："仁人，他的言语迟钝。"司马牛说："言语迟钝，这就是仁人了吗？"孔子说："做起来不容易,说话能够不迟钝吗?"

6.25　樊迟问仁。子曰:"居处恭,执事敬,与人忠。虽之夷狄,不可弃也。"〔子路篇第十三,19〕

【说解】恭、敬,古义有别。《礼记·少仪》:"宾客主恭,祭祀主敬。"郑玄注:"恭在貌也,而敬又在心。"朱熹集注:"恭主容,敬主事。恭见于外,敬主乎中。"邢昺疏说:"言凡人居处多放恣,执事则懈惰,与人交则不尽忠。唯仁者居处恭谨,执事敬慎,忠以与人也。此恭敬及忠,虽之适夷狄无礼义之处,亦不可弃而不行也。"

【译文】樊迟问怎样才是仁人。孔子说:"平日容貌态度谦恭庄严,做事严肃认真,为别人服务尽心竭力。即使到落后的外族地区去,这也是不能废弃的。"

6.26　子曰:"刚、毅、木、讷近仁。"〔子路篇第十三,27〕

【说解】讷(nè),义与6.24章"子曰:'仁者,其言也讱。'"的讱相同。如不知"仁"这种品德,可从接近仁的"刚、毅、木、讷"推求;如欲具有"仁"这种品德,可先致力做到"刚、毅、木、讷"。

【译文】孔子说:"刚强、果决、朴质、言语迟钝,这些品质接近于仁。"

6.27 宪问耻。子曰:"邦有道,谷;邦无道,谷,耻也。""克、伐、怨、欲不行焉,可以为仁矣?"子曰:"可以为难矣,仁则吾不知也。"〔宪问篇第十四,1〕

【说解】宪,原宪,即孔子弟子原思。见6.8章。

谷,即4.22章"子曰:'三年学,不至于谷,不易得也。'"中的"谷"。这段话可与2.16章"子曰:'笃信好学,守死善道。危邦不入,乱邦不居。天下有道则见,无道则隐。邦有道,贫且贱焉,耻也;邦无道,富且贵焉,耻也。'"互参。

克,好胜,忌刻。何晏《集解》引马融曰:"克,好胜人也。"《左传·僖公九年》:"无好无恶,不忌不克之谓也。今言多忌克,难哉。"伐,自我夸耀。《易·系辞上》:"劳而不伐,有功而不德,厚之至也。"孔颖达疏:"劳而不伐者,虽(读唯)谦退,疲劳而不自伐其善也。"

孔子认为,"仁"是一种很高的道德境界,并非易于达到。

【译文】原宪问什么叫耻辱。孔子说:"国家政治清明,就做官;国家政治黑暗,却做官,这就是耻辱。"原宪又说:"好胜、自夸、怨恨和贪心四种毛病都没有,这可以说是仁人了吗?"孔子说:"可以说是难能可贵了。若说是仁人,我不知道。"

6.28　子贡问为仁。子曰:"工欲善其事,必先利其器。居是邦也,事其大夫之贤者,友其士之仁者。"〔卫灵公篇第十五,10〕

【说解】工欲善其事,必先利其器,何晏《集解》引孔安国解释这两句话说:"言工以利器为用,人以贤友为助。"按,《毛诗·卫风·淇奥》"有斐君子,如切如磋,如琢如磨",即此君子互砺以加强修养之意。又,"事其大夫之贤者,友其士之仁者",与2.2章"主忠信,无友不知己者"意同。

【译文】子贡问怎样去做仁人。孔子说:"工人要做好他的事,一定先要搞好他的工具。住在这个国家,就要敬奉官员中的贤人,结交那些士人中的仁人。"

6.29　子曰:"民之于仁也,甚于水火。水火吾见蹈而死者矣,未见蹈仁而死者也!"〔卫灵公篇第十五,35〕

【说解】何晏《集解》引马融解释这句话说:"水火及仁,皆民所仰而生者,仁最为甚。蹈水火或时杀人,蹈仁未尝杀人。"又引王弼说:"民之远于仁,甚于水火。见有蹈水火者,未尝见蹈仁者也。"两说不同。王若虚《论语辨惑》说:"以文义观之,弼说为是。"今按,以6.5章"子曰:'苟志于仁矣,无恶也。'"观之,融说为是。

孔子说"未见蹈仁而死者"是就一般人、一般情况言。至于

"杀身以成仁"(18.7),是特殊人(志士仁人)、特殊情况。

【译文】孔子说:"百姓需要仁德,更甚于需要水火。水火,我看见因此而死的,却没有看见因践行仁德而死的。"

6.30　师冕见,及阶,子曰:"阶也。"及席,子曰:"席也。"皆坐,子告之曰:"某在斯,某在斯。"师冕出,子张问曰:"与师言之道与?"子曰:"然,固相师之道也。"〔卫灵公篇第十五,42〕

【说解】师冕,乐师,名冕。古以盲人为乐师,简称"师"。相(xiàng),帮助。

这是一次极好的尊重、帮助残疾人的言传身教。

【译文】师冕来见孔子,走到堂阶,孔子说:"这是堂阶呀。"走到坐席旁,孔子说:"这是坐席呀。"都坐下了,孔子告诉他说:"某人在这里,某人在这里。"

师冕告辞出去后,子张问道:"这是同乐师说话的规矩吗?"孔子说:"是的,这本来就是帮助乐师的规矩。"

6.31　子张问仁于孔子。孔子曰:"能行五者于天下为仁矣。"请问之。曰:"恭、宽、信、敏、惠。恭则不侮,宽则得众,信则人任焉,敏则有功,惠则足以使人。"〔阳货篇第十七,6〕

【说解】能行恭、宽、信、敏、惠五德于天下,即为仁人,仁人可以为圣君、贤臣、明师、益友,总之为优秀人才、社会栋梁。

敏,当读为忞(mín),自强,勉力。见1.21章。

"宽则得众,信则民任焉,敏则有功"数句,已见于本书3.48章。

【译文】子张问孔子如何做仁人。孔子说:"能够在天下实行五种品德,便是仁人了。"子张问哪五种,孔子说:"谦恭、宽厚、诚信、勤勉、慈惠。谦恭就不致受辱,宽厚就会得人心,诚实别人就会任用你,勤勉就会有功绩,慈惠就足以使役人。"

师道篇第七（27章）

孔门的师道,极重学生的道德修养。所谓学,首先是学做人;做人不重理论,而重实践。所以我们可以看到,孔子教育、诱导学生,主要是在道德、人生观的培养与树立方面。而且孔子注重启发,因人施教,常一针见血地指出学生的缺点,分析其思想根源。他的许多见解、观点,如"温故知新""不愤不启、不悱不发""举一反三"等教学理论,已经成为教育理论的经典,至今还在被广泛使用。孔子还善于树立榜样,夸奖、勉励弟子中的佼佼者(如颜回),以激励其他弟子。孔子经常同学生交谈,同他们一起讨论各种人生、社会的问题,并且毫不隐讳地抒发自己的感想与看法,使学生在亲切而毫无拘束的氛围中,受到深刻的启发与教育。

7.1 子曰:"弟子入则孝,出则悌,谨而信,汎爱众,而亲仁。行有馀力,则以学文。"〔学而篇第一,6〕

【说解】入则孝,出则悌,刘宝楠《正义》引《礼记·内则》:"异为孺子室于宫中。"又:"由命士以上,父子皆异宫。昧爽而朝,慈以旨甘。日出而退,各从其事。日入而夕,慈以旨甘。"则弟子入,是朝夕由己之室进入父母之室问候父母,故曰孝。《内则》又说:"十年出就外傅,居宿于外。"《大戴礼记·保傅》:"古者年八岁而出就外舍,学小艺焉,履小节焉。束发而就太学,学大艺焉,履大节焉。"是弟子出,是出就外傅,居小学大学时,事诸学兄师长,皆应悌顺。

汎爱众,赵宗乙《论语札记》说,《说文》:"汎,滥也。"段玉裁注:"《论语》:'汎爱众。'此假汎为氾。""氾"义为"滥"。段玉裁于"滥,氾也"下注:"谓广延也。"是"泛""滥"本义皆为水溢出而广延之。孔子教人,以"修己"为起点,"己所不欲,勿施于人""己欲立而立人,己欲达而达人"。爱众,亦以爱己为起点,再做到"孝悌",由爱身边最亲近之人——父母、兄弟,"氾"而广延之以及亲戚、乡里,到整个天下。故孔子此之"汎爱众",当如段读为"氾爱众",也即《孟子·梁惠王上》所谓"老吾老,以及人之老;幼吾幼,以及人之幼",《诗》之所谓"刑于寡妻,至于兄弟,以御于家邦"之意,突出的是"爱众"之方式、推延过程,而非"博爱"之仅强调范围而已。

此章可见孔子提倡的青少年教育的三个特点:一,德育先于文化教育。二,德育落实于行。三,德育循序渐进:由孝悌(爱敬父母兄长)、谨信进而爱众、亲仁。

由于此章扼要地概括了儿童教育,清代有位学者便以此章各句为纲,敷衍而成《训蒙文》,后改名为《弟子规》,流传至今。

【译文】孔子说:"孩子在家就孝顺父母;出外就尊敬长上;谨慎而诚信,进而博爱大众,亲近仁人。这样躬行实践,如果有馀力,就学习文献。"

7.2 子夏曰:"贤贤易色;事父母,能竭其力;事君,能致其身;与朋友交,言而有信。虽曰未学,吾必谓之学矣。"〔学而篇第一,7〕

【说解】贤贤易色,何晏《集解》引孔安国解释说:"言以好色之心好贤则善也。"5.23章,子曰:"吾未见好德如好色者也。"好德即贤贤,不好色即易色。《汉书·李寻传》"圣人承天,贤贤易色"颜师古注:"贤贤,尊上贤人;易色,轻略于色,不贵之也。""色"兼指女色与男色。孔子语"吾未见好德如好色者也",即针对《史记·孔子世家》所载"灵公与夫人同车,宦者雍渠参乘,出,使孔子为次乘,招摇市过之"而言。《战国策·赵三》:"卫灵公近雍疽、弥子瑕,二人者专君之势以蔽左右。"雍疽,即此雍渠。《史记·老子韩非列传》:"及弥子色衰而爱弛。"则此雍疽(即雍渠)亦与弥子瑕同是卫灵公男宠,故灵公与夫人同车,以雍渠参乘。

从此章也可见,孔门师生所谓学,首先是道德修养,且十分重视付诸实践。

【译文】子夏说:"重品德而轻容貌;侍奉父母,能尽心竭力;服事君上,能献出生命;同朋友交往,说话诚实守信。这种人,即使说没学习过,我一定说他已经学习过了。"

7.3　子贡曰:"贫而无谄,富而无骄,何如?"子曰:"可也。未若贫而乐,富而好礼者也。"子贡曰:"《诗》云:'如切如磋,如琢如磨',其斯之谓与?"子曰:"赐也,始可与言《诗》已矣:告诸往而知来者。"〔学而篇第一,15〕

【说解】贫而乐,《十三经注疏校勘记》谓"皇本、高丽本'乐'下有'道'字,《唐石经》'道'字旁添……《史记·仲尼弟子列传》、《文选·幽愤诗》注引此文,并有'道'字"。郑玄注:"乐谓志于道,不以贫为忧苦。"从"富而好礼"看,"乐"下也应有"道"字。

贫而无谄,只是不以贫为耻,不通过谄媚去求取富有;而"贫而乐道",则是虽贫而有对真理之追求,故不以贫穷为苦,而以追求真理与高尚道德并以得之为乐。富而无骄,只是不以富有而骄傲,能以平常心对待富有;而"富而好礼",则是虽富而有对礼的追求,即更追求礼制对社会秩序、人的行为的节制、调节与约束。显然,后二者比前二者更高尚而富于理性,是人性升华与社会和谐的更高阶段。

"如切如磋,如琢如磨",见于《毛诗·卫风·淇奥》。《尔雅·释器》:"金谓之镂,木谓之刻,骨谓之切,象谓之磋,玉谓之琢,石谓之磨。"郭璞注:"六者皆治器之名。"从"贫而无谄,富而无骄"到"贫而乐（道），富而好礼"，是两个境界，有个提高的过程，所以子贡以"如切如磋，如琢如磨"喻之。

其，表判断的语气副词。斯之谓，即"谓斯"，"斯"作"此"解。诸，这里相当于"之"。往，与"来"相对，往指过去或已知，"来"即指未来或未知。

【译文】子贡说："贫穷而不谄媚，富有而不骄傲，怎么样？"孔子说："可以了。但是还不如贫穷而乐于道，富有而好礼呢。"子贡说："《诗》说：'要像加工骨角、象牙、玉、石一样，切、磋、琢、磨。'就是说这意思吧？"孔子道："赐呀，这才可以同你讨论《诗》了。告诉你一个道理，你能推知其他。"

7.4 子曰："温故而知新，可以为师矣。"〔为政篇第二，11〕

【说解】温故而知新，赵宗乙《论语札记》谓《汉书·成帝纪》云："儒林之官，宜皆明于古今，温故知新，通达国体。"颜师古注："温，厚也，谓厚积于故事也。"《百官公卿表》："故略表举大分，以通古今，备温故知新之义云。"颜师古注："《论语》称孔子曰：'温故而知新，可以为师矣。'温，犹厚也。言厚蓄故事，多识于新，则可为师。"《史丹传》："丹进曰：'凡所谓材者，敏而好学，温故知新。'"颜师古曰："温，厚也。温故，厚蓄故事也。"《萧望之传》："愿陛下选明经术、温故知新、通于几微、谋虑之士以为内臣，与参政事。"此数"温"字当通"蕴"。朱骏声《说文通训定声》："温，叚借为蕴。"谓累积、蓄积。《说文》："蕴，积也。"字或作"蕴"。

颜师古之所谓"厚蓄故事,多识于新",即今之所谓"博古通今"。按,此说是。"故",指前人发现、创造的全部知识财富。

【译文】孔子说:"广博地掌握固有的知识,又能了解新学术、新知识,就可以做老师了。"

7.5 子曰:"攻乎异端,斯害也已。"〔为政篇第二,16〕

【说解】攻,治(治学)。异端,指与儒学不殊途同归的学说。邢昺疏说:"异端之书,则或秕糠尧舜,戕毁仁义。"《后汉书·范升列传》载博士范升反对为《费氏易》《左氏春秋》立博士,即是视其为异端的。他说:"夫学而不约,必叛道也……今《费》《左》二学,无有本师,而多反异……奏立《左》《费》,非政急务。孔子曰:'攻乎异端,斯害也已。'"《晋书·王舒列传》载张闿任晋陵内史,在郡甚有威,惠帝下诏曰:"若声过其实,古人所不取;攻乎异端,为政之甚害。盖所贵者本。"帝诏说"攻乎异端,为政之甚害",则"攻乎异端"肯定是指研习有害之学。又《郭璞列传》载史臣对郭璞精于术数而最终惨死之评论:"晚抗忠言,无救王敦之逆;初惭智免,竟毙山宗之谋。仲尼所谓'攻乎异端,斯害也已',悲夫!"又《索紞列传》记索紞"明阴阳、天文,善术数、占候,司徒辟除郎中。知中国将乱,避世而归。乡人从紞占问吉凶,门中如市"。而他不愿以此惑众,便说:"攻乎异端,戒在害己;无为多事,多事多患。"宋王钦若《册府元龟·帝王部·文学》:"其或攻乎异端,溺于小巧,肆情闺闼,流荡淫靡者,亦足以为戒也。"皆以攻为攻治,异端为有害之学。

也已,句末语气词。这种形式在《论语》中习用。如果把"攻"解成"攻击","已"就得视为动词"止",那反而不合《论语》词法和句法了。参看5.45章"子曰:'年四十而见恶焉,其终也已。'"

【译文】孔子说:"攻读那些异端邪说,这是祸害呀。"

7.6 子曰:"由!诲女知之乎!知之为知之,不知为不知,是知也。"〔为政篇第二,17〕

【说解】由,仲由,即子路。

诲汝知之,俞樾《群经平议》据《荀子·子道》与《韩诗外传》引此文皆作"志之"。《荀子·子道》文为:"孔子曰:'志之,吾语汝。奋于言者华,奋于行者伐,色知而有能者,小人也。故君子知之曰知之,不知曰不知,言之要也。能之曰能之,不能曰不能,行之至也。言要则知,行至则仁,既知且仁,夫恶有不足矣哉!'"《韩诗外传》文为:"孔子曰:'由志之,吾语汝。夫慎于言者不哗,慎于行者不伐。色知而有长者,小人也。故君子知之为知之,不知为不知,言之要也;能之为能之,不能为不能,行之要也。言要则知,行要则仁。既知且仁,又何加哉!"是知也,陆德明音义:"是知之知如字,又音智。"从荀子、韩婴语看,他们皆读为"智"。

【译文】孔子说:"由!我教给你,你记住吧!知道就是知道,不知道就是不知道,这就是明智。"

7.7 子夏问曰:"'巧笑倩兮,美目盼兮,素以为绚兮。'何谓也?"子曰:"绘事后素。"曰:"礼后乎?"子曰:"起予者商也,始可与言《诗》已矣。"〔八佾篇第三,8〕

【说解】倩(qiàn),面颊美。盼,黑白分明。绚(xuàn),多采。巧笑倩兮,美目盼兮,素以为绚兮,前二句见于《毛诗·卫风·硕人》。第三句,王先谦《毛诗三家义集疏》以为出于《鲁诗》。

绘事后素,古多依何晏《集解》引郑玄注:"凡绘画先布众色,然后以素分布其间,以成其文。"即素后于绘事。朱熹集解说:"素,粉地,画之质也。绚,采色,画之饰也。"即绘事后于素。今据《礼记·礼器》"甘受和,白受采,忠信之人可以学礼"及全祖望《经史答问》之说,以朱熹说为是。俞樾《群经平议·论语》且谓上文"素以为绚",正说先有素而后可以为绚。而子贡因有"礼后"之问,所谓忠信之人可以学礼也。

又,《文心雕龙·情采》:"夫铅黛所以饰容,而盼倩生于淑姿。"说铅黛妆饰美质,正是"绘事后素"。《史记·礼书》:"孰知夫礼义文理之所以养情也。"宋叶梦得《春秋考·僖公》:"礼所以饰情,亦所以节情。"是说礼用以养情、饰情、节情,正是"礼后"。也就是说,仁义是礼的根本,礼是节制仁义的。

【译文】子夏问道:"'俊俏的脸儿笑得美,黑白分明的眼睛流光溢彩,洁白的质地画上文彩。'这几句诗是什么意思?"孔子说:"绘画要在素底上进行。"子夏说:"礼也是后起作用的吧?"孔子说:"启发我的人是商啊,现在可以同你讨论《诗》了。"

7.8 子曰:"道不行,乘桴浮于海。从我者,其由与?"子路闻之喜。子曰:"由也好勇过我,无所取材。"〔公冶长篇第五,7〕

【说解】桴(fú),编竹、木成簰(pái,今字作排),大为筏,小为桴(与浮为同源字),即今木排。其,表测度的语气副词。材,通"哉"。

浮海,有人认为是去朝鲜。《汉书·地理志下》:"殷道衰,箕子去之朝鲜,教其民以礼义、田蚕、织作……是以其民终不相盗,无门户之闭,妇人贞信不淫辟……仁贤之化也。然东夷天性柔顺,异于三方之外。故孔子悼道不行,设浮于海,欲居九夷,有以也。"

孔子慨叹,道不行于中国,恐怕只有浮海传道了。遂言及谁能与己冒险涉难,唯由也已。其意本发感慨,非谋划选徒浮海之事,亦不在夸奖子路(但孔子亦知子路忠于老师,虽危不辞)。不料子路认真起来,而沾沾自喜。于是孔子批评其好勇,顺势收回话头。

唐陆德明《经典释文》:"过我绝句,一读过字绝句。"按,读"好勇过我"是。孔子批评弟子,常注意委婉。好勇过我,是说好勇并非不对,我亦好勇——乘桴浮于海,必须有勇气。唯好勇过分,则不可取。一句"好勇过我",批评之中平添了多少亲切意味!正如孔子问子贡,你与颜回比,谁更好?子贡承认不如颜回,孔子就说"弗如也,吾与女弗如也"(4.8),说自己也同样不如颜回,子贡则亦必将愈加心悦而诚服。

【译文】孔子说:"主张行不通了,就坐上木排到海外去。跟随我的,会是仲由吧!"子路听到这话,高兴了。孔子说:"仲由好勇的精神超过了我,这没有什么可取的呀!"

7.9 子在陈,曰:"归与!归与!吾党之小子狂简,斐然成章,不知所以裁之。"〔公冶长篇第五,22〕

【说解】陈,国名,见 1.46 章说解。狂简,21.5 章,"狂者进取"。《尔雅·释诂上》:"简,大也。"指志向高远而处事疏阔。朱熹《集注》释为"志大而略于事也。"斐然,有文采貌。

《史记·孔子世家》记此事:"桓子卒,康子代立……使使召冉求。冉求将行……是日,孔子曰:'归乎,归乎!吾党之小子狂简,斐然成章,吾不知所以裁之。'"而何晏《集解》引孔安国说:"孔子在陈思归,欲去,故曰:'吾党之小子狂者进趋于大道,妄穿凿以成文章,不知所以裁制。我当归以裁制之耳。'遂归。"是孔子还是学生"不知所以裁之",二说不同。

按,孔安国说是。裁制,即约束、规范。孔子一向主张以礼约束人的行为。2.12 章,子曰:"君子博学于文,约之以礼,亦可以弗畔矣夫!"4.27 章,"夫子循循然善诱人,博我以文,约我以礼。"这些学生文献、文学知识已经很广博了——已"斐然成章",而不知"约我以礼",故孔子欲归而裁之。

【译文】孔子在陈国,说:"回去吧!回去吧!我们那里的学生们狂放而志向远大,文采又都斐然成章,却不知道怎样去规范自己。"

7.10　冉求曰：“非不说子之道，力不足也。”子曰："力不足者，中道而废，今女画。"〔雍也篇第六，12〕

【说解】力不足者，"者"是表停顿的语气词，这里兼表假设语气。

《说文·广(yǎn)部》："废，屋顿也。"本义为屋子坍塌，引申为倒下。中道而废，乃褒义，说行道者奋力前进，竭尽全力，力竭而倒，死而后已。如《礼记·中庸》："君子遵道而行，半涂而废，吾弗能已矣。"按，已，停止。又《表记》："乡道而行，中道而废，忘身之老也，不知年数之不足也，俛焉日有孳孳，毙而后已。"郑玄注："废喻力极罢顿，不能复行则止。"所以"中道而废"实在是有志而锐意行道者的共同悲壮结局。冉求虽为孔门所谓四科十哲之一，但似乎性格懦弱而退缩（如不能谏止季氏伐颛臾，3.42），所以孔子曾严厉批评他（同上），又曾以"闻斯行之"来鼓励他勇为（7.21）。这里是又一次针对其弱点批评、激励他了。

【译文】冉求说："不是我不喜欢您的学说，力量不够啊。"孔子说："如果力量不够，会在途中倒下。现在你却裹足不前。"

7.11　子谓子夏曰："女为君子儒，无为小人儒。"〔雍也篇第六，13〕

【说解】《说文·人部》："儒，柔也，术士之称。"《周礼·天官·大宰》："四曰儒，以道得民。"郑玄注："儒，诸侯保氏有六艺以教民者。"《礼记·儒行》陆德明音义引郑玄说："以其记有道德之所行。儒之言优也,和也,言能安人,能服人也。"是说儒为人群从野蛮到开化的过程中,性情较为温柔、有道德、有教养、能教育影响一般人的人,后来用为有知识、教人者之称。

但儒是一个人群,历来有优劣之分。优劣首先以道德分,其次以学问分。这里的"君子小人",当然以道德分,非如刘宝楠《正义》所说,"君子小人,以广狭异,不以邪正分"。孔孟、荀卿、司马迁、郑玄、李膺、杨震、魏征、文天祥、海瑞等公正无私者,自为君子儒;赵高、王莽、李林甫、秦桧、魏忠贤等专以邪恶阿谀为事者,自为小人儒。古往今来,君子儒固有,小人儒亦何其多也。而专制制度,历来伤害君子儒,而滋生小人儒。

【译文】孔子对子夏说:"你要做君子式的儒者,不要做小人式的儒者!"

7.12　子曰:"知之者不如好之者,好之者不如乐之者。"〔雍也篇第六,20〕

【说解】知之者,仅知之而已;好之者,已有兴趣,故喜之爱之,不畏其难,亦不以为苦。乐之者,则含英咀华,欣赏享受,自得其乐,自是学问事业的最高境界。如孔子"发愤忘食,乐以忘忧,不知老之将至"(1.62),颜回"一箪食,一瓢饮,在陋巷;人不堪其忧,回也不改其乐"(4.17)。知之、好之、乐之,"之"可特指儒家的"道",也可泛指一切道术、学问。

【译文】孔子说:"懂得它的人不如喜爱它的人,喜爱它的人又不如以它为乐的人。"

7.13　子曰:"中人以上,可以语上也;中人以下,不可以语上也。"〔雍也篇第六,21〕

【说解】上中下,以智力分,也以道德水平分。因孔门教育,道德修养是首要的;而且古人认为,人的道德水平与其智力有密切的关系——《汉书·古今人表》把历史人物分为上上至下下九等,前三等为圣人、仁人、智人,历代传说中的贤圣属之;下下为愚人,鲧、羿、纣、周厉王等属之。孔子教学,不能不顾及学生的道德水平,而循序渐进。如《史记·仲尼弟子列传》:"子路性鄙,好勇力,志抗直,冠雄鸡,佩豭豚,陵暴孔子。孔子设礼稍诱子路,子路后儒服委质。"子路入学前道德水平不高,以至于"陵暴孔子","孔子设礼稍诱",既是因人施教,也是循序渐进。参看8.22 章,"唯上知与下愚不移"条说解。

【译文】孔子说:"中等水平以上的人,可以告诉他高深的知识;中等水平以下的人,不可以告诉他高深知识。"

7.14　子曰:"自行束脩以上,吾未尝无诲焉。"〔述而篇第七,7〕

【说解】脩,通"修"。何晏《集解》引孔安国说:"言人能奉礼自行束修以上。"指少年当束带修饰之时。其例甚多。如《汉书·王莽传》:"窃见安汉公自初束修。"颜师古注:"束修谓初学官之时。"《后汉书·延笃列传》:"且吾自束修以来,为人臣不陷于不忠,为人子不陷于不孝。"李贤注:"束修谓束带修饰。郑玄注《论语》曰'谓年十五以上'也。"又《后汉书·伏湛传》:"臣诗窃见故大司徒阳都侯伏湛,自行束修,讫无毁玷。"李贤注:"自行束修谓年十五以上。"

【译文】孔子说:"自行束带修饰之礼以上的人,我从没有不教诲的。"

7.15 子曰:"不愤不启,不悱不发。举一隅不以三隅反,则不复也。"〔述而篇第七,8〕

【说解】愤,心中憋懑。愤的同义词是懑,同源词是坟(坟,大土堆)、濆(喷泉)、蕡(果实繁盛,大)等。愤也有气饱盛义。悱,《集韵·尾韵》:"心欲也。"朱熹《论语集注》:"愤者,心求通而未得之意;悱者,口欲言而未能之貌。""不愤不启,不悱不发"当是互文。

发,开。《礼记·学记》:"道而弗牵则和,强而弗抑则易,开而弗达则思。"孔颖达疏:"开谓开发事端。但为学者开发大义头角而已,亦不事事使之通达也。"

"举一隅",刘宝楠《正义》谓皇侃《义疏》本作"举一隅而示之",高丽本、蜀石经本同,《文选·西京赋》"未一隅之能睹",李善注:"《论语》曰:子曰'举一隅而示之。'"则"举一隅"后有"而示之"三字为是。

孔子教学,必待受教者求索而有所不通,有强烈的求知欲时,才去启发他。但也有不再重复的时候——此人不善思考。"不复"是刺激,也是一种教育,以促其思索。赵宗乙《论语札记》谓"举一隅不以三隅反"即《礼记·学记》所谓"开而弗达"，"不复"就是要使之"思"而得之，是。《学记》谓："必也其听语乎（郑玄注：'必待其问乃说之'）！力不能问，然后语之。语之而不知，虽舍之可也。"

【译文】 孔子说："教导学生，不到他心中憋懑、想说出来却说不出的时候，不去启发他。指给他一个角看，他却不能由此推知其他三个角，便不再重复了。"

7.16 子谓颜渊曰："用之则行，舍之则藏，唯我与尔有是夫！"子路曰："子行三军，则谁与？"子曰："暴虎冯河，死而无悔者，吾不与也。必也临事而惧，好谋而成者也。"〔述而篇第七，11〕

【说解】 用之则行，舍之则藏，《孟子·尽心上》将这思想发挥为"得志，泽加于民；不得志，修身见于世。穷则独善其身，达则兼善天下"。夫，句末语气词。

行，从事，为，意义很宽泛。行军犹言行师，此为指挥军队。周制，一万二千五百人为一军，天子六军，大国三军，次国二军，小国一军（《周礼·夏官》）。

子路好勇，孔子曾说："由也，千乘之国，可使治其赋也。"（9.2）见孔子夸奖颜渊，便故意问此。暴（bó），《尔雅·释训》："暴虎，徒搏也。"《诗·郑风·叔于田》："袒裼暴虎，献于公所。"毛传："袒裼，肉袒也。暴虎，空手以搏之。"《论衡·儒增》："以勇夫空拳而暴虎者，卒然见寝石，以手椎之。"又《小雅·小旻》：

"不敢暴虎,不敢冯河。"字后"搏"。《广雅·释诂三》:"搏,击也。"冯(píng),淜的假借字。《说文·水部》:"淜,无舟渡河也揭提花。"

【译文】孔子对颜渊说:"用我呢,就做;不用呢,就把本事藏起来。只有我和你有这修养吧!"子路说:"您若指挥军队,与谁合作?"孔子说:"赤手空拳和老虎搏斗,不用船只去渡河,这样死了都不后悔的人,我是不与他合作的。一定是临事恐惧,善于谋划而能成事的人啊。"

7.17 子以四教:文,行,忠,信。〔述而篇第七,25〕

【说解】刘宝楠《正义》说:"文,谓《诗》、《书》、礼、乐。凡博学审问慎思明辨,皆文之教也。行,谓躬行也。中以尽心曰忠。恒有诸己曰信。人必忠信,然后可以致知力行。故曰'忠信之人,可以学礼'。此四者,皆教成人之法,与教弟子先行后学不同。"

按,7.1章,子曰:"弟子入则孝,出则悌,谨而信,汎爱众,而亲仁。行有馀力,则以学文。"是说初等教育。孔子所教的,是"自行束修以上"的,郑玄所谓"谓年十五以上",即大学教育。孔子说"吾十有五而志于学",也是说这个阶段的开始。参见7.14章,子曰:"自行束修以上,吾未尝无诲焉。"

【译文】孔子用四种课业教学:文献、社会实践、忠心、诚信。

7.18　互乡难与言,童子见,门人惑。子曰:"与其进也,不与其退也,唯何甚? 人洁己以进,与其洁也,不保其往也。"〔述而篇第七,29〕

【说解】互乡,乡名。何晏《集解》引郑玄说:"其乡人言语自专,不达时宜。"

　　唯,语气词。《孟子·尽心下》:"夫子之设科也,往者不追,来者不拒。"与其进、与其洁,即来者不拒;不与其退、不保其往,即往者不追。

【译文】互乡这地方的人,很难与其交谈。一个童子得到孔子的接见,弟子们疑惑。孔子说:"我们赞成他的进步,不赞成他的退步,何必太过分呢? 别人洁净自身而来,就赞成他洁净,而不固执地记住以往。"

7.19　子曰:"衣敝缊袍,与衣狐貉者立,而不耻者,其由也与!'不忮不求,何用不臧?'"子路终身诵之。子曰:"是道也,何足以臧?"〔子罕篇第九,27〕

【说解】衣(旧读 yì),动词。缊(yùn),旧丝絮,一说乱麻。貉(hé),一种似狐而肥、腿稍短、尾亦稍短的犬科兽,俗称"貉(háo)子",毛皮质美。

　　不忮不求,何用不臧,见于《毛诗·邶风·雄雉》。忮(zhì),嫉妒,忌恨。臧(zāng),善。

子路为人肤浅,孔子夸奖之则喜,故正言以抑之。7.8章,子曰:"道不行,乘桴浮于海。从我者,其由与?"子路闻之喜。子曰:"由也好勇过我,无所取材。"也属这种情况。

【译文】孔子说:"穿着破的烂麻絮的袍子与穿着狐貉皮裘的人一道站着,不觉得惭愧的,恐怕只有仲由吧!'不嫉妒,不贪求,为什么不会好?'"子路便总念着这两句诗。孔子说:"仅仅这样,怎样能够好得起来?"

7.20　子曰:"从我于陈、蔡者,皆不及门也。"〔先进篇第十一,2〕

【说解】从我于陈、蔡,据《史记·孔子世家》,吴伐陈,楚救陈,听说孔子在陈、蔡之间,楚便使人聘请孔子,孔子将往楚。陈、蔡大夫认为以孔子之贤,如被楚重用,会危及陈、蔡当权大夫。于是发徒役将孔子围困在野外。孔子师徒断了粮,随从孔子的人饿得爬不起来。于是孔子派子贡到楚,楚昭王兴师迎孔子,孔子师徒才获救。

不及门,何晏《集解》引郑玄说:"言弟子从我而厄于陈蔡者,皆不及仕进之门而失其所。"朱熹《论语集注》却说:"孔子尝厄于陈蔡之间,弟子多从之者,此时皆不在门。故孔子思之,盖不忘其相从于患难之中也。"今多从朱说。

但"不在门"毕竟不等于"不及门"。《毛诗·大雅·桑柔》:"民有肃心,荓云不逮。"郑玄笺:"王为政,民有进于善道之心,当任用之;反却退之,使不及门。"郑玄所谓"不及门",正谓不使任用为政,亦即孔子语之"不及门"。

【译文】孔子说:"跟着我在陈国、蔡国之间忍饥受饿的人,都未得进入仕进之门。"

7.21 子路问:"闻斯行诸?"子曰:"有父兄在,如之何其闻斯行之?"冉有问:"闻斯行诸?"子曰:"闻斯行之。"公西华曰:"由也问闻斯行诸,子曰,'有父兄在';求也问闻斯行诸,子曰,'闻斯行之'。赤也惑,敢问。"子曰:"求也退,故进之;由也兼人,故退之。"〔先进篇第十一,22〕

【说解】敢,表敬副词,相当于今"胆敢"或"斗胆"。《仪礼·士虞礼》"敢用絜牲刚鬣"郑玄注:"敢,冒昧之词。"

兼人,何晏《集解》引郑玄注曰:"言冉有性谦退,子路务在胜尚人,各因其人之失而正之。"朱熹《论语集注》:"兼人谓胜人也。""胜人"与"务在胜尚人"并不相同:"胜人"谓(勇气胆量或才干)超人,属素质;"务在胜尚人"则是"争强好胜",务居他人之上,属性情:二者实为互不相同的两个概念。解作"胜人"是而解作"务在胜尚人"非。唐文学家韩愈,字退之,盖即取义于此:愈,胜也;其才气胜人(即兼人),故宜退(谦退)之。

【译文】子路问:"听到就做吗?"孔子说:"有爸爸哥哥在,怎么能听到就做呢?"冉有问:"听到就做吗?"孔子说:"听到就做。"公西华说:"仲由问'听到就做吗',您说'有爸爸哥哥在';冉求问'听到就做吗',您说'听到就做'。我糊涂了,胆敢问问。"孔子说:"冉求为人退缩,所以我鼓励他;仲由的勇气倍于常人,所以我抑制他。"

7.22　子畏于匡,颜渊后。子曰:"吾以女为死矣!"曰:"子在,回何敢死!"〔先进篇第十一,23〕

【说解】子畏于匡,见1.39章。孔子说:"吾以女为死矣!"足见当时情势危急,师徒不能相顾,而孔子系念颜回之切,忧思之深,如父母之担心子女安危,思之愈甚,愈易作不祥之想。望眼欲穿,一见颜回生还,心中之念便脱口而出。而颜回语"子在,回何敢死",亦别有深意。《礼记·曲礼上》说:"父母存,不许友以死。"颜渊事孔子如父,故说不敢死。而言外之意,万一孔子遭遇不幸,颜回必痛不独生。大难之后重逢的师徒对话,生动体现了二人胜似父子的生死情谊。

【译文】孔子在匡被囚禁了,颜渊最后赶来。孔子说:"我以为你是死了!"(颜渊说):"您还活着,我怎么敢死?"

7.23　子曰:"爱之,能勿劳乎?忠焉,能勿诲乎?"〔宪问篇第十四,7〕

【说解】能勿劳乎,劳,有三种解释:一,使劳苦。《国语·鲁语下》:"夫民劳则思,思则善心生;逸则淫,淫则忘善,忘善则恶心生。"二,慰勉。《说文·力部》:"勑,劳勑也。"劳勑即劳来。三,忧。

《淮南子·精神》:"禹乃熙笑而称曰:'我受命于天,竭力而劳万民。"又《氾论》:"一馈而十起,一沐而三捉发,以劳天下之民。"高诱注:"劳犹忧也。"

今按,一说不如二说,二说不如三说(三说为刘宝楠《正义》)。《资治通鉴·周纪四·赧王中》:"王嘉单之善,下令曰:'寡人忧民之饥也,单收而食之;寡人忧民之寒也,单解裘而衣之;寡人忧劳百姓,而单亦忧:称寡人之意。"《白虎通义·谏诤》:"臣所以有谏君之义何?尽忠纳诚也。爱之能无劳乎,忠焉能无诲乎?"最合于第三义。

【译文】孔子说:"爱他,能不为他忧心吗?忠于他,能不教诲他吗?"

7.24 子曰:"当仁不让于师。"〔卫灵公篇第十五,36〕

【说解】皇侃《义疏》解释说:"仁者,周穷济急之谓也。弟子每事则宜让师,唯行仁宜急,不得让师也。张凭曰:'先人后己,外身爱物,履谦处卑,所以为仁。非不好让,此道非所以让也。'"

【译文】孔子说:"面临必须行仁的事,不同老师谦让。"

7.25 子曰:"有教无类。"〔卫灵公篇第十五,39〕

【说解】《孟子·滕文公上》:"人之有道也,饱食暖衣逸居而无教,则近于禽兽。圣人有忧之,使契为司徒,教以人伦:父子有亲,君臣有义,夫妇有别,长幼有序,朋友有信。"看来教育很早就产生了,但后来大约仅限于官办的贵族子弟学校。《周礼·地官·

师氏》:"以三德教国子……教三行……凡国之贵游子弟学焉"郑玄注:"贵游子弟,王公之子弟;游,无官司者。"又《春官·大司乐》也说:"掌成均之法,以治建国之学政,而合国之子弟焉。"郑玄注:"国之子弟,公卿大夫之子弟当学者谓之国子。""以乐德教国子中和祇庸孝友……以乐语教国子兴道讽诵言语……以乐舞教国子舞《云门大卷》《大咸》《大磬》《大夏》《大濩》《大武》。"

自孔子办私学而主张"有教无类",方打破了贵族垄断教育的局面。何晏《集解》引马融曰:"言人所在见教,无有种类。"邢昺疏:"此章言教人之法也。类谓种类,言人所在见教,无有贵贱种类也。"这是孔子教育思想中最富人文精神的口号。子曰"自行束修以上(年十五以上,知束带修饰),吾未尝无诲焉",便是有教无类。孔子的门人,有富者,如"乘肥马,衣轻裘"的公西华(2.10)、"不受命,而货殖"以致出行"结驷连骑"的子贡(9.12章、《史记·仲尼弟子列传》);也有极贫者,如"一箪食,一瓢饮"的颜渊(4.17)、"衣弊缊袍"的子路(7.19)、孔子死后"亡在草泽中"的原宪(《史记·仲尼弟子列传》);有季氏宰冉求,也有贱人之子冉雍即仲弓,孔子称赞他"犁牛之子骍且角"(4.15)、"雍也可使南面"(4.13)。《吕氏春秋·劝学》也说:"师之教也,不争轻重尊卑贫富,而争于道。其人苟可,其事无不可。"不能说不是受了孔子的影响。

【译文】孔子说:"有教育而无类别。"

7.26 陈亢问于伯鱼曰:"子亦有异闻乎?"对曰:"未也。尝独立,鲤趋而过庭,曰:'学《诗》乎?'对曰:'未也。''不学《诗》,无以言。'鲤退而学《诗》。他日又独立,鲤趋而过庭,曰:'学礼乎?'对曰:'未也。''不学礼,无以立。'鲤退而学礼。闻斯二者。"陈亢退而喜曰:"问一得三:闻《诗》,闻礼,又闻君子之远其子也。"〔季氏篇第十六,13〕

【说解】陈亢(gāng),即陈子禽。陈亢怀疑孔子对儿子鲤进行"个别教育",也在情理之中。趋,晚辈或身份低的人在尊长前要快走,以示谦恭。孔夫子善教,陈亢亦善学;常人问一得一,他却能问一得三。善学者当如是。

《诗经》的语言生动活泼,精练含蓄,古人在交际场合,常诵《诗》以表意,在当时,确实"不学《诗》,无以言"。而今天,源于《诗经》的上百成语仍然活跃在我们的言语之中,很多《诗》句已成格言。至于《礼》,当时的作用自不待言,今天,占《礼》的部分精华也得以保留,成为社会公德、人际关系准则、礼节、礼貌的一部分。如尊老爱幼、谦逊礼让、谨言慎行、礼尚往来,都是有生命力的中华传统美德。而"君子之远其子"、对子女不过分亲近,而注重道德、学业的引导,尤其值得今天的为人父母者深思:因溺爱导致教育失败的教训已经不少了。

庭训、趋庭,已成父亲教育子女的词语与典故。如晋葛洪《抱朴子·外篇》序:"年十三,慈父见背,夙失庭训。"唐王勃《滕王阁序》:"他日趋庭,叨陪鲤对。"

【译文】陈亢问伯鱼说:"您有什么与众不同的听闻吗?"答道:"没有。他曾经一个人站着,我快步走过庭院。他问:'学《诗》了吗?'我说:'没有。'他说:'不学《诗》,没法说话。'我退回便学《诗》。另一天,他又一个人站着,我快步走过庭院。他问:'学《礼》了吗?'我答:'没有。'他说:'不学《礼》,没法立身。'我退回便学《礼》。听说这两件事。"陈亢回去,高兴地说:"我问一件事,知道了三件事:听说学《诗》,听说学《礼》,又听说君子疏远他的孩子。"

7.27　子游曰:"子夏之门人小子,当洒扫应对进退,则可矣——抑末也,本之则无。如之何?"子夏闻之,曰:"噫!言游过矣!君子之道,孰先传焉?孰后倦焉?譬诸草木,区以别矣。君子之道,焉可诬也?有始有卒者,其惟圣人乎!"〔子张篇第十九,12〕

【说解】孔门很注重对子弟的服务性劳动及待人接物的训练,以教育他们尊长爱幼,敏行慎言,文明礼貌,举止大方,言动得体。如《礼记·曲礼上》:"凡为人子之礼,冬温而夏凊,昏定而晨省。""夫为人子者,出必告,反必面。所游必有常所,习必有业,恒言不称老。""见父之执,不谓之进不敢进,不谓之退不敢退,不问不敢对:此孝子之行也。""长者问,不辞让而对,非礼也。"

"凡为长者粪之礼,必加帚于箕上,以袂拘而退,其尘不及长者。以箕自乡而扱之。""从于先生,不越路而与人言。""为人子者,居不主奥,坐不中席,行不中道,立不中门。"此为初级教育中的先传者。

至入大学之后,孔子教以"文,行,忠,信"(7.17),"大学之道,在明明德,在亲民,在止于至善"(《礼记·大学》),仁以为己任,死而后已:此为后倦者。初始与深入两阶段的学行重点,"譬诸草木,区以别矣",所谓"有始有卒"。

这正与7.1章"子曰:'弟子入则孝,出则悌,谨而信,汎爱众,而亲仁。行有馀力,则以学文。'"的精神相同。

顾炎武《日知录》卷七说:"圣人之道,未有不始于洒扫应对进退者也。故曰'约之以礼',又曰'知崇礼卑'。"

【译文】子游说:"子夏的学生,叫他们做打扫、接待客人、进见告退的事,那是可以的——不过这是末节,学术根本却没有。怎样可以呢?"子夏听了这话,便说:"哎,言游说错了!君子的道术,哪一项先传授呢?哪一项最后讲述呢?道术犹如草木,区别为各种各类。君子的道术,如何可以歪曲?循序渐进、有始有终的,大概只有圣人吧!"

明理篇第八（24章）

　　这一章集中了孔子与他的学生在推理思辨方面的观点,这些观点体现了孔门师徒对自然、社会、历史、人事等多方面问题的认识与思考。应该说,很多观点都是聪明睿智的,是智者的思维与社会活动经验的总结,充满了辩证分析的精神。因此这一章的语录,如"以德报怨"、"人无远虑,必有近忧""巧言乱德。小不忍则乱大谋"等,很多已经成了成语与格言。

8.1 子曰:"视其所以,观其所由,察其所安,人焉廋哉?人焉廋哉?"〔为政篇第二,10〕

【说解】所以,所为,"视其所以"即《大戴礼·文王官人》的"考其所为"。所由,所经,也即途径,方式。焉,何。廋(sōu),隐藏,藏匿。《史记·魏世家》说李克善于观人:"居视其所亲,富视其所与,达视其所举,穷视其所不为,贫视其所不取。"具体而欠深刻(用杨伯峻先生说)。又,视、观、察,当为变文(用王若虚《论语辨惑》说)。

【译文】孔子说:"考查一个人所作所为,观察他办事的途径,看他安于什么、不安于什么:这个人还怎么隐藏得了呢?这个人还怎么隐藏得了呢?"

8.2 子张问:"十世可知也?"子曰:"殷因于夏礼,所损益,可知也;周因于殷礼,所损益,可知也。其或继周者,虽百世,可知也。"〔为政篇第二,23〕

【说解】世,一般以三十年为一世。十世可知、百世可知,是据后知前,还是据前知后?以主张据前知后者为多。何晏《集解》引马融说:"物类相招,势数相生,其变有常,故可豫知也。"但原文"殷因于夏礼,所损益,可知也;周因于殷礼,所损益,可知也",都是据后知前(据殷知夏,据周知殷),则"其或继周者,虽百世,可知也",也应是百世后可据礼之损益推知周、殷、夏。

再从情理说,据今知后则几乎不可能。不要说十世、百世,即说上个世纪,清末人便不能预知民国后世情,民国人亦不能预知百年后世情。而据后可以知前,如据传统、传说、文献、文物,人们可以推知十世、百世以前的社会状况。子曰:"夏礼,吾能言之,杞不足徵也;殷礼,吾能言之,宋不足徵也。文献不足故也。足,则吾能徵之矣。"(10.3)也是据后知前。刘宝楠《正义》引陈澧《东塾类稿》说:"邢疏曰:'弟子子张问于孔子,夫国家文质礼变,设若相承至于十世,世数既远,可得知其礼乎?'此以为子张问后十世欲知前十世之礼,最为得解。盖十世者,言其极远也。后世欲知前世,近则易知,远则难知,故极之十世之远。……又曰:'虽百世,可知',谓此后百世尚可知夏殷以来之礼也。"又《史记·刘敬叔孙通列传》:"叔孙通曰:'五帝异乐,三王不同礼。礼者,因时世人情为之节文者也。故夏殷周之礼,所因损益可知者,谓不相复也。"也说汉人可知夏殷周之礼。

【译文】子张问:"前十代,可以知道吗?"孔子说:"殷朝沿袭夏朝的礼仪制度,据所废除、增加的,夏朝的礼仪制度是可以知道的;周朝沿袭殷朝的礼仪制度,据所废除、增加的,殷朝的礼仪制度也是可以知道的。那有继承周朝的,就是过一百代,也是可以知道夏、商、周情况的。"

8.3 子曰:"人之过也,各于其党。观过,斯知仁矣。"〔里仁篇第四,7〕

【说解】党,本义为居民单位,五百家为党。这里作"等类"讲,是引申义。斯,则。仁,同"人"。

朱熹《论语集注》引程子曰："人之过也,各于其类。君子常失于厚,小人常失于薄,君子过于爱,小人过于忍。"意思是不同的人所易犯的错误性质也不一样,各与其人的德行性情有关。

《后汉书·吴佑传》载,啬夫孙性私收民钱,买衣献其父。父怒而责备他,逼他向吴佑服罪。孙性持衣自首,吴佑问得实情,说,你因孝顺,蒙受污秽之名,所谓"观过,斯知人矣"。引此文正作"人"(武英殿本却又改作"仁",不可为据。此杨伯峻先生说。按,四库馆臣考证:"仁,毛本作人,何焯曰:'他本同作人。'")。

《孟子·万章上》讲一个故事,有人送郑子产活鱼,子产让手下人养在池里。那人把鱼煮吃了,回来报告说,鱼很快活地游走了。子产深信不疑,还高兴地说:"得其所哉,得其所哉!"子产明明是犯了个错误:轻信手下人,而送了鱼的命。而这错误是由于善良与轻信——是善人易犯的错误。

《孟子·离娄下》所谓"世俗所谓不孝者五"(饮酒赌博、不养父母、好勇斗狠之类)是小人的不孝,而"不孝有三,无后为大"(阿意曲从,陷亲不义,一不孝也;家穷亲老,不为禄仕,二不孝也;不娶无子,绝先祖祀,三不孝也)是君子的不孝:也属于"观过,斯知仁(人)矣"。

【译文】孔子说:"人犯错误,各与其人本质相关。考察某人所犯的错误,就可以知道他的为人了。"

8.4 子游曰:"事君数,斯辱矣;朋友数,斯疏矣。"〔里仁篇第四,26〕

【说解】数(shuò),亲密,亲近。物极则反,事数则渎,过亲则疏。《周易·蒙》:"彖曰:'初筮告,再三渎,渎则不告。'"朋友关系也往往因过分亲密而反生嫌隙。《礼记·表记》:"故君子之接如水,小人之接如醴。君子淡以成,小人甘以坏。"《宋书·萧思话刘延孙列传》:"史臣曰:夫狎因事狎,敬由近疏。疏必相思,狎必相厌。厌思一殊,荣礼自隔。"皆说此理。

【译文】子游说:"侍奉君主过于亲近,就会招致侮辱;对待朋友过于亲近,就会被疏远。"

8.5 子在川上,曰:"逝者如斯夫,不舍昼夜!"〔子罕篇第九,17〕

【说解】斯,此。舍(shè),止息。朱熹《论语集注》解释了孔子语意:"天地之化,往者过,来者续,无一息之停,乃道体之本然也。然其可指而易见者,莫如川流。故于此发以示人,欲学者时时省察,而无毫发之间断也。"但"智者乐水",也许这是孔子说自己对自然或社会的感悟,不一定为"示人"。如川流逝去而不停、不返者,是时光,是青春,是生命,还是千古风流人物?这些都足以引发智者、志士的浮想与感慨。

【译文】孔子在河边,说:"消逝的事物像这水呀!日夜不停。"

8.6 子曰："后生可畏,焉知来者之不如今也？四十、五十而无闻焉,斯亦不足畏也已。"〔子罕篇第九,23〕

【说解】无闻,主要指德行。因孔子说："君子去仁,恶乎成名？"(6.6)按,此章意在激励青年及早学习修身,立业成名。

【译文】孔子说："年少的人是可敬畏的,怎能知道他将来赶不上现在的人呢？人到了四五十岁还没有名望,也就不值得敬畏了。"

8.7 子曰："可与共学,未可与适道；可与适道,未可与立；可与立,未可与权。"〔子罕篇第九,30〕

【说解】何晏《集解》："虽学,或得异端,未必能之道。虽能之道,未必能有所立。虽能有所立,未必能权量其轻重之极。"他以"未必能"释"未可与",说明他把"与"看成"以"。《淮南子·氾论》："故孔子曰：'可以共学矣,而未可以适道也。可与适道,未可以立也。可以立,未可与权。'""与"与"以"错出,也说明"与"就是"以"。

立,当指立于道,守道而不变。权,合宜的变化。《孟子·离娄上》释为"反经而善也",或如学者所谓"权者,反经而合道"。《淮南子·氾论》："忤而后合者谓之知权。"高诱注："权,因事制宜,权量轻重,无常形势,能合丑反善,合于宜适,故圣人独见之也。"

适道、立、权,是孔子道德学问修养的三个境界。

【译文】孔子说:"可以一道学习,未必可以掌握道义;可以掌握道义,未必可以有所成就;可以有所成就,未必可以通权达变。"

8.8 "唐棣之华,偏其反而。岂不尔思?室是远而。"子曰:"未之思也,夫何远之有?"〔子罕篇第九,31〕

【说解】唐棣,有两说,陆玑《毛诗草木鸟兽虫鱼疏》以为就是郁李,植物名。落叶小灌木。叶卵形至披针状卵形。春开花,淡红色。果实小,球形,暗红色,可食。李时珍《本草纲目·木二》以为是扶栘:"藏器曰:'扶栘木生江南山谷,树大十数围,无风叶动,花反而后合。《诗》云'唐棣之华,偏其反而'是也。"与郭璞注《尔雅》以唐棣似白杨,郝懿行义疏谓即今小桃红,其华初开反背、终乃合并者合。

"唐棣之华"等句是逸诗。偏,通翩,偏其,犹翩然,摇动貌。诗以"唐棣之华,偏其反而"起兴,大概是取事与愿违之意。"岂不尔思?室是远尔",与《诗经·郑风·东门之墠》"其室则迩,其人甚远"意境相近,大概也是情诗,而孔子借以发挥:还是没有殚精覃思,有什么远的呢?

【译文】"唐棣树的花,翩然相反。难道不想你?你家太远。"孔子说:"还是没想呀,有什么远的呢?"

8.9　季路问事鬼神。子曰:"未能事人,焉能事鬼?"曰:"敢问死。"曰:"未知生,焉知死?"〔先进篇第十一,12〕

【说解】何晏《集解》引陈群说:"鬼神及死事难明,语之无益,故不答。"按此可与6.9章互参:樊迟问知,子曰:"务民之义,敬鬼神而远之,可谓知矣。"

【译文】子路问如何事奉鬼神。孔子说:"没能事奉活人,怎能事奉死鬼?"又问:"胆敢请问死是怎么回事。"孔子说:"还不知道生,怎能知道死?"

8.10　子张问善人之道。子曰:"不践迹,亦不入于室。"〔先进篇第十一,20〕

【说解】赵宗乙《论语札记》谓此章乃子张问,人如何方可成为善人,故皇侃疏云"问其道云何而可谓为善人也",邢昺疏云"问行何道可谓善人",皆是。善人,即"圣人"之异名,见5.20章,子曰:"圣人,吾不得而见之矣;得见君子者,斯可矣。"子曰:"善人,吾不得而见之矣;得见有恒者,斯可矣。"践迹,指追随圣人,如颜渊之孔步亦步,孔趋亦趋,是以得升堂入室。按,此说合情理与文义。

【译文】子张问如何成为善人,孔子说:"若不因循善人之足迹,就不会有极深的造诣。"

8.11　子曰:"论笃是与,君子者乎？色庄者乎？"〔先进篇第十一,21〕

【说解】何晏《集解》说:"论笃者,谓口无择言;君子者,谓身无鄙行也;色庄者,不恶而严,以远小人者也。言此三者皆可以为善人也。"认为此章与上章相接,而且三句皆指善人。但三句结构实不相同,从语义说,"色庄者"也不能与"君子者"接近。所以朱熹《论语集注》把"与"理解为动词,赞同,把"色庄者"视为貌似"君子者"的虚伪者:"言但以其言论笃实而与之,则未知其为君子乎,为色庄者乎？言不可以言貌取人也。"今依朱熹说。色庄者,孔子所谓"色取仁而行违"者(18.3)。

【译文】孔子说:"人们推许言论笃实的人,而这些言论笃实的人是真正的君子呢？还是神情假装庄重的人呢？"

8.12　子张问明。子曰:"浸润之谮,肤受之愬,不行焉,可谓明也已矣；浸润之谮,肤受之愬,不行焉,可谓远也已矣。"〔颜渊篇第十二,6〕

【说解】谮(zèn),诬告。浸润之谮,指如水渐渍般积久的诽谤。如《史记·伍子胥列传》:"无忌又日夜言太子短于王。""日夜言短"即是浸润之谮。肤受之愬,指关乎切身利害的诬告,如骊姬之诉太子申生于晋献公,上官大夫之谗屈原于楚怀王,皆是。"浸润之谮,肤受之愬,不行焉",这样高明的君王、领导者,旷古罕有。

朱熹《论语集注》释此章："浸润，如水之浸灌，滋润渐渍而不骤也；谮，毁人之行也。肤受，谓肌肤所受利害切身，如《易》所谓'剥床以肤，切近灾'者也；愬，愬己之冤也。毁人者渐渍而不骤，则听者不觉其入而信之深矣；愬冤者急迫而切身，则听者不及致详而发之暴矣。二者难察而能察之，则可见其心之明而不蔽于近矣。"

【译文】子张问怎样是明辨是非。孔子说："如水渐渍般积久的诽谤，关乎切身利害的诬告，在你这里行不通，可以说是明辨是非了；如水渐渍般积久的诽谤，关乎切身利害的诬告，在你这里行不通，可以说是高瞻远瞩了。"

8.13 子张问崇德辨惑。子曰："主忠信，徙义，崇德也。爱之欲其生，恶之欲其死：既欲其生，又欲其死，是惑也。'诚不以富，亦祇以异。'"〔颜渊篇第十二，10〕

【说解】主忠信，即 2.2 章"主忠信。无友不如己者"之"主忠信"。徙义，谓见义即改变意念而从之。何晏《集解》引包咸曰："徙义，见义则徙意而从之。"与"迁善"义近。13.7 章，子曰："德之不修，学之不讲，闻义不能徙，不善不能改，是吾忧也。"

诚不以富，亦祇以异，《诗·小雅·我行其野》第三章诗句。祇，音义同今之范围副词"只"。第三章为："我行其野，言采其葍。不思旧姻，求尔新特。成不以富，亦祇以异。"按，成，依《论语》作"诚"读。朱熹《诗经集传》解释这几句诗："言尔之不思旧姻而求新匹也,虽实不以彼之富而厌我之贫,亦祇以其新而异于故耳。"意思是:你不思念故妻,另寻新欢,确实不是因为她富裕,只是因为她新鲜。为图新鲜就抛弃故妻,这是糊涂;"爱之欲其生,恶之欲其死。既欲其生,又欲其死",也是糊涂。所以孔子引来作为譬喻,是有道理的。程颐说是"错简",则思未及此。

【译文】子张问如何去提高品德,明辨迷惑。孔子说:"亲近忠实诚信的人,唯义是从,这就能提高品德。爱人,就愿他长生;恨人,就愿他快死:既愿他长生,又愿他快死,这便是迷惑。如《诗》所说:'实不因为她富裕,只是因为她新鲜。'"

8.14 子贡问曰:"乡人皆好之,何如?"子曰:"未可也。""乡人皆恶之,何如?"子曰:"未可也。不如乡人之善者好之,其不善者恶之。"〔子路篇第十三,24〕

【说解】乡人皆好之,为何未可?因为此人可能有意地讨好每个人,孔子、孟子称之为"乡愿"。所以孔子说:"众恶之,必察焉;众好之,必察焉。"(8.20)又说,"唯仁者能好人,能恶人。"(6.4)朱熹《论语集注》说:"一乡之人宜有公论矣,然其间亦各以类自为好恶也。故善者好之而恶者不恶,则必其有苟合之行;恶者恶之而善者不好,则必其无可好之实。"其说是。

【译文】子贡问道:"乡里人都喜欢他,怎么样?"孔子说:"不行。"子贡又说:"乡里人都厌恶他,怎么样?"孔子说:"也不行。不如乡里人中的好人喜欢他,其中的坏人厌恶他。"

8.15 子曰:"贫而无怨难,富而无骄易。"〔宪问篇第十四,10〕

【说解】为何"贫而无怨难",一般人往往以颜回"一箪食,一瓢饮,在陋巷;人不堪其忧,回也不改其乐"(4.17)相比况,以颜回为贫而无怨的代表。但须知颜回虽贫,毕竟还有箪食、瓢饮,有陋巷(矮屋子)可住。而严重的贫是危及生存的,《汉书·食货志》:"寒之于衣,不待轻暖;饥之于食,不待甘旨。饥寒至身,不顾廉耻。人情,一日不再食则饥,终岁不制衣则寒。夫腹饥不得食,肤寒不得衣,虽慈母不能保其子。"陷于那种"腹饥不得食,肤寒不得衣,虽慈母不能保其子"的可怕贫困中,而无人问津,"能无怨乎"?这是孔子设身处地,为贫者所发的肺腑之言,与不知贫者切肤之痛而作泛泛论者,又不可同日语也。

【译文】孔子说:"贫穷却没有怨恨,很难;富贵却不骄傲,容易。"

8.16 或曰:"以德报怨,何如?"子曰:"何以报德?以直报怨,以德报德。"〔宪问篇第十四,34〕

【说解】《史记·万石张叔列传》载,直不疑为郎时,其同舍吏有请假回家的,误拿了同舍郎的金子。那人走后,失主怀疑是直不疑偷的。直不疑不但不分辨,反而买了金子送给人家。即是以德报怨。《左传·襄公三年》载,晋祁奚致仕,举其雠解狐为嗣,即是以直报怨。看来以德报怨,有阿谀讨好之嫌,又与以德报德无别,所以孔子不赞成。《礼记·表记》载孔子语:"以德报德,则民有所劝;以怨报怨,则民有所惩。……以德报怨,则宽身之仁也;以怨报德,则刑戮之民也。"郑玄注:"宽犹爱也。爱身以息怨,非礼之正也。"这也体现了孔子"正名"的思想。

刘宝楠《正义》引《老子》第六十三章"大小多少,报怨以德",说此即朱子《集注》"或人所称"语所指。则"报怨以德"是古语。而孔子对此理论进行了辩驳与修正。

【译文】有人对孔子说:"用恩德来报答怨恨,怎么样?"孔子说:"那用什么来报答恩德呢?用正直来报答怨恨,用恩德来报答恩德。"

8.17　子击磬于卫,有荷蒉而过孔氏之门者,曰:"有心哉,击磬乎!"既而曰:"鄙哉,硁硁乎,莫己知也,斯己而已矣。深则厉,浅则揭。"子曰:"果哉,末之难矣。"〔宪问篇第十四,39〕

【说解】磬,一种石或玉制的击打乐器,形曲。孔子所敲击的,应该是编磬。硁硁(kēngkēng),浅陋固执貌。

据陆德明释文:"莫己,音纪,下斯己同。"则"莫己知,斯己",都是自己的己。

揭(qì),提起衣裳。见于《诗·邶风·匏有苦叶》。毛传:"以衣涉水为厉,谓由带以上也。揭,褰衣也。"这是比喻,意为与世沉浮,不必固守己道,与《楚辞·渔父》"沧浪之水清兮,可以濯吾缨;沧浪之水浊兮,可以濯吾足"意略同。

果,与"诚"用法相似,表假设。

末之难矣,刘宝楠《正义》说:"出处之际,夫子以道为衡。若但如涉水之厉揭,则亦无所难矣,此正荷蒉不能解夫子之道也。"

【译文】孔子在卫国,正敲着编磬,有个挑着草筐子走过孔子家门的人,说:"敲磬有深意呀!"一会儿又说:"鄙陋啊,浅陋固执呀!'没有人知道我呀!'没有人知道自己,就顾你自己好了。水深,就和衣而涉;水浅,就撩起衣裳蹚过去。"孔子说:"果真如他所说,就没什么难的了。"

8.18 子曰:"人无远虑,必有近忧。"〔卫灵公篇第十五,12〕

【说解】此言既含哲理,又富文采,故已成格言。

【译文】孔子说:"人没有长远的考虑,一定会有眼前的忧患。"

8.19 子曰:"巧言乱德。小不忍则乱大谋。"〔卫灵公篇第十五,27〕

【说解】巧言乱德,类似的意思,5.1章,子曰:"巧言令色,鲜矣仁!"忍,古义为"狠",今"残忍""忍心"中"忍"皆此义。"小不忍"与"是可忍孰不可忍","忍"皆作"狠"解。刘宝楠《正义》引吴嘉宾《论语说》:"先王有不忍人之政,然非小不忍之谓也。故曰:'唯仁者能爱人,能恶人。'苟不忍于恶一人,则将有乱大谋者矣。"也说对少数恶者不狠,则会坏大事。吴又说:"巧言乱德,所谓恶佞足以乱义也。小不忍则乱仁。"刘又引《汉书·李寻传》:"唯陛下执干刚之德,强志守度,毋听女谒邪臣之态。诸保阿乳母甘言悲辞之托,断而勿听。勉强大谊,绝小不忍。"《汉书·外戚列传》载王莽贬孝成皇后赵飞燕诏:"夫小不忍乱大谋,恩之所不能已者,义之所割也。今废皇后为庶人。"二"忍"皆为狠心。

按,《史记·梁孝王世家》,窦太后私爱景帝弟梁孝王,欲于景帝死后立梁孝王为帝,"袁盎等以宋宣公不立正生祸,祸乱后五世不绝,小不忍害大义状报太后,太后乃解说,即使梁王归就国"。又《晋书·范坚列传》载,有人犯罪当死,其二子求自没为奚官奴以赎父命,很多人同情,将许之。范坚驳之曰:"自淳朴浇散,刑辟仍作。刑之所以止刑,杀之所以止杀。虽时有赦过宥罪议狱缓死,未有行小不忍而轻易典刑者也。"又《姚兴载记》载,姚兴宠子广平君姚弼有夺太子位之野心,其臣劝姚兴曰:"广平公与皇太子不平,握强兵于外,陛下一旦不讳,恐社稷必危。小不忍以致大乱者,陛下之谓也。"史书多以"小不忍"之"忍"为"狠"者。

【译文】孔子说:"花言巧语足以败坏道德。对小事不能狠心,便会败坏大事情。"

8.20 子曰:"众恶之,必察焉;众好之,必察焉。"〔卫灵公篇第十五,28〕

【说解】 何晏《集解》引王肃曰:"或众阿党比周,或其人特立不群,故好恶不可不察也。"俞樾《群经平议》说,"阿党比周"解"众好必察"之意,"特立不群"解"众恶必察"之意,是王肃所见本"众好"句在"众恶"句之前。王符《潜夫论·潜叹》:"孔子曰:'众好之,必察焉;众恶之,必察焉。'"盖汉时旧本如此,今传写误倒。《风俗通义·正失》:"孔子曰:'众善焉,必察之;众恶焉,必察之。'"虽文字小异,亦善在恶前,可据以订正。

今按,《旧唐书·刘仁轨列传》、宋蔡节《论语集说》此章、宋赵汝愚《宋名臣奏议》卷一五、清《粤西文载》卷五五引孔子语,亦"众好之"在前。可见不误本至清尚存。

众好之,众恶之,必有可疑:因众人必有好坏之分,其判别善恶的标准亦必不同,如看法相同,便当认真考察。可与8.14章"子贡问曰:'乡人皆好之,何如?'子曰:'未可也。''乡人皆恶之,何如?'子曰:'未可也。不如乡人之善者好之,其不善者恶之'"互参。

【译文】 孔子说:"众人厌恶他,一定要考察;众人喜欢他,也一定要考察。"

8.21　子曰:"人能弘道,非道弘人。"〔卫灵公篇第十五,29〕

【说解】此章寓意,宋苏辙《论语拾遗》说:"道之大,充塞天地,赡足万物。诚得其人而用之,无所不至也;苟非其人,道虽存,七尺之躯有不能充矣,而况其馀乎?故曰人能弘道,非道弘人。"又可从以下几段来体会、推求:《吕氏春秋·劝学》:"师之教也,不争轻重尊卑贫富,而争于道。其人苟可,其事无不可。"高诱注:"《论语》曰:'人能弘道,非道弘人。'故曰'不争轻重尊卑'。"《汉书·礼乐志》:"衰微之学,兴废在人。宜领属雅乐,以继绝表微。孔子曰:'人能弘道,非道弘人。'"又《董仲舒传》:"夫周道衰于幽厉,非道亡也,幽厉不繇也。至于宣王,思昔先王之德,兴滞补弊,明文武之功业,周道粲然复兴。……此夙夜不解行善之所致也。孔子曰:'人能弘道,非道弘人'也。"

　　"道"或指自然、社会的规律,或指儒家最高的社会理想。孔子是在强调,道靠有志者有德者来实现,以更恢弘广大,而非无志无德者用以自矜自夸者。

【译文】孔子说:"人能够把道廓大,不是用道来廓大人。"

8.22　子曰:"唯上知与下愚不移。"〔阳货篇第十七,3〕

【说解】上知与下愚,何晏《集解》引孔安国说:"上知不可使为恶,下愚不可使强贤。"从这句话即可看出,上知与下愚既以智力分,又以道德分，且主要以道德分。这是把先天的因素与后天的习染结合起来了。古人认为，聪明睿智则易于成为贤圣，顽钝愚蠢则易于变为凶暴。或者说，贤圣者必定是聪明睿智的，凶暴者必定是顽钝愚蠢的。这道理已被古今中外无数事例所证明。据史书载，纣是才智过人的："帝纣资辨捷疾，闻见甚敏。材力过人，手格猛兽。知足以距谏，言足以饰非。矜人臣以能，高天下以声。以为皆出己之下。"（《史记·殷本纪》）近代的大独裁者，如上世纪德国希特勒的政治、军事才能，当时也似乎无出其右者。可历史证明，他们都是最愚蠢者。所谓"机关算尽太聪明，反算了卿卿性命。"当然，"不移"说得太绝对了，任何人与事物都不是一成不变的，只不过需要时间与条件罢了。

《汉书·古今人表》据孔子"若圣与仁，则吾岂敢"（1.24）、"何事于仁，必也圣乎"（6.12）、"未知，焉得仁"（9.4）、"中人以上，可以语上也"（7.13）、"唯上智与下愚不移"（8.22）、"生而知之者，上也；学而知之者，次也；困而学之，又其次也；困而不学，民斯为下矣"（11.9，民，即指"人"，非指民众、人民）等语，把人分为九等，上上为圣人，上中为仁人，下中为智人，下下为愚人。"可与为善不可与为恶是谓上智……可与为恶不可与为善是谓下愚"，古代先王、孔子等都列在上上，而暴君、坏人纣、恶来等都列为下下愚人。上智即圣人，下愚即恶人。可见批孔时把上列各条作为孔子蔑视劳动人民的罪证，是很大的误会，当然也是不公正的。

【译文】孔子说："只有上智者和下愚者是改变不了的。"

8.23 子夏曰:"虽小道,必有可观者焉,致远恐泥,是以君子不为也。"〔子张篇第十九,4〕

【说解】 泥(nì),滞陷不通。小道,指非儒者之说及各种具体才艺,包括巫医乐师百工技艺。朱熹《论语集注》举例说:"小道如农圃医卜之属。"

元陈天祥《四书辨疑》卷八批评朱熹:"'君子不为也'之一语,此甚有疾恶小道之意,必是有害圣人正道,故正人君子绝之而不为也。农圃医卜,皆古今天下之所常用,不可无者,君子未尝疾恶也,况农又人人赖以为生,其尤不容恶之也。注文为见夫子尝鄙樊迟学稼之问,故以农圃为小道,此正未尝以意逆志也。盖樊迟在夫子之门,不问其所当问,而以农圃之事问于夫子,夫子以是责之耳,非以农为不当为也。古人之于农也,或在下而以身自为,或居上而率民为之。舜耕于历山,伊尹耕于莘野,后稷播时百谷,公刘教民耕稼,未闻君子不为也。又农圃医卜亦未尝见其致远则泥也。盖小道者,如今之所传诸子百家功利之说,皆其类也。取其近效,固亦有可观者,期欲致远,则泥而不通,虽有暂成,不久而坏,是故君子恶而不为也。农圃医卜不在此数。"

今按,孔子"君子不为也"一语,未必有疾恶意,因前尚说"必有可观者"。孔子并非否定"农圃医卜"诸业益世济民之用,只是不希望君子专攻此业,而引导其从事经世治国之大业,所谓"修己以安人""修己以安百姓"(2.32),"大学之道,在明明德,在亲民,在止于至善"(《礼记·大学》)。《孟子·滕文公上》："尧舜之治天下岂无所用其心哉？亦不用于耕耳。"且说"有大人之事，有小人之事。""小人之事"即属"小道"。虽"舜耕于历山，伊尹耕于莘野，公刘教民耕稼"，然皆圣人一时之事，非终生之业；至如"后稷播时百谷"，则后稷仅农官而已。孔子之拒樊迟学稼学圃之问，其意正在于此：恐其专注于耕稼小道而忽略治国平天下之大道。前代学者之意见并不矛盾：如何晏《论语集解》"小道，谓异端也"皇侃疏："小道，谓诸子百家之书。"邢昺疏："此章勉人学为大道正典也。小道谓异端之说，百家语也。"其实诸子百家之书，正包括"农圃医卜"耳。故陈祥道《论语全解》："庄子曰：'百家众技也，皆有所长，时有所用。虽然，不该不遍，一曲之士也。'盖有所长、有所用，则可观；不该不遍，则致远恐泥。此所以谓之小道也。"

《汉书·宣元六王传》："诸子书或反经术，非圣人，或明鬼神，信物怪。"又《艺文志》："小说家者流，盖出于稗官。街谈巷语、道听涂说者之所造也。孔子曰：'虽小道，必有可观者焉。致远恐泥，是以君子弗为也。'"

【译文】子夏说："即使是小道，也一定有可取之处。但靠它达到远大目标，恐怕就滞陷不通了，所以君子不从事小道。"

8.24 子贡曰："纣之不善，不如是之甚也。是以君子恶居下流，天下之恶皆归焉。"〔子张篇第十九，20〕

【说解】纣，名辛，字受，商末世之王。为恶不道，为周武王所杀。宋苏洵《谥法》:"残义损善曰纣。"何晏《集解》引孔安国说:"纣为不善,以丧天下。后世憎甚之,皆以天下之恶归之于纣。"灭殷商的是周,周人就必须为代殷找到更多的合法理由,也就是必须搜罗到更多的纣的罪恶。纣既成为暴君的象征,于是"天下之恶皆归焉",代代递增。这就是所谓的叠加式文化积累。子夏能看到这一点,说明了他的见地与独立思考精神。

【译文】子贡说:"商纣不善,不像现在说的厉害。所以君子憎恶处于卑污的地位,一旦如此,天下的坏事就都集中在他身上了。"

品藻篇第九（21章）

对人物的品评，很能体现人的见识、好恶、是非观念与价值观。孔子品评最多的，是他的学生。其次是各国诸侯与大夫，如齐桓公、晋文公、令尹子文、陈文子、子产、宁武子、子西、管仲、孟公绰，以及其他人。

孔子评价人，最突出的特点，便是不轻易以仁许人，但对子产与管仲，则称赞有加：因子产爱人，而管仲辅佐桓公，九合诸侯，不以兵车。这说明孔子对爱民、不嗜杀人的政治家，是特别推许的。

9.1　子贡问曰:"赐也何如?"子曰:"女,器也。"曰:"何器也?"曰:"瑚琏也。"〔公冶长篇第五,4〕

【说解】瑚琏(húlián),即簠簋,古代祭祀时盛黍稷稻粱的贵重器皿,方形为簠,圆形为簋,多为青铜制。按,2.3章,子曰:"君子不器。"是说君子不能如普通人,只有单方面或几方面的具体用途,而要做超然物外、生活在高尚精神境界中的人,与道融而为一。而此章却是另一话头,说子贡具有出类拔萃之才能,可为朝廷重臣,如宗庙贵器,可以羞王公,荐鬼神。赵宗乙《论语札记》引清人陆陇其《松阳讲义》卷六云:"这一章因论子贡,而见圣门之人才远出流俗之上。通节俱是赞词。《大全》朱子谓'子贡毕竟只是器,非不器也',此是推言外之意,不是夫子此时口气。"

【译文】子贡问道:"我这个人怎么样呢?"孔子说:"你是个器皿。"子贡说:"什么器皿?"孔子说:"是瑚琏啊。"

9.2　孟武伯问:"子路仁乎?"子曰:"不知也。"又问。子曰:"由也,千乘之国,可使治其赋也,不知其仁也。""求也何如?"子曰:"求也,千室之邑,百乘之家,可使为之宰也,不知其仁也。""赤也何如?"子曰:"赤也,束带立于朝,可使与宾客言也,不知其仁也。"〔公冶长篇第五,8〕

【说解】孟武伯,孟懿子之子仲孙彘,"武"是谥号。赋,兵赋,指军队。《说文·贝部》:"赋,敛也。"古代的士兵及其武器装备、车马粮食,全从居民征敛而来,所以军队就叫赋。《左传·成公元年》"作丘甲"杜预注:"《周礼》,九夫为井,四井为邑,四邑为丘。丘十六井,出戎马一匹、牛三头。四丘为甸,甸六十四井,出长毂一乘、戎马四匹、牛十二头、甲士三人、步卒七十二人,此甸所赋。"每井八户,每甸五百一十二户,如千乘之国,户数为五十多万;每井一方里,每甸六十四方里,千乘之国,为六万四千方里,是二三百里见方的小国。

邑,民聚居之所。《左传·庄公二十八年》:"凡邑,有宗庙先王之主曰都,无曰邑。"又《公羊传·桓公元年》:"田多邑少称田,邑多田少称邑。"邑有大有小,所以有都邑、城邑、乡邑、村邑之称。邑分公私,大夫采邑之外,皆公邑。孔子为中都宰,子夏为莒父宰,子贱为单父宰,子游为武城宰,皆公邑。而费宰为季氏邑,成宰为孟氏邑,郈宰为叔孙氏邑,皆私邑(凌曙《四书典故核》说)。

家,古代卿大夫由诸侯国分封土地,叫采地或者采邑,或就称采;大夫派人治理,并享用其赋税。这采邑就是大夫的"家"。宰,古代一县之长,大夫家的总管也叫"宰"。宾客,宾、客两字析言则别,浑言则不别。析言贵客叫宾,一般客人叫客;浑言宾即是客,客即是宾。

称其能而不称其仁,此即《朱子全书·论语》所谓"圣人寻常未尝轻许人以仁,亦未尝绝人以不仁"。

【译文】孟武伯问孔子:"子路仁吗?"孔子说:"不知道。"他又问。孔子说:"由啊,有一千辆兵车的国家,可以让他管理军政。他仁,我不知道。""冉求怎么样呢?"孔子说:"求啊,千户人口的乡邑,可以让他当长官;有百辆兵车的采邑,可以叫他当总管。他仁,我不知道。""公西赤怎么样呢?"孔子说:"赤啊,扎上大带,立在朝廷中,可以让他接待宾客。他仁,我不知道。"

9.3 子贡曰:"我不欲人之加诸我也,吾亦欲无加诸人。"子曰:"赐也,非尔所及也。"〔公冶长篇第五,12〕

【说解】加,侵凌;凌辱。诸,之于。

  有子说:"恭近于礼,远耻辱也。"(14.1)孔子说:"君子不重,则不威。"(2.2)要做到"远耻辱",还要"求诸己"(2.37)。孔子认为子贡尚未达到这一境界。2.14章,曾子曰:"君子所贵乎道者三:动容貌,斯远暴慢矣;正颜色,斯近信矣;出辞气,斯远鄙倍矣。"何晏《集解》引郑玄曰:"动容貌,能济济跄跄,则人不敢暴慢之;正颜色,能矜庄严栗,则人不敢欺诞之;出辞气,能顺而说之,则无恶戾之言入于耳。"曾子强调,自己严正矜庄,出言合理,则能避免被欺凌冒犯。《荀子·劝学》亦曰:"故言有召祸也,行有招辱也:君子慎其所立乎!"

【译文】子贡说:"我不想让别人凌辱我,我也不想凌辱别人。"孔子说:"赐,这不是你能做到的。"

9.4　子张问曰:"令尹子文三仕为令尹,无喜色;三已之,无愠色。旧令尹之政,必以告新令尹。何如?"子曰:"忠矣。"曰:"仁矣乎?"曰:"未知。焉得仁?""崔子弑齐君,陈文子有马十乘,弃而违之。至于他邦,则曰:'犹吾大夫崔子也。'违之。之一邦,则又曰:'犹吾大夫崔子也。'违之。何如?"子曰:"清矣。"曰:"仁矣乎?"曰:"未知。焉得仁?"〔公冶长篇第五,19〕

【说解】令尹子文,楚国宰相叫令尹。子文即鬥穀(dòugòu)於菟(wūtú),《左传·宣公四年》载其身世。据《左传》,子文于鲁庄公三十年至僖公二十三年任令尹,其间或有纳免复任之事。《国语·楚语下》说:"昔子文三舍令尹,无一日之积。""三"不一定是实指。

崔子,齐大夫崔杼。弑,古代子杀父、臣杀君都叫弑。齐君,齐庄公,名光。崔子弑君之事见《左传·襄公二十五年》。庄公与崔杼妻私通,时齐伐晋,崔杼欲弑齐君以悦于晋,遂弑君。

陈文子,齐大夫,名须无。《左传》不载他离齐事,而载他其后于齐之事。可能曾一度离开,终归于齐。乘(shèng),四匹马为一乘。

后两"崔子",俞樾《群经平议》以为当依郑玄注"《鲁》读崔为高"。陈文子因崔杼弑君,恶其人而出逃,难道还能称"吾大夫崔子"？况且当时列国大夫即使未必贤，岂能人人皆是崔杼？高子指高厚，《左传·襄公十九年》："秋八月，齐崔杼杀高厚于洒蓝，而兼其室。书曰'齐杀其大夫'，从君于昏也。"因高子与君同样昏昧，所以不能控制崔杼而反被崔杼所杀。于是崔杼始专国政，终至酿成弑君之祸。文子推究祸根，源于高子，对其深为不满，于是每到一国，见其执政之世臣庸碌不堪，尸位素餐，无深谋远虑，便叹息说："犹吾大夫高子也。"陆德明释文出"高子"，而误置于首句之下，高子无弑君之事，人遂不从陆说，而不知陆德明释文所说"高子"，当指后两"崔子"。其说可从。

这章可与9.2章互参。仁是儒家最高道德，孔子认为，很少有人达到仁的境界。

【译文】子张问道："令尹子文三次做令尹，没有高兴的脸色；三次被罢免，没有怨怒的脸色。自己任令尹时的政令一定告诉新令尹。这个人怎么样？"孔子说："算忠了。"问："算仁了吗？"孔子说："不知道。怎么能是仁呢？"又问："崔杼弑齐庄公，陈文子有马四十匹，舍弃了，离开齐国。到了另一个国家，说：'这里的执政者同我们的大夫高子差不多。'又离开。到了另一国，又说：'这里的执政者同我们的大夫高子差不多。'又离开了。这个人怎么样？"孔子说："清廉啊。"子张说："算仁了吗？"孔子说："不知道。怎么能是仁呢？"

9.5 子曰:"宁武子,邦有道,则知;邦无道,则愚。其知可及也,其愚不可及也。"〔公冶长篇第五,21〕

【说解】宁武子,卫大夫,姓宁,名俞,武是谥号。《左传》载他许多运用智谋,尽忠报国之事。《文公四年》又载,宁武子来聘,文公与之宴,使乐人奏《诗·小雅·湛露》与《彤弓》——两诗都是写天子宴请诸侯的。他明知文公此举非礼,又不便说明,使文公难堪,于是既不说话,又不诵《诗》答谢。文公很奇怪,事后让外交官私下问他,他却回答说:"我还以为是鲁乐人练习乐章,练到这两首了呢!"然后才给来人解释,这是天子宴请诸侯的诗,我一个诸侯之臣,怎么敢僭当大礼、自取罪咎呢!这样,他既未违礼,又未失礼,又委婉地指出了鲁君之误,表现了他的智慧。

愚不可及,何晏《集解》引孔安国说:"佯愚似实,故曰不可及也。"宋翔凤《论语发微》说他"从容闇君之侧,潜诉皆绝,刑罚不罹,斯其能愚之实足以脱于乱也。"孔子是主张"邦有道,危言危行;邦无道,危行言孙"的(15.6),与宁武子"邦有道,则知;邦无道,则愚"有小异,故说他"其知可及也,其愚不可及也",似有讥讽意味。

【译文】孔子说:"宁武子在国家清平时,就聪明;在国家昏乱时,就愚蠢。那聪明别人赶得上;那愚蠢别人可就赶不上了。"

9.6 季康子问:"仲由可使从政也与?"子曰:"由也果,于从政乎何有?"曰:"赐也可使从政也与?"曰:"赐也达,于从政乎何有?"曰:"求也可使从政也与?"曰:"求也艺,于从政乎何有?"〔雍也篇第六,8〕

【说解】季康子,季孙肥。见1.54章。孔子认为三人各有所长,皆可从政。果、达、艺,皆为从政的重要条件。孔子评论子贡,曾说他是宗庙重器瑚琏(9.1);子路,千乘之国可使治赋;冉有,千室之邑、百乘之家可使为宰(9.2)。

【译文】季康子问孔子:"仲由,可以让他管政事么?"孔子说:"仲由果决,管政事有什么困难呢?"又问:"赐,可以让他管政事么?"孔子说:"赐通达,管政事有什么困难呢?"又问:"求,可以让他管政事么?"孔子说:"求多才艺,管政事有什么困难呢?"

9.7 子曰:"齐一变,至于鲁;鲁一变,至于道。"〔雍也篇第六,24〕

【说解】齐,周武王师姜太公封于营丘,为齐国。武王弟周公封于曲阜,为鲁国。孔子认为齐桓公与管仲对维护周王室与中华传统文化起了重大作用,说:"齐桓公正而不谲。"(9.17)"桓公九合诸侯,不以兵车,管仲之力也",乃至破例地称管仲"如其仁"(9.18),"管仲相桓公,霸诸侯,一匡天下,民到于今受其赐。微管仲,吾其被发左衽矣"(9.19)。齐也保留了相当多的古代文化,如 10.10 章载,孔子"在齐闻《韶》,三月不知肉味"。

但鲁毕竟是春秋时期保留周代礼乐文化最多的国家。《左传·昭公二年》:"春,晋侯使韩宣子来聘,……观书于大史氏,见《易》象与《鲁春秋》,曰:'周礼尽在鲁矣!'"《襄公二十九年》载吴公子札来聘,请观于周乐,有"观止"之叹。

《汉书·地理志》分析齐鲁政治民俗同异及原因:"初,太公治齐,修道术,尊贤智,赏有功,故至今其土多好经术,矜功名,舒缓阔达而足智。其失夸奢朋党,言与行缪,虚诈不情;急之则离散,缓之则放纵。……周兴,以少昊之虚曲阜封周公子伯禽为鲁侯,以为周公,主其民,有圣人之教化。故孔子曰:'齐一变,至于鲁;鲁一变,至于道。'言近正也。"

孔子很珍视鲁国的文化传统,梦想恢复西周的礼乐制度。《礼记·礼运》反映了他的这种梦想:"昔者仲尼与于蜡,宾事毕,出游于观之上,喟然而叹(郑玄注:'孔子见鲁君于祭礼有不备,于此又睹象魏旧章之处,感而叹之')。仲尼之叹,盖叹鲁也。言偃在侧,曰:'君子何叹?'孔子曰:'大道之行也,与三代之英,丘未之逮也,而有志焉。'"

何晏《集解》引包咸解释这句话:"言齐、鲁有大公、周公之馀化,大公大贤,周公圣人。今其政教虽衰,若有明君兴之,齐可使如鲁,鲁可使如大道行之时。"

【译文】孔子说:"齐国一旦变革,能达到鲁国的水平;鲁国一旦变革,就能合乎大道了。"

9.8 德行:颜渊、闵子骞、冉伯牛、仲弓。言语:宰我、子贡。政事:冉有、季路。文学:子游、子夏。〔先进篇第十一,3〕

【说解】邢昺疏解释说:"若任用德行,则有颜渊、闵子骞、冉伯牛、仲弓四人;若用其言语辩说以为行人,使适四方,则有宰我、子贡二人;若治理政事,决断不疑,则有冉有、季路二人;若文章博学,则有子游、子夏二人也。然夫子门徒三千,达者七十有二,而此四科唯举十人者,但言其翘楚者耳。""数人皆称字,盖孔门弟子所记。"(韩愈《论语笔解》)

这章所列,即所谓孔门"四科十哲"。颜渊,孔子称其心三月不违仁。闵子骞孝,不事污君。冉伯牛有恶疾,孔子深痛惜之,说"斯人也而有斯疾也"。仲弓,孔子称其可使南面。宰我辩口利辞,《史记·仲尼弟子列传》多述子贡之事迹。冉有,夫子称其艺;子路,夫子赞其果,于从政乎何有。子游,《礼记·檀弓》述时人议礼,多以子游言为准。子夏,《后汉书·徐防传》载:"防上疏云:'经书礼乐,定自孔子;发明章句,始于子夏。'"

文学,古代概念与今略有小别,古义偏重于文献。

【译文】德行方面:颜渊、闵子骞、冉伯牛、仲弓。言语方面:宰我、子贡。政事方面:冉有、季路。文学方面:子游、子夏。

9.9 子曰:"回也,非助我者也,于吾言无所不说。"〔先进篇第十一,4〕

【说解】说,悦的古字。助我者,朱熹《论语集注》说,如子夏问《诗》,

子曰:"绘事后素。"子夏曰:"礼后乎?"子曰:"起予者商也,始可与言《诗》已矣。"(7.7)师生之间有以相长。颜渊于师言默识心通,无所疑问,所以孔子这样说,若有遗憾,是希望颜渊以其聪明才智,于己有所助益。

【译文】孔子说:"颜回不是对我有所帮助的人,他对我的话没有不喜欢的。"

9.10　闵子侍侧,訚訚如也;子路,行行如也;冉有、子贡,侃侃如也。子乐。"若由也,不得其死然。"〔先进篇第十一,13〕

【说解】闵子,闵损。此章可能是其门人所记。訚訚(yínyín),和悦而正直之貌。行行(hànghàng),刚强负气貌。侃侃,和乐貌。

因子路刚强好信,见义勇为,不善于明哲保身,在礼崩乐坏、政局动荡的当时,自然容易遇难,所以孔子判断他"不得其死然"(然,用同焉)。果然,卫出公立十二年,其父蒯聩谋入夺位,勾结孔悝,驱逐卫出公。子路当时为卫大夫孔悝之邑宰,在外听到消息,说"食其食者不避其难",便入攻蒯聩,蒯聩臣击断子路冠缨,子路说:"君子死而冠不免。"于是结缨而死。孔子听说卫发生叛乱,马上说:"嗟乎,由死矣!"果然传来子路死的噩耗。

【译文】闵子骞侍立在孔子身旁,恭敬而正直,子路则显得很刚强,冉有、子贡温和而快乐。孔子高兴了,却说:"像仲由啊,不得善终吧。"

9.11 柴也愚,参也鲁,师也辟,由也喭。〔先进篇第十一,18〕

【说解】柴,即高柴,见3.14章。参,曾参,见1.53章。师,颛孙师,见3.5章。辟(pì),僻的古字。黄式三《论语后案》说:"偏也。以其志过高而流于一偏也。"喭(yàn),《字汇·口部》:"喭,刚猛也,粗俗也。"

【译文】高柴愚笨,曾参迟钝,颛孙师偏激,仲由粗鲁。

9.12 子曰:"回也其庶乎,屡空。赐不受命,而货殖焉,亿则屡中。"〔先进篇第十一,19〕

【说解】庶,庶几,差不多。一般用于称赞。

俞樾《群经平议·论语》说,屡古字作婁,《说文·女部》:"婁,空也。从毌中女,婁空之意也。"婁空二字即本于此经。凡物空者无不明,以人言则曰离娄,《孟子》所谓"离娄之明"是也;以屋言则曰丽廔,《说文·囧部》"窗牖丽廔闿明"是也。离娄丽廔,实即娄空之意。孔子以娄空称颜子,是说颜子之心通达无滞,若窗牖丽廔闿明,"终日不违"、"无所不悦",皆其证。《史记·伯夷列传》"回也屡空,糟糠不厌",史公已不达屡空之旨。颜回之"屡(lóu)空",与子贡之"亿则屡(lǚ)中"正相对:屡空则通达无滞,故闻一而知十;亿则屡中者推测而知,故仅闻一而知二。

今按,《说文·广部》:"廔,屋丽廔也。"段玉裁注:"丽廔读如离娄二音。……为在屋在墙卤牖开通之皃。"宋罗大经《鹤林玉露·透脱》(卷一四):"杨诚斋丞零陵时,有《春日绝句》云:'梅子留酸软齿牙,芭蕉分绿与窗纱。日长睡起无情思,闲看儿童捉柳花。'张紫岩见之曰:'廷秀胸襟透脱矣!'""胸襟透脱"即此"娄空"之意。

赐不受命,俞樾说"赐不受命,而货殖焉"自是一事,古代商贾皆官方主管。《周礼·天官·庖人》"贾八人"郑玄注:"贾主市买,知物贾。"又《地官·贾师》:"各掌其次之货贿之治。辨其物而均平之,展其成而奠其贾,然后令市。"下至春秋之世,则晋之富商韦藩木键以过于朝,郑则商人之一环必以告君大夫:大概仍然受命于官。《吕氏春秋·上农》:"凡民自七尺以上,属诸三官,农攻粟,工攻器,贾攻货。"高诱注:"三官,农工贾也。攻,治也。"如果不受命于官,而自用其财市贱鬻贵,迩十一之利,此即不受命而货殖。《管子·乘马》:"贾知贾之贵贱,日至于市而不为官贾者,与功而不与分焉。"(金璧按,下句为"工治容貌功能,日至于市而不为官工者,与功而不与分焉",可证工也掌于官。)这就是货殖的滥觞吧?大概因不属于官,即不得列于太宰的九赋,所以不叫商贾而叫货殖。《史记·货殖列传》以子贡为首,理所当然。亿,通"臆"。

【译文】孔子说:"颜回差不多了,心明如镜。端木赐不受官命,而经商积财,预测行情,就屡次猜中。"

9.13　季子然问:"仲由、冉求,可谓大臣与?"子曰:"吾以子为异之问,曾由与求之问!所谓大臣者,以道事君,不可则止。今由与求也,可谓具臣矣。"曰:"然则从之者与?"子曰:"弑父与君,亦不从也。"〔先进篇第十一,24〕

【说解】季子然,何晏《集解》引孔安国说,此人为季氏子弟,以其家能用仲由、冉求两人为臣而自鸣得意,故意来问孔子。按,此说近是。所以孔子之答问"吾以子为异之问,曾由与求之问",明是申斥其问别有用心;"以道事君,不可则止",则暗指仲由、冉求未能谏止季氏伐颛臾;而"弑父与君,亦不从也",亦冷峭而语含讥讽:意为"虽仲由、冉求仅为具臣,然汝家若行弑父与君之事,此二人亦决不会服从"。《史记·仲尼弟子列传》作"季孙问曰"。

异之问,由与求之问,即"问异"、"问由与求"。古人说话为表强调,常常把宾语提到谓语前面。

【译文】季子然问:"仲由和冉求,可以说是大臣吗?"孔子说:"我以为你是问别的,竟然问由和求呀!所谓大臣的人,依照道义辅佐君主,行不通就不干。现在由和求可以说是备员充数的臣。"又问:"这样说来,他们是惟命是从的吧?"孔子说:"杀父亲、杀君主,他们也不会顺从的。"

9.14 子曰:"片言可以折狱者,其由也与?"子路无宿诺。〔颜渊篇第十二,12〕

【说解】片言折狱,有两种说法。一种说法,"片言"也叫"单辞"。官员判决案件,先必听原告和被告两方面的讼辞,叫做狱听两辞。只根据一方的言辞断案,就是片言折狱,那是大忌。因子路能取信于民,人不忍欺,所以可以"片言折狱"。人不忍欺官员,史书也有这类记载。另一种说法,是"子路言简而中理,故片言可使罪人服","片言"即"只言片语"。我们倾向于后者,因似乎更合情理。虽有人认为"片言折狱"表现子路的急躁与草率,但狱讼之事,关乎人的刑戮生死,子路再急躁,也不致如此草率。再说《论语》说"政事:冉有、季路"(9.8),折狱是常见的重要政事。所以我们不取第一说。

赵宗乙《论语札记》征引前贤之说,证后说是。宋钱时《融堂四书管见》卷六:"狱者,两词情伪,亦难决矣。一言折之,非刚明者不能。"宋刘敞《公是七经小传》卷下:"子曰:'片言可以折狱者,其由也与?'此言'非佞折狱,惟良折狱'也。子路信义著于人,人服之。所右也,则信以为右,所左也,则亦信以为左,两俱无憾,是能以片言折狱者也。故曰'千乘之国,可使不信其盟,而信子之言'。若由是推之,片言折狱尚其小者也。"《尚书·吕刑篇》:"非佞折狱,惟良折狱,罔非在中。"孔传:"非口才可以断狱,惟平良可以断狱,无不在中正。"宋戴溪《石鼓论语答问》卷中:"折狱与听讼不同。何谓折狱?盖治狱之官,轻重出入,各有私见,而狱不能决。徐以一言定其可否,莫敢不听。此之谓'折狱',非听讼之谓也。《书》所谓'非佞折狱,惟良折狱'是也。子路'无宿诺'是其平日未尝欺人,故一言而人莫不信之。"朱熹注:"片言,半言。折,断也。子路忠信明决,故言出而人信服之,不待其辞之毕也。"元陈天祥《四书辨疑》卷六:"凡其所谓片言只字者,皆其言辞简少之称。折犹挫折也,如云'折其锐气'、'面折其非'是也。折之使服,非信服也。'片言可以折狱者,其由也与',盖言能以一二言折其罪人虚伪之辞,使之无所逃其情,惟子路为然也。尹材曰:'子路言简而中理,故片言可使罪人服。'此说为是。"谓子路为政果决干练,折狱明于是非,不须辞费,孔子所谓"由也果"者也。

无宿诺,即没有应许下来而未实现的诺言,所谓"言必信"。宿,素来,积久。有人认为此句与上文意义无联系,故分为两章。而实际上因都赞美子路之性格作风,故当为一章。

【译文】孔子说:"用只言片语就可以判决案件的,大概只有仲由吧!"子路从没有应许而不实现的诺言。

9.15 或问子产。子曰:"惠人也。"问子西。曰:"彼哉!彼哉!"问管仲。曰:"人也。夺伯氏骈邑三百,饭疏食,没齿无怨言。"〔宪问篇第十四,9〕

【说解】子产,见3.38章。子西,朱熹《论语集注》认为是楚公子申,说他"能逊楚国,立昭王而改纪其政,亦贤大夫也。然不能革其僭王之号,昭王欲用孔子,又沮止之;其后卒召白公以致祸乱。则其为人可知矣"。赵宗乙《论语札记》谓《史记·楚世家》载,楚公子申是楚平王的庶长子,平王卒,"欲立令尹子西",但他认为"国有常法,更立则乱"而不听;昭王卒,又"让其弟公子申为王,不可",可知他是一位品德高尚的人。楚国平、昭两代,公子申长期担任令尹,有政声。故可以与子产、管仲相提并论。但作为执政大臣,当政期间,国都被吴国攻占,昭王出逃在外,平王墓被掘,楚国一蹶不振,他应该是有责任的。所以孔子认为这个人不值得称道。

"彼哉,彼哉",何晏《集解》引马融说:"言无足称也。"刘宝楠《正义》且说《盐铁论·杂论》:"车丞相即周鲁之列,当轴处中,括囊不言,容身而去。彼哉,彼哉!"也表示"无足称也"。

管仲,见 5.10 章。

伯氏,齐大夫。皇侃《义疏》说他名偃。骈邑,地名。杨伯峻先生《论语译注》说,阮元曾得伯爵彝,乾隆五十六年出土于山东临朐县柳山寨。阮元《积古斋锺鼎彝器款识》说,柳山寨有古城基,即春秋骈邑。

《荀子·仲尼》:"(齐桓公)与之(管仲)书社三百,而富人莫之敢距也。贵贱长少,莫不秩秩焉从桓公而贵敬之。"刘宝楠《正义》说,书社三百,即骈邑三百;富人即伯氏。则"夺伯氏骈邑三百",是桓公夺之给予管仲,几乎等于管仲自夺。没齿,死的婉辞。

【译文】有人问孔子,子产是怎样的人。孔子说:"是慈惠的人。"又问到子西。孔子说:"他呀,他呀!"又问到管仲。孔子说:"是个人才。剥夺了伯氏骈邑三百户人,伯氏只能吃粗粮,可到死没有怨恨的话。"

9.16　子曰:"孟公绰为赵、魏老则优,不可以为滕、薛大夫。"〔宪问篇第十四,11〕

【说解】孟公绰,鲁大夫。《左传·襄公二十五年》载,齐崔杼帅师伐鲁,襄公患之,孟公绰预言崔杼将弑齐君。《史记·仲尼弟子列传》说:"孔子之所严事,于周则老子,于卫蘧伯玉,于齐晏平仲,于楚老莱子,于郑子产,于鲁孟公绰。"老,大夫的家臣称老。滕、薛,鲁周边小国。滕故城在今山东滕县西南,薛故城在今滕县南。优,胜任而有馀力。

　　为什么"孟公绰为赵、魏老则优,不可以为滕、薛大夫",何晏《集解》引孔安国说:"公绰性寡欲,赵魏贪贤(致力于招揽贤才),家老无职,故优。滕薛小国,大夫职烦,故不可为。"是从职轻职烦角度说的。而《汉书·薛宣传》:"频阳县北当上郡、西河,为数郡凑,多盗贼。其令平陵薛恭,本县孝者,功次稍迁,未尝治民,职不办。而粟邑县小,辟在山中,民谨朴易治;令巨鹿尹赏久郡用事吏,为楼烦长举茂材,迁在粟。宣即以令奏赏与恭换县。二人视事数月,而两县皆治。宣因移书劳勉之曰:'昔孟公绰优于赵魏,而不宜滕薛。故或以德显,或以功举。君子之道,焉可忼也!'"则是从个人材质不同、工作性质状况各有所宜说的。故颜师古《汉书》注:"孟公绰,鲁大夫也。《论语》云:'孔子曰:孟公绰为赵魏老则优,不可以为滕薛大夫。'言器能各有所施也。"孟公绰,《左传·襄公二十五年》记其事:"春,齐崔杼帅师伐我北鄙,以报孝伯之师也。公患之,使告于晋。孟公绰曰:'崔子将有大志,不在病我,必速归,何患焉?其来也不寇。"后果如其言。看来是一位德才兼备的大国政治家,孔子将他与老子、蘧伯玉、晏婴、老莱子、子产等相提并论而"严事"之。如其为晋国大夫赵魏之家臣,德孚众望,才堪使众,赵魏又多贤才,必能端拱而治,胜任愉快。若其为滕薛小国大夫,则职渎事烦,事必躬亲,大材小用,非如孔子"少也贱,故多能鄙事"之人,难以胜任,故不可为。

【译文】孔子说:"孟公绰做晋国赵氏、魏氏的家臣是饶有馀力的;却不可以做滕、薛的大夫。"

9.17 子曰:"晋文公谲而不正,齐桓公正而不谲。"〔宪问篇第十四,15〕

【说解】晋文公,名重耳,遭骊姬之乱,在外流亡十九年,终得入晋为君。尊周室,平王子带之乱,纳周襄王,打败楚国,成为霸主。齐桓公名小白。以兄襄公之乱奔莒,后返国为君。任管仲,尊周室,攘夷狄,一匡天下,九合诸侯,为霸主。谲,音jué,狡诈,玩弄权术阴谋。

《左传·僖公二十八年》记践土之会,"晋侯召王,以诸侯见,且使王狩"。杜预注:"晋侯大合诸侯,而欲尊事天子以为名义,自嫌强大,不敢朝周,喻王出狩,因得尽群臣之礼:皆谲而不正之事。"何晏《集解》引郑玄说:"谓(晋文公)召天子而使诸侯朝之。仲尼曰:'以臣召君,不可以训。'故书曰:'天王狩于河阳。'是谲而不正也。"

又引马融说:"(齐桓公)伐楚以公义,责包茅之贡不入,问昭王南征不还,是正而不谲也。"刘宝楠《正义》又引《穀梁传·僖公四年》:"侵蔡而蔡溃,以桓公为知所侵也。不土其地,不分其民,明正也。"

【译文】孔子说:"晋文公诡诈而不正直;齐桓公正直而不诡诈。"

9.18 子路曰:"桓公杀公子纠,召忽死之,管仲不死。"曰:"未仁乎?"子曰:"桓公九合诸侯,不以兵车,管仲之力也。如其仁!如其仁!"〔宪问篇第十四,16〕

【说解】管仲不死,《左传·庄公八年》《九年》载,齐襄公无道,其弟公子小白奔莒,鲍叔牙辅之;公子纠奔鲁,管仲、召忽辅之。襄公被杀,公子小白先入齐,立为君,是为桓公。兴兵伐鲁,逼鲁杀公子纠,召忽自杀以殉,管仲受俘,为桓公宰相。

九合诸侯,诸书多有记载,其说各异,如《管子·小匡》:"桓公曰:'余乘车之会三,兵车之会六,九合诸侯,一匡天下。"《史记·齐太公世家》作"寡人兵车之会三,乘车之会六"。刘宝楠《正义》有详细的考证。《吕氏春秋·勿躬》说:"桓公……令五子皆任其事,以受令于管子。十年九合诸侯,一匡天下,皆夷吾与五子之能也。"

如,相当于乃。孔子从不轻易许人以仁,又曾严厉谴责管仲不知礼(5.10),但因"桓公九合诸侯,不以兵车,管仲之力也",就肯定他仁,说明孔子对"不嗜杀人"的诸侯卿相,是十分赞赏的。

【译文】子路说:"齐桓公杀了公子纠,召忽为他自杀,管仲却没有死。"又说:"管仲不仁吧?"孔子说:"齐桓公多次召集诸侯盟会,不用兵车,都是管仲的力量。这就是他的仁,这就是他的仁!"

9.19 子贡曰:"管仲非仁者与?桓公杀公子纠,不能死,又相之。"子曰:"管仲相桓公,霸诸侯,一匡天下,民到于今受其赐。微管仲,吾其被发左衽矣。岂若匹夫匹妇之为谅也,自经于沟渎而莫之知也!"〔宪问篇第十四,17〕

【说解】匡,正。《诗·小雅·六月》:"王于出征,以匡王国。"郑玄笺:"匡:正也。王曰:'今女出征玁狁,以正王国之封畿。'"一匡天下,周自东迁,王室微弱,与诸侯无异。齐桓公南伐楚,北伐山戎,率诸侯,明天子之禁,使诸侯皆知尊王攘夷,故曰一匡天下。

微,假若没有,假如不是,表示排除性的假设。

被,后来写作"披"。《左传·僖公二十二年》:"初,平王之东迁也,辛有适伊川,见被发而祭于野者。曰:'不及百年,此其戎乎!其礼先亡矣!'"

左衽,衽为衣襟。衣襟前幅掩向右,叫右衽;衣襟前幅掩向左,叫左衽。古代中原民族皆右衽,左衽是夷狄风俗。夷狄风俗,对于礼义之邦的华夏民族来说是可怕的。《史记·匈奴列传》载:"苟利所在,不知礼义。……壮者食肥美,老者食其馀;贵壮健,贱老弱。父死,妻其后母;兄弟死,皆取其妻妻之。"蔡琰《悲愤诗》:"边荒与华异,人俗少义理。"

谅,假借为勍(qíng),固执。参看 2.41 章"子曰:'君子贞而不谅。'"自经,自缢。沟渎,即"填沟壑"的沟壑,也即沟坎。

【译文】子贡问:"管仲不是仁人吧?桓公杀了公子纠,他不能以身殉难,还去辅相桓公。"孔子说:"管仲辅相桓公,称霸诸侯,完全匡正了天下不尊周室的风气,人民到今天还享受他的恩惠。假若没有管仲,我们都会披散着头发,衣襟向左边掩了。他怎么能像普通男女百姓那样执拗,在沟坎中自杀,没有人知道呢!"

9.20　逸民:伯夷、叔齐、虞仲、夷逸、朱张、柳下惠、少连。子曰:"不降其志,不辱其身,伯夷、叔齐与!"谓柳下惠、少连:"降志辱身矣。言中伦,行中虑,其斯而已矣。"谓虞仲、夷逸:"隐居放言,身中清,废中权。""我则异于是,无可无不可。"〔微子篇第十八,8〕

【说解】逸民,何晏《集解》:"节行超逸者也。"赵宗乙《论语札记》力主此说,举其中多人曾仕于官者,因此不能释为"隐居不仕者",其说是。伯夷、叔齐,见 4.12 章。虞仲,旧说即仲雍,古公亶父子,与泰伯同窜荆蛮者。俞樾以为虞仲应是春秋虞公之弟,虞公从其求玉者。刘宝楠《正义》说夷逸曾见于《尸子》,拒绝做官。少连,《礼记·杂记下》:"孔子曰:'少连、大连善居丧,三日不怠,三月不解,期悲哀,三年忧。东夷之子也。"谓,评论。

柳下惠，《孟子·公孙丑上》说他"遗佚而不怨，厄穷而不悯"。《左传·僖公二十六年》载齐伐鲁，公使展喜犒齐师，有一篇义正词严的辞令，迫使齐师退军，这辞令就是僖公令展喜受命于其兄展禽即柳下惠的。

《孟子·公孙丑上》："伯夷，非其君不事，非其友不友，不立于恶人之朝，不与恶人言。立于恶人之朝，与恶人言，如以朝衣朝冠坐于涂炭。"这就是他"不降其志，不辱其身"的表现吧。柳下惠为士师，三黜而不去，(16.9)即是"降志辱身"。至于少连如何"降志辱身"，就不得而知了。

中(zhòng)，符合。伦，道理，义理。放言，放纵其言，不受拘束。

【译文】节行超逸的人才，有伯夷、叔齐、虞仲、夷逸、朱张、柳下惠、少连。孔子说："不降低自己的志趣，不污辱自己的人格，是伯夷、叔齐吧！"又评论柳下惠、少连："降低了自己的志趣，污辱了自己的人格，可是言语合乎道理，行为经得住斟酌，如此而已。"又评论虞仲、夷逸："隐居直言，行为符合廉洁，辞官符合权变。""我却与他们不同，没有什么可以，也没有什么不可以。"

9.21　子游曰："吾友张也，为难能也，然而未仁。"〔子张篇第十九，15〕

【说解】关于《论语》所载子张的言行与孔子及其弟子及后人对子张的评价，参见本书4.43章。赵宗乙《论语札记》引清王闿运《论语训》说："友张，与子张友也。……言己徒希其难，未及于仁。"

按此解极具启发性,非贬子张而褒之,遂能与 4.43 章"曾子曰:'堂堂乎张也,难与并为仁矣。'"密合无隙。子游之意,与子张为友,于己为难能可贵之事;如己不孜孜向善,以畏友为榜样而日迁善,子张未必肯与己为友,亦不愿许己以友,故于己为难能;然而己尚未仁,未达到子张之境界。

【译文】 子游说:"我与子张交友,是难能可贵了,然而我还未达到仁。"

礼乐篇第十(21章)

孔子师徒景仰周朝的礼仪制度,认为其借鉴于夏商两代,因而丰富多彩。这些政治、礼乐制度是治理社会、管理国家的必要手段,也是个人修养与和谐人际关系的重要因素,不可或缺。因此恢复西周的礼仪制度,是孔子重要的政治理想。在很多场合,孔子都表现了对西周礼仪制度的虔敬与向往,《礼记·礼运》载他述三代之英时"丘未之逮也,而有志焉……礼义以为纪,以正君臣,以笃父子,以睦兄弟,以和夫妇,以设制度,以立田里,以贤勇知,以功为己"。他用"尽善尽美"来形容、赞美古乐,抨击靡靡之音郑卫之新乐。

在本篇中,孔子师徒阐述了礼与乐的几个关键问题。首先,礼的核心是礼让,而非争竞。其次,行礼的重要原则是和,即适中,恰到好处,也即中庸,它是节制一切言行的标准。具体实施时,如达不到适中,便可以权变。如行礼之时,在奢与俭之间找不到适中点,就宁可俭;办丧事时,表情和悦为不及,哀伤为过分,如难以适当,宁可哀伤。孔子也高度评价乐在陶冶性情方面的重要作用,提出了"兴于《诗》,立于礼,成于乐"的著名观点,这对教育学也是有重要意义的。

但礼、乐随社会的发展而变化,随时代的进步而推移。孔子既以周之社会制度为最为理想之社会制度,当然他会反对社会以及相应的礼乐制度的变革。这是他政治思想体系中落后保守的一面。

10.1 有子曰:"礼之用和为贵,先王之道,斯为美。小大由之。有所不行:知和而和,不以礼节之,亦不可行也。"〔学而篇第一,12〕

【说解】和,适中,恰到好处。《周礼·春官·大司乐》:"以乐德教国子:中、和、祗、庸、孝、友。"郑玄注:"和,刚柔适也。"

俞樾《群经平议》说,古以、用二字通用,"礼之用和为贵",与《礼记·儒行》:"礼之以和为贵",文义正同,"用"当作"以"字解,当以六字为句。按,今察《礼记·儒行》该句:"礼之以和为贵,忠信之美,优游之法,慕贤而容众,毁方而瓦合,其宽裕有如此者。""礼之以和为贵,忠信之美,优游之法"句式一律,皆以"之"字连接两段,则此"以"确为介词,与"礼之用和为贵"之"用"用法同,与"先王之道斯为美"也可顺畅连接。

斯,从上下文看,当指礼。俞樾又说,《隶释》载《汉石经》作"亦不行也",无"可"字。上文说"有所不行",这里说"亦不行也",两"不行"之义,彼此贯通。"亦"也是承上文而言,上文无"可"字,这里也无"可"字。此"可"盖涉马融注而衍,马融注说:"人知礼贵和,而每事从和,不以礼为节,亦不可行。"马融是用"可"字足句,其所据经文并非有"可"字。其说有理。今按,阮元《十三经注疏校勘记》也说"《汉石经》无'可'字",则"可"字为衍文无疑。

【译文】有子说:"礼以恰当适中为可贵,先代圣明君王的治国之道,这是最美好的。小事大事都依礼而行。也有行不通的时候,即为恰当而求恰当,而不用礼节制,也是行不通的。"

10.2 林放问礼之本。子曰:"大哉问!礼,与其奢也,宁俭;丧,与其易也,宁戚。"〔八佾篇第三,4〕

【说解】林放,鲁人。5.6章,季氏旅于泰山。子谓冉有曰:"女弗能救与?"对曰:"不能。"子曰:"呜呼!曾谓泰山不如林放乎?"

易,包咸释为和易,即感情、气氛平和。《礼记·乐记》:"致乐以治心,则易直子谅之心油然生。"孔颖达疏:"易谓和易。"戚,忧伤过深。《周易·离》:"六五,出涕沱若,戚嗟若。"孔颖达疏:"忧伤之深,所以出涕滂沱,忧戚而咨嗟。"此句何晏《集解》引包咸注是恰切的:"易,和易也。言礼之本意,失于奢不如俭,丧失于和易,不如哀戚。"

"与其……宁"表示一种"不得已而求其次"的选择。执礼,奢为过,俭为不及。虽然都不理想(过犹不及),但如不得已,必于二者之中选一,所谓"两害相权取其轻",那就宁可俭,因为害处较小。执丧,戚为过,易为不及。但如不得已,那就宁可戚,因为丧事以哀为主,才合事理人情。《礼记·檀弓上》:"子路曰:'吾闻诸夫子:丧礼,与其哀不足而礼有馀也,不若礼不足而哀有馀也。'"郑玄注:"丧主哀。祭礼,与其敬不足而礼有馀也,不若礼不足而敬有馀也。"这体现了孔子灵活运用中庸之道的观点。而这种灵活性又是有原则的,那就是人文精神。

【译文】林放问礼的本质。孔子说:"你的问题很大呀!礼仪,与其铺张,宁可俭省;丧礼,与其和悦,宁可哀伤。"

10.3 子曰:"夏礼,吾能言之,杞不足徵也;殷礼,吾能言之,宋不足徵也。文献不足故也。足,则吾能徵之矣。"〔八佾篇第三,9〕

【说解】杞,国名,夏禹之后。周武王时故城即今河南杞县,杞成公时迁缘陵(今山东省昌乐县西南),杞文公迁淳于(今山东省安丘县东北),后为楚所灭。宋,国名,商汤之后。周武王封微子与商遗民于宋,故城在今河南商丘南。

徵,证明。文献,文,典籍;献,贤人。今"文献"仅指历史典籍。《礼记·礼运》是这样记这个意思的:"我欲观夏道,是故之杞,而不足徵也,吾得夏时焉(郑玄注:得夏四时之书也,其书存者有《小正》)。我欲观殷道,是故之宋,而不足徵也,吾得坤乾焉(郑玄注:得殷阴阳之书也,其书存者有《归藏》)。坤乾之义,夏时之等,吾以是观之。"而《中庸》记为"吾说夏礼,杞不足徵也;吾学殷礼,有宋存焉。"

【译文】孔子说:"夏代的礼,我能讲说它,而杞国不足以作证;殷代的礼,我能讲说它,而宋国不足以作证。这是他们的历史文件和贤者不够的缘故。若有足够的文件和贤者,我就可以用来作证了。"

10.4 子曰:"周监于二代,郁郁乎文哉!吾从周。"〔八佾篇第三,14〕

【说解】监(jiàn),本义为盛水的大盆,可照面容。引申为借鉴。

郁，本为陕西古邑名，借以表示有文采之彧（汉简古《论语》作彧）。

《汉书·诸侯王表》说："昔周监于二代，三圣制法，立爵五等，封国八百，同姓五十有馀。周公、康叔建于鲁、卫，各数百里；太公于齐，亦五侯九伯之地。"《礼乐志》说："周监于二代，礼文尤具。事为之制，曲为之防，故称礼经三百，威仪三千，于是教化浃洽，民用和睦，灾害不生，祸乱不作，囹圄空虚四十馀年。"是说在政治、礼乐制度、文化教育诸方面周都汲取了夏殷二代的精华，取得了空前的治绩，赢得了孔子的赞叹。他衷心拥护周制而心向往之，欲于鲁复兴西周（见1.43章："如有用我者，吾其为东周乎！"）。

【译文】孔子说："周朝的礼仪制度是借鉴夏商两代而制定的，多么丰富多彩呀！我赞同周朝的。"

10.5 子入太庙，每事问。或曰："孰谓鄹人之子知礼乎？入太庙，每事问。"子闻之，曰："是礼也？"〔八佾篇第三，15〕

【说解】太庙，古代开国之君称太祖，祭太祖的庙叫太庙。周公旦为鲁国始封君，此太庙即周公庙。《礼记·王制》："天子七庙，三昭三穆，与大祖之庙而七；诸侯五庙，二昭二穆，与大祖之庙而五。"

鄹人之子，鄹（zōu），亦作郰，地名。《史记·孔子世家》说："孔子生鲁昌平乡郰邑。"有人说，即今山东曲阜县东南西邹集。

孔子父亲叔梁纥曾为鄹大夫,遂称鄹大夫叔梁纥为"鄹人",称孔子为鄹人之子。

俞樾《群经平议》说,"是礼也","也""邪"古通用,陆德明《经典释文序》所谓"如而不分,也邪无别"者是也(金璧按,陆序作"如而靡异,邪也弗殊")。俞樾说,鲁僭王礼,太庙中的牺牲、服器的规格,一定有不循旧典的。孔子入太庙,每事问,是借以讽刺。有人不解孔子的用意,反而讥讽孔子"孰谓鄹人之子知礼",所以孔子说"是礼也?"如同说"是礼邪?"是反诘之辞,正可见鲁太庙非礼。

按,《左传·桓公二年》载,宋华父督弑其君殇公,立庄公;鲁与齐、郑、陈等国去讨伐弑君者,却都收受了宋的贿赂,承认了宋的新君;鲁还把宋贿赂的郜鼎放入太庙,《左传》谓此"非礼也"。所以孔子入太庙,肯定会看到这件乃至其他"非礼"之器,则孔子的"每事问"以及"是礼也"之反问,也就不足为怪了。

【译文】孔子进了周公庙,每件事情都发问。有人说:"谁说叔梁纥的儿子懂得礼呢? 他到了太庙,每件事都问别人。"孔子听说,便道:"这是礼吗?"

10.6 子贡欲去告朔之饩羊。子曰:"赐也,尔爱其羊,我爱其礼。"〔八佾篇第三,17〕

【说解】朔,每月初一。饩羊,供祭祀的羊。饩(xì),指牲口,有两义,一是活的,所谓"牲生曰饩";一是杀好的,所谓"牲腥曰饩"。此当指后者,否则子贡便不必"爱其羊"了。爱,古义为吝惜。

古制，每年秋冬之际，周天子颁次年历书给诸侯，说明有无闰月，每月初一日为哪一天，叫告朔，又叫颁告朔。《周礼·春官·大史》："颁告朔于邦国。"郑玄注："天子颁朔于诸侯，诸侯藏之祖庙，至朔，朝于庙，告而受行之。"每月之末，诸侯的主管官员把月朔日报告君主，这叫告月，也叫告朔。君主每月朔朝庙，使大夫面向南奉天子命，君面向北受朔，叫做视朔或听朔。《礼记·玉藻》："凡听朔，必以特牲告其帝及神，配以文王武王。"这是说天子。诸侯听朔，则用"告朔之饩羊"于宗庙。

据刘台拱《论语骈枝》说，《左传·文公十六年》"夏五月，公四不视朔。"郑玄注："诸侯每月必告朔，听政，因朝于庙。"四不视朔，是旷，并不意味废视朔。以《左传·襄公二十九年》"不朝正于庙"观之，可知襄公时，天子告朔、诸侯视朔，其礼尚未废。盖当孔子之时，告朔、视朔已废既久，而鲁国的主管官员仍每月供饩羊。子贡想废除供饩羊的形式，孔子却认为聊胜于无，如去其饩羊，后人便不知告朔、视朔之礼了。犹何晏《集解》引包咸说："羊存犹以识其礼，羊亡礼遂废。"

【译文】 子贡要把鲁国每月视朔祭祀宗庙的羊废去不用。孔子说："赐呀，你可惜那只羊，我可惜那种礼。"

10.7　子语鲁大师乐，曰："乐其可知也：始作，翕如也；从之，纯如也，皦如也，绎如也，以成。"〔八佾篇第三，23〕

【说解】 语（yù），告诉。大（tài）师后来写作太，乐官之长。盲人

《周礼·春官·大师》贾公彦疏:"凡乐之歌,必使瞽蒙为焉者……以其无目,无所觊见,则心不移于音声,故不使有目者为之也。……就瞽之中,命大贤知为大师,其次贤知小者为小师也,其馀为瞽蒙也。"

翕(xī),炽,盛。《方言》卷一二:"翕,炽也。"10.14章,孔子说:"师挚之始,《关雎》之乱,洋洋乎盈耳哉!"从(zòng),后来写作纵。何晏《集解》:"纯纯,和谐也。"皦(jiǎo),本义为玉石之白,这里是分明、清晰。绎(yì),本义为抽丝,引申为连绵不绝。

程树德《论语集释》引刘次源《论语发微》说,孔子语鲁大师乐,当于哀公十一年自卫返鲁,而"乐正,《雅》《颂》得所"事。"始作"是金奏《颂》,《仪礼·大射仪》,纳宾后乃奏《肆夏》,乐阕后有献酢旅酬诸节,而后升歌,故曰"从之",从同纵,谓纵缓之也。入门而金作,其象翕如变动;缓之而后升歌,重人声,其声纯一,故曰"纯如",即《乐记》所谓"审一以定和"也。继以笙入,笙者有声无辞,然其声清别,可辨其声而知其意,故曰"皦如"。继以间歌,谓人声笙奏间代而作,相寻续而不断绝,故曰"绎如"。此三节皆用《雅》,所谓"《雅》《颂》各得其所"也,有此四节而后和乐,则乐以成。

【译文】孔子告诉鲁国的太师乐理,说:"音乐,那是可以知道的:开始演奏,很热烈;放开来,很和谐,很清晰,绵绵不绝,然后完成。"

10.8 子谓《韶》："尽美矣，又尽善也。"谓《武》："尽美矣，未尽善也。"〔八佾篇第三，25〕

【说解】《韶》，舜时乐曲名。《武》，周武王时乐曲名。何晏《集解》引孔安国说："《韶》，舜乐名。谓以圣德受禅，故尽善。""《武》，武王乐也。以征伐取天下，故未尽善。"

窃以为，美，可能就音乐、舞蹈等形式方面说；善，可能就内容及思想境界说。尧舜禅让，体现"天下为公"的精神，故孔子认为"尽美矣，又尽善"。周武王建周，是继续"天下为家"，且以征伐而得天下，故"尽美矣，未尽善"。《左传·襄公二十九年》记吴公子季札在鲁观乐："见舞《大武》者，曰：'美哉，周之盛也！……见舞《韶箾》者，曰：'德至矣哉！大矣，如天之无不帱也，如地之无不载也。虽甚盛德，其蔑以加于此矣，观止矣！'"《礼记·乐记》"干戚之舞，非备乐也"郑玄注："乐以文德为备，若《咸池》者。孔子曰：'《韶》尽美矣，又尽善也。谓《武》，尽美矣，未尽善也。"可证古贤人评价音乐，颇重文德。

金王若虚《论语辨惑》说："尧舜之传贤，汤武之除害，无非公天下之大义也。"不能以是否征伐分其优劣。《武》未尽善，是说传其乐者。《乐记》："有司失其传也。"孔子自卫反鲁，然后乐正，乃知未正之前，乐不能无错乱，可能因此"未尽善"。可以两说并存。

【译文】孔子评论《韶》，说："美极了，而且好极了。"评论《武》，说："美极了，却还不够好。"

10.9 子曰:"能以礼让为国乎?何有?不能以礼让为国,如礼何?"〔里仁篇第四,13〕

【说解】何有,不难之词。如礼何,礼让精神是礼的核心,也是治国之本。如不能以礼让精神治国,也就等于抛弃了礼的核心;要那些仪节上的形式,也就没有什么用了。

《荀子·礼论》说礼的起源:"礼起于何也?曰,人生而有欲,欲而不得,则不能无求;求而无度量分界,则不能不争。争则乱,乱则穷。先王恶其乱也,故制礼义以分之,以养人之欲,给人之求,使欲必不穷乎物,物必不屈于欲。两者相持而长,是礼之所起也。"《礼记·礼运》也说:"何谓人情?喜、怒、哀、惧、爱、恶、欲七者,弗学而能。何谓人义?父慈、子孝、兄良、弟弟、夫义、妇听、长惠、幼顺、君仁、臣忠十者,谓之人义。讲信修睦,谓之人利;争夺相杀,谓之人患。故圣人之所以治人七情、修十义,讲信修睦,尚辞让,去争夺,舍礼何以治之?"礼,是要解决"争"的问题。

要民不争就必须提倡让。《左传·襄公十三年》:"君子曰:'让,礼之主也。'……世之治也,君子尚能而让其下,小人农力以事其上,是以上下有礼,而谗慝黜远,由不争也,谓之懿德。及其乱也,君子称其功以加小人,小人伐其技以冯君子,是以上下无礼,乱虐并生,由争善也,谓之昏德。国家之敝,恒必由之。"20.5章载孔子见子路"率尔而对"(不顾望而对)而哂之,后来解释说:曰:"为国以礼,其言不让,是故哂之。"

【译文】孔子说:"能够用礼让来治理国家吗?这有什么困难!如果

不能用礼让来治理国家,又怎样来对待礼仪呢?"

10.10　子在齐闻《韶》,三月不知肉味,曰:"不图为乐之至于斯也!"〔述而篇第七,14〕

【说解】《史记·孔子世家》"三月"上有"学之"二字。大概因《韶》"尽美又尽善",也因孔子用心专一,故耽乐之深。

　　《韶》,虞舜时乐名。《书·益稷》:"《箫韶》九成,凤皇来仪。"《汉书·礼乐志》载:"夫乐本情性,浃肌肤而臧骨髓。虽经乎千载,其遗风馀烈,尚犹不绝。至春秋时陈公子完犇齐,陈,舜之后,《招》乐存焉。故孔子适齐,闻《韶》,三月不知肉味,曰:'不图为乐之至于斯。'美之甚也。"班固以为《招》(即《韶》)为舜之后代陈公子完奔齐而传于齐,故孔子得闻,事或如此。

【译文】孔子在齐国听到《韶》乐,很长时间不觉得肉味美,说:"想不到享受音乐竟能到这种境界。"

10.11　子与人歌而善,必使反之,而后和之。〔述而篇第七,32〕

【说解】和,音 hè。

【译文】孔子同别人一道唱歌,如果唱得好,一定请他再唱一遍,然后自己又和他。

10.12　子曰："恭而无礼则劳,慎而无礼则葸,勇而无礼则乱,直而无礼则绞。君子笃于亲,则民兴于仁;故旧不遗,则民不偷。"〔泰伯篇第八,2〕

【说解】礼,指的是等级制度以及与之适应的行为准则和道德规范。如《左传·隐公十一年》所谓:"礼,经国家、定社稷、序民人、利后嗣者也。"又《礼记·曲礼上》:"夫礼者,所以定亲疏、决嫌疑、别同异、明是非也。"《礼记·曲礼上》所谓"礼",比较合于本句。

葸(xǐ),胆怯,害怕。绞,尖刻刺人。偷,指人与人之间感情淡薄。

有人说,"君子"以下当自为一章,乃曾子之言。朱熹《论语集注》也说,这一节与上文文意不相承接,而与"曾子曰:'慎终追远,民德归厚矣。'"(12.2)文意相似。

【译文】孔子说:"谦恭而不知礼,就会繁琐而劳倦;谨慎而不知礼,就会畏葸懦怯;勇敢而不知礼,就会犯上作乱;耿直而不知礼,就会尖刻刺人。执政者能厚待亲族,老百姓就会趋向仁德;不遗弃他的老同事、老朋友,老百姓就不会对人冷漠无情。"

10.13　子曰:"兴于《诗》,立于礼,成于乐。"〔泰伯篇第八,8〕

【说解】何晏《集解》引包咸说:"兴,起也。言修身当先学《诗》。礼者,所以立身也。"又引孔安国说:"乐所以成性也。"

孔子认为《诗》是启蒙教育的极好教材。他说:"不学《诗》,

无以言。"(7.26)又说:"小子何莫学夫《诗》?《诗》可以兴,可以观,可以群,可以怨;迩之事父,远之事君;多识于鸟兽草木之名。"(11.12)

礼,是立身行事的行为准则和道德规范。

《史记·乐书》:"先王之制礼乐也,非以极口腹耳目之欲也,将以教民平好恶而反人道之正也。"《吕氏春秋·察传》载舜之言:"夫乐,天地之精也,得失之节也。故唯圣人为能和,乐之本也。"在人类从野蛮到文明的过程中,音乐在陶冶性情方面确实起了不可替代的作用。孔子常并提礼乐,以礼乐书数射御六艺教学,并把音乐作为道德修养的最高境界。

【译文】孔子说:"从《诗》开始学习,靠礼立足于世,凭音乐成为君子。"

10.14 子曰:"师挚之始,《关雎》之乱,洋洋乎盈耳哉!"〔泰伯篇第八,15〕

【说解】师挚,鲁国的太师(乐师之长),名挚。"始"是乐曲的开端,古代奏乐,开始叫"升歌",由太师演奏,所以说"师挚之始"。"乱"是乐曲的结束。由"始"到"乱",叫做"一成"。"乱"是"合乐",合奏《关雎》《葛覃》《卷耳》《鹊巢》《采蘩》《采蘋》的乐章——举《关雎》以概其馀,所以叫"《关雎》之乱"(刘宝楠《正义》说)。

【译文】孔子说:"当太师挚开始演奏的时候,当结尾演奏《关雎》等歌曲的时候,盛大的乐章响彻耳际啊!"

10.15 入太庙，每事问。〔乡党篇第十，21〕

【说解】已见于本书 10.5 章。

10.16 子曰："先进于礼乐，野人也；后进于礼乐，君子也。如用之，则吾从先进。"〔先进篇第十一，1〕

【说解】此章为《论语》中历来争议最大且悬而未决者之一。先进后进，包咸说，犹言前辈后辈，野人谓郊外之民，君子谓贤士大夫。孔安国说，先进后进指仕先后辈。杨伯峻先生《论语译注》则释"先进于礼乐"为"先学习礼乐而后做官"，增了一些字。

其实，孔安国这句话最具启发性："礼乐因世损益，后进与礼乐俱得时之中，斯君子矣。先进有古风，斯野人也。"孔子赞赏的是西周的礼乐，但时移世易，礼乐也随之损益，到哪里去寻求古礼乐呢？"夫礼失求之于野"（《汉书·楚元王传》），在山野村夫那里，他们是先接受古礼乐的人，即先进于礼乐者，古礼乐在他们那里得以保存。而那些城镇里的君子，他们所接受的，是已经变化了的礼乐，因开化地区易接受新的风气，所谓"与礼乐俱得时之中"，"俱得时之中"，即所谓时髦。时髦的就不是旧的，也就稍微偏离了古礼乐的真貌。因此，他们是后进于礼乐者。"如用之，则吾从先进。"孔子将移风易俗，使变化的风俗归于古朴淳素，先进于礼乐的野人犹近古风，故孔子当然从之。

【译文】孔子说："早接受并保持古礼乐的，是山野村夫；后接受已变化的礼乐的，是城镇里的君子。如果采用古礼，我遵从先接受它的人。"

10.17　子曰："上好礼，则民易使也。"〔宪问篇第十四，41〕

【说解】"上好礼，则民易使"，讲了两个方面："上好礼"与"民易使"。但可以从两个方面去理解：一，强调"上好礼"的重要，要求他们以礼自律；二，向统治者献策，如何使"民易使"。或者二者兼而有之。但是，如果我们知道孔子是一个没落贵族的知识分子，他追求一种有秩序的君主制社会制度，他的上述见解（即使属于后者）就是正常而不足深责的。当然历代激进的革命者也就不能不把攻击的矛头指向孔子了。参看 3.45 章，子游对曰："昔者偃也闻诸夫子曰：'君子学道则爱人，小人学道则易使也。'"

【译文】孔子说："执政者如果好礼，百姓就容易使役。"

10.18　子曰："知及之，仁不能守之；虽得之，必失之。知及之，仁能守之；不庄以莅；则民不敬。知及之，仁能守之，庄以莅之；动之不以礼，未善也。"〔卫灵公篇第十五，33〕

【说解】《后汉书·班固列传下》："智及之而不能守之。"李贤注："《论语》孔子之言也，言有智而不能自守其身。"俞樾《群经平议》说，原文当作"智及之而不能守之"，比今本"知及之仁不能守之"为长："智及之而不能守之"，是说无仁以守之。今作"仁不能守之"，既仁矣，又何不能守之有？大概是后人据下文"仁能守之"改易,而不知其非。且如下文"不庄以莅之",若改易其文,作"庄不能莅之",难道通吗?当依《后汉书》所引改正其误。下文言"仁能守之",则此文"不能守之",是由于不仁,其故自见,此乃古文互见之妙。

按,其说可取。宋林之奇《拙斋文集·史论·赵王复将李牧》也说:"非其智之不足也,智及之而不能守之也。"显然也是在引孔子语,则可知,宋人所见本尚有此句不误者。

知及之,诸"之"字究竟何指,刘宝楠《正义》引毛奇龄说,指民。《孟子·离娄上》:"桀纣之失天下也,失其民也。失其民者,失其心也。得天下有道,得其民,斯得天下矣。得其民有道,得其心,斯得民矣。"如果不把"之"解为民,那么"莅之,动之"就不好解释了。

【译文】孔子说:"聪明睿智足以得到人民,而不能保有人民;即使得到人民,也一定会丧失。聪明睿智足以得到人民,又仁而能保有人民,而不庄重地治理人民,人民也不会严肃认真。聪明睿智足以得到人民,又仁而能保有人民,又能庄重地治理人民,假如不用礼领导他们,也不够好。"

10.19 邦君之妻,君称之曰夫人,夫人自称曰小童;邦人称之曰君夫人,称诸异邦曰寡小君;异邦人称之亦曰君夫人。〔季氏篇第十六,14〕

【说解】寡,寡德,谦辞。何晏《集解》引孔安国说:"小君,君夫人之称;对异邦谦,故曰寡小君。当此之时,诸侯嫡妾不正,称号不审,故孔子正言其礼也。"这是孔子"正名"的又一范例。

【译文】国君的妻子,国君称她为夫人,她自称为小童;国内的人称她为君夫人,但对外国人便称她为寡小君;外国人称她也为君夫人。

10.20　子曰:"礼云礼云,玉帛云乎哉?乐云乐云,钟鼓云乎哉?"〔阳货篇第十七,11〕

【说解】玉帛,指行礼所用的圭、璋、束帛。是说礼之所贵,在于能安上治民;乐之所贵,在于能移风易俗(何晏《集解》引马融说),而非指表面的形式。这是孔子对当时礼崩乐坏的状况有感而发的慨叹。

【译文】孔子说:"礼呀礼呀,仅是指玉帛吗?乐呀乐呀,仅是指钟鼓吗?"

10.21　大师挚适齐,亚饭干适楚,三饭缭适蔡,四饭缺适秦,鼓方叔入于河,播鼗武入于汉,少师阳、击磬襄入于海。〔微子篇第十八,9〕

【说解】何晏《集解》引孔安国说:"鲁哀公时礼毁乐崩,乐人皆去。"亚饭以下至四饭,都是以乐侑食的官。干、缭、缺皆其名。

　　据钱玄《三礼辞典》,古以手抓饭,一手谓之一饭。每饭饮太羹,食肴酱。三饭后以浆漱口。三饭为初食,礼盛者十二饭。

　　播,摇动。鼗(táo),拨浪鼓。

也有人说，这些人是殷人。《史记·周本纪》："居二年，闻纣昏乱暴虐滋甚，杀王子比干，囚箕子，太师疵、少师强抱其乐器而奔周。"清人段玉裁《尚书纂义》谓太师疵、少师强即《论语》大师挚、少师阳。但齐、楚、蔡、秦等皆周之诸侯国，似仍以孔安国说较为可信。此盖孔子记周末世礼崩乐坏，乐师皆各奔他乡，星流云散。

【译文】太师挚逃到了齐国，亚饭乐师干逃到了楚国，三饭乐师缭逃到了蔡国，四饭乐师缺逃到了秦国，打鼓的方叔入居黄河之滨，摇拨浪鼓的武入居汉水之畔，少师阳和击磬的襄入居海边。

劝学篇第十一（16章）

劝者，勉也，即努力。孔子的一生，都在努力学习，而这学习是以思想品质修养为核心的。他说"吾十有五而志于学，三十而立，四十而不惑，五十而知天命，六十而耳顺，七十而从心，所欲不逾矩"，"加我数年，五十以学《易》，可以无大过矣"，"三人行，必有我师焉：择其善者而从之，其不善者而改之"，就是最好证明。孔子用此原则来教诲其弟子，但首先是用此原则来规范自身。本篇语录无不体现这种终生学习、终身致力于思想品质修养之精神。这是他终于成就为一位伟大的仁者、智者，或者叫作文化伟人的重要原因。

劝学篇第十一

11.1 子曰:"君子食无求饱,居无求安,敏于事而慎于言,就有道而正焉,可谓好学也已。"〔学而篇第一,14〕

【说解】"食无求饱,居无求安",今人往往理解为"不追求物质享受"。而何晏《集解》引郑玄注"学者之志,有所不暇"来解释,似更准确、深刻、生动地揭示了孔子语的神旨:这是学者求知所达到的精神境界。敏于事而慎于言,就有道而正焉,可见孔子把修养道德并付诸实践作为学习的首要目的与重要内容。

　　敏,当读为忞(mín),自强,勉力。见1.21章。何晏《集解》引孔安国说:"敏,疾也。"疾,用力。

【译文】孔子说:"君子,吃饭不求饱足,居住不求舒适,做事努力,说话谨慎,亲近有道德学问的人以匡正自己,这样,可以说是好学了。"

11.2 子曰:"吾十有五而志于学,三十而立,四十而不惑,五十而知天命,六十而耳顺,七十而从心,所欲不逾矩。"〔为政篇第二,4〕

【说解】有,同又。古人用在整数和零数之间,不用"又"字。

　　立,刘宝楠《正义》引《汉书·艺文志》说:"古之学者耕且养,三年而通一艺,存其大体,玩经文而已,是故用日少而畜德多。三十而《五经》立也。"《三国志·吴书·孙皓传》补充说:"孔子言三十而立,非但谓《五经》也。"其实班固之意,也并非只言《五经》,他明明说"畜德多",意为"《五经》"之学,重在"畜德";"《五经》立",即学问(主要指道德)立。赵宗乙《论语札记》引杨树达《论语疏证》:"寻《述而篇》云'志于道',《里仁篇》云'士志于道而耻恶衣恶食者,未足与议也',一再言志道,不言志学。此独言志学,不言志道者,孔子之谦辞,实则志学即志道也。"

然朱熹以为"立"意为"立于礼"。他的《论语精义》卷一引范祖禹曰:"三十而立者,既壮矣,非礼无以立,立于礼者,三十之事也。"又引《论语·泰伯》"兴于诗,立于礼,成于乐"、《季氏》"不学礼,无以立"、《尧曰》"不知礼,无以立也"之文以证明之。金璧按,细玩以上文字,是说"礼"为"立"之手段、途径,或曰必要条件,等于说"立以礼",并非说"立于礼之上"。

观此语录,"志于学"既为"志于道",其目的也即《汉书·艺文志》所谓"畜德"。德立,方能逐步达到"不惑、知天命、耳顺、从心、所欲不逾矩"。16.4章:子曰:"志于道,据于德,依于仁,游于艺。""志于道"即"志于学","据于德"即"立于德"。且《礼记·学记》说:"故君子之于学也,藏焉,修焉,息焉,游焉。夫然,故安其学而亲其师,乐其友而信其道,是以虽离师辅而不反也。""藏焉,修焉",即指藏德、修德。又:"一年视离经辨志,三年视敬业乐群,五年视博习亲师,七年视论学取友——谓之小成。九年知类通达,强立而不反,谓之大成。"注:"离经,断句绝也。辨志,谓别其心意所趣乡也。知类,知事义之比也。强立,临事不惑也。"综上,"三十而立"是说学问(主要方面是道德)立。《朱子语类·论语·为政篇上》曰:"三十而立,谓把捉得定,世间事物皆摇动我不得,如富贵、威武、贫贱是也。"

天命,孔子是讲天命的。这天命,除上天之意旨、命运等迷信内容之外,主要指天地自然社会的规律。

耳顺,何晏《集解》引郑玄说:"耳闻其言,而知其微旨。"

从心所欲,俞樾《群经平议》说,当在"心"字绝句,"从"作"顺"解。"六十而耳顺,七十而从心","耳顺"、"从心"错综成文,与"迅雷风烈"相似。"从"与"顺"同义,"耳顺"即耳从,"从心"即顺心。"所欲不逾矩",即解释"从心"之义。柳宗元《与杨晦之书》说"孔子七十而纵心",正在"心"字绝句(但俞樾不赞成读从为纵)。俞樾之说足可成立。

【译文】孔子说:"我十五岁有志于学习,三十岁道德学问基本确立,四十岁不致迷惑,五十岁了解天命,六十岁听言而知真伪,七十岁便心明辨是非,所思欲不越出规矩。"

11.3 子曰:"学而不思则罔;思而不学则殆。"〔为政篇第二,15〕

【说解】皇侃《义疏》说:"学而不寻思其义理,则罔然无所得也……不学而思,终卒不得,使人精神疲殆也。"后人多沿袭这个说法,而杨伯峻先生把"罔"释为"受骗",把"殆"释为"缺乏信心"。此说似可疑,因无训诂依据。

窃认为此"殆"与"多闻阙疑,慎言其馀,则寡尤;多见阙殆,慎行其馀,则寡悔"(3.5)的"殆"完全相同。疑、罔(惘)、殆,三字义近而有别。"疑"是怀疑而不能确定,"罔"(惘)是迷惘而不知所以,"殆"是迷惑而陷于偏执。"殆"的"迷惑"义(口语所谓糊涂),典籍中常见,而人多误解。

【译文】孔子说:"只学习而不思考,就会迷惘;只思考而不学习,就会糊涂。"

11.4 子曰:"十室之邑,必有忠信如丘者焉,不如丘之好学也。"〔公冶长篇第五,28〕

【说解】有一种意见,"焉"属下读,焉犹安,安不如我之好学。这是不知孔子虽然谦逊,而不当谦逊时则说实话,而曲为之说。

【译文】孔子说:"就是十户人家的村落,也一定有像我这样忠实而诚信的人,只是不如我好学啊。"

11.5 子曰:"加我数年,五十以学《易》,可以无大过矣。"〔述而篇第七,17〕

【说解】加,通"假",给与。

五十以学《易》,学者对"五十"两字多有怀疑。朱熹《论语集注》说:"盖是时孔子年已几七十矣,'五十'字误无疑。"有人说"五十"当作"卒",也有人说"五十"当读作"五、十"(五年或十年)。还有人说"五十"原本为"吾"字,下"口"字烂掉,后人误加"十"字。难以论定是非,姑依后说。《史记·孔子世家》说:"孔子晚而喜《易》……读《易》,韦编三绝。曰:'假我数年,若是,我于《易》则彬彬矣。"

《易》,古代一部占筮书,其中的卦辞和爻辞是孔子以前的作品。而其中的《彖》《象》《文言》《系辞》《说卦》《序卦》《杂卦》(《彖》《象》《系辞》又分上下),所谓"十翼",旧说以为孔子所作,今学者多以为是战国时人作品(《文言》《系辞》中多引孔子语,即可证这几篇必为孔子以后人所作)。

孔子笃信天命,其实古人所谓天命,各人理解不同。明智者之认识,固然包括人的命运,但主要指天地自然社会的必然规律。《易》中含有朴素的辩证法,阐释许多人生哲理,非阅历丰富而多思者不能解。所以何晏《集解》说:"《易》,穷理尽性以至于命。年五十而知天命,以知命之年,读至命之书,故可以无大过也。"

【译文】孔子说:"老天多给我几年,我学习《易》,便可以没有大过错了。"

11.6　子曰:"三人行,必有我师焉:择其善者而从之,其不善者而改之。"〔述而篇第七,22〕

【说解】此章与《老子》二十七章"善人者不善人之师,不善人者善人之资"语意相似。也许即从彼处蜕化而来。同样的意思,13.4章,子曰:"见贤思齐焉,见不贤而内自省也。"朱熹《集注》:"思齐者,冀己亦有是善;内自省者,恐己亦有是恶。"亦与此句义近。这是说用"择善而从、择不善而改"的原则积累美德。而1.22章,子曰:"盖有不知而作之者,我无是也。多闻,择其善者而从之;多见而识之——知之次也。"则是说用这种"择善而从"的原则积累知识。

【译文】孔子说:"几个人一块儿走,其中一定有可以为我所取法的人;我选取那些优点而学习,看出那些缺点从而改正自己类似的缺点。"

11.7　子曰:"学如不及,犹恐失之。"〔泰伯篇第八,17〕

【说解】学而后思、习、用,方能巩固。当学习之时,唯恐学不到,且极易失去。刘宝楠《正义》说:"如不及者,方学而如不及学也。犹恐失者,既学有得于己,复恐失之也。如不及,故日知其所无;恐失,故月无忘所能。"《礼记·中庸》说:"子曰:'回之为人也,择乎中庸,得一善,则拳拳服膺而弗失之矣。'"郑玄注:"拳拳,奉(捧)持之貌。"颜回"得一善,则拳拳服膺而弗失之",就是对"学如不及,犹恐失之"的极好说明。

【译文】孔子说:"学习好像赶不上似的,还生怕丢掉了。"

11.8　子曰:"吾尝终日不食,终夜不寝,以思,无益,不如学也。"〔卫灵公篇第十五,31〕

【说解】参看11.3章,子曰:"学而不思则罔,思而不学则殆。"

【译文】孔子说:"我曾经整天不吃,整晚不睡,去想,没有益处,不如去学习。"

11.9 孔子曰:"生而知之者,上也;学而知之者,次也;困而学之,又其次也;困而不学,民斯为下矣。"〔季氏篇第十六,9〕

【说解】邢昺疏说:"此章劝人学也。生而知之者上也者,谓圣人也。学而知之者次也者,言由学而知道,次于圣人,谓贤人也。困而学之又其次也者,人本不好学,因其行事有所困屈不通,发愤而学之者,复次于贤人也。困而不学民斯为下矣者,谓知困而不能学,此为下愚之民也。"

由此言之,除"生而知之者上也"是唯心主义先验论以外,其他全依对学习的态度区分智力等级,还是合理的。而且"下愚之民"就是"下愚之人","民斯为下"就是"人斯为下",把这个"民"理解为"人民"或"老百姓",是误会。详说参看 8.22 章,子曰:"唯上知与下愚不移。"

【译文】孔子说:"生来就知道的,是上等;学习然后知道的,是次一等;遇见困难才去学,是再次一等;遇见困难也不学,这种人就是最下等的了。"

11.10 子曰:"性相近也,习相远也。"〔阳货篇第十七,2〕

【说解】此章主要说人的本性原本相近。至于 11.9 章,孔子说:"生而知之者,上也;学而知之者,次也;困而学之,又其次也;困而不学,民斯为下矣。"主要是就智力说,与此章并不矛盾。

孔子只说"性相近",并未说性善性恶,那是战国时儒家不同学派间的争论。平心而论,大约还是如孔子之说,较为妥当:因人之初生,懵懂无知,除了起码的求生之本能,并无善恶可言,善恶全由后天决定。至荀、孟方主恶主善,各执一端,而强调后天之影响与修养则同。

关于习染对性情的影响,《荀子·劝学》一节有很恰切的譬喻:"蓬生麻中,不扶而直。白沙在涅,与之俱黑。兰槐之根是为芷,其渐之滫,君子不近,庶人不服。其质非不美也。所渐者然也。"

由于重视"习相远"的作用,所以孔子说:"益者三友,损者三友。友直,友谅,友多闻,益矣。友便辟,友善柔,友便佞,损矣。"(22.4)又说:"主忠信。无友不如己者。"(2.2)又说:"汎爱众,而亲仁。"(7.1)

【译文】孔子说:"人性情本相近,因为习染而相距悬远。"

11.11 子曰:"由也,女闻六言六蔽矣乎?"对曰:"未也。""居,吾语女。好仁不好学,其蔽也愚;好知不好学,其蔽也荡;好信不好学,其蔽也贼;好直不好学,其蔽也绞;好勇不好学,其蔽也乱;好刚不好学,其蔽也狂。"〔阳货篇第十七,8〕

【说解】一言,在《论语》中有两个意思,一是一句话,如"《诗》三百,一言以蔽之,曰'思无邪'"(4.1)、"君子一言以为知,一言以为不知"(4.47)、"一言而可以兴邦""一言而丧邦"(17.6);二是一个字,如"'有一言而可以终身行之者乎?'子曰:'其恕乎'"(16.6)。本章"六言"指"仁、知、信、直、勇、刚"六字,代表六种好品质。

六蔽,指徒有这六种好品质而不好学所致的弊病。这就给那些"好仁、好知、好信、好直、好勇、好刚"却不好学者敲了警钟。至于孔子主张学的是什么,应该说是"道",包括儒家的修身观念及仁义礼智信的道理、学说。学了这些,才能免于愚、荡、贼、绞、乱、狂等弊病。司马迁于《史记》中总结项羽、韩信失败的主要原因、教训,分别是"自矜功伐,奋其私智而不师古"(又借诸将之口说他"为人僄悍猾贼")、"假令韩信学道谦让,不伐己功,不矜其能,则庶几哉",都是不学道、不师古之过,证孔子说是。

好仁不好学,其蔽也愚,朱熹《论语集注》说:"愚若可陷可罔之类。"这是指 6.11 章:"宰我问曰:'仁者,虽告之曰:井有仁焉,其从之也?'子曰:'何为其然也? 君子可逝也,不可陷也;可欺也,不可罔也。'"参看彼章说解。

好信不好学,其蔽也贼,刘宝楠《正义》引管同《四书纪闻》说:"大人之所以不必信者,惟其为学而知义之所在也。苟好信不好学,则惟知重然诺,而不明事理之是非——谨厚者则硁硁为小人;苟又挟以刚勇之气,必如周汉刺客游侠,轻身殉人,扞文网而犯公义。自圣贤观之,非贼而何?"这是符合孔子观点的。参看 2.45 章,子路曰:"君子尚勇乎?"子曰:"君子义以为上。君子有勇而无义为乱,小人有勇而无义为盗。"

居,坐(古人跪坐于席上)。弟子原本侍坐,闻夫子提问,即起立应答,故孔子说:"居,吾语女"。

【译文】孔子说:"仲由,你听过六个字与六种弊病吗?"子路答道:"没有。"孔子说:"坐下,我告诉你。好仁却不好学,那弊病是愚蠢;好睿智却不好学,那弊病是放荡;好诚信却不好学,那弊病是害人;好正直却不好学,那弊病是尖刻;好勇敢却不好学,那弊病是作乱;好刚强却不好学,那弊病是狂妄。"

11.12 子曰:"小子何莫学夫《诗》?《诗》可以兴,可以观,可以群,可以怨;迩之事父,远之事君;多识于鸟兽草木之名。"〔阳货篇第十七,9〕

【说解】这是对《诗》最早、最全面、最深刻、最合乎实际的评价,千古而不可易。

什么是"兴、观、群、怨",何晏《集解》引孔安国说:"兴,引譬连类。"引郑玄说:"观风俗之盛衰。"引孔安国说:"群居相切磋。""怨,刺上政。"而10.13章,子曰:"兴于《诗》。"何晏《集解》引包咸说:"兴,起也。言修身当先学《诗》。"我们以为包咸说优于孔安国说。

自古以来,学者对《诗》反映世情、怨刺时政方面的作用评价甚高,《汉书·艺文志》说:"《书》曰:'《诗》言志,歌咏言。'故哀乐之心感,而歌咏之声发,诵其言谓之诗,咏其声谓之歌。故古有采诗之官,王者所以观风俗、知得失、自考正也。"《史记·屈原贾生列传》:"《国风》好色而不淫,《小雅》怨诽而不乱。"

【译文】孔子说:"学生们为什么不学《诗》? 学《诗》,可以修身成学,可以观察风情,可以合群共处,可以讽刺执政。近,可以侍奉父母;远,可以事奉君上;而且能多认识鸟兽草木的名称。"

11.13 子谓伯鱼曰:"女为《周南》《召南》矣乎?人而不为《周南》《召南》,其犹正墙面而立也与!"〔阳货篇第十七,10〕

【说解】《诗经·国风》有所谓"十五国风",《周南》《召南》是国风之前两风。《周南》有《关雎》等十一篇,《召南》有《鹊巢》等十四篇。

至于为什么不学《周南》《召南》,就"犹正墙面而立"?何晏《集解》引马融说"《周南》《召南》,《国风》之始,乐得淑女,以配君子,三纲之首,王教之端","《周南》《召南》,正始之道,王化之基"云云,都是牵强之论。窃以为孔子这里是举《周南》《召南》以概全《诗》。此章与上一章可能是不同时所说,或不同人所记,上章从正面说学《诗》的好处与必要,此章从反面说不学《诗》的害处。以偏概全,是古人语的特点。如"南容三复白圭","白圭"代指的是"白圭之玷,尚可磨也。斯言之玷,不可为也"等句,甚至也可能指代"质尔人民,谨尔侯度,用戒不虞。慎尔出话,敬尔威仪,无不柔嘉。白圭之玷,尚可磨也。斯言之玷,不可为也"全段。拘泥于"《周南》《召南》"之文,必致误解。

【译文】孔子对伯鱼说:"你学《周南》《召南》了吗?人如果不学《周南》《召南》,那就像面正对着墙壁站着吧!"

11.14　子夏曰:"日知其所亡,月无忘其所能,可谓好学也已矣。"〔子张篇第十九,5〕

【说解】亡,通无。皇侃《义疏》:"日知其所亡,是知新也;月无忘所能,是温故也。"刘宝楠《正义》引刘氏《宗周学案》说:"君子之于道也,日进而无疆。其所亡者,既日有知之,则拳拳服膺而弗失之,至积月之久而终不忘:所谓'学如不及,犹恐失之'。"(11.7章)

【译文】子夏说:"每天知道己所未知的,每月不忘己所已能的,可以说是好学了。"

11.15　子夏曰:"博学而笃志,切问而近思,仁在其中矣。"〔子张篇第十九,6〕

【说解】何晏《集解》引孔安国说:"广学而厚识之也。……切问者,切问于己所学而未悟之事也。近思者,近思于己所能及之事也。若泛问所未学,远思所未达,则于所学者不精,于所思者不解也。"他以"厚识"释"笃志","博学而笃志"就是"博闻强志"(博闻强记),朱熹《论语集注》读"笃志"如字,"笃志"便是"坚守其志向",似更合文义。他引苏轼说:"博学而志不笃则大而无成,泛问远思则劳而无功。"

　　至于为什么"博学而笃志,切问而近思",则"仁在其中矣"?那是由于古人为学有两个特点,一是首先学做人,以仁义道德为先;二是讲究力行,孔子所谓"先行其言,而后从之"(2.4)。

《礼记·中庸》所谓"博学之,审问之,慎思之,明辨之,笃行之",这样学习,自然"仁在其中"了。孔子说"吾十有五而志于学,三十而立",是道德学问都已初步确立了。

【译文】子夏说:"广博地学习,坚守志向;切实地发问,考虑迫切的问题,仁德就在这中间了。"

11.16　子夏曰:"仕而优则学,学而优则仕。"〔子张篇第十九,13〕

【说解】优,优裕。"仕而优""学而优"的"优",即"行有馀力"(7.1)的"有馀力"。

"仕而优则学,学而优则仕",起点是"学而优则仕"。而古代的学,首先是道德修养。贯彻这种任官制度,只有品学兼优的人才能做官;为官胜任,又能自觉地学习。辅以法制,则吏治不至昏乱,官员亦易清廉。

【译文】子夏说:"做官有馀力便去学习;学习有馀力便去做官。"

孝道篇第十二(16章)

以"孝"为道德的核心或根本,由"孝"发展到律己、爱人、爱民、爱国,是儒家的道德体系,也是东方的道德观念。它不借助于神与宗教,自然而合天理人情。虽然"孝"也包括了迷信尊神、无条件忠君、无条件地为亲报仇、过分强调丧礼、丧期等落后狭隘的内容,但那并非主要,扬而弃之可也。

12.1　有子曰:"其为人也孝弟,而好犯上者,鲜矣;不好犯上,而好作乱者,未之有也。君子务本,本立而道生。孝弟也者,其为仁之本与!"〔学而篇第一,2〕

【说解】有子,孔子弟子有若,见3.16章说解。称有子,可能此章是他的弟子所记。这完全可能只是有若的个人观点,但后代的很多文人习惯于把《论语》中孔门弟子的话也视为孔子所说。当然,孔门弟子的许多观点,也有可能直接或间接地来自孔子。因此,我们姑且把有子的话也看作孔子的观点。

从孝弟(悌),也即爱父母兄长,进而发展到仁,也即爱人,是孔子的道德观念,也是他社会理想的一个部分。他提倡君君臣臣父父子子,当然也反对犯上作乱。他对无道执政者的谴责是严厉的,如3.20章,季康子问政于孔子,孔子对曰:"政者,正也。子帅以正,孰敢不正?"又如3.21章,季康子患盗,问于孔子,孔子对曰:"苟子之不欲,虽赏之不窃。"可是,人民应当如何对待无道执政者,这个问题《论语》没有说明(孔子的私淑弟子孟子倒是给解决了),而"犯上作乱"也就成了人民反对无道执政者的罪名。于是,当反对反动君主专制的斗争风起云涌时,人们也就往往忘记了孔子对执政者的谴责,而"其为人也孝弟,而好犯上者,鲜矣;不好犯上,而好作乱者,未之有也",也就必然成为孔子向反动统治者献计的罪证了。以历史的观点看问题,应该取全面而比较合乎情理的分析态度。

关于务本之重要,《说苑·建本》有一段话:"孔子曰:'行身有六本，本立焉，然后为君子。立体有义矣，而孝为本；处丧有礼矣，而哀为本；战阵有队矣，而勇为本；治政有理矣，而农为本；居国有礼矣，而嗣为本；生才有时矣，而力为本。置本不固，无务丰末；亲戚不悦，无务外交；事无终始，无务多业；闻记不言，无务多谈；比近不说，无务修远。是以反本修迩，君子之道也。"由近及远，由小而大，循序渐进地培养人的优秀品质，已被实践证明是有效的。

一说"其为仁之本"，仁，当为人字。按，《太平御览·人事部》引作仁。

【译文】有子说："他为人孝顺父母，敬爱兄长，却好冒犯上司，这种人是很少的；不好冒犯上司，却好造反，这种人没有。君子致力于根本，根本树立了，道就会产生。孝顺父母，敬爱兄长，这就是'仁'的根本吧！"

12.2 曾子曰："慎终追远，民德归厚矣。"〔学而篇第一，9〕

【说解】慎终追远，何晏《集解》引孔安国说："慎终者，丧尽其哀；追远者，祭尽其敬。君能行此二者，民化其德，皆归于厚也。"

为什么"丧尽其哀，祭尽其敬"，民就能"化其德，皆归于厚"呢？寻思之，其原因有三：一，"丧尽其哀，祭尽其敬"，是生尽其孝的自然延续。长久熏陶，百姓则能敬重父母长辈；推而广之，也必能敬重别人的长辈。长此以往，社会则形成敬老爱幼的风气。二，"丧尽其哀，祭尽其敬"，其内涵是不忘父母长辈养育之恩,永记他们在世时的功德。提倡子女、晚辈不忘父母故旧之善,这就是在培养淳厚的民风。三,活着的人追念死者,也必然会念及,来日自己逝世,也应使后辈儿孙有所怀念,不致乏善可陈,于是会努力为后人、为社会留下些精神财富。这样,也会使人竞相为善,民德自然归厚。

【译文】曾子说:"慎重地办好父母的丧事,追念远代祖先,百姓的品德就趋向淳厚了。"

12.3 子曰:"父在,观其志;父没,观其行;三年无改于父之道,可谓孝矣。"〔学而篇第一,11〕

【说解】其,孔安国、郑玄说当指子。观其志、观其行,是看这子弟志向如何、行为如何(旧说以为父在,其子不得自专,故只能"观其志"),能否继承其父的高尚志向与优良品质(旧说以为政道)。但朱熹《论语或问》引范祖禹说,谓此"其"指"父":"以其子于父在时,观父之志而承顺之;父没,则观父之行而继述之。"而钱大昕《潜研堂文集》又极力推崇范说,谓孔子之言,是在论孝,不是在论观人,下文"可谓孝矣"可证。既为论孝,所以为观父之志行。不孝之子,既"好货财,私妻子",父母之养尚且不顾,又安能观父之志? 父朝死而夕忘之,又安能观父之行? 观父之志,即《礼记·曲礼上》之"听于无声,视于无形";观父之行,即《礼记·中庸》之"善继人之志,善述人之事"。按,此说是。

三年无改于父之道,有两重意思。一是继承父亲的美德,二是不改父亲生前的好尚。12.16章,曾子说:"吾闻诸夫子:孟庄子之孝也,其他可能也;其不改父之臣与父之政,是难能也。"即此意。朱熹《论语集注》说:"孝子之心有所不忍故也……三年无改,亦谓在所当改而可以未改者耳。"意思是,由于父亲去世未久,孝子悲哀怀恋之心重,对那些可改可不改的,尽量保持父亲在世的旧观旧制,是孝心的表现。

【译文】孔子说:"父亲活着时,儿子观察其父的志向(而承顺之);父亲死了,儿子观察其父的行为(以继承之);长期不改变他父亲的情操与爱好,可以说是孝了。"

12.4 孟懿子问孝。子曰:"无违。"樊迟御,子告之曰:"孟孙问孝于我,我对曰,无违。"樊迟曰:"何谓也?"子曰:"生,事之以礼;死,葬之以礼,祭之以礼。"〔为政篇第二,5〕

【说解】孟懿子,鲁大夫,三家之一,姓仲孙(《春秋》称仲孙,《左传》称孟孙),名何忌,"懿"是谥号。其父为孟僖子仲孙貜(jué)。《左传·昭公七年》载,孟僖子将死,嘱其向孔子学礼,此问孝即是来学。而当孔子发动堕三都之时,《春秋·定公十二年》载:"叔孙州仇帅师堕郈……季孙斯、仲孙何忌帅师堕费。"孟懿子听公敛处父之说,不堕成。

无违,指不违礼。杨伯峻引黄式三《论语后案》说:"《左传·桓公二年》云,'昭德塞违','灭德立违','君违,不忘谏之以德';《六年》传云:'有嘉德而无违心',《襄公二十六年》传云,'正其违而治其烦'……古人凡背礼者谓之违。"

孔子为什么主动将此事告诉樊迟,何晏《集解》引马融说:"恐孟孙不晓'无违'之意,将问于樊迟,故告之。"而为什么要以"生,事之以礼;死,祭之以礼"作为"孝"的内容告诉孟懿子,是因为鲁国三家大夫祭祖时有严重的僭礼行为,如季氏八佾舞于庭,三家者以《雍》彻,孔子对此痛心疾首,故有针对性地以此回答他关于"孝"的提问。

【译文】孟懿子向孔子问孝道。孔子说:"不要违背礼。"樊迟为孔子赶车,孔子告诉他说:"孟孙向我问孝道,我回答说,不要违背礼。"樊迟说:"是什么意思?"孔子说:"父母活着,依礼侍奉他们;死了,依礼埋葬他们,依礼祭祀他们。"

12.5 孟武伯问孝。子曰:"父母唯其疾之忧。"〔为政篇第二,6〕

【说解】孟武伯,孟懿子之子仲孙彘,见9.2章说解。父母唯其疾之忧,何晏《集解》引马融说:"言孝子不妄为非,唯疾病然后使父母忧。"这解释是很合理的:父母对儿子无所忧心,仅担心其疾病,那么这孩子必为好孩子。而有人释为"儿子仅担心父母的疾病",则不合情理。

【译文】孟武伯向孔子请教孝道。孔子说:"父母只是为这孩子的疾病忧虑。"

12.6 子游问孝。子曰:"今之孝者,是谓能养。至于犬马,皆能有养。不敬,何以别乎?"〔为政篇第二,7〕

【说解】是谓能养,王引之说,是,作"祗"解,仅仅。至于犬马,皆能有养,何晏《集解》引包咸两说:"犬以守御,马以代劳,皆养人者。一曰,人之所养,乃至于犬马。不敬,则无以别。《孟子》曰:'食而不爱,豕畜之;爱而不敬,兽畜之。'"即到底是犬马养人,还是人养犬马?但犬马养人,与孝无干;比养父母于养犬马,又觉于义不安。程树德《论语集释》引李光地《读论语札记》说:"如旧说犬马能养,则引喻失义,圣人恐不应作是言。且能字接犬马说,似非谓人能养犬马也。盖言禽兽亦能相养,但无礼耳。人养亲而不敬,何以自别于禽兽乎?"是说养而不敬,则人与禽兽无别。《礼记·坊记》有类似的话:"子云:'小人皆能养其亲,君子不敬,何以辨?'"是说养而不敬,则君子与小人无别。故当取犬马能养之说。

孔子的意思,孝的实质,在于敬而不在于养,否则就与犬马无别。刘宝楠《正义》引《盐铁论·孝养》:"善养者不必刍豢也,善供服者不必锦绣也;以己之所有,尽事其亲,孝之至也。故匹夫勤劳,犹足以顺礼;啜菽饮水,足以致其敬。孔子曰:'今之孝者,是谓能养。不敬,何以别乎?'故上孝养志,其次养色,其次养体。贵其礼,不贪其养。礼顺心和,养虽不备可也。"意思是善于孝养父母的,不一定美食锦衣。尽己之所能,只要做到敬,哪怕给老人吃豆喝水,也是孝。最好的孝是承迎父母的心意,其次是博得父母愉悦的容色,再其次才是养身体。只要顺礼而老人高兴,衣食供养不完美也无所谓。

【译文】子游问孝道。孔子说:"现在的所谓孝,只是指能够养活父母。至于狗马,都能够有所奉养;如果不尊敬父母,那怎样与狗马相区别呢?"

12.7 子夏问孝。子曰:"色难。有事,弟子服其劳;有酒食,先生馔——曾是以为孝乎?"〔为政篇第二,8〕

【说解】色难,《礼记·祭义》说:"孝子之有深爱者必有和气,有和气者必有愉色,有愉色者必有婉容。"是强调孝子对父母发自内心的爱,自然地表现于容色,这与上章强调对父母的"敬"是一致的。何晏《集解》引包咸说:"色难者,谓承顺父母颜色乃为难。"此非"色难",乃"侍色之难",不合文义。孝子爱父母,以父母健康长寿为乐,必然表现为愉色婉容。这对于孝子来说很自然,而一般人达到这种境界却不容易。所以"色难"是对一般人说的。

弟子,为人弟者与为人子者;先生,父兄。服,承受,承担。馔(zhuàn),这里是动词,吃喝。这是说仅口体之养不算孝顺父母。曾(zēng),副词,乃,竟。

【译文】子夏问孝道。孔子说:"儿子待父母总是有愉悦的容色,是很难的。有事情,小辈效劳;有酒肴,长辈吃喝——难道这就可以认为是孝么?"

12.8 子曰："事父母几谏,见志不从,又敬不违,劳而不怨。"〔里仁篇第四,18〕

【说解】几(jī),微,不显露。劳,忧愁。刘宝楠《正义》引王引之《经义述闻·礼记下》举《诗》"实劳我心"、"劳心忉忉"、"劳人草草"等多例;《孟子·万章上》"父母爱之,喜而不忘;父母恶之,劳而不怨","劳"亦"忧"。按,《五代史·伶官传》:"忧劳可以兴国,逸豫可以亡身。"忧、劳连用,同义。《礼记·内则》"父母有过,下气怡色,柔声以谏。谏若不入,起敬起孝,说则复谏",与此章义近。

【译文】孔子说:"侍奉父母,隐微婉转地劝谏,看到父母的意思是不同意自己的劝谏,仍然恭敬而不违背其意愿,虽忧愁而不怨恨。"

12.9 子曰："父母在,不远游,游必有方。"〔里仁篇第四,19〕

【说解】皇侃《义疏》本作"子不远游"。方,处所。《广雅·释言》:"方,所也。"《礼记·玉藻》:"亲老,出不易方,复不过时。"《礼记·曲礼上》也说:"夫为人子者,出必告,反必面,所游必有常所。"邢昺疏:"父母既存,或时思欲见己,故不远游,游必有常所,欲使父母呼己,得即知其处也。设若告云诣甲,则不得更诸乙,恐父母呼己于甲处不见,则使父母忧也。"是说以便家里容易找到,使父母免于挂念;另一方面,父母有事可迅速赶回。

方,旧注为"常",其实"常"是"方"在句中附带的意义。

【译文】孔子说:"父母在世,不出远门,如果要出远门,必须有一定的去处。"

12.10 子曰:"三年无改于父之道,可谓孝矣。"〔里仁篇第四,20〕

【说解】已见于12.3章。

12.11 子曰:"父母之年,不可不知也。一则以喜,一则以惧。"〔里仁篇第四,21〕

【说解】则,连词,常表示两方面或几方面的对照。详见杨树达《词诠》。

【译文】孔子说:"父母的年纪不能不知道:一方面因其高寿而喜欢,另一方面又因其寿高而恐惧。"

12.12 子张曰:"《书》云,'高宗谅阴,三年不言。'何谓也?"子曰:"何必高宗,古之人皆然。君薨,百官总己以听于冢宰三年。"〔宪问篇第十四,40〕

【说解】《书》,指《尚书·无逸》篇。高宗,殷帝小乙之子武丁,是殷朝的中兴之君。谅阴,《尚书·无逸》作"谅闇";阴通闇(àn)。居丧时所住的棚屋,古又称"凶庐、倚庐"。这里用如动词,居丧。《礼记·丧服四制》:"《书》曰:'高宗谅闇,三年不言。'"郑玄注:"谅,古作梁,楣谓之梁。闇,读如鹑鹌之鹌,闇谓庐也。庐有梁者,所谓柱楣也。"《礼记·丧大记》:"父母之丧,居倚庐,不涂,寝苫枕块……既葬,柱楣,涂庐。"宋卫湜《礼记集说》解释,庐建在中门之外东墙下,用木柱斜倚墙搭建,用草夹障,不用泥涂。孝子住在庐中,身垫草苫,头枕土块(君主的凶庐外用帷幕障之)。待亲已葬之后,再把凶庐稍稍改建:用短柱托起横梁(所谓柱楣),以纳日光,又以泥涂抹,以避风寒,而不涂庐外明显处。涂过的凶庐又称"垩室"。

三年不言,并非绝对沉默。《礼记·杂记》说:"三年之丧,言而不语,对而不问。"即不主动说话、交谈。《丧大记》还说"非丧事不言"。

古之人皆然,《孟子·万章上》:"尧崩,三年之丧毕,舜避尧之子于南河之南……舜崩,三年之丧毕,禹避舜之子于阳城……禹崩,三年之丧毕,益避禹之子于箕山之阴。"如《孟子》所记属实,则古来确有三年守丧之礼。

薨(hōng),国君死。《礼记·曲礼下》:"天子死曰崩,诸侯曰薨,大夫曰卒,士曰不禄,庶人曰死。"

总己,约束自己的下属。《说文·糸部》:"總(总),聚束也。"冢宰,百官之长,又称太宰。

【译文】子张说:"《尚书》说:'殷高宗在凶庐居丧,三年不言语。'这是什么意思?"孔子说:"哪里一定是高宗,古人都是这样:国君死了,各部门的官员统领自己的下属,听命于宰相,持续三年。"

12.13 宰我问:"三年之丧,期已久矣。君子三年不为礼,礼必坏;三年不为乐,乐必崩。旧谷既没,新谷既升,钻燧改火,期可已矣。"子曰:"食夫稻,衣夫锦,于女安乎?"曰:"安。""女安则为之。夫君子之居丧,食旨不甘,闻乐不乐,居处不安,故不为也。今女安,则为之。"宰我出。子曰:"予之不仁也!子生三年,然后免于父母之怀。夫三年之丧,天下之通丧也。予也有三年之爱于其父母乎?"〔阳货篇第十七,21〕

【说解】钻燧改火,古代钻木取火,所用取火之木,依季节不同。何晏《集解》引马融据《周书·月令》说:"春取榆柳之火,夏取枣杏之火,季夏取桑柘之火,秋取柞楢之火,冬取槐檀之火。"期可已矣,期(jī),一年。

稻,古代与黍(大黄米)、粱(精细的小米)都算细粮,而稷(小米)则为粗粮,古称"疏食"。

居处不安,古代孝子居丧,不但要食粥,还要"居倚庐,寝苫枕块"(《礼记·杂记上》),即住凶庐(棚屋),睡草垫,枕土块,以示内心痛苦,无心享乐。

孔子的用心是教人尽孝道,不忘父母恩,这当然是好的。但"三年之丧",未免过长;不以死害生,也是儒者的丧礼原则之一:宰我的意见是合理的,旧丧礼渐被废弃,便是明证。孔子对居丧的意见,对宰我的批评,都无乃太过,表现了儒家理论的缺欠。

【译文】宰我问道:"三年为父母守孝,为期太久了。君子三年不治礼,礼一定会荒废;三年不奏音乐,音乐一定会消亡。陈粮已经吃完了,新粮已经登场;取火用的燧木也改换了一遍,一年也就可以了。"孔子说:"吃那稻米饭,穿那锦缎衣,你心安吗?"宰我说:"安。""你安,就那样做吧。君子守孝时,吃美味不香甜,听音乐不快乐,住在家里不舒适,才不那这样做。现在你既然心安,就去做吧。"宰我出去了。孔子说:"宰予不仁呀!儿女生下来,三年以后才能脱离父母的怀抱。为父母守孝三年,是天下通行的丧礼。宰予有来自父母的三年怀抱之爱吧?"

12.14 子游曰:"丧致乎哀而止。"〔子张篇第十九,14〕

【说解】丧致乎哀而止,这是为纠正居丧时"贤者过之"的错误倾向而言。何晏《集解》引孔安国说:"毁不灭性。"原来古人居丧,讲究"哀毁",即因悲哀而致消瘦,为孝的体现。可常有人过分悲哀,古书常见孝子丧亲,"哀毁骨立""哀伤成疾,半年不能起"之类记载,甚至有哀伤过度而致死的,这当然也是极有害的。所以说"丧致乎哀而止""毁不灭性"。《礼记·曲礼上》还说:"不胜丧,乃比于不慈不孝。"即因丧亲过度悲哀而死,相当于对自己的子女不慈,对双亲不孝。

【译文】子游说:"居丧,表现出悲哀也就够了。"

12.15 曾子曰:"吾闻诸夫子:人未有自致者也,必也亲丧乎!"〔子张篇第十九,17〕

【说解】失去父母,悲哀发自内心,无须他人启发强迫,这就是"自致"。朱熹《集注》说:"盖人之真情所不能自已者。"

【译文】曾子说:"我听先生说过,人没有自然而充分表达悲哀之情的,如果有,一定是当父母死亡吧!"

12.16 曾子曰:"吾闻诸夫子:孟庄子之孝也,其他可能也;其不改父之臣与父之政,是难能也。"〔子张篇第十九,18〕

【说解】孟庄子,鲁大夫,孟献子仲孙蔑之子,名速。朱熹《集注》说:"献子有贤德,而庄子能用其臣、其政,故其他孝行虽有可称,而皆不若此事之为难。"为何"不改父之臣"可与"不改父之政"并列,而为难能呢?因人非物品,性情各异;父所喜欢者,子不一定喜欢。因此,沿用父之臣,就需要有孝心与仁爱精神。《礼记·内则》说:"父母有婢子若庶子庶孙,甚爱之,虽父母没,没身敬之不衰。"臣又属于"故旧",参看 2.47 章"故旧无大故,则不弃也"及 12.3 章"三年无改于父之道,可谓孝矣"。这也符合"慎终追远,民德归厚"(12.2)的精神。《红楼梦》写贾府讲究优遇老仆,不"挫磨老奴才",也是其遗风。

【译文】曾子说:"我听先生说,孟庄子孝,别的都可以做到;而不改变他父亲的臣属与他父亲的政事,是难以做到的。"

修身篇第十三（14章）

中国传统儒者的修身，既非如基督徒的赎罪，又非如佛教徒的修来生，也非如道家的为成仙羽化，而是为了自身道德学问的完善，成为有高深修养的君子。他们清醒地了解"性相近，习相远"，努力通过学道、亲师（即"主忠信"、"亲仁"）、交友、切磋琢磨、克己自省、改恶迁善、深思笃行，来培养、强化自身的好品质，以不虚度一生，立身扬名，光宗耀祖。因此传统知识分子的修养，比较实际，无虚妄迷信之色彩；不为神而为己，故讲究诚意、慎独。而且特别警戒骄奢、宴乐、淫佚对人性的戕害。如若不学无术，于儒学茫然而无知，不知道德学问品行修养为何物，不知孔子学说之所尚所鄙，以豪奢狡诈为荣为智，以廉洁正直为耻为愚，矜权夸势，贪墨渎职，虽可跋扈乎一时，必将遗臭于百代。

13.1 曾子曰:"吾日三省吾身:为人谋而不忠乎?与朋友交而不信乎?传不习乎?"〔学而篇第一,4〕

【说解】三省,"三"这里指所反省的是三件事,不必视为虚指。朱熹《论语集注》曰:"尽己之谓忠,以实之谓信,传谓受之于师,习谓熟之于己。曾子以此三者日省其身,有则改之,无则加勉。其自治诚切如此,可谓得为学之本矣。"《荀子·劝学篇》作"君子博学而日参省乎己",唐杨倞注:"参,三也。曾子曰:'吾日三省吾身。'"省(xǐng),自我检查,反省。

传不习乎,一般讲成"老师传授的知识是否复习、温习"。而何晏《集解》:"言凡所传之事,得无素不讲习而传之?"是说,做老师的传授知识之前是否研习精确再传授给学生。邢昺疏对此详细解释:"此章论曾子省身慎行之事。弟子曾参尝曰:'吾每日三自省察己身:为人谋事而得无不尽忠心乎?与朋友结交而得无不诚信乎?凡所传授之事得无素不讲习而妄传乎?'以谋贵尽忠,朋友主信,传恶穿凿,故曾子省慎之。"且刘宝楠《正义》引郭翼《雪履斋笔记》说:"曾子三省,皆指施于人者言,传,亦我传乎人。传而不习,则是以未著躬试之事而误后学,其害尤甚于不忠不信也。"又引焦循《论语补疏》:"己所素习,用以传人,方不妄传致误学者,所谓温故而知新,可以为师也。"按,其说较通说为优。因这一章所说,都是曾子省己慎行之事,后句正可以和3.5章"多闻阙疑,慎言其馀,则寡尤"相发明。这一章所说三事,忠、信是为人,则传也是为人,皆为施于人者。况且三句排比,形式、语气、内容都应一致。

【译文】曾子说:"我每天在三方面反省自己:替别人办事不尽心吗?同朋友交往不诚信吗?传授知识之前没有研习吗?"

13.2　子曰:"不患人之不己知,患不知人也。"〔学而篇第一,16〕

【说解】刘宝楠《正义》引陆德明释文:"患不知也,本或作'患己不知人也',俗本妄加字。"又引臧琳《经义杂记》:"古本作'患不知也',与《里仁》'不患莫己知,求为可知也'语意同。人字,浅人所加。"刘又说,皇侃本有王肃注"但患己之无能知也",己无能知,即"未有知"之义。则皇本"人"字,为俗妄加无疑。

　　按,刘说是。下章(13.3)之外,类似的话,2.35章,子曰:"君子病无能焉,不病人之不己知也。"2.37章,子曰:"君子求诸己,小人求诸人。"13.11章,子曰:"不患人之不己知,患其不能也。"

【译文】孔子说:"不怕别人不了解自己,怕自己无知。"

13.3　子曰:"不患无位,患所以立;不患莫己知,求为可知也。"〔里仁篇第四,14〕

【说解】患所以立,立、位古通用,"立"即"不患无位"之"位"。《春秋》桓公二年"公即位",汉石经作"公即立"。前二句两"位"字与后二句两"知"字,句法一例。

何晏《集解》引包咸曰:"求善道而学行之,则人知己。"刘宝楠《正义》引《荀子·非十二子》:"君子能为可贵,不能使人必贵己;能为可信,不能使人必信已;能为可用,不能使人必用已。故君子耻不修,不耻见污;耻不信,不耻不见信;耻不能,不耻不见用。是以不诱于誉,不恐于诽,率道而行,端然正己,不为物倾侧:夫是之谓诚君子。"与此义近。参见本书 13.11 章。

【译文】孔子说:"不愁没有职位,只愁没有任职的德才;不怕没有人知道自己,去追求成为使别人能知道的人吧。"

13.4 子曰:"见贤思齐焉,见不贤而内自省也。"〔里仁篇第四,17〕

【说解】朱熹《论语集注》:"思齐者,冀己亦有是善;内自省者,恐己亦有是恶。"按,此章可与 11.6 章"三人行,必有我师焉:择其善者而从之,其不善者而改之"互参。又《荀子·修身》"见善修然,必以自存也;见不善愀然,必以自省也",与此章义近。

【译文】孔子说:"看见贤人,就想向他看齐;看见不贤的人,便应该在内心自我反省。"

13.5 子曰:"以约失之者鲜矣!"〔里仁篇第四,23〕

【说解】何晏《集解》引孔安国说:"俱不得中,奢则骄佚招祸,俭约无忧患。"按,这解释符合《论语》的中庸思想。3.2章所谓"夫子温、良、恭、俭、让以得之",俭与约义近。奢、约古今义有小别。《说文·大部》:"奢,张也。"是指举止言行诸方面的夸诞、放肆,约、俭则与奢相反,为举止言行诸方面的节制、约束。俭约非仅指物质生活方面的俭省。朱熹注:"凡人须要检束,令入规矩准绳,便有所据守,方少过失。"

【译文】孔子说:"因为对自己节制、约束而犯过失的,太少了!"

13.6　子曰:"已矣乎,吾未见能见其过而内自讼者也!"〔公冶长篇第五,27〕

【说解】内自讼,讼,训"责",即13.4章"见贤思齐焉,见不贤而内自省也"的"内自省",但语意略重。4.14章孔子说颜回"不迁怒",不迁怒,即"内自讼"。又说自颜回死,"今也则亡,未闻好学者也",正与此章"吾未见能见其过而内自讼者也"相应。

【译文】孔子说:"算了吧,我还没有看到过发现自己的错误便自我责备的人呢!"

13.7　子曰:"德之不修,学之不讲,闻义不能徙,不善不能改,是吾忧也。"〔述而篇第七,3〕

【说解】讲,习,即演练复习。徙,改过迁善。《周易·益》:"象曰:'风雷,益。君子以见善则迁,有过则改。"王弼注:"迁善改过,益莫大焉。"见善则迁,即徙义;有过则改,即改不善。孔子说

"是吾忧",强调了这四件事的重要,又以责己的口气道出,是希望引起听者的重视。

【译文】孔子说:"品德不培养,学问不讲习,听说了义,却不能以身从之,有缺点不能改正,这些都是我的忧虑呀!"

13.8 子曰:"法语之言,能无从乎?改之为贵。巽与之言,能无说乎?绎之为贵。说而不绎,从而不改,吾末如之何也已矣。"〔子罕篇第九,24〕

【说解】法语之言,巽与之言,句式不整,故俞樾《群经平议》说:"'法语之言'一句中,语字、言字叠用,甚为不辞。"他主张读成"法语之"、"巽与之",但这样读,"法语之"能讲通,"巽与之"又讲不通了。今按,语,上古音鱼韵疑母上声;与,鱼韵喻母上声。二字仅声母小异。疑"语"读为"与",则义或可通。绎,旧注解为寻绎,又与"改"字义不相关。刘宝楠《正义》引《方言》:"悛、怿,改也。自山而东或曰悛,或曰怿。"郭璞注:"音铨,音奕。《论语》曰:'悦而不怿。'"则郭璞所见《论语》正作"怿",与"改"义正相协。刘宝楠《正义》解释说:"法语(金璧按,当读为与)之言,巽与之言,言者祇此二术。故说而不绎,从而不改,虽圣人亦无如之何矣。"是很顺畅中肯的。

【译文】孔子说:"严正地与他谈话,能不听从吗?改错才可贵。温顺地与他谈话,能不高兴吗?悔过才可贵。高兴而不悔过,听从而不改错,我对他就没有办法了。"

13.9 子曰:"主忠信,毋友不如己者,过则勿惮改。"〔子罕篇第九,25〕

【说解】已见于2.2章,孔子论君子,言及于此。

13.10 子贡方人。子曰:"赐也,贤乎哉?夫我则不暇。"〔宪问篇第十四,29〕

【说解】方人,刘宝楠《正义》引《经典释文》说,郑玄所注《论语》作"谤人",郑注"谓言人之过恶"。又引卢文弨《考证》:"《古论》谤字作方,盖以声同假借。"则"方"乃"谤"之古字。杨伯峻先生引《世说新语·容止》:"或以方谢仁祖'不乃重'者,桓大司马曰:'诸君莫轻道仁祖。企脚北窗下弹琵琶,故自有天际真人想。'"谓"这'方'字作品评解,其用法可能出于此。"按,杨先生说近是,这"方""字正作讥评解,因其下文正是"轻道"。《史记·仲尼弟子列传》谓子贡"喜扬人之美不能匿人之过",不能匿人之过,则必"谤人",故为孔子所责。

【译文】子贡讥评别人。孔子说:"赐呀,你够好了吗?我可没有这闲工夫。"

13.11 子曰:"不患人之不己知,患其不能也。"〔宪问篇第十四,30〕

【说解】子曰:"君子病无能焉,不病人之不己知也。"(2.35)又,子曰:"不患人之不己知,患不知人也。"(13.2。按,当作"患不知也")与此义同。

【译文】孔子说:"不怕别人不知道我,只怕自己没有能力。"

13.12 子曰:"躬自厚而薄责于人,则远怨矣。"〔卫灵公篇第十五,15〕

【说解】躬自,同义连文,与"自己、亲自"义近,即《诗·卫风·氓》"静言思之,躬自悼矣"的"躬自"。"厚"下省略"责"字,所谓"蒙后省略"。

【译文】孔子说:"多责备自己,而少责备别人,就远离怨恨了。"

13.13 子曰:"过而不改,是谓过矣。"〔卫灵公第十五,30〕

【说解】孔子说过:"过,则勿惮改。"(2.2)"有颜回者好学,不迁怒,不贰过。"(4.14)"闻义不能徙,不善不能改,是吾忧也。"(13.7)子贡曰:"君子之过也,如日月之食焉:过也,人皆见之;更也,人皆仰之。"(2.50)皆强调改过。

【译文】孔子说:"有错误而不改正,那就叫做错误了。"

13.14 孔子曰:"益者三乐,损者三乐:乐节礼乐,乐道人之善,乐多贤友,益矣;乐骄乐,乐佚游,乐宴乐,损矣。"〔季氏篇第十六,5〕

【说解】乐骄乐,何晏《集解》引孔安国说:"恃尊贵以自恣。"乐佚游,引王肃说:"出入不节。"乐宴乐,引孔安国说:"沈荒淫渎。"淫渎,淫于女色。

三乐(lè)、礼乐(yuè),读音不同。

【译文】孔子说:"有益的快乐有三种;有害的快乐也有三种:乐于节制礼乐,乐于称扬别人的好处,乐于多交有益的朋友,就有益了;乐于骄恣作乐,乐于游荡无度,乐于荒淫宴饮,就有害了。"

崇德篇第十四（12章）

　　崇尚道德，是孔门学说的又一个特点。德的内容，大约包括了仁义礼智信等诸多好的品质。本篇中孔子及其弟子赞扬有德者（如禹、稷、伯夷、叔齐、闵子骞）与有德之行（如信、恭、礼）、批评无德者（如羿、奡、齐景公、季桓子）与无德之行（寡信、恃力、贪财、好色），使人知美恶之分。孔子还用恰当的譬喻赞美德："骥不称其力，称其德也！"又以"有德者必有言，有言者不必有德；仁者必有勇，勇者不必有仁"来褒美有德者也即仁者，以"德不孤，必有邻"这样富于哲理的话来鼓励有德者，以"齐景公有马千驷，死之日，民无德而称焉。伯夷、叔齐饿于首阳之下，民到于今称之"这生动的事例，说明有财无德者无可称述而困苦的有德者将永垂不朽。孔子对道德的内容条分缕析，褒贬分明，激浊扬清，为中华民族传统道德观念的形成做出了独特的贡献。

14.1　有子曰:"信近于义,言可复也;恭近于礼,远耻辱也;因不失其亲,亦可宗也。"〔学而篇第一,13〕

【说解】有子,孔子弟子有若,见 3.16 章说解。

兑现、践行诺言叫复言。朱熹《论语集注》:"复,践言也。"《左传·僖公九年》:"荀叔曰:'吾与先君言矣,不可以贰。能欲复言而爱身乎?'"

孔子师徒认为,所立诺言如果合于义,则此诺言可以践行,是君子的大信。所立诺言如果不合于义,而践行此诺言,就是小人的小信。如《左传·哀公十六年》:"吾闻胜也好复言。"杜预注:"言之所许,必欲复行之,不顾道理。""不顾道理"而必欲践行其诺言,这便是小人的小信。所以虽然管仲不为公子纠殉难,视其大节,孔子仍然称其仁,而否定小人的小信,说"岂若匹夫匹妇之为谅也,自经于沟渎而莫之知也"(9.19),又说"好信不好学,其蔽也贼"(11.11),又说"言必信,行必果,硁硁然小人哉!"(18.4)《孟子·离娄下》将其阐发为"大人者,言不必信,行不必果:惟义所在。"《史记·孔子世家》载,孔子在蒲遇难,蒲人对孔子说:"苟毋适卫,吾出子。"便与孔子盟誓,放孔子出东门。孔子却遂适卫。子贡问:"盟可负耶?"孔子却说:"要盟也,神不听。"这是孔子不守非义小信的例子。

1.4 章描述孔子的仪态是"恭而安","恭而安"就是恭而有礼。孔子说"恭而无礼则劳"(10.12),如果达到"足恭"(4.17),那就是可耻的行为,也会招致耻辱。

因,训"依"。亲,指可亲依者。宗,尊重。今依朱熹《论语集注》:"因,犹依也。……所依者不失其可亲之人。"可亲者,即仁人。7.1章,子曰:"弟子入则孝,出则悌,谨而信,汎爱众,而亲仁。"仁人,君子所亲,故可尊重。虽然儒家强调"尊尊,亲亲",但在"因不失其亲"句中,"亲"却不能理解为"亲戚"。因为所依靠者虽然首先应考虑亲属,却不能尽为亲属。相反,儒家讲究避免"任人唯亲",而提倡"任人唯贤"。所以《左传·襄公三年》"君子谓祁奚于是能举善矣:称其雠,不为谄;立其子,不为比。"

清雍正帝于二年十月二十一日给总督河道齐苏勒的朱批喻旨:"怡亲王,公忠为国人也,可亲近之。朕保尔因不失其亲也。"最能体现此句要义:以其为"公忠为国人也",故"因不失其亲"。宋王楙《野客丛书》卷二四谓:"《论语》'因不失其亲',《南史》王元规曰:'姻不失亲,古人所重,岂得辄婚非类?'张说之碑亦曰:'姻不失亲,官复其旧。'是以相因字为婚姻字用矣而。"按,张说之碑以"因"为"姻",不过是一种引申理解,孔子语原意绝非如此。且《南史·王元规传》原文为"因不失亲",唯《陈书》"因"作"姻",钱大昕《廿二史考异》谓作者所改。此"因不失其亲"仍为"所依者不失其可亲之人",即贤人。以刘氏乃"郡土豪……资财巨万",非贤人,故王元规称其为"匪类"(志向不合、志趣不同的人)。此"非类"不指非亲属,王楙说误。

【译文】有子说:"诚信符合义,说的话就可以做到;谦恭合于礼,就远离侮辱;依傍的人无不是可亲近的仁人,也就可尊重了。"

14.2　子曰："人而无信,不知其可也。大车无輗,小车无軏,其何以行之哉?"〔为政篇第二,22〕

【说解】人而无信,而,连词。这种格式,常有假设意味。

輗,音 ní;軏,音 yuè。《说文·车部》:"輗,大车辕端持衡者也。""軏,车辕端持衡者。"牛车(大车)车辕前连有横木叫鬲,下缚牛轭;车辕端与鬲间有关键使相接,叫輗。马车(小车)辕前连有横木叫衡,下缚马轭;车辕端与衡间也有关键使相接,叫軏。輗、軏的形制,与关键相类,关键古称辖,今称销子,初以木制,后改用金属。輗、軏连接辕端与鬲、衡的方式,是在辕端与鬲或衡上各凿一竖孔,穿入輗或軏,再用皮条将其捆牢,以防脱落。如《韩非子·外储说左上》引墨子说:"不如为车輗者巧也:用咫尺之木,不费一朝之事,而引三十石之任。"又如扬雄《太玄经》说:"关无键,盗入门也……拔我輗軏,贵以信也。"捆輗、軏的皮条叫鞙(zuàn)。《说文·革部》:"鞙,车衡三束也。曲辕鞙缚,直辕暈缚。"捆车辕端与车衡的軏,为一束;衡下还要缚两轭,是为车衡三束。又,"鞘,大车缚轭靼。""靼,柔革也。"这样,輗、軏之使用,在《说文》中都可找到印证。

　　因有輗、軏,辕端与鬲或衡的连接就是活的,鬲或衡可随牛或马的动作方向自由转动,而不致扭损辕端与鬲或衡。

　　牲口套在轭上,轭捆缚在鬲或衡上,而鬲或衡是通过輗、軏与车辕连接的,没有輗、軏,那车就无法行走了。輗、軏是辕端与鬲或衡的连接的关键,而诚信是人际交往的关键,故孔子引以为喻(说本刘宝楠《正义》引凌焕《古今车制图考》)。

【译文】孔子说:"一个人如果没有诚信,不知那怎么可以。譬如牛车没有輗,马车没有軏,怎么能走呢?"

14.3 子曰:"德不孤,必有邻。"〔里仁篇第四,25〕

【说解】何晏注解释:"方以类聚,同志相求,故必有邻,是以不孤。"是说有德者必有有德之朋友。《周易·坤·文言》:"君子敬以直内,义以方外,敬义立而德不孤。"《晋书·褚陶传》载,张华见褚陶,对陆机说:"君兄弟龙跃云津,顾彦先凤鸣朝阳。谓东南之宝已尽,不意复见褚生!……故知延州之德不孤,川岳之宝不匮矣!"是说人才聚集。

而皇侃疏说,以德待人,人必以德回报。如《汉书·董仲舒传》:"故天瑞应诚而至,《书》曰:'白鱼入于王舟,有火复于王屋,流为乌。'此盖受命之符也。周公曰:'复哉,复哉!'孔子曰:'德不孤,必有邻。'皆积善累德之效也。"颜师古注:"《论语》载孔子之言也。邻,近也。言修德者不独空为之而已,必有近助也。"《说苑·复恩》:"孔子曰:'德不孤,必有邻。'夫施德者贵不德,受恩者尚必报。"是以"必有邻"为天给有德者以回报。典籍中两种理解俱存,孔子本意如何,已不可考。译文姑依通说。

【译文】孔子说:"有道德的人不孤单,一定有志同道合者为伴。"

14.4 季氏使闵子骞为费宰。闵子骞曰:"善为我辞焉!如有复我者,则吾必在汶上矣。"〔雍也篇第六,9〕

【说解】闵子骞,孔子弟子,名损,见4.30章说解。费(bì),季氏私邑,故城在今山东费县西北。何晏《集解》引孔安国说:"季氏不臣而其邑宰数畔,闻子骞贤,故欲用之。"《史记·仲尼弟子列传》说他"不仕大夫,不食污君之禄",即指辞费宰而言。看来他洁身自好殊甚,对季氏尤为反感,与他的同学冉有季路又有不同。

汶(wèn),河水名,杨伯峻先生说即山东大汶河,并引桂馥《札朴》云:"水以阳为北,凡言某水上者,皆谓水北。""汶上"指齐国之地。

【译文】季氏叫闵子骞作费的县宰。闵子骞对来人说:"好好地替我辞掉吧!如果有人再来找我,我一定会逃到汶水以北去了。"

14.5 樊迟从游于舞雩之下,曰:"敢问崇德,修慝,辨惑。"子曰:"善哉问!先事后得,非崇德与?攻其恶,无攻人之恶,非修慝与?一朝之忿,忘其身,以及其亲,非惑与?"〔颜渊篇第十二,21〕

【说解】舞雩,《说文·雨部》:"雩,夏祭乐于赤帝,以祈甘雨也。"求雨之祭,必以巫率舞,故雩祭之台叫舞雩。《水经注·沂水》:"沂水北对稷门……改名高门……亦名雩门……门南隔水有雩坛,坛高三丈。曾点所欲风舞处也。"在今曲阜县南。慝(tè),恶。

先儒对樊迟从孔子游于舞雩下之政治背景,樊迟为何问"崇德、修慝、辨惑"以及为何如此作答,多有推测。但因缺乏有力证据,所以仅依文译解。

先事,俞樾《群经平议》据《尔雅·释诂下》"事,勤也",说先事,犹先劳。《礼记·儒行》:"先劳而后禄。"郑玄注:"劳犹事也。"先事后得,犹云"事君,敬其事而后其食"(17.9),也即"先难而后获"(6.9)。

攻其恶,无攻人之恶,即"躬自厚而薄责于人"(13.12),也即"不迁怒"(4.14)以及"见其过而内自讼"(13.6)。

"一朝之忿,忘其身以及其亲",即《孟子·离娄下》所谓"好勇斗很,以危父母"。及,危害。《左传》及先秦典籍中中有大量"及"作"害"解之例:

《左传·桓公十年》:"虞叔有玉,虞公求旃……乃献,又求其宝剑。叔曰:'是无厌也,无厌将及我。'"杜预注:"将杀我。"

《左传·文公七年》:"兵作于内为乱,于外为寇。寇犹及人,乱自及也。"

《昭公五年》:"汏侈已甚,身之灾也,焉能及人?"

《吕氏春秋·骄恣》:"于是厉公游于匠丽氏,栾书、中行偃劫而幽之……三月而杀之。人主之患,患在知能害人而不知害人之不当而反自及也。"高诱注:"自及,死于匠丽氏。"

【译文】樊迟侍从孔子在舞雩台下游逛,问道:"请问怎样提高品德,怎样消除丑恶,怎样辨别糊涂事。"孔子说:"问得好! 先辛勤劳动,再获得,不是提高品德吗?攻击自己的丑恶,不攻击别人的丑恶,不是消除丑恶吗?因为偶然的忿怒,便忘记自身利害,还害了父母,不是糊涂吗?"

14.6 子曰:"有德者必有言,有言者不必有德;仁者必有勇,勇者不必有仁。"〔宪问篇第十四,4〕

【说解】朱熹集注解释说:"有德者和顺积中,英华发外,能言者或便佞口给而已。仁者心无私累,见义必为,勇者或血气之强而已。"孔子反对无义、不好学之勇,说:"君子有勇而无义为乱,小人有勇而无义为盗。"(2.45)"好勇不好学,其蔽也乱"(11.11)

【译文】孔子说:"有道德的人一定有美言,有美言的人不一定有道德;仁人一定有勇气,勇敢的人不一定有仁德。"

14.7 南宫适问于孔子曰:"羿善射,奡荡舟,俱不得其死然。禹、稷躬稼而有天下。"夫子不答。南宫适出,子曰:"君子哉若人!尚德哉若人!"〔宪问篇第十四,5〕

【说解】南宫适(kuò),孔子学生南容。见4.6章、4.31章。羿(yì),奡(ào),传说中夏代人名。稷(jì),名弃,舜的农官,周的始祖。

何晏《集解》引孔安国说:"羿,有穷之君也。篡夏后相之位,其臣寒浞杀之,因其室而生奡。奡多力,能陆地行舟,为夏后少康所杀也。俱不得其死然。"

刘宝楠《正义》引周柄中《典故辩证》，谓"荡舟"与"罔水行舟"本是两事，奡即浇；荡，翻。《竹书纪年》："帝相二十七年，浇伐斟鄩，大战于潍，覆其舟灭之。"此奡荡舟之事。

羿为其臣寒浞所杀、奡（即浇）为夏后少康所杀之事，详见于《左传·襄公四年》及《哀公元年》。

何晏《集解》又引马融说："禹尽力于沟洫，稷播殖百谷，故曰躬稼而有天下。"刘宝楠《正义》谓"禹尽力于沟洫"，语出《论语·泰伯》"卑宫室而尽力乎沟洫"。又引《尚书·皋陶谟》："予决九川、距四海，浚畎浍距川，暨稷播奏庶艰食鲜食。"南宫适举古事以问，他的意思是历史上尚勇力者不得善终，而勤民尚德者终有天下。

至于为何孔子不答，学者多有探讨。王若虚《论语辨惑》引张无垢说："此章全在不答处。圣人立论，坐见万世之后，要不使有时而穷。夫力非所以取天下也，然有以力而得之者。德固宜其有天下也，而不得者亦多矣。是适言虽美，有时而穷也。夫子将言其非，恐害名教；欲言其是，则其病犹适也。故特付之不答而已。至其既出，而谓之尚德君子者，盖称其用心耳。"是说南容此论用心虽好，但有片面性：用暴力者非必皆不得好死，躬稼勤民者也并非必得天下。孔子对此难加可否，只能待其出而称赞他是君子。若，指示代词，这，这个。

【译文】南宫适问孔子："羿擅长射箭，奡能荡覆舟船，都没有得到好死。禹和稷亲自种田，却得到了天下。"孔子没有答复。南宫适退了出来。孔子说："这个人是君子啊！这个人尊尚道德啊！"

14.8　子曰:"骥不称其力,称其德也。"〔宪问篇第十四,33〕

【说解】 何晏《集解》引郑玄说:"德者调良之谓。"调良,即驯顺听使。驾车的马须有五御之威仪,即鸣和鸾、逐水曲、过君表、舞交衢、逐禽左(《周礼·地官·保氏》郑司农注),即调良之德。邢昺疏:"此章疾时尚力取胜,而不重德。骥是古之善马名。人不称其任重致远之力,但称其调良之德也。马尚如是,人亦宜然。"

【译文】 孔子说:"骥,并不是称赞它的气力,而是称赞它的美德。"

14.9　子曰:"由,知德者鲜矣!"〔卫灵公篇第十五,4〕

【说解】 何晏《集解》引王肃说:"君子固穷,而子路愠见,故谓之少于知德者也。"看来孔子此语是于在陈绝粮而弟子有怨心、子路愠见时说的(参见2.33),也是为对子路进行教育,意为在困境中不易坚持节操。

鲜(xiǎn),本为鱼名,借以表示少。后造字尠、尟,但未通用。

【译文】 孔子说:"由,懂得'德'的人太少啦!"

14.10 齐景公有马千驷,死之日,民无德而称焉;伯夷、叔齐饿于首阳之下,民到于今称之。其斯之谓与!〔季氏篇第十六,12〕

【说解】千驷,四千匹。据清阎若璩《四书释地·又续》,此指公马,以给公用、备赐予。《周礼·夏官·校人》:"天子十有二闲,马六种。邦国六闲,马四种。"贾公彦疏:"天子有十二闲,六种,为三千四百五十六匹。邦国六闲,马四种,为二千五百九十二匹。"齐景公时,地大于王畿,性又好狗马,故马多如此。

伯夷、叔齐,见4.12章。饿,古代指严重的、濒死的饥。

首阳,山名。其地古今传说纷纭。据日人泷川资言《史记会注考证》,谓《吕氏春秋·诚廉》载伯夷、叔齐事较详:"二子西行如周,至于岐阳……二子北行,至首阳之下而饿焉。"《庄子·让王》所载大同。岐阳在今陕西扶风县西北,则此首阳山当在今陕西扶风县西北。

其斯之谓与,此句与前文气不连贯,学者多疑有阙文。

【译文】齐景公有马四千匹,死了以后,人们觉得他没有德行值得称述要;伯夷、叔齐两人饿死在首阳山下,大家到现在还称颂他。那就是这个意思吧!

14.11 齐人归女乐,季桓子受之,三日不朝,孔子行。〔微子篇第十八,4〕

【说解】归(kuì),通馈。

《史记·孔子世家》记此事:"定公十四年,孔子年五十六,由大司寇行摄相事……齐人闻而惧,曰:'孔子为政必霸,霸则吾地近焉,我之为先并矣。盍致地焉?'黎鉏曰:'请先尝沮之;沮之而不可,则致地,庸迟乎?'于是选齐国中女子好者八十人,皆衣文衣而舞《康乐》,文马三十驷,遗鲁君,陈女乐、文马于鲁城南高门外……桓子卒受齐女乐,三日不听政……孔子遂行……桓子喟然叹曰:'夫子罪我以群婢故也夫!'"

【译文】齐国送了许多歌舞女给鲁国,季桓子接受了,三天不上朝,孔子就离开了鲁国。

14.12 子夏曰:"大德不逾闲,小德出入可也。"〔子张篇第十九,11〕

【说解】《说文·门部》:"闲,阑也。"本义为拦门的木栅,引申为法,限度等。大德小德,犹言大节小节。

读此章,似应注意两点,一、一般情况下,儒家是强调大德小德兼顾的。如《尚书·酒诰》:"越小大德,小子惟一。"按,越,发语词。《荀子·王制》引孔子说:"大节是也,小节是也,上君也。大节是也,小节一出焉一入焉,中君也。大节非也,小节虽是也,吾无观其馀矣!"二,小德出入,到底指什么?只有《韩诗外传》卷二举了一个例子:"孔子遭齐程本子于郯之间,倾盖而语终日,有间,顾子路曰:'由,束帛十匹以赠先生。'子路不对。有间,又顾曰:'束帛十匹以赠先生。'子路率尔而对曰:'昔者由也闻之于夫子:士不中道相见,女无媒而嫁者,君子不行也。'孔子曰:'夫《诗》不云乎:野有蔓草,零露溥兮。有美一人,清扬婉兮。邂逅相遇,适我愿兮!且夫齐程本子,天下之贤士也。吾于是而不赠,终身不之见也。大德不踰闲,小德出入可也。'"原来是该不该赠予路遇友人礼物,而不是那些关乎个人道德修养的事,那是不能视为小节的。因此,子夏的这段话,不宜照搬。朱熹《论语集注》引吴氏说:"此章之言不能无弊,学者详之。"

【译文】子夏说:"人的重大节操不能逾越界限,小节放松一点是可以的。"

言行篇第十五（12章）

在言与行的关系中，孔子特别憎恶言行不一、言过其行的风习。为矫时弊，他提出"君子欲讷于言而敏于行"的矫枉过正式的主张，甚至说要"先行其言，而后从之"，即行在言之先。他讨厌"佞"，甚至主张仁者"其言也讱"。他认为"辞达而已"，不必追求华丽。对于不熟悉、说不清的问题，他避免谈及。他主张出言要适宜，应既不失言，又不失人。这些观点至今还是十分可贵而值得借鉴的，对于言行脱节、甚或言与行反、崇尚空谈的时弊，有极强的针砭作用。

15.1 子曰:"君子欲讷于言而敏于行。"〔里仁篇第四,24〕

【说解】讷(nè),语言迟钝。《说文·言部》:"讷,言难也。"敏,勤勉(参看1.21章,子曰"我非生而知之者,好古,敏以求之者也"条说解)。这个意思,孔子反复强调。如子贡问君子,子曰:"先行其言,而后从之。"(2.4)又"君子耻其言而过其行"(2.29),司马牛问仁。子曰:"仁者,其言也讱。"(6.24)有以"讷""敏"为名者,盖本于此。

【译文】孔子说:"君子言语要迟钝,做事要勤勉。"

15.2 或曰:"雍也仁而不佞。"子曰:"焉用佞?御人以口给,屡憎于人。不知其仁,焉用佞?"〔公冶长篇第五,5〕

【说解】佞(nìng),能言善辩,有口才。口给(jǐ),口才敏捷。朱熹集注解释说:"仲弓为人重厚简默,而时人以佞为贤,故美其优于德而病其短于才也。"孔子则认为"佞"不是优点,而讨人厌。参见15.1章。

不知其仁,赵宗乙《论语札记》谓指"或"人"不知其仁",与9.2章中"孟武伯问:'子路仁乎?'子曰:'不知也。'又问。子曰:'由也,千乘之国,可使治其赋也,不知其仁也。''求也何如?'子曰:'求也,千室之邑,百乘之家,可使为之宰也,不知其仁也。''赤也何如?'子曰:'赤也,束带立于朝,可使与宾客言也,不知其仁也。'"不同，那是孔子表示否定的另一方式，是说还不能达到"仁"的水平。而本章"不知其仁"，是对"或"人的批评：他们误以为"佞"（"口给"）是善才，美其"仁"而惜其口才不善为仁人之缺憾。孔子意在阐释，"或"人对于"仁"的认识是错误的。孔子一贯反对"佞"，指出"佞"者"御人以口给，屡憎于人"，正所以害仁。"焉用佞"，意为"有仁就够了"。而两言之，正反复申明"仁"无须"佞"。

孔子虽不轻易许人以"仁"（即使贤如颜渊，孔子也只说他"其心三月不违仁"），但却赞"雍也可使南面"，并且列冉雍为孔门十哲"德行"科中（9.8章，"德行：颜渊、闵子骞、冉伯牛、仲弓"），可知本章孔子对"或"人所谓"雍也仁"是默许的，只是针对其认为冉雍"不佞"，提出对于"佞"的反对意见。或者说孔子正认为"不佞"是冉雍的长处。宋钱时《融堂四书管见》卷三："仁与佞正相反，口给屡憎，仁者不如是也。或称仲弓之仁，而以不佞少之，即此便是他不知其仁处。两言'焉用佞'，宜细玩。"陈祥道《论语全解》卷三云："讷则近仁，巧言则鲜仁，给则夺仁。故颜子之如愚，冉雍之不佞，孔子以为仁；宰予之言语，公西华之可与宾客言，孔子不以为仁。盖仁者爱人，爱人者常爱于人，'御人以口给，屡憎于人'，则不仁可知矣。孔子谓'雍可使南面'为人君，止于仁故也。"钱、陈二说皆得之。

按，赵说是。唯"不知其仁"之"其"指仲雍，是说此人并不真正知道仲雍之仁（"不佞"正是其仁之重要表现）。

【译文】有人说："冉雍仁而没有口才。"孔子说："何必要口才呢？用伶牙俐齿同人家辩论，常被人厌憎。这些人其实并不真正知道他仁。何必要口才呢?"

15.3 子贡曰:"夫子之文章,可得而闻也;夫子之言性与天道,不可得而闻也。"〔公冶长篇第五,13〕

【说解】文章,指有关古代文献的学问。孔子是中国古代文化的最早、最全面的整理者和传播者,他对《易》《诗》《礼》《春秋》的整理与阐发,在《论语》中随处可见的对社会、政治、道德伦理、文化教育、人文精神的精彩论述,都是优美的文章。

性,人性。孔子直接提到性的,只有"性相近也,习相远也"(11.10)一句,而间接涉及的也不多,如"吾未见好德如好色者也"(5.23)、"君子食无求饱,居无求安"(11.1)——反映出人性是好色的、食求饱居求安的;到孟子就发展为"食色,性也"(《孟子·告子上》)。又"富与贵,是人之所欲也……贫与贱,是人之所恶也"(6.6),反映出人性是欲富贵而恶贫贱的。

天道,古人以为是天的意志,决定自然、社会的变化与人的吉凶祸福。古代科学不发达,往往以为就是神的意志,不可违抗。但也有些较聪明的人,或假借天道以行己意,或对天道敬而远之,阙而不论。前者弗论,后者如《左传·昭公十八年》郑子产说:"天道远,人道迩,非所及也。"《论语》樊迟问知。子曰:"务民之义,敬鬼神而远之,可谓知矣。"(6.9)季路问事鬼神。子曰:"未能事人,焉能事鬼?"曰:"敢问死。"曰:"未知生,焉知死?"(8.9)子不语怪、力、乱、神。(1.52)都是有意回避,而教育弟子致力于人事。实在不失为一种明智的态度。王若虚《论语辨惑》引欧阳修说:"圣人不穷性为言,或虽言而不究,学者当力修人事之实,而性、命非其所急。"是中肯的意见。

【译文】子贡说:"先生关于文献方面的学问,我们能听到;先生关于人性和天道的言论,却不能听到。"

15.4　子路有闻,未之能行,唯恐有闻。〔公冶长篇第五,14〕

【说解】第二"有"读为"又"。何晏《集解》引孔安国说:"前所闻未及行,故恐后有闻,不得并行也。"这表现了子路急于把认识付诸实践的性格。可参见9.14章"子路无宿诺"。

【译文】子路有所听闻,还没能去付诸实践时,就只怕又有所闻。

15.5　季文子三思而后行。子闻之,曰:"再,斯可矣。"〔公冶长篇第五,20〕

【说解】季文子,鲁大夫季孙行父,"文"是谥号。他历仕鲁文、宣、成、襄四代,卒于襄公五年。《左传·襄公五年》记季文子卒,"宰庀家器为葬备,无衣帛之妾,无食粟之马,无藏金玉,无重器备。君子是以知季文子之忠于公室也:相三君矣,而无私积,可不谓忠乎?"孔子生于襄公二十二年,不与其同时。

三思,"三"是虚数。《左传·文公六年》载季文子将聘于晋,听说晋侯有病,便使求遭丧之礼而行,随从问有什么用,他说:"备豫不虞,古之善教也。求而无之实难,过求,何害?"秋八月,晋侯果卒。杜预注:"所谓文子三思。"

再,唐石经下有"思"字。斯,则,就。

为何文子三思而孔子不予肯定,赵宗乙《论语札记》引郑玄曰:"文子忠而有贤行,其举事寡过,不必及三思也。"皇侃疏:"孔子美之。言若如文子之贤,不假三思,唯再思,此则可也。"陈祥道《论语全解》卷三曰:"盖有文子之质,再斯可矣。无文子之质,非三思则不可。孔子于'三思'则抑之,于'率尔而对'则责之,因人而为之教也。"也就是说,孔子认为像季文子这样"忠而有贤行,其举事寡过"的人,凡事"再思"而行就可以了,"因人而为之教也"之意耳。而宋儒多认为孔子于此批评文子,认为"三思则惑",故孔子矫以"再思",而不知此实为"孔子美之"之意。

【译文】季文子事前考虑多次才行动。孔子听到了,说:"他想两次,就可以了。"

15.6　子曰:"邦有道,危言危行;邦无道,危行言孙。"〔宪问篇第十四,3〕

【说解】《说文·危部》:"危,在高而惧也。"引申为正,《广雅·释诂一》:"危,正也。"正襟危坐,危即此义。孙,逊的古字。类似的话,孔子说过多次,参看2.16章及其说解。

【译文】孔子说:"国家政治清明,言语正直,行为正直;国家政治黑暗,行为正直,言语谦逊。"

15.7 子曰:"其言之不怍,则为之也难。"〔宪问篇第十四,20〕

【说解】怍,惭愧。"何晏《集解》引马融说:"内有其实,则言之不惭,积其实者为之难。"为褒美之言。刘宝楠《正义》:"己所能为,即是'内有其实'。皇《疏》引王弼云:'情动于中,而外形于言。情正实而后言之不怍。'此即马义。"是说自身具备了素质、能力、真情实感,才能说起话来心不惭愧。

19.2章,子曰:"古者言之不出,耻躬之不逮也。"何晏《集解》引包咸曰:"古人之言不妄出口,为身行之将不及。"反之,既然自己已经做到,自然"言之不怍"了。刘宝楠并引《后汉书·皇甫规传论》:"孔子称'其言之不怍,则其为之也难'。察皇甫规之言,其心不怍哉!夫其审己则干禄,见贤则委位,故干禄不为贪,而委位不求让;称己不疑伐,而让人无惧情。故能功成于戎狄,身全于邦家也。"并说:"此引文以'不怍'为美词,与马意合。"张方平《苏洵墓表》:"今举其始卒之大概,以表其墓。惟其有之,是以言之不怍云。"亦为褒美之言。

【译文】孔子说:"如果人说起话来不惭愧,他为言符其实所作的一定很难。"

15.8　子张问行。子曰:"言忠信,行笃敬,虽蛮貊之邦行矣;言不忠信,行不笃敬,虽州里行乎哉?立,则见其参于前也;在舆,则见其倚于衡也——夫然后行。"子张书诸绅。〔卫灵公篇第十五,6〕

【说解】子张,孔子弟子颛孙师。见3.5章说解。

蛮貊,貊(mò),野蛮民族。《说文·虫(huǐ)部》:"蛮,南蛮蛇种。"又《豸部》:"貊,北方豸种。"抛去不科学的偏见,则蛮貊是未开化的外族。

笃(dǔ)。《说文·马部》:"马行顿迟。"引申为厚,实。州里,古代一万二千五百家为州,五家为邻,五邻为里。参(cān),直,凌。如"古木参天、参天而立"。衡,车辕前端的横木,下连两軛,以驾马。绅,官员束衣的大带。

【译文】子张问如何去"行"。孔子说:"言语忠诚信实,行为忠厚严肃,即使在外族的国家,也行得通;言语不忠诚信实,行为不忠厚严肃,就是在本乡本土,能行得通吗?站立的时候,就应仿佛看见那言行的信条就在面前;在车上,也应仿佛看见它倚在横木上——这才能行得通。"子张把这些话写在大带上。

15.9　子曰:"可与言而不与言,失人;不可与言而与之言,失言。知者不失人,亦不失言。"〔卫灵公篇第十五,8〕

【说解】此章说说话者要正确估价自己的言语伙伴,当说则说,不当说则不说。因为孔子既主张"学而不厌,诲人不倦"(1.61章),又主张"君子于其言,无所苟而已矣"(3.26章)、"言必有中"(4.33章),所以他十分注意交谈方的具体情况,包括其接受愿望与接受能力。可与15.11章互参。又,《周易·系辞下》说:"吉人之辞寡,躁人之辞多。"

【译文】孔子说:"可以同他说,却不同他说,这是错过了人;不可以同他说,却同他说,这是说错了话。聪明人既不错过人,也不说错话。"

15.10 子曰:"辞达而已矣。"〔卫灵公篇第十五,41〕

【说解】孔子并不主张言辞过于华丽。他说过:"巧言令色,鲜矣仁!"(5.1)

【译文】孔子说:"言辞达意而已。"

15.11 孔子曰:"侍于君子有三愆:言未及之而言谓之躁,言及之而不言谓之隐,未见颜色而言谓之瞽。"〔季氏篇第十六,6〕

【说解】愆(qiān),过失。《荀子·劝学》有类似的话:"故未可与言而言谓之傲,可与言而不言谓之隐,不观颜色而言谓之瞽。故君子不傲不隐不瞽,谨顺其身。"

【译文】孔子说:"奉陪君子容易犯三种过失:没谈论到这个话题而

贸然谈论，叫做急躁；谈论到这个话题却默而不言，叫做隐瞒；不看看对方脸色便议论，叫做盲目。"

15.12 子曰："予欲无言。"子贡曰："子如不言，则小子何述焉？"子曰："天何言哉？四时行焉，百物生焉，天何言哉？"〔阳货篇第十七，19〕

【说解】《说文·辵部》："述，循也。"

　　孔子重行谨言，他认为"刚、毅、木、讷近仁"(6.26)，"君子欲讷于言而敏于行"(15.1)，"古者言之不出，耻躬之不逮也"(19.2)。

　　古人认为天道是无为而治的典范，圣人善于效法天(4.24章"巍巍乎，唯天为大，唯尧则之")。《礼记·哀公问》说："公曰：'敢问君子何贵乎天道也？'孔子对曰：'贵其不已。如日月东西相从而不已也，是天道也。不闭其久，是天道也。无为而物成，是天道也。已成而明，是天道也。"《老子》第七十三章也有类似文字："天之道不争而善胜，不言而善应，不召而自来，繟(chǎn，宽缓；舒缓)然而善谋。天网恢恢，疏而不失。"

【译文】孔子说："我想不说话了。"子贡说："您如果不说话，那我们遵循什么呢？"孔子说："天说了什么呢？四季运行，百物生长，天说了什么呢？"

重道篇第十六（11章）

　　孔门师徒的另一个重要特点,是重道。这道,可以说是宇宙、自然、社会、人事之真理的总称。孔子师徒与庄子的消极遁世不同,他们是积极地投入改造社会的斗争。其社会理想,是建立一个君君臣臣父父子子的相对公正的德政的礼治的君主制社会。为此,孔子奋斗了终生。虽然这个理想未得实现,但他建立相对公正利民的社会这一政治理想已深入人心,鼓励了历代进步的政治家为社会的公正进步而斗争。

　　孔子为建立社会公德,也即为改造人的思想,提出了恕与忠这两个道德观念。恕,是教人从爱己懂得爱人,忠是教人从利己发展到利人。这是从人性出发,最简易最合理的完善、完美人性之道,是建立美好社会公德、营造和谐的人际关系的妙招,因而可说是杰出思想家对普世的人文精神的重大贡献。

　　本篇中孔子师徒与隐者接舆、长沮、桀溺的谈话,表现了两种人生观、道德观的差异与冲突。

16.1　子曰："朝闻道，夕死可矣。"〔里仁篇第四，8〕

【说解】可以从两方面理解。

首先，是真理的可贵性。朱熹集注："道者，事物当然之理。苟得闻之，则生顺死安，无复遗恨矣。"这是孔子说自身感受。孔子追求真理，以探究真理为己任。故有不知不明者，思之不得，必寤寐求之；求之不得，必辗转反侧；终生不得，则死不瞑目，没犹有憾。而一旦得之，则以为不虚此生，死而无憾。所以说"朝闻道，夕死可矣"。一般人对此感到不好理解，是因为他们未把"道"看得很重。但我们可以类比，即如有热爱真理之人，自以为心明眼亮，实则蒙蔽迷惑，暗昧一生；一旦偶闻真理，豁然醒悟，其人必有"朝闻道，夕死可矣"之慨。

其次，是伸张正义的重要性。如遭受覆盆之冤的人，众口同声，皆谓其可诛可杀，此人则日夜盼望是非得明，沉冤得雪。而星移斗转，日月逝矣，此人亦必有"朝闻道，夕死可矣"之叹。

【译文】孔子说："早晨得知真理，当晚死去都可以。"

16.2　子曰："参乎！吾道一以贯之。"曾子曰："唯。"子出，门人问曰："何谓也？"曾子曰："夫子之道，忠恕而已矣！"〔里仁篇第四，15〕

【说解】参(shēn)，见 1.53 章说解。

唯，答应的声音，比"诺"更为恭敬。《礼记·玉藻》："父命呼,唯而不诺。"孔颖达疏:"应之以唯而不称诺,唯恭于诺也。"

贯,有事、行等说法。但此章中,孔子说"一以",门人问"何谓",曾子即答以"忠恕",正是指贯穿孔子道之核心理念。"忠恕"并非用以行道,乃是道之灵魂。故16.5章,子曰:"赐也,女以予为多学而识之者与?"对曰:"然,非与?"曰:"非也,予一以贯之。"也是强调,他的一生,重要而可取之处,不在于博学强志,而在于他的以忠恕贯穿于其中的道。

忠、恕,16.6章,子贡问曰:"'有一言而可以终身行之者乎?'子曰:'其恕乎!己所不欲,勿施于人。'"孔子又说:"夫仁者,己欲立而立人;己欲达而达人。"(6.12)"己欲立而立人,己欲达而达人"则是忠。忠、恕是一事而两面,恕是忠的初级阶段,而忠是恕的高级境界。做到恕进而做到忠,也就接近于仁了。所以孔子说:"忠恕违道不远。施诸己而不愿,亦勿施于人。"(《礼记·中庸》)因此道虽高而人人易行(从爱己开始,推及爱人),所以孔子以此作为"吾道"的核心。

【译文】孔子说:"参呀!我的学说用一个理念贯穿。"曾子说:"是。"孔子出去以后,别的学生便问曾子说:"一个理念,指什么?"曾子说:"先生的学说,忠和恕而已呀!"

16.3　子曰:"谁能出不由户?何莫由斯道也?"〔雍也篇第六,17〕

【说解】何晏《集解》引孔安国说:"言人立身成功当由道,譬如出入要当从户。"邢昺疏说:"此章言道为立身之要也,故曰:'谁人能出入不由门户？'以譬何人立身不由于此道也？言人立身成功当由道,譬犹出入要当从户。"解释都是准确的。这道,应该是仁义之道。何以知之？因孔子说过："君子去仁,恶乎成名？"（6.6章）下章又说"据于德,依于仁"。"何"与"谁"、"莫"与"不"义同,句义也前后相照应。有人解"何莫由斯道",说是"人知由户,不知由道",刘宝楠《正义》已经批评此解与董仲舒《春秋繁露·身之养重于义》引孔子此语用意不合。

【译文】孔子说："谁能出屋不经房门？谁立身行事不依这道呢？"

16.4 子曰："志于道,据于德,依于仁,游于艺。"〔述而篇第七,6〕

【说解】道,孔子的政治理想,即实现《礼记·礼运》所说的"天下为公,选贤与能,讲信修睦"的理想社会。在《论语》中,他具体表述为"老者安之,朋友信之,少者怀之"（20.1）。德,孔子说："主忠信,徙义,崇德也。"（8.13）仁,是孔子学说的核心理念,即爱人。"德"与"仁"皆为孔子的核心价值观,故必据之依之。游于艺,艺指礼、乐、书、数、射、御。《礼记·学记》说："不兴其艺,不能乐学（郑玄注："兴之言喜也,歆也。艺谓礼、乐、射、御、书、数"）。故君子之于学也,藏焉,修焉,息焉,游焉（郑玄注："藏,谓怀抱之；修,习也；息,谓作劳休止谓之息；游,谓闲暇无事谓之游。"）夫然,故安其学而亲其师,乐其友而信其道,是以虽离师辅而不反也。"兴,喜。是说学习要有张有弛,让学生有思考玩味休息玩乐的时间,从而使学习成为自觉而快乐的事情,才于进德修业有利。所以说"游于艺"。

【译文】孔子说:"志在行道,根据德,依靠仁,游憩于六艺。"

16.5　子曰:"赐也,女以予为多学而识之者与?"对曰:"然,非与?"曰:"非也,予一以贯之。"〔卫灵公篇第十五,3〕

【说解】识(zhì),记忆。孔子之意,他的重要而可取之处,不在于博学强志,而在于他以忠恕贯穿于一生;他不是一个纯粹的学者,而是一个为实现政治理想奋斗的人。《史记·孔子世家》载,孔子师徒在陈绝粮,"子贡色作,孔子曰:'赐,尔以予为多学而识之者与?'"则此章是在陈时问答。看来孔子是在困境中,"弟子有愠心"之时,希望他们对其师有正确深刻的认识。

【译文】孔子说:"赐!你以为我是多多地学习又能够记住的人吗?"子贡答道:"对呀,不是吗?"孔子说:"不是的,我用一个理念来贯穿终生。"

16.6　子贡问曰:"有一言而可以终身行之者乎?"子曰:"其恕乎!己所不欲,勿施于人。"〔卫灵公篇第十五,24〕

【说解】此章可与16.2及16.5章互参。

【译文】子贡问:"有一个字可以终身奉行的吗?"孔子说:"是'恕'

吧！自己所不想要的，就不要施加给别人。"

16.7　子曰："君子谋道不谋食。耕也，馁在其中矣；学也，禄在其中矣。君子忧道不忧贫。"〔卫灵公篇第十五，32〕

【说解】此章可与"樊迟请学稼"章（5.26）互参。道，指政治理想、主张。

【译文】孔子说："君子谋求道，不谋求饭食。耕田，饥饿就在其中了；学习，俸禄就在其中了。君子忧虑不能实现道，不忧虑贫穷。"

16.8　子曰："道不同，不相为谋。"〔卫灵公篇第十五，40〕

【说解】刘宝楠《正义》引《史记·老庄申韩列传》说："世之学老子者则绌儒学，儒学亦绌老子。道不同不相为谋，岂谓是邪？"

【译文】孔子说："政治主张不同，不互相商议。"

16.9　柳下惠为士师，三黜。人曰："子未可以去乎？"曰："直道而事人，焉往而不三黜？枉道而事人，何必去父母之邦？"〔微子篇第十八，2〕

【说解】士师，掌禁令刑狱的官员。黜（chù），罢免。孔子曾谓"柳下惠、少连：'降志辱身矣。'"(9.20)，黜而不去，即"降志辱身"。刘宝楠《正义》引《战国策·燕三》燕王喜谢乐间书："昔者柳下惠吏于鲁，三黜而不去。或谓之曰：'可以去。'柳下惠曰：'苟与人之异，恶往而不黜乎？'犹且黜乎，宁于故国尔。"与此章义近。

【译文】柳下惠做士师，多次被撤职。有人对他说："您不可以离开鲁国吗？"他说："正直地给人做事，到哪里去能不被多次撤职？不正直地给人做事，为什么一定要离开祖国呢？"

16.10　楚狂接舆歌而过孔子曰："凤兮凤兮，何德之衰？往者不可谏，来者犹可追。已而已而！今之从政者殆而！"孔子下，欲与之言；趋而辟之，不得与之言。〔微子篇第十八，5〕

【说解】接舆，楚人。《楚辞·九章·涉江》说："接舆髡首兮，桑扈臝行。"《韩诗外传》卷二记其事："楚狂接舆躬耕以食，……楚王使使者赍金百镒，造门曰：'大王使臣奉金百镒，愿请先生治河南。'接舆笑而不应……乃夫负釜甑，妻戴织器，变易姓字，莫知其所之。"

凤，传说中的神鸟，圣君在位乃见。接舆将孔子比作凤，当无道之世而见，则此凤之德何其衰落，以喻孔子周游无道之君，苟且求容。

殆，迷惑，糊涂。解见于"子张学干禄……多见阙殆"章(3.5)。

《庄子·人间世》载孔子适楚,楚狂接舆游其门,唱的歌是:"凤兮凤兮,何如德之衰也?来世不可待,往世不可追也。天下有道,圣人成焉;天下无道,圣人生焉;方今之时,仅免刑焉。福轻乎羽,莫之知载;祸重乎地,莫之知避。已乎已乎,临人以德;殆乎殆乎,画地而趋。迷阳迷阳,无伤吾行;吾行郤曲,无伤吾足。山木自寇也,膏火自煎也;桂可食,故伐之;漆可用,故割之。人皆知有用之用,而莫知无用之用也!"

【译文】楚国的狂人接舆唱着歌,走过孔子面前,唱着:"凤凰呀,凤凰呀!为什么你的道德如此沦落?过去的已不能批评,未来的还可以补救。算了吧,算了吧!现在的从政者昏聩糊涂啊!"孔子下了车,想同他说话;他却快步避开,孔子没法同他说话。

16.11　长沮、桀溺耦而耕,孔子过之,使子路问津焉。长沮曰:"夫执舆者为谁?"子路曰:"为孔丘。"曰:"是鲁孔丘与?"曰:"是也。"曰:"是知津矣。"问于桀溺。桀溺曰:"子为谁?"曰:"为仲由。"曰:"是鲁孔丘之徒与?"对曰:"然。"曰:"滔滔者天下皆是也,而谁以易之? 且而与其从辟人之士也,岂若从辟世之士哉?"耰而不辍。子路行以告。夫子怃然曰:"鸟兽不可与同群,吾非斯人之徒与而谁与? 天下有道,丘不与易也。"〔微子篇第十八,6〕

【说解】长沮、桀溺,隐者。刘宝楠《正义》引元金履祥《论语集注考证》说:"古之隐者不以姓名自见,人亦不得而知之。《论语》所载,若荷蒉、晨门、荷蓧丈人,皆以其物与其事名之,不得姓名之真也。独长沮、桀溺,若得其名氏者。然长与桀,古无此姓氏,而名又皆从水。夫子使子路问津而不告,则一时何自而识其姓名?谅亦以其物色名之:盖二人偶耕于田,其一长而沮洳,其一人桀然高大而涂足,故因以其物色名之,犹荷蓧丈人之云尔。"其说有理。

耦耕是古代耕田方法。虽春秋时代已经开始牛耕,但用耒耜(或单称耒、耜)掘地翻土而耕仍十分普遍。耒耜非犁,用犁是不可能耦耕的。耒耜乃锸类农具,类似今之铁锹,以足踏而发土。《淮南子·主术》:"一人跖耒而耕,不过十亩。"高诱注:"跖,蹈也。"两耜并掘,是谓耦耕。《周礼·考工记·匠人》:"匠人为沟洫,耜广五寸,二耜为耦,一耦之伐,广尺深尺谓之畎。"《汉书·食货志上》:"(赵)过能为代田,一亩三畎,岁代处,故曰代田,古法也。后稷始畎田,以二耜为耦,广尺深尺曰畎,长终亩,一亩三畎,一夫三百畎,而播种于畎中。"据此,用二耜耦耕出来的深宽各一尺的畎即今所谓垄沟,"播种于畎中"即在垄沟中播种;苗壮锄草时,把垄台上的土渐锄下来壅埋苗根。经几次锄草,盛暑时垄台已平而苗根愈深。"岁代处"即每年畎垄互换。这就是古耦耕之法。

执舆,执辔(马缰绳)。原本子路执辔驾车,因子路已下车问津,所以孔子代为执辔。

滔滔,一本作悠悠,《史记·孔子世家》引此文即作悠悠。谁以易之,朱熹《论语精义》:"谁肯以夫子之道易己所为?"而,同尔,你。辟,后来写作避。耰(yōu),播种后覆土,并摩而平之。怃(wǔ),怃然,怅惘失意貌。

吾非斯人之徒与而谁与,何晏《集解》引孔安国说:"吾自当与此天下人同群。"以为"与"是介词,俞樾《群经平议》说两"与"字并为语气词,陆德明释文:"徒与、谁与,并如字,又并音余。"当以音余为长。则"徒与、谁与"与"是鲁孔丘之徒与"同,其说是。丘不与易,与,同"谁以易之"的"以"。

【译文】长沮、桀溺两人耦耕,孔子经过,叫子路去打听渡口。长沮问:"那驾车的人是谁?"子路说:"是孔丘。"他说:"是鲁国的孔丘吗?"子路说:"是的。"他说:"他知道渡口了。"去问桀溺。桀溺说:"您是谁?"子路说:"我是仲由。"桀溺说:"您是鲁国孔丘的门徒吗?答道:"对。"他说"恶政像洪水一样,天下都如此,谁肯用夫子之道去改革它呢?况且你与其跟从逃避坏人的人,哪里比得上跟从避世的人呢?"覆土埋种而不停。子路回来报告孔子。孔子惆然失意,说:"我们不可以与禽兽合群共处,我不是这人群中的一员,又是谁呢?如果天下清平,我就不会用道来改革了。"

君臣篇第十七（10章）

孔子主张"君君、臣臣、父父、子子"，《孝经·士章》："资于事父以事君而敬同。"君臣之义如同父子之亲，这是他的思想体系。因此他虔诚地主张忠君，"事君尽礼"，哪怕别人"以为谄"。他反对"弑君"，因为那就破坏了尊卑次序。他认为君主专制是天经地义，合理合法的。这就是历代君王无不尊孔的原因。应该说在人类社会初级阶段，君主制是自然的进步的合理的，孔子主张的是开明的君主制，即"君使臣以礼"，虽然他也说过："政者，正也。子帅以正，孰敢不正。"(3.20)"苟子之不欲，虽赏之不窃。"(3.21)这样同情百姓、谴责执政者的话，也说对君王"勿欺也，而犯之"(17.8)，但孔子并未解决如何对待暴君的理论问题（孟子则解决了这个问题），这是他理论的缺陷，也是孔子学说遭到历代反对君主专制的革命者批判的原因。

17.1 子曰:"事君尽礼,人以为谄也。"〔八佾篇第三,18〕

【说解】何晏《集解》引孔安国说:"时事君者多无礼,故以有礼者为谄。"刘宝楠《正义》说:"当时君弱臣强,事君者多简傲无礼,或更僭用礼乐,皆是以臣干君。尽礼者,尽事君之礼,不敢有所违阙也。时人以为谄,疑将有所求媚于君,故王孙贾有媚奥媚灶之喻,亦以夫子是谄君也。"另外,孔子有违众拜下之论(1.32),君前踧踖之容(1.6、1.8),皆易引起他人讥评。

【译文】孔子说:"服事君主,尽臣礼而行,别人却以为他谄媚。"

17.2 定公问:"君使臣,臣事君,如之何?"孔子对曰:"君使臣以礼,臣事君以忠。"〔八佾篇第三,19〕

【说解】定公,鲁君,名宋,襄公子,昭公弟,继昭公立。"定"是谥号。何晏《集解》引孔安国说:"时臣失礼,定公患之,故问之。"程树德《论语集释》引焦氏《笔乘》说:"定公为太阿倒持之君,故欲坊之以礼;三家为末大不掉之臣,故欲教之以忠。"

孔子语多全面严谨。他说:"君君臣臣、父父子子。"(3.17)必是两个方面,缺一不可。"君使臣,臣事君",貌似全面,实际还是臣绝对服从君,并不等于"君君臣臣"。所以孔子分别在"君使臣,臣事君"后面加上了"以礼""以忠",对君、臣都加了限制,"君使臣以礼,臣事君以忠",才等于"君君臣臣"。17.1章"事君尽礼",只是说其中的一个方面,并不等于否认另一方面。

【译文】鲁定公问:"君主使役臣子,臣子服事君主,各应该怎么样?"孔子答道:"君主依礼使用臣子,臣子用忠服事君主。"

17.3　君赐食,必正席先尝之;君赐腥,必熟而荐之;君赐生,必畜之。侍食于君,君祭,先饭。〔乡党篇第十,18〕

【说解】先尝之,何晏《集解》引孔安国说:"敬君惠也。既尝之,乃以颁赐。"是说自己尝后,再分赏他人。腥,字本作胜(xīng),生肉,后引申指生肉的气味,即腥气。

君祭,先饭,据《仪礼·士相见礼》:"若君赐之食,则君祭,先饭,遍尝膳,饮而俟。君命之食,然后食。"郑玄注:"于其祭食,臣先饭,示为君尝食也。"是表示为君尝食物(侍臣有为君尝食物的规矩,以试是否有毒)。

【译文】国君赐予食物,孔子一定摆正坐席先尝一尝。国君赐予生肉,一定煮熟了,先敬献祖宗。国君赐予活物,一定养着它。陪侍国君吃饭,当他饭前祭神时,自己先为君尝食物。

17.4　疾,君视之,东首,加朝服,拖绅。〔乡党篇第十,19〕

【说解】东首,头向东。《礼记·玉藻》:"君子之居恒当户,寝恒东首。"平时寝于北牖下,君来视疾,则设床于南牖下,头向东。君从户入(户在南牖之东),则面向南看自己。

加朝服,拖绅,刘宝楠《正义》说,人平时穿深衣,病重时服玄端,君来视疾,换朝服。孔子卧病,只能将朝服盖在身上。绅是束腰的大带,施绅于腰间而垂之。《汉书·龚胜传》记王莽派遣使者持诏,征龚胜任太子师友祭酒,龚胜称病重,"为床室中户西南牖下,东首,加朝服拖绅。使者入户,西行,南面立致诏",就是模仿《论语》所述孔子卧病接待君主探望之礼的。

【译文】孔子病了,国君来探问,他便头朝东,把上朝的礼服披在身上,拖着大带。

17.5 君命召,不俟驾行矣。〔乡党篇第十,20〕

【说解】何晏《集解》引郑玄注:"急趋君命,行出而车驾随之。"

【译文】国君呼唤,孔子不等车辆驾好马,立即动身。

17.6 定公问:"一言而可以兴邦,有诸?"孔子对曰:"言不可以若是其几也。人之言曰:'为君难,为臣不易。'如知为君之难也,不几乎一言而兴邦乎?"曰:"一言而丧邦,有诸?"孔子对曰:"言不可以若是其几也。人之言曰:'予无乐乎为君,唯其言而莫予违也。'如其善而莫之违也,不亦善乎?如不善而莫之违也,不几乎一言而丧邦乎?"〔子路篇第十三,15〕

【说解】若是其几(jī),"几"义为"终尽",即极端。几乎,"几"义为

"近"。

王若虚《论语辨惑》说:"一言得失,何遽至于兴丧?然亦有近之者。"很好地揭示了这段的语意:一句话说对说错,那里就至于使国家兴亡呢?然而有接近于此者。鲁定公此问,有些像《孟子·梁惠王上》所写,孟子见梁襄王,出语人曰:"望之不似人君,就之而不见所畏焉,卒然问曰:'天下恶乎定?'"问题并非很得当,不过孔子却借以阐发了为君之道。经孔子精彩作答,"一言兴邦"、"一言丧邦"已成成语。

有诸,"诸"相当于"之乎"。乐乎,乐于。

【译文】鲁定公问:"一句话就能兴盛国家,有这事吗?"孔子答道:"说话不可以像这样极端。有人说:'做君上难,做臣子不容易。'假如知道做君上艰难,不接近于一句话就兴盛国家吗?"定公又说:"一句话毁灭国家,有这事吗?"孔子答道:"说话不可以像这样极端。有人说:'我并不乐于做国君,只是我说话没有人违抗我。'假如说的话正确而没有人违抗,不也好吗?假若说的话不正确而没有人违抗,不接近于一句话便毁灭国家吗?"

17.7 陈成子弑简公。孔子沐浴而朝,告于哀公曰:"陈恒弑其君,请讨之。"公曰:"告夫三子。"孔子曰:"以吾从大夫之后,不敢不告也。君曰'告夫三子'者。"之三子告,不可。孔子曰:"以吾从大夫之后,不敢不告也。"〔宪问篇第十四,21〕

【说解】陈成子,就是陈恒,陈乞之子。与阚止俱事简公。后杀阚止,弑简公而立平公。卒谥成子,又称田常(其祖先陈完适齐,以陈氏为田氏。汉人避文帝刘恒讳,改恒为常)。齐简公,名壬。鲁哀公十四年甲午,齐陈恒杀其君壬于舒州。皇侃《义疏》说:"鲁齐同盟,分灾救患,故齐乱则鲁宜讨之。

沐浴,洗头洗澡。《礼记·玉藻》:"将适公所,宿齐戒,居外寝,沐浴。"三子,指鲁孟孙(仲孙)、叔孙、季孙。

弑君必讨,是君主专制制度下执政者的共识,当然也是孔子的君臣观。但自春秋以来,礼崩乐坏,董仲舒《春秋繁露·王道》说"弑君三十二,亡国五十一"(他书多说"弑君三十六"),由于种种原因,弑君者多受不到惩罚,因很多发生于公室内部,即使有他国来讨伐,也往往不了了之。如《左传·文公十六年》载,宋昭公杵臼以无道被弑,文公即位。"十七年春,晋荀林父、卫孔达、陈公孙宁、郑石楚伐宋,讨曰:'何故弑君?'犹立文公而还。"因都收受了宋的贿赂。即就鲁国而言,隐公、闵公即被弑者,昭公曾被逐出国外。

哀公知齐君被弑,即使兔死狐悲,愿兴兵讨之,奈大权旁落,自顾不暇,只好敷衍地应付"告夫三子";而孟孙(仲孙)、叔孙、季孙向以削弱公室、壮大私家为事,又怎能"见义勇为"? 可见孔子此举,纯是一厢情愿,用子路之语"有是哉,子之迂也!"(3.26)评论,是恰当的。

《左传·哀公十四年》记此事:"孔丘三日齐,而请伐齐三。公曰:'鲁为齐弱久矣,子之伐之,将若之何?'对曰:'陈恒弑其君,民之不与者半。以鲁之众加齐之半,可克也。'"这种估计,恐怕也是不符合实际的。《左传·昭公三年》载晏子对齐的估计:"此季世也。吾弗知齐其为陈氏矣。"陈氏早已大得齐国民心,连晏子本人都对齐绝望,断定齐国迟早将归于陈氏,齐人又怎能与外国人合作讨伐"弑君者"呢?

【译文】陈恒杀了齐简公。孔子斋戒沐浴而后朝见,报告鲁哀公说:"陈恒杀了他的君主,请你讨伐他。"哀公说:"报告那三位吧。"孔子对人说:"因为我曾做过大夫,不敢不来报告,但是君却对我说'报告那三位吧'。"孔子又去向三位大臣报告,不同意。孔子说:"因为我曾做过大夫,不敢不报告。"

17.8 子路问事君。子曰:"勿欺也,而犯之。"〔宪问篇第十四,22〕

【说解】何晏《集解》引孔安国说:"事君之道,义不可欺,当能犯颜谏争。"是读"而"为"能",按读"而"为"能"是:意为当君主所行非义,臣能犯颜谏争。若读"而"如字,似乎臣不当欺君,而当专以犯君为事。

"而"读为"能"之例,《逍遥游》:"知效一官,行比一乡,德合一君,而征一国者。"郭庆藩《庄子集释》谓"而"字当读为"能","能、而"古声近,通用。《淮南·原道》:"而以少正多。"高注:"而,能也。"《吕览·去私》、《不屈》诸篇注皆曰:"而,能也。"

【译文】子路问怎样事奉君主。孔子说:"不要欺骗他,要能冒犯他。"

17.9　子曰:"事君,敬其事而后其食。"〔卫灵公篇第十五,38〕

【说解】《说文·苟部》:"敬,肃也。"按,苟(jǐ),自急敕也,即克己极严而整饬。古说"敬事",今有双音词"敬业"。《礼记·表记》:"子曰:'事君,军旅不辟难,朝廷不辞贱。处其位而不履其事,则乱也。'"

【译文】孔子说:"事奉君主,认真敬业,把俸禄置于其后。"

17.10　子路从而后,遇丈人,以杖荷蓧。子路问曰:"子见夫子乎?"丈人曰:"四体不勤,五谷不分。孰为夫子?"植其杖而芸。子路拱而立。止子路宿,杀鸡为黍而食之,见其二子焉。明日,子路行以告。子曰:"隐者也。"使子路反见之。至,则行矣。子路曰:"不仕无义。长幼之节,不可废也;君臣之义,如之何其废之?欲洁其身,而乱大伦。君子之仕也,行其义也。道之不行,已知之矣。"〔微子篇第十八,7〕

【说解】蓧(diào),古代除草用具。字又作"莜"《说文·艸部》:"莜,艸田器。"刘宝楠《正义》谓用莜芸田,必挂杖而后可芸。《说文·癶部》:"癹,以足蹋夷草,从癶从殳。《春秋传》曰:'癹夷蕴崇之。'"刘宝楠引丁杰说:"今南昌人耘田用一具,形如提梁,旁加索，纳于足下，手持一杖，以足蹋草入泥中，名曰脚涩。"是可为《论语》"以杖荷蓧，植杖而芸"及《说文》蓧字、耰字之证。按，陶渊明《归去来辞》"抚良辰以孤往，或植杖以芸耔"，事与此同。

五谷，说法很多。郑玄注《周礼·冢宰·疾医》，说是麻黍稷麦豆；赵岐注《孟子·滕文公上》，说是稻黍稷麦菽；王逸注《楚辞·大招》，说是稻稷麦豆麻。黍，今大黄米。食，旧音 sì。见，旧音 xiàn。

不分，集解引包咸曰："丈人云，不勤劳四体，不分植五谷，谁为夫子而索之耶！"陆德明释文谓郑玄读"分"为"扶问反"，云"犹理"。则"分"音 fèn，种植之意。赵宗乙《论语札记》且谓孔子"少也贱，故多能鄙事"，《孟子·万章下》载"孔子尝为乘田"（主苑囿之吏），不至"不辨菽麦"。故不取"不分辨"之说。

朱熹《论语集注》说："福州有国初时写本，'路'下有'反子'二字，以此为子路反，而夫子言之也，未知是否。"果真如此，"道之不行，已知之矣"，就是《论语》中第二次孔子感慨道不能行之语（另一次是 7.8 章，子曰："道不行，乘桴浮于海。从我者，其由与？"）。而他人则早已洞若观火了。石门的晨门即说他"是知其不可而为之者与？"(5.30)

【译文】子路随孔子行，落在后面，碰到一个老人，用拐杖挑着除草用的工具。子路问道："您看见先生了吗？"老人说："四肢不勤劳，五谷不种植，谁是先生啊？"扶着杖便除草，子路拱着手恭敬地站着。他留子路住宿，杀鸡、作黄米饭给子路吃，又叫他两个儿子出来相见。第二天，子路上路，把这事报告了孔子。孔子说："是位隐士啊。"叫子路回去再看看他。子路到了那儿，他却走开了。子路回来,孔子说:"不做官不合道义。长幼间的礼节,不可以废弃;君臣间的道义,为什么废弃呢?想洁净自身,却扰乱了大的伦理。君子做官,是尽其义务。政治主张行不通,我早就知道了。"

贵士篇第十八(9章)

士,指贤智者,知识阶层,略别于君子(才德出众的人)。《汉书·食货志上》:"士农工商,四民有业。学以居位曰士,辟土殖谷曰农,作巧成器曰工,通财鬻货曰商。"笔者以为孔子在中华民族道德观建设中的大贡献之一,就是尊尚君子与士,高度评价其人格道德胸襟意志,使之成为人们效法学习的榜样与人生的目标。孔子的这种教育是有巨大感召力的:千百年来,中华民族产生了无数志士仁人,演绎了形形色色感人至深的英雄故事。众多义士"见危致命,见得思义","杀身成仁",不能不说是孔子推崇君子、志士教育的结果。

18.1　子曰:"士志于道,而耻恶衣恶食者,未足与议也。"〔里仁篇第四,9〕

【说解】《白虎通义·德论上·爵》:"士者,事也,任事之称也。故传曰:'通古今,辩然否,谓之士。'"有知识,明是非,能办事者,即知识分子,有才德有能力的人。古代士农工商,谓之四民,士居其首。孔子屡赞君子、士,以激励人奋发上进。

【译文】孔子说:"士有志于道义,但又耻于穿破旧衣服吃粗劣饭食的人,不值得同他议论了。"

18.2　曾子曰:"士不可以不弘毅,任重而道远:仁以为己任,不亦重乎?死而后已,不亦远乎?"〔泰伯篇第八,7〕

【说解】弘,《说文·弓部》:"弘,弓声也。"《尔雅·释诂》:"弘,大也。"从"弓声"引申,有强大义(参看5.46章"子张曰:'执德不弘,信道不笃,焉能为有?焉能为亡?'")。毅,《说文·殳部》:"毅,妄怒也。一曰有决也。"郑玄《礼记·祭义》注:"任,所担持也。"任重而道远,正是志士行仁义的绝妙譬喻。仁以为己任,孔融所谓"授手援溺,振民于难"(《三国志·邴原传》注引,刘宝楠《正义》说)。死而后已,也即"中道而废"(7.10)

【译文】曾子说:"士不可以不刚强而有毅力,因为他负担沉重,路程遥远:以实现仁德为己任,不沉重吗?死后才算完,不遥远吗?"

18.3 子张问:"士何如斯可谓之达矣?"子曰:"何哉,尔所谓达者?"子张对曰:"在邦必闻,在家必闻。"子曰:"是闻也,非达也。夫达也者,质直而好义,察言而观色,虑以下人。在邦必达,在家必达。夫闻也者,色取仁而行违,居之不疑。在邦必闻,在家必闻。"〔颜渊篇第十二,20〕

【说解】这是孔子正名说的又一范例。达是君子谦逊求实之行,闻是小人虚伪邀名之称。

在邦,在家,指为诸侯做事、为卿大夫做事。

察言而观色,虑以下人,何晏《集解》引马融说:"常有谦退之志,察言语,观颜色,知其所欲,其志虑常欲下人。"以"虑"为志虑。俞樾《群经平议》说,《广雅·释训》:"无虑,都凡也。"《汉书·食货志下》:"天下大氐无虑皆铸金钱矣。"无虑与大氐(按,即大抵)同。或只说"虑",《贾谊传》:"虑亡不帝制而天子自为者。"虑即无虑,也如大氐。虑以下人之虑,也即无虑之虑,言察言观色,大抵以下人。扬雄《太玄经·玄莹》:"故君子内正而外驯,每以下人。"其句法即本于此。其说可取。

色取仁而行违,居之不疑,何晏《集解》引马融说:"此言佞人假仁者之色,行之则违,安居其伪而不自疑。"作伪而安之若素,居之不疑,这种人可谓城府极深,老奸巨猾。司马迁在《史记·吕不韦列传》述其用阴谋,居奇货,献美姬,荐嫪毐,招门客,著《吕览》,终身败名裂,于文末评论:"孔子之所谓闻者,其吕子乎?"与孔子可谓心有灵犀。

【译文】子张问:"士怎样才可以叫达?"孔子说:"你所说的达是什么意思呢?"子张答道:"做国家的官一定知名,做大夫家臣一定知名。"孔子说:"这叫闻,不叫达。达人,朴质正直而好义,善于分析言语,观察脸色,总是谦退而居人之下;做国家的官一定通达,做大夫家臣一定通达。闻呢,表面上趋向仁德,实际行动却相反,以仁人自居而不疑;做国家的官一定知名,做大夫家臣一定知名。"

18.4 子贡问曰:"何如斯可谓之士矣?"子曰:"行己有耻,使于四方,不辱君命,可谓士矣。"曰:"敢问其次。"曰:"宗族称孝焉,乡党称弟焉。"曰:"敢问其次。"曰:"言必信,行必果,硁硁然小人哉!抑亦可以为次矣。"曰:"今之从政者何如?"子曰:"噫!斗筲之人,何足算也!"〔子路篇第十三,20〕

【说解】硁硁(kēngkēng),浅陋固执貌。孔子鄙弃不合于义的小信,有子也曾说"信近于义,言可复也"(14.1)。《孟子·离娄下》"大人者,言不必信,行不必果:惟义所在"之语,正是从孔子"言必信,行必果,硁硁然,小人哉"化出的。

斗筲之人,斗是古代的量名,容十升。筲(shāo),容一斗二升,或说容五升。斗筲譬喻度量、才识狭小。算,古字作筭。《说文·竹部》:"长六寸许,计历数者。从竹从弄,言常弄乃不误也。"本指算筹。引申指算数,这里指数(shǔ),即列举。也通作选。《汉书·公孙贺传赞》:"斗筲之徒,何足选也!"抑,表轻微转折语气的连词。

【译文】子贡问道:"怎样才可以叫做士呢?"孔子说:"约束自己,有羞耻之心,出使外国,不玷污君主的使命,可以叫做士了。"子贡说:"敢问次一等的。"孔子说:"宗族称赞他孝顺父母,乡里称赞他尊敬长辈。"子贡又说:"敢问再次一等的。"孔子说:"言语一定诚信,办事一定完成,浅陋固执,是小人之流呀,但也可以说是次等的士了。"子贡说:"现在的执政官员怎么样?"孔子说:"噫!度量才识狭小的人,哪里值得一提呢!"

18.5 子路问曰:"何如斯可谓之士矣?"子曰:"切切偲偲,怡怡如也,可谓士矣。朋友切切偲偲,兄弟怡怡。"〔子路篇第十三,28〕

【说解】切切偲偲(sīsī),何晏《集解》引马融说:"相切责之貌。"即互相以道义切磋琢磨,以提高修养。偲偲,互相勉励。怡怡,和顺貌。因朋友以义相交,故应相切责;而兄弟之间有手足之情,故应和顺。

【译文】子路问道:"怎样才可以叫做士呢?"孔子说:"互相批评,友爱和睦,可以叫做士了。朋友之间,互相批评;兄弟之间,友爱和睦。"

18.6　子曰："士而怀居,不足以为士矣。"〔宪问篇第十四,2〕

【说解】士的特点是"志于道"(18.1),"士不可以不弘毅,任重而道远"(18.2),怀居,怀恋安逸的生活,是胸无大志的表现。《左传·僖公二十三年》记重耳逃亡于齐,桓公把女儿嫁给他,有马八十匹,重耳安之,不想离开,妻子齐姜劝他走,说:"怀与安,实败名!"

【译文】孔子说:"士如果怀恋安逸,就不足以做士了。"

18.7　子曰："志士仁人,无求生以害仁,有杀身以成仁。"〔卫灵公篇第十五,9〕

【说解】刘宝楠《正义》引焦循《雕菰楼文集》说:"杀身成仁,解者引比干之谏,夷齐之饿,固矣。然杀身不必尽刀锯鼎镬也。舜勤众事而野死,冥勤其官而水死,为民御大灾、捍大患,所谓仁也。以勤死事,即是杀身成仁。"是很中肯的。

　　孔子这段话,激励了成千上万志士仁人为正义与真理献身,杀身成仁已是中华民族的独特的民族性格的一个亮点。

【译文】孔子说:"志士仁人,没有苟且偷生而损害仁的,而有牺牲生命来成就仁的。"

18.8 周有八士:伯达、伯适、仲突、仲忽、叔夜、叔夏、季随、季騧。〔微子篇第十八,11〕

【说解】伯达等八人已无可考稽。古代兄弟按伯、仲、叔、季次序排列,伯、仲、叔、季往往就是字,或字的一部分。有人据其名字,说他们是四对孪生兄弟,不可信。适,音 kuò;騧,音 guā。

【译文】周朝有八个有教养的人:伯达、伯适、仲突、仲忽、叔夜、叔夏、季随、季騧。

18.9 子张曰:"士见危致命,见得思义,祭思敬,丧思哀,其可已矣。"〔子张篇第十九,1〕

【说解】见危致命,即"见危授命"(2.27)。刘宝楠《正义》引真德秀《四书集编》说:"义、敬、哀皆言思,致命独不言思者,死生之际,惟义是徇,有不待思而决者。"

见得思义,孔子说过"见利思义"(2.27)。祭思敬,孔子说过"使民如承大祭"(6.23)。丧思哀,孔子说过"丧,与其易也,宁戚"(10.2)。

【译文】子张说:"士遇见危险便能献出生命,看见利益想着道义,祭祀时想着严肃,居丧时想着悲哀,那也就可以了。"

怀古篇第十九（9章）

孔子有一种怀古之幽思。他说："周监于二代，郁郁乎文哉！吾从周。"（10.4）又说："大道之行也，与三代之英，丘未之逮也，而有志焉。"（《礼记·礼运》）这是因为春秋末期，正当各国诸侯征战并兼，周公开创的西周大一统天下分崩离析，礼崩乐坏，相对淳朴的社会风气与民俗也日见浇薄，社会就是这样在动荡中曲折前进。思想较为守旧，不悟天下分久必合、合久必分之理的孔子有所感慨，是正常的。

但不满于现实，并非恶事：没有否定，就没有进步。忧虑意识是志士仁人特有的情怀。唯进取者不当怀恋于旧，而当图谋于新。孔子在政治理想上偏向于恋旧，而在执政理念与文化教育方面则倾向于图新，如他"修己以安百姓"的为政宗旨，反战、反暴政、爱人的人文精神，对典籍的整理，对学校教育的改革（如"有教无类"观念的提出与贯彻），都是值得肯定的。

另外，旧的东西中好的部分，应该保留与继承。孔子所怀所叹，确实有不少不应丢弃的东西，对此不应一概否定。

19.1 子曰:"射不主皮,为力不同科,古之道也。"〔八佾篇第三,16〕

【说解】射,指"礼射",是按礼乐要求讲究射手姿态、节奏的射箭仪式,贵在礼容。主皮,则与"礼射"有别:不用射侯,只张设坚韧的兽皮而射之,讲究射中、射穿,为实战演习。《仪礼·乡射礼》:"礼射不主皮。主皮之射者,胜者又射,不胜者降。"郑玄注:"礼射,谓以礼乐射也,大射、宾射、燕射是矣。不主皮者,贵其容体比于礼,其节比于乐,不待中为隽也。言不胜者降,则不复升射也。主皮者,无侯,张兽皮而射之,主于获也。《尚书传》曰:'战斗不可不习,故于搜狩以闲之也。'闲者,贯之也。贯之者,习之也。"赵宗乙《论语札记》引元敖继公《仪礼集说》卷五:"礼射,谓此篇所载与大射、燕射之类是也。礼射则张皮侯,若采侯与兽侯,而加正鹄。主皮之射,则不用正鹄,但欲射中其皮耳。此皮与所谓皮侯者之皮不同,盖以中甲之革为之。《周官》云'射甲革',《乐记》云'贯革之射',皆指此而言也。中甲之革,犀兕若牛之皮也,其为物坚厚,惟强有力者乃能贯之,故礼射则不主皮,为力不同科故也。"又引清蔡德晋《礼经本义》卷四引郝仲舆曰:"主皮,张兽皮射之,贯革为主,如《周礼·司弓矢》云:'射甲革、椹质。'尚勇也。"则"主皮"之射,乃为习武强力。

孔子这里所谓射是演习礼乐之射,而不是军中武射,因此不以穿破皮革为主。宋王禹偁《射宫选士赋》:"是谓君子取于德而不尚于力,非蹲甲而射之,求诸己而必返于身,乃审固而中矣。是谓绎志,孰云主皮?"朱熹《论语集注》:"古者射以观德,但主于中而不主于贯革,盖以人之力有强弱不同等也。《记》曰:'武王克商,散军郊射,而贯革之射息',正谓此也。周衰礼废,列国兵争,复尚贯革,故孔子叹之。"

为(wèi),因为。科,《说文·禾部》:"科,程也。从禾从斗,斗者;量也。"本义为度量,引申为"等"。

【译文】孔子说:"礼射不射穿皮革,因为各人的力气不相等,这是古时的规矩。"

19.2　子曰:"古者言之不出,耻躬之不逮也。"〔里仁篇第四,22〕

【说解】以出言而身不能行为耻,可见古人克己之严。所以孔子主张,索性先做后说。如2.4章,子贡问君子。子曰:"先行其言,而后从之。"

【译文】孔子说:"古时候言语不轻易说出,是耻于自己的行动跟不上。"

19.3　子曰:"觚不觚,觚哉！觚哉！"〔雍也篇第六,25〕

【说解】觚(gū)到底为何物,孔子因何而叹,大致有如下说法:一,觚是酒器,青铜制。长身侈口。口部与底部呈喇叭状,细腰,圈足。盛行于商代和西周初期。《仪礼·特牲馈食礼》:"实二爵、二觚、四觯、一角、一散。"郑玄注:"旧说云:爵一升,觚二升,觯三升,角四升,散五升。"与孤同音,取寡少之意。用觚饮酒,用意是叫人少饮,不要沉湎于酒。可当时皆饮酒无度,觚已名存实亡,由此孔子感慨。二,觚是木简之类,用以学写字。或六面,或八面,皆可书写。觚当有棱,其后无棱也叫觚,如《史记》有破觚为圆之譬。这也是名实不符,因之孔子慨叹。三,孔子削觚,心有所念,而觚未成。以志不专一而小器不成,故有感而叹。今取前说。清毛奇龄《论语稽求》篇卷三有云:"觚不觚者,戒酗也。觚,酒器名,量可容二升者,其义寡也。古量酒以三升为当,五升为过,二升为寡,而制器者即因之。故凡设器命名,义各有取,君子顾其名,当思其义,所谓名以实称也。今名虽为觚,而饮常不寡,实则不副,何以称名?故曰'觚哉!觚哉!'……今淫酗之家,饮常过多,虽复持觚,亦不寡少,故夫子借觚以叹之。"

【译文】孔子说:"觚不是觚,觚啊!觚啊!"

19.4 子曰:"述而不作,信而好古,窃比于我老彭。"〔述而篇第七,1〕

【说解】述,依循。《说文·辵部》:"述,循也。"《礼记·中庸》:"父作之,子述之。"

《礼记·中庸》:"子曰:'非天子不议礼,不制度,不考文。今天下车同轨,书同文,行同伦,虽有其位,苟无其德,不敢作礼乐焉。虽有其德,苟无其位,亦不敢作礼乐焉。'"孔子既以为非有德天子不能作礼乐,虽有德而无天子位,也不敢作礼乐,故循古而不创作。《汉书·儒林传》评论孔子说:"于是叙《书》则断《尧典》,称乐则法《韶》《舞》(当作《武》),论《诗》则首《周南》,缀周之《礼》,因鲁《春秋》举十二公行事,绳之以文武之道,成一王法,至获麟而止。盖晚而好《易》,读之韦编三绝,而为之传:皆因近圣之事,以立先王之教。故曰:'述而不作,信而好古'。""因近圣之事",因即循。《礼记·中庸》所谓"仲尼祖述尧舜,宪章文武",祖述、宪章,也即承袭、依循、效法之意。

老彭,人名。刘宝楠《正义》引郑玄说,老,老聃;彭,彭祖。何晏《集解》引包咸说:"老彭,殷贤大夫。"《大戴礼·虞戴德》载孔子语:"昔商老彭及仲傀,政之教大夫,官之教士,技之教庶人。"大概即此"商老彭"。老彭是殷大夫,孔子祖先也是殷人,故说"我老彭",以示亲切。

【译文】孔子说:"依循而不创作,相信并喜爱古代文化,我私下和我那老彭相比。"

19.5 子曰:"甚矣吾衰也!久矣吾不复梦见周公!"〔述而篇第七,5〕

【说解】《吕氏春秋·博志》:"盖闻孔丘、墨翟,昼日讽诵习业,夜亲见文王、周公旦而问焉。用志如此其精也,夜则梦见文王、周公而问其道也。"周公发扬光大文武之事业,制礼作乐,达到周朝文化极盛时期,为孔子所尊奉向往。夜梦见文王、周公而问其道,可见盛壮时用心专精。至人年老力衰,头脑昏昧,则青壮年时之风光不再了。

【译文】孔子说:"我衰老得很厉害了!我很久没再梦见周公了!"

19.6 子曰:"凤鸟不至,河不出图,吾已矣夫!"〔子罕篇第九,9〕

【说解】古代传说,凤凰是神鸟,雄为凤,雌为凰,是祥瑞之征,天下太平则凤鸟现。又说,圣人受命,黄河就出现图画(由龟,或说马,或说龙驮而出),叫河图,八卦形。孔子如此说,不过是藉以表示对太平盛世的极度绝望。

【译文】孔子说:"凤凰不飞来了,黄河也不出图画了,我这一生也完了!"

19.7 子曰:"古之学者为己,今之学者为人。"〔宪问篇第十四,24〕

【说解】何晏《集解》引孔安国说:"为己,履道而行之也;为人,徒能言之也。"《荀子·劝学》说:"君子之学也,以美其身。小人之学也,以为禽犊。"禽犊,是馈献人的礼物。即说小人把所学当做取悦于人的礼品。

应说明者,古人所谓"学"指道德修养;君子修养付诸实践,小人修养止于口舌。宋卫湜《礼记集说·中庸》说:"为己者心存乎德行而无意乎功名,为人者心存乎功名而未及乎德行。"孔子所讥"今之学者",为两千四百年前之古人。可见学风之不正,自古伊始。

【译文】孔子说:"古代学者为提高自己的学问道德修养,现代学者为炫耀于人、讨好于人。"

19.8 子曰:"吾犹及史之阙文也;有马者,借人乘之。今亡矣夫!"〔卫灵公篇第十五,26〕

【说解】"史之阙文",如《春秋·桓公十四年》:"夏五。"杜预注:"不书月,阙文。"《公羊传》释为"夏五者何?无闻焉耳。"《庄公二十四年》:"郭公。"下面也有缺文。有缺文则保持原状,而不以意妄补,留给后人考核,这是校书者的正确做法。孔子曾见过这类"史之阙文",但到孔子说这些话的时候,大概自以为是者就已经给补上了不少,所以孔子叹息:"今亡矣夫!"

借人乘之,可能指骑马。《左传·昭公二十五年》:"左师展将以公乘马而归。"杜预注:"展,鲁大夫。欲与公俱轻归。"孔颖达疏:"乘,如字,骑马也。……古者服牛乘马,马以驾车,不单骑也。至六国之时,始有单骑,苏秦所云'车千乘,骑万匹'是也。《曲礼》云'前有车骑'者,《礼记》汉世书耳,经典无骑字也。炫谓此左师展将以公乘马而归,欲共公单骑而归,此骑马之渐也。"顾炎武《日知录》云:"《诗》云:'古公亶父,来朝走马。'古者马以驾车,不可言走,曰走,骑之称。古公之国,邻于戎翟,其习尚有相同者,然则骑射之法,不始于赵武灵王,亦不始于春秋也。"

孔、顾说是有道理的。《周易·系辞下》:"服牛乘马,引重致远,以利天下,盖取诸《随》。"王弼注:"随,随宜也。服牛乘马,随物所之,各得其宜也。"既曰"随物所之,各得其宜",则"服牛乘马"本非一事:牛以驾车,马以骑乘。《毛诗·小雅·大东》:"睆彼牵牛,不以服箱。"毛传:"服,牝服也。箱,大车之箱也。"按,牝服指牛车车箱较与轼同高。又《墨子·亲士》:"良马难乘,然可以任重致远。"又《左传·昭公二十年》载齐侯使公孙青聘于卫,"卫侯固请见之,不获命,以其良马见,卫侯以为乘马。"杜预注:"喜其敬己,故贵其物。"此"乘马"亦可能为骑乘之马。又《哀公十一年》记鲁齐之战:"孟之侧后入以为殿,抽矢策其马曰:'马不进也!'"如乘马车,则难以矢策其马。

有人认为,"史之阙文"和"有马借人乘之",其间意义没有关连。宋叶梦得《石林燕语》根据《汉书·艺文志》引文无"有马"等七个字,因疑这七个字是衍文。但我们看何晏《集解》引包咸说:"古之史于书字有疑则阙之,以待知者也;有马者不能调良,则借人使乘习之。孔子自谓及见其人如此,至今无有矣。言此者,以俗多穿凿也。"意思很明白:古之史官于书字有疑则阙之,以待知者,而不穿凿附会以贻误后人;有马者不能调良,则借与高明之人使乘习之,而不妄自逞能,以致颠仆伤损——都是尊重客观事实与主观实际,不自以为是的科学态度。两句间意义密切关联,以后句衬托前句,因此不必以为衍文。

【译文】孔子说:"我还看到过史书中残缺文字的情况;有马的人,先借给别人骑乘——这类事,今天都没有了!"

19.9　子曰:"古者民有三疾,今也或是之亡也。古之狂也肆,今之狂也荡;古之矜也廉,今之矜也忿戾;古之愚也直,今之愚也诈而已矣。"〔阳货篇第十七,16〕

【说解】《说文·广部》:"廉,仄也。"堂的边棱叫廉。引申为方正而有气节。

　　古代人的三种毛病狂、矜、愚,尚且有其可贵之处——肆、廉、直;而今人的这三种毛病,则分别衍生出更可厌的新毛病——荡、忿戾、诈来了。可见世风益下,民俗愈薄。

【译文】孔子说:"古代的人有三种毛病,现在呢,或许都没有了。古代的狂人肆意直言,现在的狂人放荡不羁;古代矜持的人方正而有气节,现在矜持的人好怒而暴戾;古代的愚人直率,现在的愚人诡诈而已。"

志趣篇第二十（5章）

从此篇中可见孔门师徒的志趣。志趣反映人的世界观、人生观，而正确、高尚的世界观、人生观是高尚人格的重要组成部分，又是造成高尚人格的重要因素。孔子常引导弟子各言其志，他自己也毫不隐讳地言己之志，实际上是对弟子进行生动的世界观、人生观的教育。什么是正确、高尚的世界观、人生观呢？从孔子所言志中，我们可以看出，是利人、济民、造福于社会。

至于孔子之志，我们看到，前后期有所不同，前期是"老者安之，朋友信之，少者怀之"，说明他要做个政治家，或说社会活动家；后期他则慨叹"吾与点也"，则表明他也要同曾晳一样，做个教师。这是他在治国治民的政治理想破灭之后，无可奈何地承认，他还是做一个教师好。

孔子志向的变化，说明了他的命运，也代表了过去千千万万旧知识分子的命运：他们开始时无不胸怀壮志，要为官为宦，治国安民（当然也不乏谋俸禄、富贵者），有一部分幸运儿能实现这个愿望，成为统治阶层的一员；多数人则难上龙门，只好另谋出路，或做幕僚，或"寻一个馆"，教书糊口。对读书人来说，不外这两种境遇，说得文雅一些,就是"穷则独善其身,达则兼善天下"。无非是中举的范进与千千万万个落举的"范进"两种情况而已。孔子的状况虽不至于像千千万万个落举的"范进"那样狼狈,但后期不得做官、只能教书则同。不过孔子不同于一般人的是,他是一个不成功的政治家,却是一个成功的思想家与教育家。

20.1 颜渊、季路侍。子曰:"盍各言尔志?"子路曰:"愿车马衣轻裘与朋友共,敝之而无憾。"颜渊曰:"愿无伐善,无施劳。"子路曰:"愿闻子之志。"子曰:"老者安之,朋友信之,少者怀之。"〔公冶长篇第五,26〕

【说解】侍,卑者陪立于尊者之侧。盍,同曷,何不。

车马衣轻裘,阮元《十三经注疏校勘记》说唐石经初刻本无"轻"字,车马衣裘,《管子·小匡》与《国语·齐语》皆有,子路本用成语。后人因《庸也》篇"衣轻裘"而误加"轻"字。阮又引钱大昕《金石录跋尾》云,《石经》"轻"字,宋人误加。考《北齐书·唐邕传》显祖"尝解所服青鼠皮裘赐邕,云'朕意在车马衣裘与卿共敝'",盖用子路故事,是古本无"轻"字,一证也。《释文》于"赤之适齐"节,音"衣"为于既反,而此"衣"字无音,是陆本无"轻"字,二证也。邢疏云"愿以己之车马衣裘与朋友共乘服",是邢本亦无"轻"字,三证也。皇疏云"车马衣裘共乘服,而无所憾恨也",是皇本亦无"轻"字,四证也。今注疏与皇本正文有"轻"字,则后人依通行本增入,非其旧也。

施(yì),据朱熹《集注》,为"张大"之义,"施劳"与"伐善"对文。《淮南子·诠言》:"功盖天下,不施其美。""施"字意义相同。按,无伐善,无施劳,也是互文。

何晏《集解》引孔安国说:"怀,归也。"刘宝楠《正义》说:"言少者得所养教,归依之若父师也。""之"有两解,一说分别指老者、朋友、少者,一说指孔子自己。今取后说,即如邢昺疏所谓

"言己愿老者安己,事之以孝敬也;朋友信己,待之以不欺也;少者归己,施之以恩惠也。"

【译文】颜渊、季路两人陪侍,孔子说:"何不各人说说自己的志向?"子路说:"愿意把我的车马衣裘同朋友共同使用,坏了也没有什么遗憾。"颜渊说:"愿意不夸耀、不张扬自己的好处和功劳。"子路说:"希望听听您的志向。"孔子说:"使老人安于我,使朋友信任我,使少年归依我。"

20.2 子曰:"富而可求也,虽执鞭之士,吾亦为之;如不可求,从吾所好。"〔述而篇第七,12〕

【说解】而,如,假设连词。一般用在句中主语与谓语之间。执鞭之士,一种人是胥,据《周礼·地官·司市》:"凡市入则胥执鞭度守门。"又《胥》:"胥各掌其所治之政,执鞭度而巡其前,掌其坐作出入之禁令。"第二种人是朝士,《周礼·秋官·朝士》:"帅其属而以鞭呼,趋且辟。"第三种人是条狼氏,《秋官司寇·条狼氏》:"掌执鞭以趋辟。"三种人都是小吏。

　　孔子说:"富与贵,是人之所欲也;不以其道,得之不处也。贫与贱,是人之所恶也;不以其道,得之不去也。"(6.6)(富)不可求,就包括了上述两种情况:不用正道得到富贵、不用正道抛弃贫贱。那就只能"从吾所好",即坚守节操而过清贫的生活,如下章所云:"饭疏食,饮水,曲肱而枕之,乐亦在其中矣";或如《史记·孔子世家》所言,从事文化教育事业:"修诗书礼乐,弟子弥众,至自远方,莫不受业焉。"

【译文】孔子说:"富裕如果可以求,就是做执鞭的小吏,我也干;如果富裕不可求,就照我的爱好办。"

20.3 子曰:"饭疏食,饮水,曲肱而枕之,乐亦在其中矣。不义而富且贵,于我如浮云。"〔述而篇第七,16〕

【说解】疏食,粗粝的饭食,即加工不精细的糙米,糠麸未尽除去,故质粗价低,贫人所食。水,古代管热水叫汤,冷水叫水。肱(gōng),胳膊。

如浮云,何晏《集解》引郑玄说:"非己之有。"参见6.6章。

【译文】孔子说:"吃粗粮,喝冷水,弯着胳膊枕着,乐趣也在那中间了。不符合道义而得以富贵,那对于我好像浮云一样不相干。"

20.4 子欲居九夷。或曰:"陋,如之何?"子曰:"君子居之,何陋之有?"〔子罕篇第九,14〕

【说解】九夷,旧说多以九夷为东夷,也有即指为"子曰:'道不行,乘桴浮于海。'"(7.8)所欲往的东夷,即朝鲜。而杨伯峻先生据孙诒让《墨子间诂·非攻》,说九夷就是淮夷。《韩非子·说林上》:"周公旦攻九夷而商盖伏。"商盖就是商奄,则九夷本居鲁国之地,周公曾用武力降服他们。春秋以后,盖臣属楚、吴、越三国,战国时又专属楚。以《说苑·君道》《淮南子·齐俗》《战国策·秦策》与《魏策》、李斯《上秦王书》诸说考之,九夷实散居于淮、泗之间,北与齐、鲁接壤。其说可从。何陋之有,即"有何陋"。陋,刘宝楠《正义》:"陋者,言其地僻陋。"其实言者所说,非其地僻陋,乃其民俗粗俗,鄙野。孔子之意,乃谓君子居之,可以移风易俗,故曰:"何陋之有?"刘禹锡《陋室铭》乃谓已粗陋之室因其德馨而意趣高雅,何鄙陋之有,是利用了汉语一词多义之性质,而一语双关。

【译文】孔子想到九夷去住。有人说:"风气太鄙陋,怎么行?"孔子说:"君子住着,还有什么鄙陋的?"

20.5 子路、曾晳、冉有、公西华侍坐。子曰:"以吾一日长乎尔,毋吾以也。居则曰:'不吾知也!'如或知尔,则何以哉?"子路率尔而对曰:"千乘之国,摄乎大国之间,加之以师旅,因之以饥馑。由也为之,比及三年,可使有勇,且知方也。"夫子哂之。"求!尔何如?"对曰:"方六七十,如五六十,求也为之,比及三年,可使足民。如其礼乐,以俟君子。""赤!尔何如?"对曰:"非曰能之,愿学焉。宗庙之事,如会同,端章甫,愿为小相焉。""点!尔何如?"鼓瑟希,铿尔,舍瑟而作,对曰:"异乎三子者之撰。"子曰:"何伤乎?亦各言其志也。"曰:"莫春者,春服既成,冠者五六人,童子六七人,浴乎沂,风乎舞雩,咏而归。"夫子喟然叹曰:"吾与点也!"三子者出,曾皙后。曾皙曰:"夫三子者之言何如?"子曰:"亦各言其志也已矣。"曰:"夫子何哂由也?"曰:"为国以礼,其言不让,是故哂之。""唯求则非邦也与?""安见方六七十如五六十,而非邦也者?""唯赤则非邦也与?""宗庙会同,非诸侯而何? 赤也为之小,孰能为之大?"〔先进篇第十一,26〕

【说解】曾皙,名点,曾参的父亲,也是孔子的学生。侍坐,陪侍而坐。率尔而对,这是幼者回答长者问题时不应有的无礼表现:回答前应该四下看看,表示谦逊、谨慎。《礼记·曲礼下》:"侍于君子,不顾望而对,非礼也。"郑玄注:礼尚谦也。不顾望,若子路率尔而对。"哂(shěn),微笑。既然"子路率尔而对"(不顾望而对)而"夫子哂之",那么其后三子一定是"顾望而对"了。

方六七十,古代约略计算土地面积,截长补短,合成一个正方形。方六七十,就是每边长六七十里。"如五六十"与"如会同"的"如",有时又写作"若",都是或者的意思。方六七十、五六十,都是小国。《礼记·王制》:"凡四海之内九州,州方千里州建百里之国三十,七十里之国六十,五十里之国百有二十。"

端,古代用整幅布制的礼服,黑色的叫玄端。章甫,古代礼帽。端章甫,都用作动词。

相(xiàng),赞礼的人。

铿尔,《玉篇·手部》:"搈,口耕切,琴声。《论语》曰:'搈尔,舍瑟而作.'与铿同。"既为琴声,就不是《经典释文》所谓"投琴声",而是白居易《琵琶行》"曲终收拨当心画,四弦一声如裂帛"的拨弦声,以其声响亮,故曰"铿尔"。

舍瑟而作,据《礼记·曲礼》,卑者侍坐于君子,君子有问,卑者应当起立回答,答毕就座。以曾皙起立回答推知,前三人也必定起立回答,文中省略未说罢了。

莫,暮的古字。沂,河水名,源出沂山,经曲阜南。舞雩,见"樊迟从游于舞雩之下"章(14.5)。

风,刘宝楠《正义》引《论衡·明雩篇》:"风乎舞雩,风,歌也。"钱锺书《管锥编·毛诗正义·关雎》且举汉仲长统《乐志论》"讽乎舞雩之下"为证。按,此句出于《后汉书·仲长统列传》:"讽乎舞雩之下,咏归高堂之上。"风读为讽,与"咏而归"互文,正写学子风范。按,曾皙意思是,他要做一名教师。"冠者""童子"指他的学生。古代的私塾,以入学时间先后不同,学生年龄往往参差不齐,相当于现在偏远地区的"复式班"(因一塾之内,学生年龄、年级长幼高低有别,故必设年级最高者一人以助教学及管理,其他年级高者亦对年级低者有辅导管教之谊,此旧学校初入学者敬畏高年级学生之风及学长、学兄称谓之所由来)。暮春时节,"浴乎沂",是说春天率学生去水边洗浴,以祓除不祥,藉以游春。即后来人们于三月上巳日在流水边洗浴宴饮之风俗。《周礼·春官·女巫》:"掌岁时祓除衅浴。"郑玄注:"岁时祓除,如今三月上巳如水上之类。衅浴,谓以香熏草药沐浴。"王羲之《兰亭集序》所谓"修禊事也"。梁宗懔《荆楚岁时记》说:"孔子'暮春,浴乎沂',则水滨禊祓,由来远矣。"

至于曾皙缘何以春游代表教学生活,乃因古代教学思想,主张乐学、息游。《礼记·学记》:"不兴其艺,不能乐学。故君子之于学也,藏焉,修焉,息焉,游焉。"(参看 16.4 章,子曰:"志于道,据于德,依于仁,游于艺。")因曾皙语正触及孔子心事;他本有意从政,曾周游列国,遍干诸侯,却屡屡碰壁,蹉跎数十载,不得不以办学授徒终老。因文化教育事业已成为其人生归宿,而孔子唯于其弟子群中方如鱼得水;今闻曾皙与其同学子路、冉有、公西华从政之志迥异,欲以教师为业,正与自己蹉跎半生而终归于教育事业相合,且曾皙把教学生活描绘得如此饶有情趣,于是孔子不禁感慨系之,而"喟然叹曰:'吾与点也!'"从孔老夫子之叹里,我们分明可以听出他与曾点之心理共鸣及政治上不得志之无奈。

此义古人虽未明确揭出,然何晏《集解》引包咸曰:"我欲得冠者五六人,童子六七人,……歌咏先王之道,而归夫子之门。"则一语道破,曾点与其所率冠者、童子,乃景仰孔子之师生。又陶渊明《时运》诗"延目中流,悠悠清沂。童冠齐业,闲咏以归。我爱其静,寤寐交挥。但恨殊世,邈不可追",正说曾皙率弟子郊游事;其句"童冠齐业",正说"冠者五六人,童子六七人"同门而学。

刘宝楠《正义》说:"'唯求、唯赤'二语,皇、邢疏皆谓夫子语,是也。"但考《论语》全书,如此连续设问并自答,似不合孔子语例。《论语·述而》:"不愤不启,不悱不发。"孔子总是在弟子迷惑不解时才予以简明扼要之答复,一般不主动详解;亦每就其问作答,绝不未问而答。这也符合传统之教学法。《礼记·

学记》:"善待问者如撞钟,叩之以小者则小鸣,叩之以大者则大鸣;待其从容,然后尽其声。不善答问者反此。"《荀子·劝学》:"不问而告谓之傲,问一而告二谓之囋。"按,囋(zá),多言。则按刘宝楠等意见,孔子有问一而告二之嫌。而曾皙顺序问孔子对由、求与赤志向之看法,孔子则次序回答,说明求与赤所言亦为治国安邦之道,却远比仲由谦逊,正顺理成章。且曾皙于孔子赞许其志之后,俟三子者出,有意而后,其问亦似浅白,故孔子似不甚喜,而以反问代答,显然申斥口气,亦在情理之中。杨伯峻先生《论语译注》以"唯求、唯赤"二语属诸曾皙,而不用皇、邢疏与刘宝楠《正义》说,是有道理的。

【译文】子路、曾皙、冉有、公西华四个人陪孔子坐着。孔子说:"因为我比你们年纪大些,没有人用我了。你们平日说:'人家不了解我呀!'假若有人了解你们,那你们怎么办呢?"子路冒失地答道:"有一千辆兵车的国家,夹在大国中间,有军队侵犯它,又加上饥荒。我治理它,等到三年,可以使人民有勇气,而且懂得道义。"孔子微笑,"冉求,你怎么样?"答道:"横纵六七十里或者五六十里的小国家,我治理它,等到三年,可以使人民富足。至于修明礼乐,只有等待君子了。""公西赤,你怎么样?"答道:"不是说我能做,而是愿意学习:宗庙祭祀或者诸侯盟会,我穿着礼服,戴着礼帽,做一个小司仪。""曾点,你怎么样?"他弹瑟声稀疏了,铿的一声拨弦,结束了弹奏,把瑟放下,站了起来,答道:"与他们三位的才具不同。"孔子说:"有什么妨碍呢?正是各人说出自己的志向啊。"曾皙说:"晚春三月,春装已经做好了,我领着五六个青年学子,六七个学童,在沂水里洗一洗,在舞雩台上唱唱《诗》,歌咏着回来。"孔子长叹一声说:"我同意曾点呀!"

子路、冉有、公西华三人都出去了,曾晳留在后面,问道:"那三位同学的话怎么样?"孔子说:"也就是各人说说自己的志向罢了。"曾晳又说:"先生为什么笑仲由呢?"孔子说:"治理国家用礼,他说话却不谦让,所以笑他。""难道冉求所讲的就不是国家吗?""怎么见得横纵六七十里或者五六十里而不是一个国家呢?""公西赤所讲的不是国家吗?""宗庙和诸侯盟会,不是国家是什么?如果公西赤只能做个小司仪,谁又能做大司仪呢?"

中庸篇第二十一（5章）

　　中庸是孔子提出的道德观念与思想方法。《礼记·中庸》（据说是孔子的孙子子思所撰）记了孔子对它的思考："道之不行也,我知之矣:知者过之,愚者不及也;道之不明也,我知之矣:贤者过之,不肖者不及也。"孔子经过长期的社会实践,总结经验,汲取教训,提出了一种更合乎社会、自然及人类思维规律的思想方法,能为绝大多数人所接受的不偏不倚的中常之道,既不"过",又不"不及",这就是"中庸"。孔子又提出了实在不得行中庸之道时之数种变通情况,其原则即"两害相权取其轻"。此亦必要而合理。

21.1　子曰:"中庸之为德也,其至矣乎! 民鲜久矣。"〔雍也篇第六,29〕

【说解】何晏《集解》:"庸,常也,中和可常行之道。"鲜(xiǎn),少。

【译文】孔子说:"中庸这种道德,是最高尚的了,人们缺乏它很久了。"

21.2　子曰:"奢则不孙,俭则固。与其不孙也,宁固。"〔述而篇第七,36〕

【说解】《左传·隐公三年》:"骄、奢、淫、泆,所自邪也。"孔颖达疏:"奢谓夸矜僭上。"孙,逊的古字。俭,即"温良恭俭让"的俭,指对自身言行的约束、限制、节制。固,拘谨固陋。这主要是从行事作风与态度方面说,奢为过,俭为不及。二者都不好,当取二者之中。但如不得其中,两害相权取其轻,宁可俭。这是孔子对其中庸理论的重要阐发。正如他在论礼之本时所说:"礼,与其奢也,宁俭;丧,与其易也,宁戚。"(10.2)何晏《集解》引孔安国曰:"俱失之,奢不如俭:奢则僭上,俭不及礼。"理解是准确的。

【译文】孔子说:"骄奢就显得不谦逊,俭约就显得拘谨固陋。与其不谦逊,宁可拘谨固陋。"

21.3　子曰:"好勇疾贫,乱也;人而不仁,疾之已甚,乱也。"〔泰伯篇第八,10〕

【说解】好勇疾贫,而不以礼义约束自己,必将为乱。孔子说过:"勇

而无礼则乱。"(10.12)"好勇不好学,其蔽也乱。"(11.11)

人不仁,对此无动于衷,是不及;而疾之已甚,又是太过,也会招致乱。何晏《集解》引孔安国说:"疾恶大甚,亦使其为乱也。"刘宝楠《正义》引《大戴礼记·曾子立事》:"恶人之为不善,而弗疾也。"

【译文】孔子说:"好勇敢而厌恶贫困,会酿成祸乱;别人不仁,恨之太甚,也会酿成祸乱。"

21.4 子贡问:"师与商也孰贤?"子曰:"师也过,商也不及。"曰:"然则师愈与?"子曰:"过犹不及。"〔先进篇第十一,16〕

【说解】师,颛孙师,即子张。商,卜商,即子夏。这一章所言,是体现孔子中庸思想的最生动范例。

【译文】子贡问孔子:"颛孙师和卜商谁好一些?"孔子说:"师有些过分,商有些不及。"子贡说:"那么师好一些吗?"孔子说:"过分如同不及。"

21.5 子曰:"不得中行而与之,必也狂狷乎!狂者进取,狷者有所不为也。"〔子路篇第十三,21〕

【说解】中行,即中庸,也叫中道。

狂狷(juàn),《孟子·尽心下》:"孟子曰:'孔子不得中道而与之,必也狂狷乎!狂者进取,狷者有所不为也。孔子岂不欲中道哉？不可必得，故思其次也。''敢问何如斯可谓狂矣?'曰：'如琴张、曾晳、牧皮者，孔子之所谓狂矣。''何以谓之狂也?'曰：'其志嘐嘐然，曰：古之人！古之人！夷考其行而不掩焉者也。狂者又不可得，欲得不屑不洁之士而与之，是狷也，是又其次也。'"是说为不善者不及，而狂狷者太过。如不能得中庸，就宁可要狂狷。狂狷者虽或狂妄或清高，但毕竟比行为污秽者好。

【译文】孔子说："得不到道德合乎中庸的人和他交友，那一定要结交狂放和狷介的人吧！狂放的人锐意进取，狷介的人有他不屑于做的事。"

友道篇第二十二（5章）

曾子所说"君子以文会友，以友辅仁"，是孔子师徒对交友之道的最准确最生动的表述。切磋琢磨，切切偲偲，是君子友人之间的正常关系，也是他们进行学问道德修养的必要手段。《庄子·山木》："君子之交淡若水，小人之交甘若醴。君子淡以亲，小人甘以绝。"也可以体现君子友人间的关系。君子以道相交，故道合而益亲；小人以利相交，故利竭则恩绝。孔子损益三友的观点，至今还是有借鉴价值的。

22.1 朋友之馈,虽车马,非祭肉,不拜。〔乡党篇第十,23〕

【说解】朱熹《集注》说:"朋友有通财之义,故虽车马之重,不拜。祭肉则拜者,敬其祖考,同于己亲也。"即因朋友间应当互相馈赠,故不必拜谢。而朋友祭祖的福肉,形式上是朋友之馈赠,认识上却是朋友祖先之赐予,敬朋友之祖犹敬己之祖,所以拜谢。

【译文】朋友的馈赠,即使是车马,只要不是祭肉,孔子不拜谢。

22.2 子贡问友。子曰:"忠告而善道之——不可则止,毋自辱焉。"〔颜渊篇第十二,23〕

【说解】可与"子游曰:'事君数,斯辱矣;朋友数,斯疏矣。'"(8.4)章互参。

【译文】子贡问与朋友相处的原则。孔子说:"忠心地劝告并好好地引导他——他不听从就算了,不要自找侮辱。"

22.3 曾子曰:"君子以文会友,以友辅仁。"〔颜渊篇第十二,24〕

【说解】以文会友,而非以嬉以酒;以友辅仁,而非藉友牟利求名:事既高雅,道尤高尚。刘宝楠《正义》引《说苑·说丛》:"贤师良友在其侧,诗书礼乐陈于前,弃而为不善者鲜矣。"又可与"子路问曰:'何如斯可谓之士矣?'子曰:'切切偲偲,怡怡如也,可谓士矣。朋友切切偲偲,兄弟怡怡。'"章(18.5)互参。

【译文】曾子说:"君子用文章学术聚会朋友,用朋友来帮助自己培养仁德。"

22.4　孔子曰:"益者三友,损者三友。友直,友谅,友多闻,益矣。友便辟,友善柔,友便佞,损矣。"〔季氏篇第十六,4〕

【说解】便辟(piánpì),亦作便僻,谄媚逢迎。邢昺疏:"便辟,巧辟人之所忌以求容媚者也。"善柔,阿谀恭维。便佞(piánnìng),巧言善辩。关于交友之重要,良友、恶友之益损,《说苑·杂言》载孔子语说之:"孔子曰:'不知其子,视其所友;不知其君,视其所使。'又曰:'与善人居,如入兰芷之室,久而不闻其香,则与之化矣。与恶人居,如入鲍鱼之肆,久而不闻其臭,亦与之化矣。故曰:丹之所藏者赤,乌之所藏者黑。君子慎所藏!'"

【译文】孔子说:"有益的朋友有三种,有害的朋友有三种。同正直的人交友,同诚信的人交友,同见闻广博的人交友,有益啊。同谄媚逢迎的人交友,同阿谀恭维的人交友,同巧言善辩的人交友,有害啊。"

22.5　子夏之门人问交于子张。子张曰:"子夏云何?"对曰:"子夏曰:'可者与之,其不可者拒之。'"子张曰:"异乎吾所闻:君子尊贤而容众,嘉善而矜不能。我之大贤与,于人何所不容?我之不贤与,人将拒我,如之何其拒人也?"〔子张篇第十九,3〕

【说解】此章所言,似乎子夏、子张看法矛盾,即所闻于孔子者不同。

其实二人所说，都可能是孔子针对二人的不同特点所给予的教诲，如同 7.21 章，子路问："闻斯行诸？"子曰："有父兄在，如何其闻斯行之？"冉有问："闻斯行诸？"子曰："闻斯行之。"问题同而答相反，是因为"求也退，故进之；由也兼人，故退之"。问交友而所答不同，可能是由于子夏宽厚，故孔子戒以慎重交友；子张褊狭，故孔子教其"尊贤而容众，嘉善而矜不能"。说本于刘宝楠《正义》引蔡邕《正交论》："子夏之门人问交于子张，而二子各有闻乎夫子。然则以交诲也，商也宽，故告之以拒人；师也褊，故训之以容众：人从其行而矫之。至于仲尼之正教，则汎爱众，而亲仁。故非善不喜，非仁不亲，交游以方，会友以文，可无贬也。"

【译文】子夏的学生问子张怎样交友。子张说："子夏说什么？"答道："子夏说，可以交的去交他，不可以交的拒绝他。"子张说："与我所听到的不同：君子尊敬贤人，也接纳众人；鼓励好人，怜悯无能的人。如果我是大贤人，对什么人不能容纳呢？如果我是不贤的人，别人将会拒绝我，我怎能去拒绝别人呢？"

伤逝篇第二十三(5章)

　　本篇五章,都是孔子伤悼他的学生的,而伤悼颜回之死的,就占了四章,可见孔子对颜回感情之深,颜回之死对孔子的刺激与打击是巨大的。

　　孔子探望有恶疾的学生伯牛,既曰"恶疾",就有可能是传染的,起码是为人所厌恶的。可孔子却"自牖执其手",表现了老师对濒死的弟子的深挚感情。颜渊死,孔子说"天丧予","哭之恸",连门人都发现他太伤心了。他却因学生违背他的意愿厚葬颜子而感到遗憾,说颜回待他如父,而他却不能待颜回如子。其语真挚悲痛而感人。

23.1 伯牛有疾，子问之，自牖执其手，曰："亡之，命矣夫！斯人也而有斯疾也！斯人也而有斯疾也！"〔雍也篇第六，10〕

【说解】伯牛，孔子弟子冉耕，字伯牛。有疾未逝而列于《伤逝》，因伯牛患恶疾，孔子已断定"亡之"，且表示悲痛，故姑列于此。牖（yǒu），窗。古代出烟，开洞于屋顶叫囱，字又作窗（cōng），后专用以透光通气，音 chuāng；开在墙上的叫牖。古民居一般坐北朝南，户东牖西，室中床榻正在南牖之下。何晏《集解》引包咸说："牛有恶疾，不欲见人，故孔子从牖执其手也。"赵宗乙《论语札记》引清郑方坤《经稗》卷一一"四书异解"引《觚賸》曰："邹、鲁之家，土床俱在南牖下。伯牛卧床，夫子从牖外执其手而叹耳。"

黄生《义府》谓"亡"读为"无"，"言病势已极，无所复之也"，《汉书·宣六王传》引作"蔑"。

【译文】伯牛生了病，孔子去问候他，从窗户握着他的手，说："完了，这是命呀！这样的人却有这样的病！这样的人却有这样的病！"

23.2 子曰："苗而不秀者有矣夫！秀而不实者有矣夫！"〔子罕篇第九，22〕

【说解】谷物吐穗开花叫秀，结粒叫实。苗而不秀、秀而不实本指庄稼不能成熟，汉唐人多认为孔子此语为伤悼颜渊早夭，起码很多文人是这样用典的。刘宝楠《正义》引书证多例，如祢衡《颜子碑》："亚圣德，蹈高踪，秀不实，振芳风。"《扬子法言·问神篇》:"育而不苗者,吾家之童乌乎!"李轨注:"童乌,子云之子也。仲尼悼颜渊苗而不秀,子云伤童乌育而不苗。"《后汉书·章帝八王传赞》:"平原抱痼,三王薨朝。振振子孙,或秀或苗。"李贤注:"《论语》曰:'苗而不秀者有矣夫,秀而不实者有矣夫!'苗谓早夭,秀谓成长也。"刘勰《文心雕龙·哀吊》:"辞定所表,在彼弱弄。苗而不秀,自古斯恸。"其实不必指实,苗而不秀喻谁,秀而不实又喻谁,要之皆为早夭之意:祢衡以"秀不实"喻颜子,李轨又以为"苗而不秀"是悼颜渊。而朱熹《论语集注》以为,"盖学而不至于成有如此者,是以君子贵自勉也。"与汉唐人不同,很难说是孔子本意。

【译文】孔子说:"长成苗了,却不吐穗的,有啊!吐穗了,却不结实的,有啊!"

23.3 颜渊死。子曰:"噫!天丧予!天丧予!"〔先进篇第十一,9〕

【说解】噫,何晏《集解》引包咸说:"噫,痛伤之声。"丧(sàng),人死亡。

【译文】颜渊死了,孔子说:"噫!老天要杀死我呀!老天要杀死我呀!"丧(sàng),人死亡。

23.4 颜渊死,子哭之恸。从者曰:"子恸矣!"曰:"有恸乎?非夫人之为恸而谁为?"〔先进篇第十一,10〕

【说解】恸,何晏《集解》引马融说:"恸,哀过也。"有恸乎,何晏《集解》引孔安国说:"不自知己之悲哀过。"非夫人之为恸,即"非为夫人恸"。夫人,夫音 fú,指示代词,那。之为,"之"是专作帮助倒装用的助词。谁为,即"为谁"。古代汉语中如果介词或动词的宾语是疑问代词,一般都放在介词或者动词之前。

【译文】颜渊死了,孔子哭得很伤心。跟着孔子的人说:"您太伤心了!"孔子说:"是太伤心了吗?我不为这样的人伤心,还为什么人伤心呢!"

23.5 颜渊死,门人欲厚葬之。子曰:"不可。"门人厚葬之。子曰:"回也视予犹父也,予不得视犹子也。非我也,夫二三子也!"〔先进篇第十一,11〕

【说解】厚葬,据《礼记·檀弓上》:"子游问丧具,夫子曰:'称家之有亡……有,毋过礼。苟亡矣,敛首足形,还葬,县棺而封。'"颜子家中贫困,而用厚葬,孔子认为违礼。孔子爱颜回,本欲如对自己儿子那样,死,葬之以礼。而门人厚葬之,违背了孔子的本意,令孔子遗憾。

【译文】颜渊死了,孔子的学生们想要厚葬他。孔子说:"不可以。"学生们仍然厚葬了他。孔子说:"颜回呀,你对待我好像对待父亲,我却不能够像对待儿子一样对待你。这不是我的意思呀,是那些同学干的呀!"

祭祀篇第二十四（3章）

敬神是先民旧习。孔子对此采取了审慎的保留态度：他"不语怪、力、乱、神"(1.52)，"敬鬼神而远之"(6.9)，有病也不许弟子祈祷(本篇)。但或者因未能免俗而遵循旧习，或者因主张"故旧不遗，则民不偷"(10.12，曾子表述为"慎终追远，民德归厚矣"12.2)，他祭祀时还是认真而虔诚的。

24.1 祭如在,祭神如神在。子曰:"吾不与祭,如不祭。"〔八佾篇第三,12〕

【说解】祭,指祭鬼(祖先),与下文"祭神"相对。

古人在庙中祭鬼(祖先)。据《礼记·祭法》,王立七庙:考庙、王考庙、皇考庙、显考庙、祖考庙、远祖庙、始祖庙。诸侯立五庙:考庙、王考庙、皇考庙、显考庙、祖考庙。大夫立三庙:考庙、王考庙、皇考庙。適士二庙:考庙、王考庙。官师一庙:考庙。庶士、庶人无庙,祭于寝。

古人祭神,也有品级。据《礼记·祭法》,王者七祀:司命、中霤、国门、国行、泰厉、户、灶。诸侯五祀:司命、中霤、国门、国行、公厉。大夫三祀:族厉、门、行。適士二祀:门、行。庶士、庶人一祀:或户或灶——这还是生活中能给人以小谴告的小神,不包括能降大灾大祸的大神。

古人祭祀,讲究虔诚,心诚则如亲见鬼神。其实是通过斋戒给人以心理暗示,加强祭祀"敬"的效果,使人对神笃信不疑。《礼记·玉藻》:"凡祭,容貌颜色如见所祭者。"郑玄注:"如睹其人在此。"《礼记·郊特牲》又说:"齐之玄也,以阴幽思也。故君子三日齐,必见其所祭者。"郑玄注:"齐三日者,思其居处,思其笑语,思其志意,思其所乐,则见之也。"以至"祭之日入室,僾然必有见乎其位;周还出户,肃然必有闻乎其容声;出户而听,忾然必有闻乎其叹息之声"(《礼记·祭义》)。其实都是精神作用。

与,音 yù,参与。时人有请人代己祭祀之事,《礼记·祭统》

说:"君子之祭也,必身亲莅之,有故则使人可也。"孔子既说"吾不与祭,如不祭",则表明他是不轻易请人代己祭祀的。

程树德《论语集释》引武亿《群经义证》,谓当于"与"断句。《周礼·大宗伯》:"若王不与祭祀,则摄位。凡大祭祀,王后不与,则摄而荐豆笾、彻。"《外宗》:"王后不与,则赞宗伯。"也可通。

【译文】孔子祭祀祖先的时候,便好像祖先真在那里;祭神的时候,便好像神真在那里。孔子说:"我若是不能亲自参加祭祀,(别人代理)如同不祭。"

24.2 子疾病,子路请祷。子曰:"有诸?"子路对曰:"有之。诔曰:'祷尔于上下神祇。'"子曰:"丘之祷久矣。"〔述而篇第七,35〕

【说解】子疾病,《经典释文》本无"病"字,郑玄注本亦无"病"字。阮元《十三经注疏校勘记》说《集解》至《子罕》篇方释"病"字,则此篇有"病"字,非。但此"疾"字义亦同"病",即病重。

祷,向鬼神祝告祈求福寿。古人以为人得疾病,必为有过失而得罪鬼神,故鬼神降祸以惩罚之;病家亦须向鬼神乞求饶恕,并许以祭品酬报。诔(lěi),祷词。字又作讄。《说文·言部》:"讄,祷也。累功德以求福。《论语》云:'讄曰:祷尔于上下神祇。'"祇(qí),地神。按,此句本出《周礼·春官·小宗伯》:"大灾及,执事祷祠于上下神示。"神示,即神祇。是说大灾变发生时,小宗伯要向天神地祇祈祷。本来,孔子是问子路:"有这类生病祈祷鬼神的事吗?"暗寓否定之意。子路却没听出弦外之音,以为孔子询问此举之根据,遂把小宗伯的职责说了出来,作为依据,又称引未当。

孔子说"丘之祷久矣",大概有两方面的含义:一是自己平生遵义行仁,无愧人神,此即最好之祈祷;二是对"子路请祷"的委婉拒绝,言外之意是祈祷并无益处。

【译文】孔子病重,子路请求祈祷。孔子说:"有这种事吗?"子路答道:"有这事。诔文说:'替你向天神地祇祈祷。'"孔子说:"我祈祷可很久了。"

24.3 虽疏食、菜羹、瓜,祭必齐如也。〔乡党篇第十,11〕

【说解】疏食,粗粮。古代以稻、黍、粱为细粮,稷为粗粮(杨伯峻先生《论语译注》据程瑶田《通艺录·九谷考》)。菜羹,炖的蔬菜。瓜祭,郑玄注,《鲁论语》作"必祭",谓当从古,瓜是误字。而臧庸《拜经日记》引《公羊传·襄公二十九年》"饮食必祝"何休注:"祝,因祭祝也。《论语》曰'虽疏食菜羹瓜祭'是也。"《礼记·玉藻》:"瓜,祭上环,食中,弃所操。"郑玄注:"上环,头忖(刌)也。"是说食瓜时祭,用瓜顶部环形部分。则瓜字不误。齐(zhāi),庄重,严肃。

【译文】即使吃糙米饭、炖菜、瓜,祭祀时也一定恭恭敬敬。

后　　记

我读《论语》,始于上个世纪五十年代,大约是因为一时没有别的有趣的书,就把父亲的书拿来看。那是杨伯峻先生《论语译注》的最早版本,现在这本书还在,纸张已经发黄,封皮上有从旧时煤炉烟筒中滴下的烟油污渍。扉页上还有父亲生前钢笔手书杜甫《可叹》诗中的两句:"天上浮云如白衣,斯须改变如苍狗。"父亲借杜甫诗句感叹什么呢?物是人非,已经不得而知了。

我却开始时断时续地读这本《论语译注》,也读同是杨伯峻先生注的《孟子译注》,当然也读点别的古书。现在回忆,读的原因,也就是为了增加点古代文化修养。

后来命运使我与古代汉语结缘,读得当然就多了些。

近年来给中文系研究生开了一门"《论语》讲读"课,撰写《论语新编译注》的想法就是从那时开始萌生的。

陈寅恪先生生前所信仰并身体力行者,为独立之精神与自由之思想。仆病未能,而有志焉。故本书所言,凡涉及事理人情,皆发自胸臆,并无口不应心、人云亦云之处,此则敬希读者亮察焉。

富金壁 2010 年 4 月 26 日
于哈尔滨师范大学寓所
2013 年 2 月 7 日重校